Wolfgang Schroeder (Hrsg.)

Parteien und Parteiensystem in Hessen

Wolfgang Schroeder (Hrsg.)

Parteien und Parteiensystem in Hessen

Vom Vier- zum Fünfparteiensystem?

VS VERLAG FÜR SOZIALWISSENSCHAFTEN

Bibliografische Information Der Deutschen Nationalbibliothek
Die Deutsche Nationalbibliothek verzeichnet diese Publikation in der
Deutschen Nationalbibliografie; detaillierte bibliografische Daten sind im Internet über
<http://dnb.d-nb.de> abrufbar.

1. Auflage 2008

Alle Rechte vorbehalten
© VS Verlag für Sozialwissenschaften | GWV Fachverlage GmbH, Wiesbaden 2008

Lektorat: Frank Schindler

Der VS Verlag für Sozialwissenschaften ist ein Unternehmen von Springer Science+Business Media.
www.vs-verlag.de

Umschlaggestaltung: KünkelLopka Medienentwicklung, Heidelberg
Druck und buchbinderische Verarbeitung: Krips b.v., Meppel
Gedruckt auf säurefreiem und chlorfrei gebleichtem Papier
Printed in the Netherlands

ISBN 978-3-531-16003-0

Vorwort

Die hessischen Landtagswahlen 2008, vor allem ihre Vorgeschichte und ihre Nachwehen, werden in der bundesdeutschen Geschichte einen besonderen Platz einnehmen. Selten zuvor konnten so viele Erwartungen und eingeschliffene Verhaltensweisen in so kurzer Zeit als überholt gelten. Dabei verschmolzen landes- und bundespolitische Anliegen zu einem ganz Deutschland verbindenden Thema. In Hessen wurden im Frühjahr 2008 die Spielregeln der neuen Zeit für das gesamte deutsche Parteiensystem neu verhandelt. Mit dem neu eröffneten Fünf-Parteiensystem sind alle Parteien gefordert, sich ein Stück weit neu zu erfinden. Denn die alten Identitäten und Abgrenzungen taugen nur noch begrenzt für die neue Zeit, die in Hessen eröffnet wurde.

Landesparteien sind nach wie vor ein Stiefkind der politikwissenschaftlichen Parteienforschung. Das sollte sich ändern. Denn wesentliche Veränderungen in der deutschen Politik haben ihre Wurzeln in den Ländern. Das letzte Buch über die hessischen Parteien ist 1994 erschienen. Hoch motiviert, das pulsierende Leben in den hessischen Parteien zu studieren, und dies mit Blick auf die Landtagswahlen 2008 zu präsentieren, bin ich 2006 zusammen mit meinen Mitarbeitern ins Forschungsfeld gezogen. Wir haben uns in die Tiefen der Parteien begeben, haben viele der handelnden Personen kennen gelernt, ihre Themen diskutiert und die maßgeblichen Strukturen der Politikvermittlung in der Meinungs- und Mediendemokratie untersucht. Unsere Neugierde wurde reichlich belohnt. Einerseits, indem wir interessante Menschen und Prozesse in und um die Parteien kennen lernen durften. Einzel- und Gruppeninterviews durchführten, Parteitage besuchten und interessante Akteure zu uns an die Uni einladen konnten. Andererseits erlebten wir einen von Beginn an außerordentlich faszinierenden Wahlkampf, der von einem an Spannung kaum zu überbietenden sozialdemokratischen Vorwahlkampf zwischen Ypsilanti und Walter, über das Herzschlagfinale des Wahlabends bis hin zur unendlichen Geschichte einer hessischen Regierungsbildung reichte. Wann war Politikwissenschaft schon einmal so spannend? Parallel zu diesen Aktivitäten gab ich an der Universität Kassel zwei Seminare, um die im Forschungsfeld gesammelten Eindrücke und Fragen an die Studierenden zu vermitteln und sie mit ihnen zu diskutieren. Auch dabei konnten viele neue und inspirierende Ideen gewonnen werden, für die ich mich an dieser Stelle sehr bedanken möchte.

Dieser Band ist das Ergebnis eines außerordentlichen Engagements. An erster Stelle möchte ich mich bei allen Autoren bedanken, die durch die hohe Qualität ihrer Texte die Basis für das Gelingen dieses Projektes gelegt haben. Ein besonderer Dank gilt auch den Mitarbeitern der Parteien, die uns zahlreiche Informationen, Texte und Daten zur Verfügung gestellt haben. Ohne den unermüdlichen Einsatz von Samuel Greef hätten viele der abgebildeten Schaubilder und Tabellen nicht das Licht der Welt erblickt. Florian Albert, Michael Reschke, Tanja Schöttner, Marike Bartels, Nadine Rininsland und Philipp Hinrichsmeyer haben zu unterschiedlichen Zeiten durch ihre unterstützende Arbeit, dazu beigetragen, dass die Zeilen sortiert, geprüft und in eine gute Form gekommen sind. Ein besonderer Dank gilt meiner Mitarbeiterin Arijana Neumann, die durch ihre Kenntnisse zum hessischen Parteiensystem und ihre organisatorischen Fähigkeiten immer ein Garant dafür war, dass aus der Idee eines Buches auch wirklich ein vorzeigbares Buch geworden ist.

Wolfgang Schroeder, Kassel, März 2008

Inhalt

Wolfgang Schroeder

Hessisches Parteiensystem im Wandel – eine Einleitung

Regieren war schon mal einfacher als heute. Zum Beispiel als Westdeutschland noch die Bundesrepublik war und die großen Volksparteien noch fast 90 Prozent der Wähler auf sich vereinen konnten. Das ist zwar schon länger her, prägt aber immer noch die Vorstellung von stabilen Verhältnissen. Dabei haben die Hessen schon in der guten alten Zeit unter gar nicht so stabilen Verhältnissen gut regiert. Auch wenn diese „hessischen Verhältnisse" schon öfter in Deutschland geherrscht haben, wurden sie nicht zu einem richtigen Exportschlager. Eher war es so, dass man sie für einen vorübergehenden Betriebsunfall hielt. Denn mit diesen hessischen Verhältnissen wird die Furcht vor Unübersichtlichkeit, ja die Angst vor Unregierbarkeit assoziiert. Weshalb häufig auch die Rede von den hessischen Verhältnissen und der Ruf nach einer Reform des deutschen Wahlrechtes in einem Atemzug genannt werden. Denn wenn der Wähler nicht mehr in der Lage ist, für überschaubare Mehrheitsverhältnisse zu sorgen, dann müsse der Gesetzgeber in diese Lücke springen, indem er ein Mehrheitswahlrecht einführt. Doch bevor wir gleich zu Beginn dieses Buches die Spekulationen ins Kraut schießen lassen, wenden wir uns in Ruhe den hessischen Verhältnissen zu: Also knappen Wahlergebnissen, Regierungsbildungen ohne die stärkste Partei und kleinen Parteien, die das Zünglein an der Waage sind. Diese können dann als Mehrheitsbeschaffer für eine große Partei wirken oder sogar eine Minderheitsregierung dulden. Dass Landesparteien Motoren für den dynamischen Wandel des gesamten deutschen Parteiensystems sein können, kann man in keinem anderen Bundesland so prominent studieren wie in Hessen. Dort wurden Entwicklungen vorweggenommen, die sich dann wie ein roter Faden durch die Geschichte der Bundesrepublik ziehen. Die Linie führt von der wegweisenden Politik des „Hessen vorn" unter Zinn bis hin zur Entwicklung eines neuen Fünf-Parteiensystems, dessen Konsequenzen sich erst noch zeigen müssen.

1 Hessische Verhältnisse – Hessen vorn!

Es gibt hessische Besonderheiten im Parteienwettbewerb, die stilbildend wurden, weil sie früher, leidenschaftlicher und polarisierter ausgetragen wurden, als in den meisten anderen Bundesländern. Die erste große, bundesweite Aufmerksamkeit erheischende Duftmarke, die in den 60er Jahren die Zinn'sche Sozialdemokratie setzte, galt dem Motto „Hessen vorn". Diesem Anspruch wollte sich auch die Christdemokratie nicht entziehen als sie mit Roland Koch an der Spitze das Hessenland regierte. In den 70er Jahren wurde in Hessen die schulpolitische Debatte engagierter und auch ideologischer geführt als in anderen Gegenden Deutschlands. 1974 wurde die CDU erstmals stärkste Partei in Hessen, konnte allerdings nicht die Regierung bilden. 1983 wurde in Hessen erstmals ein Vierparteiensystem geschaffen an dem die Grünen beteiligt waren. In den 1980er Jahren war es auch Hessen, wo erstmals in einem deutschen Parlament eine Minderheitsregierung, in geschäftsführender Form tätig war, und dies über einen Zeitraum von fast zwei Jahren. In Hessen bildete sich 1985 die erste rot-grüne Landesregierung in einem deutschen Flächenstaat. Stellvertretend für die gesamte Bundesrepublik fanden in den 70er und 80er Jahren Kämpfe um die Rolle des Frankfurter Flughafens und seine Bedeutung für den Lebensraum eines großen Ballungszentrums statt. Einen ähnlichen Charakter besaßen die großen Kontroversen um die letzte Großtechnologie des Industriezeitalters, die Atommeiler und Wiederaufarbeitungsanlagen.

Auch die 1999 gewählte CDU-Landesregierung knüpfte an die traditionell avantgardistische Rolle der hessischen Politik an. In Hessen wurden unter ihrer Führung das erste Gefängnis (JVA Hünfeld) und die ersten Unikliniken (Gießen und Marburg) in der Bundesrepublik privatisiert. Mit der entschiedenen Bezugnahme auf die Arbeitsmarktpolitik des US-amerikanischen Staates Wisconsin stimulierte die hessische Landesregierung die Dynamisierung der deutschen Arbeitsmarktpolitik; vor allem den Wettbewerb zwischen einer von der Bundesagentur für Arbeit getragenen Arbeitsmarktpolitik und einer kommunalen Trägerpolitik. Zugespitzt kann man sagen, dass die unter Roland Koch formulierte Erweiterung der Hessen-Vorn-Idee darauf hinauslief: das Bundesland als „Konzern Hessen" zu konzeptionalisieren, der sich auf der Basis der Software SAP, einem permanenten Benchmarking aussetzt. Vermittelt über das Instrument der transparenten Evaluation, die zu mehr Effizienz und Effektivität beitragen sollte, versuchte die CDU die Hessen-Vorn-Idee aus der Geiselhaft der sozialdemokratischen Erzählung zu befreien und in eine unionistische Erzählung zu transformieren. In diesem Zusammenhang steht auch die Konzeption, den kooperativen

Föderalismus in einen Wettbewerbsföderalismus zu verwandeln. Auch wenn jede hessische Landesregierung, unabhängig von ihrer politischen Zusammensetzung, ein großes Interesse hat, die gegenwärtig außerordentlich hohen hessischen Mittel für den Länderfinanzausgleich zu reduzieren, um bessere Gestaltungsspielräume für den eigenen Haushalt zu entwickeln, muss dies nicht zwangsläufig zu einer Absage an den kooperativen Föderalismus führen.

2 Vom Vier- zum Fünf-Parteiensystem

Mit dem 2008 erfolgten Sprung der neu gegründeten Linkspartei ins hessische Parlament entwickelte sich das hessische Parteiensystem von einem Vier- zu einem Fünf-Parteiensystem. Damit entstand eine vergleichbare Konstellation wie 1983 als der Sprung der Grünen ins hessische Parlament das Dreiparteiensystem verabschiedete. Ob allerdings mit dem Aufstieg der Linkspartei der Beginn eines dauerhaften Fünf-Parteiensystems erfolgt sein wird, ist gegenwärtig noch nicht absehbar. Zu bedenken ist, dass die Linkspartei nur ganz knapp, mit gerade einmal 2000 Stimmen mehr als erforderlich, den Einzug ins Parlament erreichte. Im Nachhinein zeigt der Blick auf den Lagerwahlkampf des Jahres 2008, dass die alten Lageridentitäten der Parteien neuen Kooperationsformen im Weg stehen. Insbesondere, weil sich die polarisierenden Zuspitzungen des Wahlkampfes negativ auf flexible Koalitionsmuster auswirken. So scheint es momentan danach auszusehen, dass es paradoxerweise des Erfolges einer linkstraditionalistischen und staatsfixierten Partei bedurfte, um zu einer Modernisierung der hessischen Parteienlandschaft zu kommen.

Wenn sich das Fünf-Parteiensystem verfestigt, können damit weit reichende Veränderungen verbunden sein. So wird vermutlich der Wahlausgang an sich, also das konkrete Ergebnis, immer weniger Einfluss auf die Koalitionsbildung haben. Denn bei fünf Parteien ohne Mehrheit für Rot-Grün oder Schwarz-Gelb, was das hessische Ergebnis von Niedersachsen deutlich unterscheidet, ist es notwendig, bei zukünftigen Wahlen auch andere Konstellationen zu denken – nicht zuletzt, um nicht zwangsläufig im groß-koalitionären Notlösungs-Dilemma zu landen. Daher wird neben den klassischen Koalitionsmodellen über Ampel, Jamaika, Rot-Rot-Grün bis hin zu Minderheitsregierungen mittelfristig alles denkbar und notwendig sein. Dies bedeutet, dass eine Wahlentscheidung kaum mehr mit einer eindeutigen Koalitionsentscheidung verbunden sein kann. Von besonderer Bedeutung ist dies für die kleineren Parteien, da diese oft von Leihstimmen der Großen profitieren. Mittels präferierender, aber nicht grundsätzlich ausschließenden Koalitionsaussagen könnten die Parteien mit dieser neuen Situation umgehen. Unter den neuen Verhältnissen müssen Koalitionsfestlegungen flexibilisiert werden. Wie sich das Wahlverhalten verändern wird, bleibt natürlich offen. Bleiben die Wähler FDP oder Grünen treu oder konzentrieren sie sich wieder stärker auf die Volksparteien? Zu erwarten ist auch, dass Parteien in dieser Wettbewerbssituation in Wahlkämpfen vermehrt populistisch agieren, sich zugleich im Rahmen von Regierungsbildung verstärkt pragmatisch und flexibel verhalten werden. Jedenfalls wird die hessische Koalitionspolitik, die sich an diese neue machtpolitische Gemengelage anschließt, von großer bundespolitischer Bedeutung für flexiblere Koalitionsmodelle sein. So jedenfalls gewinnt die Rede von den „hessischen Verhältnissen" einen innovativen und konstruktiven Charakter.

3 Rahmenbedingungen der hessischen Entwicklung

Bei so vielen Besonderheiten, stellt sich die Frage, warum in diesem Bundesland viele Prozesse früher und dramatischer als in anderen Regionen der Republik ins Zentrum der öffentlichen Debatte drängen. Die Bedeutung Hessens und seines Parteiensystems hängt mit den besonderen Bedingungen dieses Landes zusammen. Dazu zählt seine geographische Mittellage. Während der Teilung Deutschlands hatte Hessen ein bedeutendes „Zonenrandgebiet", dessen Nachteile durch umfängliche staatliche Transferzahlungen kompensiert wurden. Diese Trennung in ein dynamisches Zentrum im Süden und einen strukturschwachen Norden, der gleichsam die Peripherie bildete, wurde nach der Wiedervereinigung nicht unbedingt relativiert. Denn mit der Deutschen Einheit reduzierten sich die besonderen Fördermittel für den Norden und der Süden wurde noch stärker durch die positiven Effekte der Globalisierung beeinflusst. Gespalten in einen urbanmetropolenartigen Süden und einen eher ländlich strukturierten Norden sieht sich jede hessische Partei von einem außerordentlichen Spagat herausgefordert. Zudem hat sich in den letzten Jahren Mittelhessen als zusätzliche Sorgenregion herausgebildet. Gleichwohl ist die ökonomische Basis für diesen Spagat in Hessen besser unterfüttert als in den meisten anderen Bundesländern. Hessen ist nämlich das Flächenland mit dem höchsten Bruttoinlandsprodukt je Erwerbstätigem, und dies schon seit vielen Jahrzehnten. Hessen liegt auch an Platz eins der Geberländer im Länderfinanzausgleich.

Dass der Kampf zwischen den hessischen Parteien so kraftvoll geführt wird, wie nur in wenigen anderen Regionen der Republik, hat strukturelle Ursachen, die bis in die Anfänge der Nachkriegszeit zurückreichen. Hessen ist gewissermaßen ein ewiges Kampffeld, das eine äußerst nervöse Wettbewerbssituation zwischen den Parteien kennt. Es gibt kaum ein anderes Bundesland, in dem die Zahl der umkämpften Wahlkreise so hoch ist, dass sie weder als traditionelle CDU-noch als SPD-Hochburgen gelten können. Dass sich die Parteien ihrer Machtbasis nie sicher sein können, nagt an ihrem Selbstbewusstsein, und macht sie tendenziell zu nervösen Kraftzentren, die immer wieder neue strategische Überlegungen produzieren müssen, um sich in diesem ewigen politischen Laboratorium zu behaupten.

Mit der urbanen Entwicklung zur Dienstleistungs- und Wissenschaftsgesellschaft liegen vor allem im Ballungsraum Rhein-Main Strukturmuster moderner Gesellschaften vor, die große Herausforderungen für „altbackene Parteien" sind. Wie kann man unter den Bedingungen von Individualisierung und Mobilität verhindern, dass nur die Zeitreichen aus den Gefilden des öffentlichen Dienstes und der Rentnerschaft sich den zeitraubenden Aktivitäten eines enervierenden Parteilebens widmen? Wie kann man Jugendliche gewinnen, die einen anderen Takt gewohnt sind als den des deutschen Parteienlebens? Und vor allem: wie kann man den Spagat zwischen Mitglieder- und Wählerpartei glaubhaft praktizieren? Und nicht zuletzt: Wie findet man die Kandidaten, die zu den jeweils präferierten Themen passen, die den Bürgern unter den Nägeln brennen und die in der Lage sind, die Breite des Wählerspektrums anzusprechen? Die Antworten auf diese Fragen sind es, die den Wettbewerb zwischen den Parteien in und jenseits der Wahlen anstacheln. Dabei können erfolgreiche hessische Akteure und Modelle auch von anderen Ländern aufgegriffen werden, um sie nachzuahmen.

Eine Besonderheit der hessischen Parteien besteht darin, dass sie über eine stärkere Mitgliederdichte verfügen als ihre Schwesterparteien in den meisten anderen Bundesländern[1]. Traditionell sind die hessischen Parteien Mitgliederparteien, die über eine gewisse gesellschaftliche Verankerung verfügen, wenngleich ihnen die lebendige Anbindung an die Interessenslagen und Lebensverhältnisse der jüngeren Menschen in der hessischen Gesellschaft nur noch unzureichend gelingt. Jedenfalls ist das Durchschnittsalter der hessischen Parteien durch starke Überalterung geprägt.

---

[1] Die SPD in Hessen liegt mit einem Rekrutierungsgrad von 1,44 auf Platz zwei der SPD Landesverbände; die CDU liegt mit einem Wert von 1 auf Platz fünf; die FDP liegt mit 0,12 auf Platz drei und die Grünen liegen mit 0,07 mit einigen anderen Landesverbänden auf Platz vier (Niedermeyer 2005: 386). Da sich die Linke noch im Aufbauprozess befindet, ist es für ein Länderranking noch zu früh.

4   Die Mähr vom „Roten Hessen"

Die hessische SPD hat das Land außerordentlich stark geprägt. Gleichwohl ist die Rede von der Staatspartei auch für die Ära Zinn (1950-1969) nur teilweise zutreffend. Einerseits ist die Rolle der hessischen SPD nicht auf eine Stufe mit der bayerischen CSU zu stellen, die gemeinhin als Paradebeispiel einer Staatspartei gilt. Andererseits war die Stärke der hessischen SPD über lange Strecken der bundesdeutschen Geschichte eine schillernde Ausnahme. Diese ist auf eine Vielzahl günstiger, mithin auch zufälliger Faktoren zurück zu führen, auf die die SPD selbst kaum Einfluss hatte. Auch wenn die SPD in den hessischen Vorläufergebieten bereits in der Weimarer Republik eine dominierende Rolle spielte, war es nach 1945 keinesfalls zwangsläufig, dass dieses Land einmal eine so prägende Sozialdemokratie haben sollte, wie dies vor allem in den 60er Jahren der Fall war, wo sie sogar zweimal die absolute Mehrheit der Stimmen auf sich vereinen konnte (1962 und 1966). Im Gegenteil: Bis auf den heutigen Tag stehen sich in Hessen die bürgerlichen und linken Parteien näherungsweise gleichstark gegenüber. Es waren deshalb vor allem einige bundespolitische Zufälligkeiten sowie situativ hessische Faktoren, die den Aufstieg der Sozialdemokratie zur dominanten Partei ermöglichten und weniger ihre naturwüchsig, strukturelle Mehrheitsfähigkeit auf dem hessischen Wählermarkt. In den fünfziger Jahren wurde die führende Rolle der Sozialdemokratie durch die bundesstaatliche Politik der Adenauer-CDU und die Spaltung des bürgerlichen Lagers in Hessen befördert.[2]

Hinzu kam, dass die SPD unter ihrem legendären Ministerpräsidenten Georg August Zinn eine derart geschickte Koalitions- und Projektpolitik betrieb, dass sie sich tief im bürgerlichen, ja sogar im bäuerlichen Milieu verankern konnte. Ohne die 1954 praktizierte Koalition mit dem „Bund der Heimatvertriebenen und Entrechteten" (BHE) drohte das hessische Modell schon damals zu scheitern. Und mit ihren Projekten zum Aufbau einer eigenständigen Identität durch den kleinen (1951) und großen (1965) Hessen-Plan, die Dorfgemeinschaftshäuser, die Landschulreform, den „Hessen-Tag" sowie durch eine günstige ökonomische Dynamik entwickelte sich die Rede von „Hessen vorn" zu einer Art hessischem Credo und war damit immer mehr als ein Wahlkampf-Slogan. Die Regierungsmehrheit konnte sich die SPD nach der Phase mit dem BHE und der Alleinregierung durch die erneute Spaltung des bürgerlichen Lagers sichern, denn während der Zeit der sozial-liberalen Koalition im Bund, stand die FDP in Hessen fest an der Seite der SPD (1970 bis 1982). Ein anderer wichtiger bundespolitischer Impuls

---

[2] 1950 schnitt die CDU mit 18,8 Prozent schwächer ab als die FDP mit 31,8 Prozent.

ging von der SPD der 80er Jahre unter Holger Börner aus, die 1985 bis 1987 die erste rot-grüne Koalition in einem Flächenstaat betrieb, was erst 12 Jahre später auf Bundesebene erreicht wurde.

Abbildung 1: Stärke der politischen Lager in Hessen 1946 - 2008

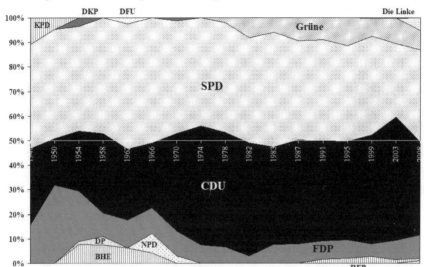

Quelle: Eigene Darstellung. Oberhalb der SPD sind alle Parteien dargestellt, die neben der SPD zum linken Lager gerechnet werden, unterhalb der CDU sind hingegen alle Parteien dargestellt, die neben der Union zum bürgerlichen Lager gerechnet werden

Hessen war also nie nur das Hessen einer Partei. Die Rede vom „roten Hessen" war ebenso eine Mähr, wie der Glaube, dass Frankfurt eine CDU-Stadt ist oder in Hessen eine CDU-Mehrheit dauerhaften Charakter annehmen kann. Vielmehr sind die Wahlausgänge in diesem Lande durch ein Maß an ergebnisoffener Knappheit geprägt, wie wir sie in kaum einem anderen Bundesland antreffen. Da das bürgerliche und sozialdemokratische Koalitionslager nahezu paritätische Teile des Elektorates erreichten, konnten die kleinen Parteien in Hessen stets eine bedeutende Rolle spielen. Oder anders herum: Die Möglichkeit und Stabilität des Regierens war in diesem Bundesland immer schon eine Kunst, die mit viel Klugheit und Fingerspitzengefühl betrieben werden musste. Besonders beherrscht hat sie Georg August Zinn, der nahezu 20 Jahre lang das Land regiert, und dabei durch eine Mitte der 50er Jahre geschaffene Koalition mit dem BHE, die Basis für

eine dauerhaftere Regierungspolitik gelegt hat. So war die SPD in der Nachkriegszeit nahezu 50 Jahre an der Regierung beteiligt, während es die CDU gerade einmal auf 17 Jahre brachte und damit immer noch hinter der FDP liegt. Dabei
konnte sie bereits 1974 erstmals die stärkste Fraktion im Wiesbadener Landtag
stellen.

Abbildung 2:   Regierungsjahre der Parteien in Hessen

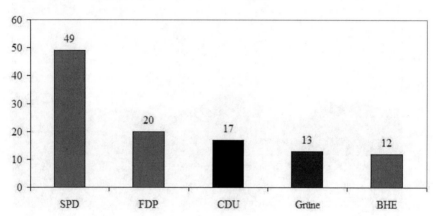

5   Entwicklungsphasen des hessischen Parteiensystems

Die Entwicklung des hessischen Parteiensystems kann in fünf abgeschlossene
und eine neu eröffnete Phase unterteilt werden[3]. In der Gründungsphase (1945
bis 1950) konnten nur die von den Alliierten lizenzierten Parteien zur Wahl antreten. Die hessische SPD entschied sich in dieser Phase gegen eine Zusammenarbeit
mit der KPD und für eine Große Koalition, um eine möglichst breite Zustimmung
zu ihrer Politik zu organisieren. In der zweiten Phase, die als sozialdemokratische
Hegemoniephase (1950 bis 1969) bezeichnet wird, dominierte die SPD, wenn
auch meist nicht allein, während sich die CDU in der Findungsphase befand.
Dies änderte sich erst Ende der 60er Jahre mit dem Aufstieg von Alfred Dregger
zum Vorsitzenden der hessischen CDU. Unter seiner Ägide entwickelte sich die
Union zu einem wuchtigen Kampfverband, womit sich eine zugespitzte inhaltli-

---

[3] Ich knüpfe mit dieser Phasenbildung an die Einteilung von Galonska (1999) an, der das
hessische Parteiensystem bis ins Jahr 1999 zu erfassen versuchte.

che Auseinandersetzung zwischen den Volksparteien ergab. Diese dritte Phase des hessischen Parteiensystems kann als Polarisierungsphase bezeichnet werden (1969 bis 1982/ 83). In dieser Zeit wurde jene hessische politische Kultur geschaffen, die bis heute fortwirkt, nämlich die harten Auseinandersetzungen zwischen den Volksparteien, die vor allem auf dem Gebiet der Schulpolitik geführt werden. Diese Konfrontationen schweißte zum einen die CDU, der die Regierungsmacht lange verwährt blieb, mehr und mehr zusammen und machte sie zu jener verschworenen Gemeinschaft, die sie bis heute noch ist. Die SPD funktionierte in dieser Zeit vergleichbar einem Orchester mit vielen Tönen, die auf der Partitur nicht vorgesehen waren, was das Dirigieren der eigenen Landesregierung nicht immer einfach machte. In dieser politischen Kultur der harten Auseinandersetzungen wurden die hessischen Grünen sozialisiert. Sie läuteten einerseits die Öffnung des hessischen Parteiensystems ein, andererseits aber konnten sie nicht dazu beitragen, die starke Polarisierung des hessischen Parteiensystems aufzubrechen. Somit kann man die vierte Phase des hessischen Parteiensystems, die auf den Zeitraum 1982 bis 1999 fixiert werden kann, als eine der erneuerten Lagerbildung bezeichnen. Denn obwohl sich die hessischen Grünen nach ihrem Einzug in den Landtag schnell zu einem Realo-Landesverband veränderten, reihten sie sich in den Kontroversen mit der CDU an der Seite der SPD ein. Die harte Abgrenzung der Grünen auf Landesebene gilt für die Regierungszeit unter Börner und Eichel, aber ebenso für die Zeit der Opposition gegen Ministerpräsident Koch. Mit der 1999 erfolgten Machtübernahme durch Roland Koch begann eine neue, die fünfte Phase, die von 1999 bis 2008 währte. Diese Zeit zeichnete sich keinesfalls nur durch eine stabile, nahezu unversöhnliche Lagerbildung zwischen Rot-Grün und Schwarz-Gelb auf Landesebene aus, also durch hessische Kontinuität. Das besondere Kennzeichen dieser Phase war die vorher kaum gekannte Personalisierung von Politik, die in außerordentlicher Weise auf den Ministerpräsidenten Roland Koch ausgerichtet war. Die unbeholfene Unbeweglichkeit der FDP, die innere Zerrissenheit der SPD sowie die langsame, aber stetige Befreiung der Grünen aus der zwangsläufigen Koalitionsbildung mit der SPD, praktiziert auf der Ebene der größeren Städte und mancher Landkreise sowie der Aufstieg der Linkspartei bereiteten in dieser Phase das Aufbrechen der alten Lagerbildung vor, das sich schließlich mit dem Landtagswahlergebnis des Jahres 2008 Bahn brach. Auch wenn noch offen ist, wie weit dieser Prozess gehen wird, so ist doch offensichtlich, dass 2008 eine neue Zeitrechnung in Hessen beginnt, die sechste Phase. Der hessische Landtag macht mehr als nur die Entwicklung nachzuvollziehen, die der Bundestag 2005 durchgemacht hat: Das bisher stabile Vier- hat sich zu einem instabilen Fünf-Parteiensystem entwickelt, in dem es keine Mehrheit für eines der traditionellen politischen Lager gibt. Das ist der Humus, aus dem sich ein flexibler und weniger spröder Parteienwettbewerb ergeben kann.

6   Bundespolitische Bedeutung hessischer Politiker

Auch wenn noch nie ein hessischer Ministerpräsident seine Bundespartei führte oder Kanzlerkandidat gewesen ist, gab und gibt es namhafte Bundespolitiker, die ausgehend von ihrer hessischen Basis, Einfluss auf die Geschicke des Bundes nehmen konnten. Der Einfluss der hessischen Parteien auf die Bundesebene vollzieht sich über die Mitgliederstärke der Landesverbände, den Wählerzuspruch und nicht zuletzt über die Personen, die zwischen Land und Bund pendeln. Hier können selbstverständlich nur einige prominente Beispiele genannt werden:

Für die SPD begann mit Georg August Zinn, der Mitglied des Parlamentarischen Rates gewesen ist, die Linie der hessischen Sozialdemokraten mit bundespolitsicher Bedeutung. Auch Holger Börner wirkte als Politiker im Bund bevor er Ministerpräsident wurde. Er gehörte von 1957 bis 1976 dem Bundestag an und war von 1972 bis 1976 Bundesgeschäftsführer der SPD unter dem Vorsitzenden Willy Brandt. Sein Nachfolger Hans Eichel machte als Finanzminister erst nach seiner Zeit als Ministerpräsident Karriere in Berlin. Auch heute ist der Landesverband der Hessen-SPD mit zwei Ministerinnen, Heidemarie Wieczorek-Zeul und Brigitte Zypris, überproportional stark im Kabinett der Großen Koalition vertreten.

Für die CDU war die Bundesebene lange Zeit eine Art „Ausweicharena" für Spitzenpersonal, dass in Hessen nicht weiter kommen konnte, weil der Union die Regierungsbeteiligung trotz sehr guter Wahlergebnisse verwährt blieb. Beispielsweise wechselte Alfred Dregger 1972 vom Landtag in den Bundestag, wo er 1982 bis 1991 Vorsitzender der CDU-Bundestagsfraktion war. Walter Wallmann war sowohl vor als auch nach seiner Zeit als Frankfurter Oberbürgermeister bundespolitisch aktiv. 1972 bis 1977 war er Mitglied des Bundestags, ab 1976 als parlamentarischer Geschäftsführer der Fraktion. Von 1986 bis 1987 wurde er von Kanzler Kohl nach der Katastrophe von Tschernobyl zum ersten Bundesminister für Umwelt, Naturschutz und Reaktorsicherheit ernannt. Dieses Amt legte er nieder als er 1987 hessischer Ministerpräsident wurde. Auch Manfred Kanther wechselte trotz Spitzenkandidatur in Hessen auf die Bundesebene, war von 1991 bis 1998 Innenminister und gehörte von 1994 bis 2000 dem Bundestag an. Roland Koch macht bisher nur als stellvertretender Vorsitzender der CDU und durch seine bundespolitischen Ambitionen, die in seinem Regierungsstil immer wieder deutlich werden, auf der Bundesebene von sich reden. Auch für die Grünen war der Bezug zur nationalen Ebene immer deutlich, kam doch ihr bekanntester Politiker, Joschka Fischer, aus Hessen. Fischer, der unter Börner und Eichel hessischer Umweltminister war, wechselte 1994 in den Bundestag, dem er bis 2005 angehörte. Er ist der hessische Politiker, der als Außenminister und Vizekanzler 1998 bis 2005 das höchste bundespolitische Amt bekleidet hat, das je ein hessischer Politiker innehatte. In der hessischen FDP ist Wolfgang Gerhardt der bundespolitisch erfolgreichste Vertreter. Nachdem er in Hessen unter Ministerpräsident Wallmann Wissenschaftsminister war, wechselte er ebenfalls 1994 in den Bundestag und war dort von 1998 bis 2006 Fraktionsvorsitzender der FDP. Er führte darüber hinaus von 1995 bis 2001 seine Bundespartei.

7   Die Beiträge im Überblick

Wolfgang Schroeder, Florian Albert und Arijana Neumann analysieren in ihrem Beitrag die Vorgeschichte des Wahlkampfes, den eigentlichen Landtagswahlkampf 2008, das Wahlergebnis aus sozialstruktureller und regionaler Perspektive sowie die neue Konstellation des Fünf-Parteiensystems. Sie zeigen auf, wie die etablierten vier Parteien versucht haben, das alte Vierparteiensystem zu erhalten, und dabei scheiterten.

Der hessische Parteienwettbewerb ist zugleich Teil einer besonderen landesspezifischen politischen Kultur wie sie diese selbst auch prägt und verändert. Jakob Schissler reflektiert wie die politische Kultur Hessens von den ersten Nachkriegsregierungen unter Führung der SPD geprägt worden ist. Hessen ist heute nicht mehr rotes Fortschritts- und Gegenmodell zum Bund. Zugleich haben sich seit den 1960er Jahren die Wähleridentifikationen verschoben, die politische Kultur hat sich ausdifferenziert und die politischen Diskurse haben sich entsozialdemokratisiert. Dennoch stellt der Autor fest, dass gerade die letzte Landtagswahl gezeigt habe, dass jene hessenspezifische weltoffene, gerechtigkeitsbezogene und links-sozialdemokratische Kultur auch heute noch fester Bestandteil des hessischen Mentalitätshaushalts ist.

Wolfgang Schroeder analysiert in seinem Beitrag, wie es der hessischen SPD gelungen ist, über Jahrzehnte hinweg die Geschicke dieses Landes zu leiten und so den Begriff vom „roten Hessen" zu prägen. Dies war weniger Resultat einer strukturellen Mehrheitsfähigkeit, sondern vielmehr das Ergebnis geschickter

Koalitionspolitik und günstiger Rahmenbedingungen. Schroeder zeigt, dass diese bundesweit einmalige Erfolgsgeschichte die SPD heute mehr lähmt als beflügelt. Die mittlerweile fast ein Jahrzehnt in der Opposition befindliche Partei ist zerrissen in sich wechselseitig lähmende Flügel und hat es nicht vermocht, organisatorische und inhaltliche Reformen vorzunehmen. Zugleich bietet das jüngste Wahlergebnis die Hoffnung, dass die SPD nunmehr – gewissermaßen nachholend – die Basis für eine offene Erneuerung der Partei schafft.

Arijana Neumann und Josef Schmid beziehen sich in ihrem Beitrag über die Entwicklung der hessischen CDU auf die 1990 von Schmid geprägte Typologie des Kampfverbandes und fragen, was davon nach neun Jahren Regierungsbeteiligung in Hessen geblieben ist. Die beiden Autoren zeigen, dass die CDU in der Landesregierung zwar pragmatisch handelt; wobei Hessen unter ihrem Ministerpräsidenten einen weit reichenden Umbauprozess realisiert hat, die Partei an sich aber immer noch ein Kampfverband und eine nach außen verschworene Gemeinschaft ist. Dies wurde vor allem im Wahlkampf 2008 deutlich, als die hessische Union eher als Oppositions- und nicht als Regierungspartei agierte.

Wie stark die Verankerung der hessischen FDP im bürgerlichen Lager ist, zeigt Theo Schiller in seinem Beitrag. Seit einem Vierteljahrhundert versteht sich der Landesverband als liberales Korrektiv an der Seite der CDU und in tiefer Treue zur FDP-Bundesspitze. Innerhalb der hessischen FDP ist diese Verortung unumstritten. Wie die Wahlergebnisse deutlich zeigen, wäre eine strategische Umorientierung tatsächlich nicht ohne Risiko, profitieren die Liberalen doch in starkem Maß von Leihstimmen aus dem Unionslager. Angesichts des Fünf-Parteiensystems bedeutet diese einseitige Koalitionsoption jedoch eine tendenzielle Abkopplung von durchaus denkbaren Koalitionsoptionen.

Hubert Kleinert analysiert die Entwicklung der Grünen, die in Hessen zusammen mit der SPD das wegweisende rot-grüne Koalitionsmodell auf den Weg gebracht hat. Die hessischen Grünen kennzeichnet seit jeher eine besondere Dynamik zwischen Regierung und Opposition. Angesichts des komplizierten Landtagswahlergebnisses waren die Grünen einmal mehr damit konfrontiert ihr etabliertes Koalitionsmuster auf Landesebene (Fixierung auf die SPD) im Angesichte der nicht eins zu eins übertragbaren Kommunalerfahrungen (Öffnung zur CDU) zu überdenken. Damit hat auch für die hessischen Grünen eine neue Debatte begonnen, die bislang undenkbar war.

Die bundes- und landespolitischen Erfolge der Linkspartei haben zum vorläufigen Ende des Vierparteiensystems geführt. Wolfgang Schroeder, Samuel Greef und Michael Reschke zeigen auf, dass es sich bei dem neuen Akteur in Hessen um eine lernende Gruppe auf dem Weg zur parlamentarischen Partei handelt. Die Linke sei eine Partei, bei der auch nach der erfolgreichen Fusion von westdeutscher PDS und der stark gewerkschaftlich geprägten WASG, vieles im Fluss ist. Gerade weil die inneren Machtstrukturen und strategischen Orientierungen keineswegs gefestigt sind, gewinnen die Vorgaben der Berliner Parteiführung, die die Westausdehnung als „historische Mission" zu begreifen versucht und die Strukturen des Parlamentarismus stabilisierende Bedeutung. Die Autoren zeigen auch, wie der hessische Ableger der Linkspartei an alte linke Traditionen anknüpft.

Dass rechtsextremistische Parteien in Hessen eher ein qualitatives als ein quantitatives Problem waren und sind, zeigt der Beitrag von Benno Hafeneger. Bei Landtagswahlen blieben Republikaner und NPD fast immer erfolglos. Nur punktuell und in einzelnen Kommunen erhalten die Rechten überdurchschnittlichen Zuspruch. Die Entwicklung dieser Parteien auf Landesebene entspricht somit weitgehend dem bundespolitischen Werdegang. Diese starke Bund-Land-Verschränkung zeigt sich auch in der jüngeren Geschichte der NPD, die auch in Hessen die rechte und gewaltbereite Jugendszene umwirbt und sich zu einer offen extremistischen Partei entwickelt hat.

Ein neuer, aber nicht ganz unbekannter Akteur bei der letzten Landtagswahl waren die Freien Wähler. Florian Albert beschreibt in seinem Beitrag die kommunalpolitische Orientierung und Identität dieser parteiunabhängigen Gruppierung. Es war vor allem diese kommunalpolitische Identität, die ein erfolgreiches Auftreten als landespolitischer Akteur verhindert hat.

Wie es um die abseits der bekannten Akteure stehenden Kleinstparteien in Hessen bestellt ist, also der Parteien, die bei Landtagswahlen nicht die Fünf-Prozent-Hürde überspringen, untersucht Sabrina Schwigon. Anhand der Landtagswahlergebnisse seit 1991 zeichnet sie das facettenreiche Bild einer Kleinparteienlandschaft, die einerseits von zunehmender Pluralisierung und Fragmentierung gekennzeichnet ist, andererseits aber immer mehr Stimmen auf sich vereinen kann.

Frank Decker und Marcel Lewandowsky widmen sich der Frage, wie stark der Einfluss von Bundespolitik auf Landtagswahlen ist. Hessens Landtagswahlen sind schon sehr häufig Referenden über die Arbeit der Bundesregierung gewesen. Verstärkt wurde diese Verschränkung mit der Bundesebene durch den Wahlzeitpunkt: Vier der letzten fünf Landtagswahlen fanden im unmittelbaren Nachgang zu einer Bundestagswahl statt. Bundespolitische Oppositionsparteien können davon profitieren, wenn hessische Landtagswahlen mitten in der Legislatur stattgefunden haben und somit eher dem Charakter einer „Zwischenwahl" entsprachen.

Stephan Klecha, Bettina Munimus und Nico Weinmann widmen sich dem Profil der hessischen Ministerpräsidenten. Diese werden in ihrer Doppelfunktion gedeutet: Einerseits nämlich als Regierungschef („Macher") und andererseits als Staatsoberhaupt („Landesvater"). Von Zinn bis Koch hat jeder Ministerpräsident diese Rolle anders interpretiert und gelebt.

Konrad Schacht zeigt in seinem Beitrag, wie Ministerpräsident Holger Börner den gesellschaftlichen und politischen Umbruch seiner Zeit regierungspolitisch händelte. Der traditionalistische Modernisierer Börner musste nicht nur die harte Auseinandersetzung gegen die Umweltbewegung bestehen, sondern auch in einer sich stark verändernden politischen Landschaft um den Machterhalt seiner Partei kämpfen. Umso stärker bleibt es sein Verdienst, dass er als erster Regierungschef die vorher scheinbar unversöhnlichen Gegner SPD und Grüne zusammenführte und längerfristig eine strukturelle Mehrheitsfähigkeit der Sozialdemokratie in Hessen und im Bund ermöglichte.

Wichtigstes Thema im Wahlkampf 2008 war die Bildungspolitik. Wilfried Rudloffs Beitrag beleuchtet die Entwicklung der Schulkämpfe und den aktuellen Stand der Schulpolitik in Hessen. Der hessische Schulkampf fand in den 1970er Jahren seinen Höhepunkt. Seither bewegt sich die schulpolitische Debatte zwischen grundlegenden Schulstruktur- und Wertefragen, gekennzeichnet durch eine scheinbar unversöhnliche Kampfrhetorik. Rudloff beschreibt nicht nur die Unzufriedenheit mit der die hessische Bevölkerung auf die jüngsten schulpolitischen Veränderungen reagierte. Er stellt fest, dass es zwischen den Parteien bei allen Differenzen auch bedeutsame Gemeinsamkeiten gibt.

Abschließend untersuchen zwei Autoren das Phänomen „Politik und Stadt" in Hessen. Konrad Schacht widmet sich der Frage, ob die globale Metropole Frankfurt, die bis in die 1970er eine feste SPD Hochburg mit stabilen Wählermilieus gewesen ist, heute zu einer CDU-Stadt geworden ist. Der Union ist es nach tief greifenden gesellschaftlichen Veränderungen, speziell seit Walter Wallmann, gelungen, die in ihrem Wahlverhalten flexible Mittelschicht bei Kommunalwahlen an sich zu binden. Wie beweglich der Frankfurter Wählermarkt aber wirklich ist, haben diverse Wahlresultate immer wieder gezeigt. Heute bietet die politische Kultur in dieser Großstadt laut Schacht eher ein trübes Bild, das vom Niedergang demokratischer Prozesse, sinkender Wahlbeteiligung und Politikentfremdung geprägt ist. Allein die Abkopplung der politischen Elite vom Wählervolk erlaube es der Union, Frankfurt als etwas darzustellen, was es nicht ist, nämlich als eine CDU-Hochburg. Eike Hennig geht in seinem Beitrag der Frage nach wie sich Wahlverhalten und Parteiidentifikation in hessischen Städten bei den letzten Bundes- und Landtagswahlen entwickelt haben. Er arbeitet heraus, dass Grüne und Linke durchaus städtische Parteien sind, während sowohl SPD als auch CDU dort an Boden verloren haben. Die zwischen SPD, CDU und Grünen dreigeteilten Wahlkreise, als Ausdruck modernen Wählerverhaltens, was sich bei der Landtagswahl 2003 in zahlreichen städtischen Wahlbezirken gezeigt hat, scheinen 2008 allerdings wieder verschwunden zu sein.

Literatur

Galonska, Andreas (1999): Landesparteiensysteme im Föderalismus. Rheinland-Pfalz und Hessen 1946 – 1996, Wiesbaden.

Niedermayer, Oskar (2005): Parteimitgliedschaften im Jahre 2005. In: Zeitschrift für Parlamentsfragen, Heft 2, S.382-389.

I. Kontexte

Wolfgang Schroeder, Florian Albert und Arijana Neumann

Die hessische Landtagswahl 2008

Zwischen 1983 und 2008, also 25 Jahre lang, bestand in Hessen ein Vierparteien-system aus CDU, SPD, FDP und den Grünen. Mit dem Ergebnis der hessischen Landtagswahl 2008 wurde aus einem überschaubaren Vier- ein unübersichtliches Fünf-Parteiensystem. Es war der Einzug der Linkspartei, der den Weg zum Fünf-Parteiensystem ermöglichte. Dieser Wandel ist keinesfalls nur formaler Natur, sondern vermutlich mit weitreichenden inhaltlichen und strategischen Konse-quenzen für die davon betroffenen Parteien verbunden. Vor allem ist dieser Wechsel auch das Ergebnis einer in vieler Hinsicht außergewöhnlichen Wahl-kampfkonstellation: Denn mit der 2007 neu gegründeten Linkspartei war erst-mals ein aussichtsreicher neuer Wettbewerber in der Arena, der einen stim-mungsgeladenen Rückenwind für sich beanspruchen konnte. Infolgedessen mussten alle Parteien diesen Akteur, der zunächst kein identifizierbares Gesicht besaß und eher einem Phantom glich, in ihr Kalkül einbeziehen (vgl. dazu den Beitrag von Schroeder, Greef und Reschke in diesem Band). Schließlich gingen alle Parteien davon aus, dass ihre eigenen Chancen an der Regierungsbildung beteiligt zu sein, durch den Einzug der Linkspartei ins Parlament massiv beein-flusst werden würden. Aus diesem Kalkül heraus, versuchte die CDU von An-fang an die Furcht vor den Kommunisten zu schüren, während die SPD selbst ein linkes Profil herausstellte, um potentielle Linksparteiwähler für sich zu gewin-nen. Statt einer inhaltlichen Auseinandersetzung mit der Politik der Linkspartei ließ die SPD-Führung kaum eine Gelegenheit ungenutzt, um sich apodiktisch und formal von der Linkspartei abzugrenzen. Selten hat eine noch nicht wirklich existente Partei einem Wahlkampf so ihren Stempel aufdrücken können, wie dies in Hessen der Fall war. Ein wesentliches Resultat, der damit einhergehenden Unsicherheit, war eine von Anfang an vorhandene, außerordentlich starke Orien-tierung an einem Lagerwahlkampf: Schwarz-Gelb gegen Rot-Grün. Doch der Wettbewerb fand nicht nur zwischen Lagern und großen Parteien statt. Insgesamt konkurrierten 17 Parteien mit 702 Kandidaten um die 110 Sitze im Landtag. Neben den fünf Parteien, die in den Landtag einzogen, erreichten jedoch nur die Republikaner mehr als 1,0 Prozent der Stimmen und können damit eine Rückerstattung der Wahlkampfkosten beanspruchen (vgl. den Beitrag von Schwigon in diesem Band).

2008 war es für die großen hessischen Parteien nicht möglich - anders als bei allen Wahlen seit 1991 - einen Wahlkampf gegen die Regierung in Berlin zu führen: Die Anti-Berlin-Option war durch die Große Koalition neutralisiert. Während die Anti-Schröder-Stimmung 2003 noch zu einer Demobilisierung im Lager der SPD und zu einer hohen Mobilisierung im Unionslager führte, mussten beide Parteien diesmal ihre Klientel ohne Angriffe gegen die Bundesregierung an die Wahlurnen bringen. Dies bedeutete jedoch keineswegs, dass man ganz auf Bundesthemen verzichtete. Doch statt einer emotional gefärbten Fremd-Mobilisierung durch die Bundesebene waren die Wahlkämpfer stärker auf eigene Initiativen angewiesen. Auf Seiten der SPD waren dies neben der Mindestlohnkampagne vor allem die innerparteilichen Vorwahlen. Die Union, und das war die eigentliche, vermutlich Wahl entscheidende Besonderheit, sorgte mit heftigen Attacken gegen straffällige jugendliche Ausländer für einen zuvor kaum erwartbaren Gegenwind, der schließlich sogar in einer Wechselstimmung gipfelte. Roland Koch gab daher auch nach der Wahl zu: „Dass ich Teile der Wähler, die der Union zugeneigt sind, irritiert habe, weil sie glauben konnten, dass ein Thema nur zu Wahlkampfzwecken genutzt wurde, hat mir persönlich geschadet, und es hat auch der CDU geschadet" (FAZ 03.02.2008). Durch das sich in der letzten Wahlkampfphase abzeichnende Kopf-an-Kopf-Rennen zwischen Koch und Ypsilanti wurden besonders die kleinen Parteien zunehmend in den Hintergrund gedrängt. Während die FDP von den Fehlern der Union ganz unaufgeregt profitieren konnte, wurden die Grünen zwischen wachsendem Ypsilanti-Faktor und Öko-SPD regelrecht zerrieben. Alles in allem spielten Landesthemen, wenn sie auch nicht in voller Breite und Tiefe den Wahlkampf prägten, 2008 eine größere Rolle als in den Jahren zuvor.

Die hessische Union schickte zum dritten Mal Roland Koch als Spitzenkandidaten ins Rennen. Seit Holger Börner war es keinem Kandidaten in Hessen mehr gelungen, nach dem dritten Wahlkampf noch im Amt zu bleiben. Die CDU konnte also von vorne herein mit gewissen Abnutzungseffekten rechnen. Zugleich waren ihre Werte jedoch über eine lange Zeit hoch und Koch genoss ein derart hohes Prestige als durchsetzungsstarker und innovativer Macher, dass keine Gefahr dräute. Wachgerüttelt wurden schließlich alle Parteien durch die Umfrage des Meinungsforschungsinstitutes Infratest vom März 2007. Zwar lag das bürgerliche Lager danach deutlich vor Rot-Grün, besaß aber dennoch keine Mehrheit, weil die Linke über fünf Prozent gesehen wurde. Schließlich führten die Unzufriedenheit mit der Bilanz der Landesregierung und die überzogene Schlusskampagne der CDU gegen Jugendkriminalität zu einer deutlichen Demobilisierung im eigenen Lager. Obwohl die Bilanz der hessischen Regierung objektiv besser ist, als sie in der öffentlichen Bewertung oft dargestellt wurde, musste diese erkennen, dass sie mit ihren zahlreichen Reformen auf allen Politikfeldern die hessischen Wähler vermutlich überfordert hatte. Darüber hinaus war der CDU auch bewusst, dass eine erfolgreiche Regierungsbilanz allein keine Garantie dafür ist, wieder gewählt zu werden. Dieses Schicksal konnten sie zuvor etwa bei den Wahlniederlagen der konservativen Regierungen in Österreich und Australien studieren.

Dieser Beitrag beginnt mit der Frage, wie der Wahlkampf geführt wurde und wo seine entscheidenden Wendepunkte lagen. Danach wird das Wahlergebnis analysiert. Worin bestehen die wesentlichen Prozesse und Wählerwanderungen, die den Wandel vom Vier- zum Fünf-Parteiensystem erklären können?

1 Vorgeschichte

1.1 Sonderfall Landtagswahl 2003

Die Landtagswahl 2003 stellt einen in den letzten Jahrzehnten einmaligen Sonderfall dar. Anstelle eines zwischen den politischen Lagern knappen Wahlausgangs verfügte die CDU nach dem Urnengang über eine absolute Mehrheit und war auf eine Zusammenarbeit mit ihrem bisherigen Koalitionspartner FDP nicht mehr angewiesen. Die SPD erlebte in ihrem ehemaligen Regierungsstammland ein Debakel und erreichte nicht einmal 30 Prozent der Stimmen. Lediglich in zwei Wahlkreisen konnte sie das Direktmandat gewinnen. Dieses schlechteste Ergebnis seit 1946 erklärt sich zunächst aus der für die Sozialdemokraten miserablen bundespolitischen Stimmungslage. Demnach vertraten damals knapp zwei Drittel der Wahlberechtigten die Auffassung, dass die SPD einen bundespolitischen Denkzettel verdient habe (Graf 2003: 1). Koch, der im Landtagswahlkampf überwiegend moderat agierte, schaffte es, die Hessenwahl zu einer bundespolitischen Denkzettel- bzw. Bundestagsnachwahl gegen Berlin zu stilisieren. Für 60 Prozent der Wähler, die 1999 noch SPD gewählt hatten und nun zur CDU wechselten, waren bundespolitische Gründe ausschlaggebend.

Dazu gesellten sich aber auch hausgemachte hessische Probleme: Mit Gerhard Bökel wurde ein weitgehend unbekannter und blasser Kandidat ins Rennen geschickt, dessen Bemühungen, sich als persönliches und politisches Gegenbild zum Amtsinhaber darzustellen, zu keinem Zeitpunkt verfingen (vgl. Schmitt-Beck/ Weins 2003: 676). Dies war erstaunlich, schien die hessische Union, insbesondere Regierungschef Koch, nach den Falschaussagen im Spendenskandal, vor allem um die illegalen Auslandskonten der Partei, doch ein massives Glaubwürdigkeits- und Ehrlichkeitsproblem zu haben. Insbesondere durch die gute Bewertung seiner landespolitischen Leistungen konnte Koch jedoch bei der breiten Mehrheit der hessischen Bevölkerung Akzeptanz und Anerkennung gewinnen (Graf 2003: 38). Der SPD hingegen gelang es zu keinem Zeitpunkt, als thematisch kompetente Alternative zur Union wahrgenommen zu werden und eine Wechselstimmung zu entfachen. In der Konsequenz verloren die Sozialdemokraten zum einen zahlreiche Wähler an die CDU (77.000), zum anderen an die Gruppe der Nichtwähler (ca. 141.000). Der Union gelang es hingegen, in allen Alters- und Berufsgruppen deutliche Stimmenzuwächse von ehemals sozialdemokratischen Wählern (ca. 77.000) und Nichtwählern (ca. 40.000) zu verzeichnen (Neu 2003: 15).

1.2 Bundestagswahlen 2005 und Kommunalwahlen 2006

Dass Hessen jedoch keineswegs zum christdemokratischen Selbstläufer geworden war, zeigte schon die Bundestagswahl 2005, bei der eine Normalisierung der politischen Verhältnisse in Hessen erfolgte. Die Union fiel wieder hinter die SPD auf den zweiten Platz zurück (35,6 Prozent zu 33,7 Prozent). Auffällig war bereits damals das erstaunlich niedrige Niveau, auf dem sich die großen Parteien befanden. Die Linkspartei übersprang die Fünfprozenthürde knapp (5,3 Prozent), die FDP konnte sich auf hohem Niveau, knapp vor den Grünen, als drittstärkste Kraft behaupten (11,7 Prozent zu 10,1 Prozent) und die rechtsextremem Parteien blieben nach wie vor bedeutungslos (NPD: 1,2 Prozent, REP: 0,8 Prozent).

Die Kommunalwahlen 2006 lieferten aufgrund unterschiedlichen Wahlverhaltens auf kommunaler Ebene zwar kein genaues Abbild der landespolitischen Großwetterlage, zeigten aber, dass der Prozess der Rückkehr zum hessischen Normalzustand auch ein Jahr nach der Bundestagswahl anhielt. Zwar lag die CDU mit 37 Prozent deutlich vor der SPD, die 34,8 Prozent erreichte; gleichwohl erhielt die Union damit mehr als 10 Prozent weniger Stimmen als bei der Landtagswahl.

1.3 Bundes- und landespolitische Ausgangslage

Zum ersten Mal seit Jahrzehnten geriet die hessische Landtagswahl, verursacht durch die auf fünf Jahre verlängerte Legislaturperiode und die vorgezogenen Neuwahlen 2005, nicht in das Fahrwasser der Bundestagswahl (s. dazu den Beitrag von Decker in diesem Band). Vor allem begrenzte die Große Koalition in Berlin die bundespolitischen Offensivbemühungen der beiden Volksparteien; insbesondere die Möglichkeit einer Denkzettelwahl gegen die Regierungsparteien. Berücksichtigt man allerdings die Stimmungslage im Bund, so schien diese vor und während des Wahlkampfes mehr Rückenwind für die CDU zu ermöglichen, die in allen Umfragen deutlich vor der SPD rangierte. Generell wurde über die Arbeit von Kanzlerin Angela Merkel in der Bundesregierung positiver geurteilt, während sich die Sozialdemokraten und ihr Vorsitzender Beck mit konstant niedrigeren Werten abfinden mussten.

In Hessen verschlechterten sich allerdings die Zufriedenheitswerte der Landesregierung aufgrund selbst zu verantwortender Fehler schon während der Legislaturperiode. Besonders in Folge der schulpolitischen Projekte „Unterrichtsgarantie plus", der Verkürzung der Gymnasialzeit auf acht Jahre (G8) und auch der so genannten „Kreationismus-Debatte"[1] von Kultusministerin Wolff. Vor diesem Hintergrund fiel die bildungspolitische Kompetenzzuschreibung der Union rapide nach unten. Im März 2007 waren 40 Prozent der hessischen Bevölkerung der Meinung, dass sich die bildungs- und schulpolitische Lage unter der CDU-geführten Landesregierung verschlechtert habe, während nur 17 Prozent eine Verbesserung ausmachen konnten (Infratest März 2007: 6).

Im Sommer 2007 begann sich auch das positive Bild der CDU-Wirtschaftspolitik zu trüben, als ein Bundesländerranking (INSM 2007) der Regierung zwar gute Werte im Vergleich mit anderen Bundesländern attestierte, aber eine sehr geringe Dynamik (s. dazu 2.1). Das sozialpolitische Image der Union war seit 2003 bereits angekratzt, da die Regierung unter der Überschrift „Operation sichere Zukunft" die freiwilligen sozialen Leistungen des Landes drastisch gekürzt hatte. Zum Herbst 2007 wurden zudem erstmals allgemeine Studienge-

---

[1] Wolff hatte im Herbst 2006 in einem Interview erklärt: „Ich halte es für sinnvoll, fächerübergreifende und -verbindende Fragestellungen aufzuwerfen, dass man nicht einfach Schüler in Biologie mit der Evolutionslehre konfrontiert und Schüler im Religionsunterricht mit der Schöpfungslehre der Bibel. Sondern dass man gelegentlich auch schaut, ob es Gegensätze oder Konvergenzen gibt" (HR Online 2008). Wolff wurde daraufhin mit dem Vorwurf konfrontiert, sie würde sich der Sprache von Kreationisten bedienen.

bühren erhoben - ein Schritt, der in Hessen aufgrund eines Artikels in der Landesverfassung besonders umstritten war und daher eine öffentlichkeitswirksame Klage von SPD, Grünen und Studentenvertretern vor dem hessischen Staatsgerichtshof nach sich zog.[2] Trotz schlechterer Werte für die hessische Regierungspolitik, war bis Januar 2008 keine Wechselstimmung auszumachen.

2   Neuauflage des traditionellen Lagerwahlkampfs

Der Landtagswahlkampf lässt sich in zwei Phasen einteilen. In die Vorphase traten die beiden Volksparteien zu unterschiedlichen Zeitpunkten ein, die SPD früher, die CDU hingegen deutlich später. Die direkte Auseinandersetzung zwischen beiden Parteien begann hingegen erst im Sommer 2007 mit den Sommertouren der Spitzenkandidaten. Die heiße Phase wurde aber erst vier Wochen vor dem Wahltermin Ende Dezember eingeläutet. Das folgende Kapitel stellt die zentralen Weg- und Wendemarken des hessischen Wahlkampfes dar.

2.1 Vorwahlkampf-Phase

Für die SPD begann der Wahlkampf mit der Absage des populären und erfolgreichen Offenbacher Oberbürgermeisters Gerhard Grandke, der seit 1999 der Wunschkandidat der Partei für die Position des Spitzenkandidaten war. Die Parteivorsitzende Ypsilanti meldete ihre Ansprüche direkt an. Es folgte nach anfänglichem Zögern der damalige Fraktionsvorsitzende Jürgen Walter. Die nun folgende Auseinandersetzung und öffentliche Kandidatenkür in der SPD unterliegt zwei Deutungsarten. Zum einen wurde das lange Duell zwischen Ypsilanti und Walter als Zeichen einer tiefen Spaltung der hessischen SPD gesehen. Folglich räumten viele einer so zerrissenen Partei kaum Wahlchancen ein, gerade weil sich hinter dem Sieger der Auseinandersetzung immer nur ein Teil der Mitglieder und Anhänger versammeln könne. Diese Gefahr schien auch gegeben als Jürgen Walter und seine Anhänger sich nach der Niederlage auf dem Landesparteitag und zu Beginn des Wahlkampfes eher bedeckt hielten und sie in der ersten Phase keine Berücksichtigung in Ypsilantis Schattenkabinett fanden. Zum anderen

---

[2] Roland Kochs Vater, Karl Heinz Koch, klagte 1947 als Student gegen die damals noch erhobenen Vorlesungsgebühren. Der Staatsgerichtshof erklärte diese zwei Jahre später für unrechtmäßig und verlangte eine Zurückzahlung derselben ab 1946 (Spiegel Online 2006).

wurde die Auseinandersetzung auch positiv gesehen, nämlich als Prozess einer aktiven Demokratie, die auf das Instrument der Mitgliederbeteiligung setzte. Manche sahen sich bei diesem Vorgehen schon fast an US-amerikanische Primaries erinnert (s. dazu den Beitrag von Schroeder in diesem Band). Bei allen kurzfristigen Verwerfungen und Zumutungen hat dieser Prozess der Siegerin Ypsilanti geholfen, ihren Bekanntheitsgrad in Hessen um ca. zehn Prozent zu steigern (Infratest März 2007: 12).

Direkt nach der Nominierung der SPD-Linken Ypsilanti stellte die Union die Weichen in Richtung Lagerwahlkampf, indem sich das bürgerliche Lager unmittelbar und deutlich von der SPD-Kandidatin abgrenzte und die Gefahr einer Links-Koalition aus SPD, Grünen und Linkspartei beschwor. „Mit der Nominierung von Frau Ypsilanti hat sich die SPD für den Weg nach links außen entschieden. (…) Mit platten, klassenkämpferischen Parolen kann man ein Land wie Hessen nicht regieren", kommentierte Generalsekretär Boddenberg. SPD und Grüne erteilten dieser Regierungskonstellation jedoch eine deutliche Absage, womit sich zugleich auch ihre Koalitions- und Machtperspektive deutlich einschränkte. Dass die hessische SPD ein solches Bündnis früh ausgeschlossen hat, ist erstens dem damaligen Zustand der hessischen Linkspartei (s. Beitrag von Schroeder, Greef und Reschke in diesem Band), zweitens dem innerparteilichen Druck des Walter-Flügels in Hessen, drittens der Strategie der Bundespartei und viertens der „Linksblock Warnung" der Union geschuldet, die früh sah, dass mit dem Einzug der Linkspartei ihre eigene Machtperspektive beeinträchtigt werden könnte.

Die CDU konnte sich bis Frühjahr 2007 in dem Bewusstsein wähnen, dass sie mit dem Amtsbonus Kochs im Rücken das Rennen gewinnen würde. Das änderte sich mit der Infratest Umfrage vom März 2007, nach der erstmals keine Mehrheit für eine schwarz-gelbe Koalition prognostiziert wurde. Bis zum Sommer verharrte die Union aber in Attentismus. Zudem sorgte eine zweite Meldung in den Reihen der Union für Verunsicherung. Im jährlichen Bundesländerranking der „Initiative Neue Soziale Marktwirtschaft"[3] vom Juni 2007 schnitt Hessen zwar mit Platz drei durchaus erfolgreich ab, aber im Hinblick auf die zu erwartende Dynamik sah die Studie Hessen nur auf dem bundesweit vorletzten Platz. Für die Regierung Koch, die sich als engagierteste Verfechterin des Wettbewerbsföderalismus öffentlich präsentierte und in dafür notwendigen transparenten Leis-

---

[3] In das Ranking wurden nicht nur wirtschaftliche Leistungskraft (Arbeitsmarkt und Unternehmensperformance), sondern auch die allgemeine Struktur des Landes, der Wohlstand und die Bildung einbezogen (INSM 2007).

tungsvergleichen das adäquate Mittel sieht, entwickelte sich dieses Länderanking gewissermaßen zum Benchmarking-Bumerang.

In der Sommerpause bereisten beide Spitzenkandidaten das Land. Die SPD hatte bereits zuvor mit Energiepolitik ein neues Thema entdeckt und als Schattenminister für die Ressorts Wirtschaft und Umwelt den Bundestagsabgeordneten und Träger des alternativen Nobelpreises Hermann Scheer benannt. Ypsilantis Sommertour stand daher unter dem Motto „Neue Energie für Hessen". Da in der Umfrage vom März auch deutlich geworden war, dass die Persönlichkeitswerte des Ministerpräsidenten Koch zwar in Bezug auf wirtschaftlichen Sachverstand und Durchsetzungskraft nach wie vor gut waren, es ihm aber deutlich an Glaubwürdigkeit, Sympathie und Ehrlichkeit mangelte, versuchte die CDU durch eine „Koch kocht"-Tour sein Image als Landesvater zu verbessern. Die CDU setzte in dieser Phase also auf Elemente einer positiven Personalisierung, die SPD hingegen eher auf inhaltliche Thematisierung. Damit reagierten beide Parteien auf die jeweiligen Schwächen ihres Spitzenkandidaten. Während Ypsilanti inhaltlich eher schwach bewertet wurde, aber gute persönliche Werte aufwies, verhielt sich das bei Koch genau umgekehrt. An diesen Zuschreibungen änderte sich bis zum Wahltag allerdings nichts.

Tabelle 1:   Persönlichkeitsprofile der Spitzenkandidaten im Januar 2008

	Roland Koch (CDU)	**Andrea Ypsilanti (SPD)**
Positive Werte	Stärkere Führungspersönlichkeit (70) Versteht mehr von Wirtschaft (65) Ist durchsetzungsfähiger (64)	Setzt sich für soziale Gerechtigkeit ein (58) Ist sympathischer (57) Ist glaubwürdiger (40)
Negative Werte	Ist glaubwürdiger (29) Ist sympathischer (25) Setzt sich für soziale Gerechtigkeit ein (20)	Ist durchsetzungsfähiger (15) Stärkere Führungspersönlichkeit (12) Versteht mehr von Wirtschaft (10)

Quelle: Infratest, Hessen Trend Januar 2008, der Prozentwert gibt jeweils die Zustimmung der Befragten zu den Eigenschaften der Kandidaten an

Nach der Sommertour komplettierte die SPD ihr Schattenkabinett. Eine weitere Überraschung gelang Ypsilanti mit dem in Finnland arbeitenden Bildungsexperten Rainer Domisch, den sie zum Schattenkultusminister bestellte, womit sie auf den ersten beiden Plätzen ihres potenziellen Kabinetts ein zweites Mal einen

Kompetenz-Import (nach Scheer) vornahm. Mit Domisch versuchte die SPD die Schulkampf-Rhetorik vergangener Wahlkämpfe zu entschärfen, indem die auf einen unverbrauchten Kandidaten aus dem PISA-Siegerland Finnland setzte. Mit der Schulpolitik versuchte die SPD erwartungsgemäß in dem strategisch entscheidenden Feld der Landespolitik anzugreifen, in dem die Union bereits seit längerer Zeit stark kritisiert wurde (siehe 1.3). Trotz der Image- und Kompetenzschwäche der Regierung, gelang es der SPD jedoch bis zum Januar 2008 kaum die eigenen Zustimmungswerte zu steigern:

Abbildung 1:   Entwicklung der Wahlprognosen in Hessen

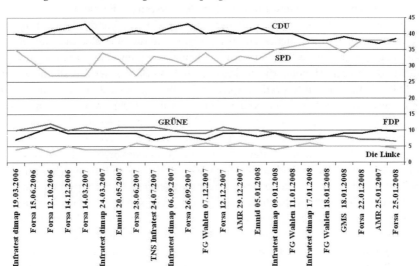

Im Herbst 2007 unternahm Roland Koch einen zweiten Anlauf, um sein Image zu verbessern. Diesmal inszenierte er sich als weltgewandter und international anerkannter Außenpolitiker. Anfang September brach Koch zu einer USA-Reise auf, wo er unter anderem Henry Kissinger traf und in New York den Finanzplatz Frankfurt präsentierte. Zwei Wochen später trat er mit dem Dalai Lama vor 13.000 Menschen in Neu-Anspach auf. Im Oktober empfing Koch den russischen Präsidenten Putin, als sich Bundeskanzlerin Merkel und er zu deutsch-russischen Regierungskonsultationen in Wiesbaden trafen.

Im November nutzte die CDU ihren Landesparteitag, um ihre Leistungsbilanz in den Vordergrund zu stellen. Koch versuchte dabei an die Stimmungslage der letzten Landtagswahl anzuknüpfen, indem er die eigenen Erfolge beschwor und den Umbauprozess in Hessen erneut für unvollendet erklärte. Von diesem eher provinziellen Parteitag in Stadtallendorf, bei dem alle Listenkandidaten, außer Kultusministerin Wolff, eine annähernd hundertprozentige Zustimmung erhielten, ging allerdings wenig Dynamik aus. Die Union entwickelte keine ähnlich großen Zukunftsprojekte wie noch zu Beginn der Legislaturperiode, stattdessen malte sie die Gefahr eines so genannten „Linkskartells" an die Wand. Die von der SPD angekündigten Neuerungen, beispielsweise in der Energiepolitik, kritisierte die Union als unfinanzierbar und nicht umsetzbar.

In der Vorweihnachtszeit verlief der Wahlkampf ruhig. Im Zuge der gesamtgesellschaftlichen Gerechtigkeitsdebatte verspürte die SPD jedoch einen diffusen Rückenwind, den sie mit dem Instrument der Mindestlohnkampagne konkreter aufzufangen suchte. Allerdings kündigte die SPD eine breit angelegte Kampagne zum Mindestlohn erst für die heiße Phase im Januar an. Gleichzeitig suchte Koch nach Themen, die rückblickend als Vorläufer der „Ausländerkriminalitäts-Kampagne" interpretiert werden können. Zunächst wies er in einem Interview mit der Wetzlarer Neuen Zeitung (01.12.2008) darauf hin, dass ein Vergleich der deutschen und finnischen PISA Ergebnisse wegen der hohen Immigrantenquote in Deutschland nicht zulässig wäre. Eine Woche vor Weihnachten forderte der Ministerpräsident das Verbot von Ganzkörperschleiern (Burkas) an hessischen Schulen und provozierte bei Landesausländer- und Elternbeirat heftige Reaktionen. Zweifel an der Ernsthaftigkeit dieser Forderungen wurden laut, als das hessische Kultusministerium auf Nachfrage zugab, dass ihm bislang kein einziger Fall von Schülerinnen, die solche Kleidung an Schulen tragen würden, bekannt sei. Auswirkungen auf die Stimmungslage hatten aber weder die am 2. Januar 2008 gestartete Mindestlohnkampagne der SPD noch die integrationspolitisch umstrittenen Aussagen Kochs. Eine Wechselstimmung war demnach bis zur ersten Januarwoche nicht erkennbar.

2.2 Die heiße Phase des Wahlkampfs

Die CDU-Landesregierung präferierte mit dem 27. Januar einen frühen Wahltermin, um einen kurzen und intensiven Wahlkampf führen zu können. Dennoch war es Koch selbst, der die heiße Phase früher als erwartet einläutete. In Reaktion auf einen Überfall in der Münchner U-Bahn, der von zwei ausländischen Jugendlichen auf einen Rentner verübt wurde, forderte Roland Koch am 27. Dezember 2007 über die „Bild-Zeitung" eine Verschärfung des Jugendstrafrechts. Koch zielte mit dieser Forderung zugleich gegen die SPD, deren Justizministerin Brigitte Zypris (SPD) er vorwarf für Versäumnisse auf diesem Feld verantwortlich zu sein. Damit rief er ein enormes mediales Echo hervor, das unmittelbar die Agenda des Wahlkampfes bestimmte. Der Bundesvorstand der CDU und Kanzlerin Merkel stellten sich hinter die Vorschläge des Ministerpräsidenten und verabschiedeten noch Anfang Januar die so genannte Wiesbadener Erklärung[4]. CDU-Generalsekretär Pofalle sagte: „Das ist ein Thema, das den Menschen unter den Nägeln brennt. Wenn unter jugendlichen Straftätern überproportional viele Ausländer sind, dürfen Staat und Politik nicht darüber hinwegsehen" (zitiert nach FAZ 30.12.2007). Erinnerungen an die Unterschriftenkampagne gegen die doppelte Staatsbürgerschaft aus dem Jahr 1999 wurden geweckt. Doch diesmal gelang es Koch nicht die Richtung seiner Kampagne zu bestimmen; sie entglitt ihm vielmehr. Denn Medien und Opposition suchten in seiner Regierungsbilanz nach Anhaltspunkten für eine positive Politik in diesem Bereich. Stattdessen wurden nun Defizite Hessens insbesondere im Jugendstrafvollzug und bei den überdurchschnittlich langen Verfahrensdauern thematisiert. Zudem machten verschiedene Sachverständige darauf aufmerksam, dass die im Rahmen der „Operation Sichere Zukunft" gekürzten Mittel im Bereich der Jugendhilfe die Probleme verschärft hätten. Eine besonders negative Bewertung gaben der Richterbund und Anwaltsverein zu Kochs Vorschlägen ab. „Die Diskussion gaukelt den Menschen Zusammenhänge vor, die es nicht gibt. Die Formel 'Härtere Strafen gleich höhere Abschreckung gleich weniger Straftaten' ist schlicht falsch." Die Politik erliege abermals der Versuchung, Fragen des Strafrechts für plakative Botschaften zu missbrauchen, kritisierte Oberstaatsanwalt Christoph Frank in der FAZ (03.01.2008). So entwickelte sich auch das Thema Jugendkriminalität zu einem erneuten Bumerang für die Landesregierung.

Anstatt aber zurück zu rudern, verschärfte Koch die Tonart und zog es im Einzelfall in Erwägung, dass Jugendstrafrecht auf Unter-Vierzehnjährige auszudehnen, was ihm eine Welle gesellschaftlicher Empörung einbrachte[5]. Auch aus

---

[4] Die Wiesbadener Erklärung der CDU beinhaltet aber weit mehr als nur das Thema Jugendkriminalität: Wachstum und Beschäftigung, Familie und Zusammenhalt der Generationen. In Bezug auf Jugendkriminalität, nimmt sie zwar die Vorschläge von Koch auf („Warnschussarrest, Erziehungscamps, Anwendung des Erwachsenenstrafrechts, Jugendstrafe von bis zu 15 Jahren statt maximal 10 Jahren, Sicherungsverwahrung, Fahrverbot, Änderung des Aufenthaltsrechtes), macht aber auch den Gedanken der Prävention stark (CDU 2008).

[5] Zu den schärfsten Kritikern gehörten der Vorsitzende des Kinderschutzbundes Hilgers und auch der Vorsitzende der GdP Friedberg.

den eigenen Reihen wurde Kritik laut. Der in Niedersachsen ebenfalls mitten im Wahlkampf stehende Ministerpräsident Christian Wulff und der Stellvertretende Bundestagsfraktionsvorsitzende Wolfgang Bosbach bekundeten ihre Ablehnung dieser Vorschläge. „Kinder sind Kinder, und da stellt sich die Frage vor allem nach den Eltern. (…) Theoretisch könne gegen die Eltern vorgegangen werden, wenn sie ihre Kinder vernachlässigen. Die Strafmündigkeit zu verändern, halte ich für falsch" (Wulff, zitiert nach Focus 14.01.2008). „Statt über härtere Strafen für Gewalttäter spricht Wulff über Toleranz, Liberalität und Weltoffenheit" (Teevs 19.01.02008). Die SPD-Spitzenkandidatin Ypsilanti reagierte hingegen klug, indem sie die offensiven Attacken auf Koch der Bundespartei überließ und so die staatstragende Rolle übernahm, indem sie auf die Fehler der hessischen Landesregierung bei der Integration von Migranten und in der Jugendkriminalitätsbekämpfung hinwies.

So konnte sich Ypsilanti nun wirksam mit ihren weichen Kompetenzen als sympathische und glaubwürdige Herausforderin profilieren. In der heißen Phase zogen sich beide Parteien somit auch auf ihre Kernidentitäten zurück: Die SPD setzte auf ein sozialpolitisches Thema, dessen breiter Zustimmung sie sich sicher sein konnte, während die Union ihr Profil als „law and order" Partei mit einer polarisierenden Kampagne einläutete. Damit zielte sie nicht nur auf ihre Stammwähler, sondern versuchte auch Wähler aus dem gegnerischen Lager zu mobilisieren. Wie alle Umfragen zeigten, kam mit dem Schwenk der CDU hin zu einer eher offensiven Oppositionskampagne zum ersten Mal eine echte Wechselstimmung in Hessen auf, da die SPD nun deutlich (und zu Lasten der Union) an Zustimmung gewinnen konnte und in den Umfragen gleichauf mit der Regierungspartei rangierte. Wenige Tage vor der Wahl entwickelte sich der zum Jahreswechsel scheinbar schon entschiedene Wahlkampf zu einem packenden Kopf-an-Kopf-Rennen.

Aufsehen erregten gut eine Woche vor dem Wahltag, am Abend vor dem mit Spannung erwarteten Fernsehduell, die Äußerungen von Wolfgang Clement, dem ehemaligen stellvertretenden Vorsitzenden der SPD, Ministerpräsident von NRW und Arbeits- und Wirtschaftsministers, zu den energiepolitischen Vorstellungen der hessischen SPD. Er riet von der Wahl seiner Partei in Hessen ab: Die energiepolitischen Positionen der hessischen SPD seien eine Gefahr für die Energieversorgung des Landes und dessen wirtschaftliche Stabilität (Welt vom 19.01.08). Erneut nahm die SPD eine geschickte Arbeitsteilung vor, indem sie der

Bundespartei die Attacken auf Clement überließ[6], während Spitzenkandidatin Ypsilanti Clements Einlassung elegant dethematisierte.

Am Tag des Fernsehduells, dem Sonntag vor der Wahl, waren 30 Prozent der Hessen noch unentschlossen hinsichtlich ihrer Wahlentscheidung (Infratest Januar 2008). Koch und Ypsilanti setzten bei ihrem direkten Aufeinandertreffen zwar inhaltlich keine neuen Akzente, überraschten aber als Personen umso mehr. Vor zahlreichen Fernsehzuschauern (13,7 Prozent Marktanteil in Hessen bei bis zu 450.000 Zuschauern) war Amtsinhaber Koch, ganz im Gegensatz zu seinem „rodeohaften" Wahlkampfstil zu Beginn der heißen Wahlkampfphase, sehr daran gelegen abzurüsten. Durch ein souveränes und nahezu landesväterliches Auftreten erreichte er dies. Zudem gelang es ihm die Zweifel an der finanzpolitischen Kompetenz Ypsilantis wach zu halten. Die Herausforderin überraschte hingegen nahezu alle Beobachter mit ihrem souveränen Auftreten und damit, dass sie es fertig brachte, dem Ministerpräsidenten insgesamt auf Augenhöhe zu begegnen, ohne sich in inhaltlichen Kompetenzfragen stark zu positionieren.

In der letzten Woche des Wahlkampfs war es vor allem das bürgerliche Lager, das den Lagerwahlkampf durch Negative-Campaigning weiter zuspitzte und hessenweit den Slogan „Ypsilanti, Al Wazir und die Kommunisten stoppen" plakatierte. Diese Verwendung der nicht deutsch klingenden Nachnamen der Spitzenkandidaten war für die rot-grüne Opposition ein Zeichen dafür, dass die hessische CDU erneut versuchte, mit Ressentiments einen emotionalisierenden Landtagswahlkampf zu gewinnen.[7] Viele Medien wandten sich in diesen Tagen deutlich von Koch ab und sprachen von einem „unappetitlichen" Wahlkampf (vgl. Die Zeit 25.01.2008).[8]

In der öffentlichen Meinung führte insbesondere die Art und Weise wie die Union die Ausländerkriminalität thematisierte zu einem massiven Kompetenz- und Glaubwürdigkeitsverlust der eigenen Partei. So stimmten zwar zahlreiche Wähler der Thematisierung der Frage an sich zu, standen aber den Lösungsvor-

---

[6] Beispielsweise forderte Struck Clement auf, die SPD zu verlassen, die Jusos forderten seinen Ausschluss.

[7] Ein ähnliches ehrverletzendes Vorgehen, wenngleich nicht an ausländerfeindliche Ressentiments anknüpfend, praktizierten vor allem während der Fußball Weltmeisterschaft 2006 und auch teilweise in einer früheren Phase des Wahlkampfes die hessischen Jusos mit ihren unwürdigen Attacken gegen den Ministerpräsidenten unter dem Motto „Kick den Koch", dabei wurde Kochs Kopf als Fußball dargestellt, gegen den ein Fußballspieler trat.

[8] Relativ unbeachtet blieben die Äußerungen von Kochs einzigem christdemokratischem Amtsvorgänger, Walter Wallmann, der ihm zwei Tage vor der Wahl in einem Interview Fehler in der Wahlkampfführung vorwarf (FNP 25.01.08).

schlägen Roland Kochs ablehnend gegenüber bzw. stellten der Regierung ein miserables Zeugnis über ihre eigene Landespolitik in diesem Feld aus.[9] Zudem wurde die SPD als glaubwürdiger empfunden. 77 Prozent der Wähler waren der Auffassung, dass der bundesweit einheitliche Mindestlohn ein ernstes Anliegen der Partei sei, während nur 54 Prozent dies beim Ausländerwahlkampf der Union glaubten.

2.3 Fazit des Wahlkampfes

Der hessische Landtagswahlkampf 2007/ 2008 war ein traditioneller Lagerwahlkampf. Beiden Lagern gelang es nicht sich primär auf hessische Themen zu konzentrieren und diese souverän zu kommunizieren. In der entscheidenden Phase des Wahlkampfes setzten beide auf allgemeine Themen. Die CDU verfing sich in einer (für eine mit absoluter Mehrheit regierenden Partei) strategisch untypischen Kampagne. Sie führte quasi einen Oppositionswahlkampf, anstatt ihre eigene Regierungsbilanz in den Vordergrund zu stellen. Mit ihrer polarisierenden Strategie führte sie zudem selbst die Wechselstimmung im Land herbei, die der zwar beliebten, aber zugleich wenig profilierten Kandidatin der SPD Raum zur Entfaltung gab. Bemerkenswert an diesem Wahlkampf war auch das bundesweite Medienecho. So sprach Viola Neu von der Konrad-Adenauer-Stiftung davon, dass „der hessische Wahlkampf mit dem ihn begleitenden medialen „Overkill" in die Geschichte der Bundesrepublik eingehen [könnte]" (Neu 2008: 3). Die Zuspitzung hatte zur Folge, dass die Berichterstattung auf der „Sachebene der Regierungs- und Leistungsbilanz, aber auch die Auseinandersetzung um die Realisierbarkeit von Konzeptionen [ausgeblendet wurde]" (ebd.).

Für beide Parteien ging es neben dem Erreichen der Regierungsmehrheit im Land auch darum, bundespolitische Signale zu setzen. Die SPD führte ihren hessischen Kampf in erster Linie gegen die CDU, sollte aber auch im Auftrag der Bundespartei die Linke unter der Fünfprozenthürde halten und deren Westausdehnung verhindern. Die CDU kämpfte für den Erhalt ihrer Regierungsmehrheit in Hessen, wurde aber zugleich an den Erfolgen ihrer Partei bei der gleichzeitig stattfindenden Landtagswahl in Niedersachsen gemessen. In beiden Ländern

---

[9] Vor der Wahl stimmten 84 Prozent der Wähler der Aussage zu, „Koch soll erstmal seine Hausaufgaben in Hessen machen und dafür sorgen, dass es hier schneller zu Gerichtsurteilen kommt." 72 Prozent meinten, „Koch hat ein wichtiges Thema angesprochen, aber seine Lösungsvorschläge sind nicht die richtigen." (Infratest Januar 2008).

wollte die Union den Nachweis der strukturellen Mehrheitsfähigkeit des bürgerlichen Lagers erbringen. Für Roland Koch ging es zudem darum, seine bundespolitischen Ansprüche und Ambitionen gegenüber Niedersachsens Ministerpräsident Wulff zu unterstreichen. Die kleinen Parteien standen im Schatten der großen Auseinandersetzungen. Die FDP, deren Vorsitzender Hahn 2003 - trotz absoluter Mehrheit der Union - in die Regierung eintreten wollte, dafür aber keine Mehrheit in der eigenen Partei gefunden hatte, bewahrte über die gesamte Legislaturperiode eine große Nähe zur CDU. Im Landtag trat sie als „gefühlte Regierungspartei" auf und grenzte sich auch im Wahlkampf kaum von der CDU ab (s. Beitrag von Schiller in diesem Band). Die Grünen taten sich schwer, da die SPD mit dem Thema erneuerbare Energien eines ihrer zentralen Felder besetzt hatte und darüber hinaus mit ihrer weiblichen Spitzenkandidatin nicht nur die Wechselwählerinnen, sondern auch Teile der eigenen Klientel besser ansprechen konnte. In der heißen Phase des Wahlkampfes ging der Aufstieg der SPD in den Umfragen deutlich zu ihren Lasten (s. Beitrag von Kleinert in diesem Band). Die Linke hingegen hatte überhaupt nicht auf hessische Themen gesetzt, sondern präsentierte sich als reiner Ableger ihrer Bundespartei, was durch eine Personalisierung über ihre Bundesprominenz, also durch Oscar Lafontaine und Gregor Gysi unterstrichen wurde. Ihre Adressaten waren insbesondere unzufriedene, ehemalige Wähler von SPD und Grünen sowie bisherige Nichtwähler (s. Beitrag von Schroeder, Greef und Reschke in diesem Band). Den Freien Wählern gelang es, trotz der Unzufriedenheit mit der Union zu keinem Zeitpunkt, sich als wahrnehmbare Alternative in den Wahlkampf einzumischen (s. Beitrag von Albert in diesem Band).

3 Das Ergebnis der Landtagswahl: Keine Mehrheit für ein Lager

Nachdem die letzten Prognosen vor dem Wahltag einen knappen Ausgang vorhersagten, blieb es auch am Wahlabend sehr lange spannend. So dauerte es fast bis Mitternacht, um festzustellen, dass die Linkspartei ins Parlament einziehen konnte und die Union stärkste Partei geworden war. Damit war klar, dass Roland Koch keine CDU-FDP-Koalition bilden konnte, die in einem Vierparteien-Landtag gerade noch möglich gewesen wäre.

3.1 Wahlergebnis und Wählerwanderung

Die regierende CDU musste einen der größten Verluste in ihrer Geschichte hinnehmen. Das Minus von 12 Prozentpunkten bedeutete, dass sie mit 36,8 Prozent quasi in die 1960er Jahre und in die Zeit des Aufschwungs unter Alfred Dregger zurückgeworfen wurde. Insgesamt verlor die Union 202.000 Stimmen an andere Parteien und 75.000 an die Nichtwähler. Am meisten profitieren davon SPD (90.000) und FDP (67.000). Allerdings blieb die CDU mit einem Vorsprung von ca. 3.500 Stimmen knapp stärkste Kraft. Die SPD konnte zwar mit 7,6 Prozentpunkten deutlich zulegen, was aber nicht darüber hinwegtäuschen kann, dass sie damit das zweitschlechteste Ergebnis ihrer Geschichte in Hessen erzielte und keineswegs an ihr Ergebnis von 1999 (39,4 Prozent) anknüpfen konnte. Sie gewann von allen Parteien – außer von der Linkspartei (-32.000) – und auch aus dem Lager der Nichtwähler Stimmen hinzu, am meisten von der CDU (90.000) und den Grünen (66.000). Die Grünen hatten seit ihrem Einzug in den hessischen Landtag 1982 nur zweimal ein schlechteres Ergebnis erzielt (1983 und 1999). Sie gewannen nur von der CDU Wähler hinzu (11.000) gaben zugleich aber besonders stark an die Linke ab (19.000). Die FDP feierte mit 9,4 Prozent ihr bestes Wahlergebnis seit 1970 und konnte erstmals seit dem Einzug der Grünen in den Landtag (1982) wieder drittstärkste Kraft in Hessen werden. Die FDP gewann allerdings nur von den Wählern der CDU, gab aber an alle anderen Parteien und an die Nichtwähler Stimmen ab. Die Linke hatte, nach unsicheren Umfragen im Vorfeld, mit 5,1 Prozent knapp den Einzug in den Landtag geschafft. Sie profitierte am stärksten von der SPD (32.000), aber auch deutlich von den Grünen (19.000) und von der CDU (17.000). Besonders stark fiel die Zustimmung bei den ehemaligen Nichtwählern (26.000) für die Linkspartei aus; hinzu kamen noch etwa 28.000 Stimmen aus den anderen Parteien. Dieses Ergebnis führte zu einer gleichen Sitzverteilung bei der SPD (+ 9) und bei der CDU (-14) mit je 42 Sitzen. Die FDP errichte elf (+2), die Grünen neun (-3) und die Linke sechs Sitze.

Trotz des medial stark beachteten und intensiv geführten Lagerwahlkampfes trat die Erwartung zahlreicher Beobachter, dass die Wahlbeteiligung steigen würde, nicht ein. Stattdessen gingen sogar noch etwas weniger Bürger als noch vor fünf Jahren zur Wahl (64,3 statt 64,6 Prozent). Die Zugewinne von SPD, Grünen und der Linken waren mit den Verlusten von CDU und FDP fast identisch. Vergleicht man das Wahlergebnis mit dem in Niedersachsen, wo die Wahlbeteiligung etwa 6 Prozent niedriger ausfiel, so kann vermutet werden, dass die hessische Polarisierung eine weitaus geringere Wahlbeteiligung verhindert hat. Zugleich kann aber auch davon ausgegangen werden, dass die positiven Auswirkungen eines so polarisierten Wahlkampfes wie in Hessen sich auf die Wahlbeteiligung in Grenzen halten. Denn, wenn eine Partei – durch ihren selbst gewählten Wahlkampfstil - für einen Teil ihres Klientels unwählbar wird und keine der anderen Partei in der Lage ist, diese Unzufriedenheit aufzufangen, so reduziert dies die Wahlbeteiligung.

Abbildung 2:   Wahlergebnis LTW 2008 Hessen

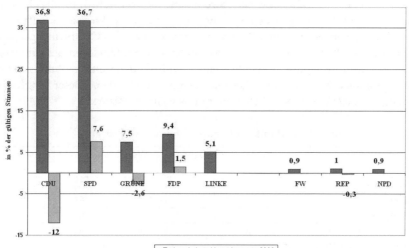

Abbildung 3:   Wählerwanderungssaldo Landtagswahlen Hessen 2003/ 2008*

	SPD	CDU	Grüne	FDP	Andere	Nicht-wähler	Erst-wähler	Zu-gezogene
SPD		90.000	66.000	8.000	3.000	68.000	58.000	
CDU							42.000	47.000
Grüne		11.000				7.000	16.000	20.000
FDP		67.000					11.000	17.000
Linke	32.000	17.000	19.000	5.000	28.000	26.000	5.000	8.000
Andere		17.000	1.000	5.000				
Nichtwähler		75.000		5.000				
Verstorbene	67.000	103.000	9.000	14.000	6.000			
Fortgezogene		39.000	29.000	16.000	11.000			

* zeilenweise lassen sich die Wählerstimmengewinne der jeweiligen Partei ablesen, spaltenweise die Verluste

3.2 Ursachen

Durch die intensiv geführte Auseinandersetzung in der heißen Phase des Wahlkampfes geriet in der öffentlichen Diskussion das landespolitische Stimmungs-
bild deutlich in den Hintergrund. Im Vergleich zu 2003 war die Landesregierung
jedoch mit einer strukturell deutlich verschlechterten Stimmungslage konfrontiert. Es ist davon auszugehen, dass dies keinen geringen Einfluss auf den Ausgang der Landtagswahl hatte. Gleichwohl hätte dies vermutlich für die Opposit-
on nicht gereicht, um selbst eine eigene Regierungsperspektive zu erhalten. Erst
durch die Polarisierung der CDU und ihr darauf folgendes Glaubwürdigkeitsde-
fizit, entwickelte sich eine spürbare Wechselstimmung. Im Gegensatz zur letzten
Landtagswahl war diesmal nämlich eine deutliche Mehrheit der Wähler bereits
seit geraumer Zeit mit ihrer Leistungsbilanz unzufrieden. Dieser langfristige
Trend wurde in der heißen Wahlkampfphase weiter verstärkt:

Tabelle 2:   Zufriedenheit mit der Landesregierung (in Prozent)

Zeitpunkt	Sehr zufrieden/ zufrieden	Weniger/ gar nicht zufrieden
2003	55	43
03/2006	42	56
03/2007	42	55
I 01/2008	42	56
II 01/2008	36	63

Quelle: Infratest Dimap

Angesichts der wirtschaftlichen Lage überrascht dieser Befund zunächst, schließlich hatte sich nicht nur die wirtschaftliche Lage in Hessen, sondern auch die
Einschätzung der Hessen zur wirtschaftspolitischen Lage im Land seit 2003 deutlich verbessert.[10] Die klassische Annahme, dass wirtschaftlich positive Rahmenbedingungen sich günstig auf das Wahlergebnis der Regierungspartei auswirken,
trifft für Hessen im Jahr 2008 also nicht zu. Woran sich diese strukturelle Unzufriedenheit inhaltlich festmachte, und vor allem wie sie sich im Wahlergebnis
niederschlug, zeigt die folgende Übersicht. Darin werden die für die hessischen
Wähler relevantesten Policy-Felder hinsichtlich der Zufriedenheit erfasst:

---

[10] Gute wirtschaftliche Stimmung: 2008: 60 Prozent; 2003: 31 Prozent.

Tabelle 3:   Themenbezogene Relevanz und Zufriedenheit mit der
Landesregierung sowie Kompetenzeinschätzung der Parteien
(Januar 2008/ in Prozent)

	Relevanz	Eher zufrieden	Eher unzufrieden	CDU	SPD
Bildungs- politik	52	20	71	28	50
Arbeitsmarkt	33	43	50	39	35
Kriminalität	19	26	68	45	33
Wirtschaft	11	52	40	47	29

Quelle: Infratest Dimap

Wichtigstes landespolitisches Thema war demnach die Bildungs- und Schulpolitik. Gerade in diesem Bereich weist die Union jedoch die schlechtesten Umfragewerte auf. Nur 20 Prozent waren mit der Arbeit von Kultusministerin Wolff zufrieden. Ähnlich miserabel fielen die Kompetenzwerte für die Union in diesem Feld aus. Dagegen attestierten die Befragten den Sozialdemokraten in diesem Politikbereich eine außerordentlich hohe Problemlösungskompetenz zu. Trotz einer deutlich verbesserten arbeitsmarktpolitischen Situation konnte die Regierung auch nicht von diesem Trend profitieren. Zwar konnte Ministerpräsident Koch das Thema Kriminalität zu einem erheblichen Zuwachs an Aufmerksamkeit verhelfen. Er schaffte es jedoch nicht – vermutlich vor allem aufgrund der massiven Unzufriedenheit mit seiner Regierungsbilanz - die traditionell guten Kompetenzwerte seiner Partei in Stimmen umzusetzen. Zudem zeigt die Übersicht eindrucksvoll, dass es der Union nicht gelang das einzige Thema, in dem sowohl die landes- als auch die parteipolitische Stimmung für sie positiv gewesen ist, ins Zentrum der Wahlauseinandersetzung zu stellen. Die SPD profitierte davon, dass sie ein an Stimmungen anschlussfähiges Politik- und Personalangebot besaß. Im Bildungssektor konnte sie die schlechte Stimmung aufgreifen, ohne ihr eigenes Konzept (Haus der Bildung) intensiver diskutieren zu müssen. In den Bereichen Wirtschafts- und Arbeitsmarktpolitik wie auch innere Sicherheit wurde der Landesregierung zwar kein gutes Zeugnis ausgestellt; trotzdem waren die Kompetenzwerte der CDU am Wahltag besser als die der SPD. Die Union erlitt während dieser Legislaturperiode in den landespolitisch entscheidenden Bereichen massive Kompetenzverluste, ohne dass die SPD in den Bereichen Arbeitsmarkt, Kriminalität und Wirtschaft bessere Werte als die Union zugesprochen bekam.

Tabelle 4:　　Kompetenzentwicklung seit der letzten Landtagswahl (in Prozent)

	CDU		SPD	
	2008	2003	2008	2003
Bildung	28	52	50	28
Arbeitsmarkt	39	56	35	23
Kriminalität	45	63	33	21
Wirtschaft	47	64	29	21

Quelle: Infratest Dimap

Trotz des Fokus auf bundespolitische Themen in den letzten Wahlkampfwochen war diesmal die landespolitische Lage für deutlich mehr Wähler entscheidender als noch vor fünf Jahren.

Tabelle 5:　　Landes- oder Bundespolitik als wahlentscheidende Themen (in Prozent)

	2008	2003
Land	66	45
Bund	19	37
Beides gleich	14	17

Quelle: Infratest Dimap

Ihre inhaltlichen Defizite konnte die CDU bei dieser Wahl zudem nicht mit der Person des Ministerpräsidenten Roland Koch kompensieren. Im Gegensatz zu zahlreichen anderen Bundes- und Landtagswahlen verfügte dieser im Vergleich mit Andrea Ypsilanti über keinen Amtsbonus. Koch war zum Zeitpunkt der Wahlentscheidung zwar bekannter, hätte eine direkte Wahl zum Regierungschef gegen seine Herausforderin allerdings hypothetisch verloren:

Tabelle 6:　　Direkter Vergleich Roland Koch und Andrea Ypsilanti (Januar 2008/ in Prozent)

	Koch	Ypsilanti
Bekanntheit	98	85
Zufriedenheit	40	56
Direktwahl	39	51

Quelle: Infratest Dimap

3.3　Analyse von Gewinnen und Verlusten[11]

3.3.1 Bevölkerungsgruppen

Die CDU und die Grünen verloren bei dieser Landtagswahl in allen Alters-, Bildungs- und Berufsgruppen, während SPD und FDP (bis auf wenige Ausnahmen) überall zulegen konnten. Die Union musste insbesondere bei den jüngeren Wählern erdrutschartige Verluste hinnehmen. Bei den unter 30-Jährigen votierten nur 28,7 (-19,1 Prozent), bei den unter 44-Jährigen lediglich 30,1 Prozent (-15,2) für die Union. Diese konnte nur dank der (fast unverändert) starken Zustimmung der über 60-Jährigen ein noch schlechteres Abrutschen verhindern. Offenkundig war allein für diese Alterskohorte die bipolare Kulturkampfrhetorik der CDU attraktiv genug.

Von den Verlusten der Union, aber auch der Grünen, in den jüngeren und mittleren Altersgruppen, profitierte insbesondere die SPD. Die deutlichsten Zugewinne erreichte sie bei der Gruppe der Frauen unter 30 (+22,5 Prozent), von denen fast jede zweite für die Partei von Andrea Ypsilanti stimmte (47,6 Prozent). Deutlich ist auch, dass die SPD – im Gegensatz zur CDU – bei den über 60-Jährigen deutlich zurückgefallen ist (35 Prozent), in allen anderen Altersgruppen aber über 40 Prozent erreichte. Die Frage der Altersstruktur ist besonders bei der Linkspartei interessant, weil sie nur in ganz wenigen Altersgruppen mehr als fünf Prozent erzielen konnte. Danach sind insbesondere die Männer zwischen 45 und 59 Jahren mit einem etwa 9-prozentigen Wähleranteil besonders empfänglich für die Linkspartei, während Frauen die Linkspartei eher nicht wählen, bei ihnen kommt die Linke auf weniger als 4 Prozent.

Im Hinblick auf die beruflichen Tätigkeiten der Wähler zeigt sich, dass die CDU am deutlichsten bei Selbständigen (-25 Prozent) und Beamten (-23 Prozent) verloren hat. Die SPD gewann im Gegenzug am meisten bei den Beamten (+18 Prozent) und bei den Angestellten (+14 Prozent), aber auch bei den Selbständigen (+13 Prozent), die sonst nicht zur Kernklientel der SPD gehören, hinzu. Die FPD profitierte von den Verlusten der CDU, besonders bei den Selbständigen (+7 Prozent) und bei den Auszubildenden (+4 Prozent). Die Linke kam bei allen Berufsgruppen, außer den Selbständigen und Rentnern auf über fünf Prozent. Ein

---

[11] Die Daten beziehen sich auf Erhebungen von Infratest-Dimap, die den hessischen Wahlkampf ausführlich analysiert und dokumentiert haben. Darüber hinaus existieren zur Wahlauswertung auch Daten von der Forschungsgruppe Wahlen. Zwischen beiden Erhebungen variieren in einigen Bereichen die erhobenen Werte.

besonders gutes Ergebnis erzielte sie bei den Beamten (8 Prozent) und den Arbeitslosen (14 Prozent).

3.3.2 Regionen

Im regionalen Vergleich scheint sich Hessen in der Tat wieder ein Stück weit zu normalisieren. Im Norden (Regierungsbezirk Kassel; 22 Prozent der Wahlberechtigten) lag die SPD wieder deutlich vor der CDU (41,4 Prozent zu 34,1 Prozent); in Mittelhessen (RBZ Gießen; 18,2 Prozent der Wahlberechtigten) trennten beide Parteien hingegen deutlich weniger Stimmen. Einzig im Süden (RBZ Darmstadt; 59,8 Prozent der Wahlberechtigten) lag die Union vor der SPD (37,7 Prozent zu 34,3 Prozent). Die Linkspartei liegt, wenn auch mit leicht besseren Ergebnissen im Norden, fast überall im Landesdurchschnitt von ca. 5 Prozent. Die SPD schnitt in den kreisfreien Städten (35,9 Prozent) besser ab als die CDU (32,3 Prozent), die dafür in den Landkreisen – wenn auch knapp – stärkste Kraft blieb (37,9 zu 36,9 Prozent). Die Linke, eine eher urbane Partei, schnitt in den Städten überdurchschnittlich gut ab (6,7 Prozent), lag aber auch in den Landkreisen nur knapp unter 5 Prozent (4,7 Prozent).

3.3.3 Erststimmenwahlkreise

Die SPD konnte bei dieser Wahl ihr Fiasko von 2003 (nur zwei der 55 Erststimmenwahlkreise gewonnen) korrigieren und rangiert nun wieder auf Augenhöhe mit der CDU, die nur einen Direktkandidaten mehr im Landtag stellen wird. Roland Koch konnte im Hoch-Taunus-Kreis I mit deutlichen 52,3 Prozent sein Direktmandat verteidigen, Andrea Ypsilanti hingegen sorgte mit ihrem Sieg im Frankfurter Wahlkreis VI, eigentlich einem sicheren CDU-Kreis, für eine kleine Überraschung. Mehrere Regierungsmitglieder und führende Köpfe der hessischen CDU mussten sich jedoch ihren Herausforderern von der SPD, zum Teil überraschend deutlich, geschlagen geben. Kultusministerin Wolff verlor ihren Darmstädter Wahlkreis mit ca. zehn Prozentpunkten Rückstand ebenso klar wie der CDU-Fraktionsvorsitzende Christian Wagner aus Marburg-Biedenkopf. Sozialministerin Silke Lautenschläger musste sich in ihrem Heimatwahlkreis ebenfalls mit Platz zwei begnügen.

3.4 Die Landtagswahl 2008 im Kontext der historischen Wahlentwicklung Hessens

Um die Veränderungsdynamik in der Wählerschaft zu quantifizieren ist der Pedersen-Index[12] ein international genutztes Instrument. Dieser Index misst für die Landtagswahl 2008 eine Veränderungsdynamik, die auch für hessische Verhältnisse als außerordentlich hoch zu bezeichnen ist. Zuletzt wurde ein solcher Wert Ende der 50er Jahre erreicht als die CDU noch lange nicht mit der SPD auf Augenhöhe lag und der BHE noch im Landtag vertreten war. Auch 1983 als sich das hessische Parteiensystem von drei auf vier Parteien erweiterte, lag der Pedersen-Index nur halb so hoch.[13] 2008 kamen zwei Extrema zusammen, die zuvor noch nicht gleichzeitig in Hessen beobachtet werden konnten. Zum einen haben sich die Größenverhältnisse zwischen den Volksparteien nach dem erdrutschartigen Verlusten der SPD 2003 wieder angeglichen, zum anderen hat sich das Parteiensystem gleichzeitig von vier auf fünf Parteien erweitert. Der hohe Pedersen-Index zeigt, dass die Größenverhältnisse der Parteien untereinander in Hessen wieder deutlich volatiler geworden sind. Sollte sich das Fünf-Parteiensystem stabilisieren und sich die Volksparteien weiterhin auf Augenhöhe begegnen, so wird bei der nächsten Landtagswahl wieder ein deutlich geringerer Wert erreicht.

---

[12] Der Pedersen-Index summiert die Gewinne aller Parteien bei einer Wahl im Vergleich zur vorangegangenen Wahl. Dagegen werden die Verluste für diese Berechnung nicht berücksichtigt, da sich sonst die Aus- und Abschläge neutralisieren und somit keine Dynamik erkennbar wäre. Mit diesem Indikator sind zwar keine Aussagen über den individuellen Wechselwähler möglich, wohl aber eine Bewertung der Veränderungsdynamik bezüglich des Elektorats (Pedersen 1990).

[13] Bemerkenswert für die Entwicklung dieses Indexes in der hessischen Geschichte ist, dass die Verschiebungen in den Jahren, in denen ein Regierungswechsel stattgefunden hat, also 1987, 1991 und 1999 immer relativ gering ausfielen.

Abbildung 4:   Entwicklung des Pedersen-Index bei hessischen Landtagswahlen
1950 - 2008

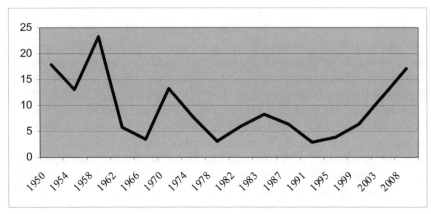

Quelle: Eigene Berechnung

Als ein weiterer wichtiger Indikator, um die strukturelle Entwicklung eines Parteiensystems zu erfassen, wird die addierte Stimmenzahl, die auf die beiden Volksparteien fällt, betrachtet. Der Konzentrationsgrad der hessischen Volksparteien entwickelte sich wechselhaft. Der gemeinsame Anteil von SPD und CDU am Gesamtwahlergebnis stieg bis Mitte der 1970er Jahre an und fällt seither. Wobei zwischen 1970 und 1999, mit Ausnahme von 1995 eine relativ stabile Hochphase mit Werten von über 80 Prozent zu verzeichnen ist. Pedersen-Index und Konzentrationsgrad weisen einen negativen Zusammenhang auf. In Phasen mit einem hohen Pedersen-Wert fiel der Konzentrationsgrad geringer aus. Dies ist nicht nur 2008 der Fall, sondern auch in der Anfangsphase nach 1946. In der Zwischenphase war der Konzentrationsgrad hoch und der Pedersen-Wert geringer. Dieser Zusammenhang meint, dass in einem Parteiensystem mit gleichstarken Volksparteien, die Spielräume für Gewinne und Verluste der Parteien insgesamt gering sind, was zu einem geringen Pedersen-Index führt.

Abbildung 5:   Konzentrationsgrad des hessischen Parteiensystems 1946 bis 2008

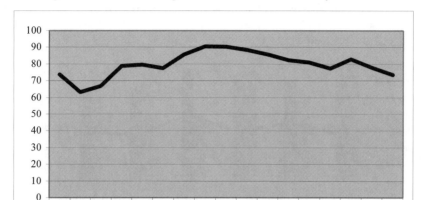

Quelle: Eigene Berechnung; der Konzentrationsgrad gibt die summierten Wahlergebnisse der Volksparteien bei Landtagswahlen an.

Der Vergleich von Bundestags- und Landtagswahlergebnissen für die beiden Volksparteien macht deutlich, dass die CDU bei Landtagswahlen im Zeitraum seit 1998 vor der SPD liegt, bei Bundestagswahlen verhält es sich umgekehrt. Die Darstellung der absoluten Wählerzahlen zeigt, bei welchen Wahlen die Parteien ihr Potenzial maximal mobilisieren konnten. Der CDU ist es bei der Landtagswahl 2003 gelungen, mehr Stimmen als je zuvor bei einer Landtags- oder Bundestagswahl zu mobilisieren. Dies ist außergewöhnlich, da bei Landtagswahlen, wie die obere Linie zeigt, die Wahlbeteiligung deutlich geringer ist als bei Bundestagswahlen.

Abbildung 6:   Absolute Wählerzahlen und Prozentwerte der Volksparteien bei Bundestags- und Landtagswahlen im Vergleich

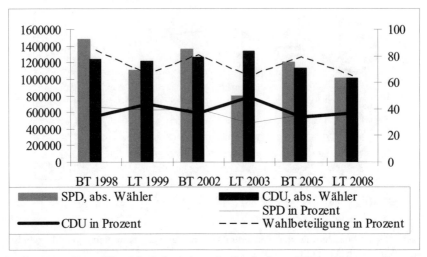

Quelle: Eigene Darstellung; die linke Achse gibt die absoluten Wählerzahlen an, die rechte die Wahlergebnisse und die Wahlbeteiligung in Prozent.

4   Fazit

Das bemerkenswerteste Moment im hessischen Landtagswahlkampf 2008 war das selbst verschuldete, vergleichsweise schlechte Abschneiden der Union. Im Vergleich zum herausragenden Ergebnis von 2003 waren Verluste erwartet worden. Den Umfragen zufolge konnte man mit einem ähnlichen Ergebnis wie 1999 rechnen (CDU 43,4 Prozent). Mitverantwortlich für die nachlassende Wählergunst war, dass es der Landesregierung immer weniger gelang, ein erfolgreiches Bild ihrer Arbeit zu vermitteln. Stattdessen war sie mit großer Unzufriedenheit in der Bevölkerung konfrontiert. Besonders gravierend ist zum einen der Umstand, dass diese Probleme besonders in den Politikfeldern auftraten, in denen man 2003 noch äußerst hohe Zustimmungswerte erfahren hatte. Zum anderen schaffte es die Regierung nicht, von den positiven wirtschaftlichen und arbeitsmarktpolitischen Rahmenbedingungen zu profitieren. Zu guter Letzt ist es Roland Koch auch in seiner zweiten Amtszeit nicht gelungen, neben seinem Image als „Macher" auch das des „Landesvaters" weiterzuentwickeln (s. dazu den Beitrag von

Klecha, Munimus und Weinmann in diesem Band). Die Hälfte des Verlustes der CDU lässt sich somit durch die Normalisierung des Ergebnisses und durch die im Vergleich zur ersten Legislaturperiode als schlechter empfundenen Regierungsbilanz erklären. Die Strategie der Landesregierung, Hessen wie einen Konzern umzubauen, eine Vielzahl von Baustellen zu eröffnen, ohne dass deren Ende absehbar ist, hat sich als problematisch erwiesen. So musste die CDU erkennen, dass sie die Wähler mit ihren zahlreichen Umbauprojekten überforderte und dass sich zu viele gesellschaftliche Gruppen als Verlierer dieses Umbauprozesses sahen. Die Reihe reichte von Beamten und Angestellten des Landes über alle von der „Operation sichere Zukunft" Betroffene bis zu Eltern und Studierenden.

Dass nach zwei Legislaturperioden die Zustimmungswerte zu den Leistungen der Regierung sinken, ist eher normal als außergewöhnlich, sodass eigentlich davon auszugehen war, das die Verluste der Union durch die FDP hätten kompensiert werden können, und so weiterhin eine bürgerliche Regierungsbildung möglich gewesen wäre. Bis Anfang Januar konnte die Union den Vorsprung vor der SPD weitgehend stabilisieren. Die Sozialdemokraten und ihre Spitzenkandidatin fanden trotz Sommertour, Experten-Importen für Energie (Scheer) und Bildung (Domisch) und bundesweiter Mindestlohndebatte bis zum Jahreswechsel keinen brauchbaren Weg, um einen Stimmungswechsel aus eigenen Kräften zu generieren.

Am Ende des spannenden Wahlkampfes stand ein nicht minder spannendes Ergebnis. Mit einem Fünf-Parteiensystem ohne Mehrheit für Schwarz-Gelb oder Rot-Grün, ist Hessen (mit Niedersachsen) der erste westdeutsche Landtag, in dem die Zusammensetzung des Bundestages nachgezeichnet wird. Schwieriger als auf Bundesebene gestaltet sich in Hessen die Regierungsbildung. Dazu beigetragen haben insbesondere zwei Entwicklungen: Erstens die Geschichte des polarisierten hessischen Parteiensystems, dass in den letzten 30 Jahren so unversöhnliche Debatten wie kaum ein anderes Landesparlament erlebte. Zudem haben aber auch die abgrenzenden Vorfestlegungen des Wahlkampfes den offenen Umgang der Parteien erschwert. Nach dem Wahlkampf wurden diese Koalitionsabsagen nicht relativiert, sondern eher noch verschärft, was besonders für die Absage der FDP in Richtung der SPD und Distanzierung der SPD von der Linken gilt.

Vergleichbar schwierige gordische Knoten wird es in Zukunft in Fünf-Parteiensystemen häufiger geben. So müssen sich alle Parteien mit der Frage ihrer Koalitionsoptionen zukünftig vorsichtiger bewegen um schließlich flexibler auf ein konkretes Wahlergebnis reagieren zu können. Zum einen könnten die Volksparteien in Fragen der Wirtschafts- und der Verteilungspolitik näher zusammenrücken, so wie es auf Bundesebene praktiziert wird. Denkbar sind auch verstärkt Dreier-Koalitionen wie die Ampel oder Jamaika. Während die unversöhnlichen Haltungen zwischen den Grünen und der CDU der Vergangenheit angehören, stellt die FDP seit einiger Zeit ein Problem für solche Koalitionen dar. Vermutlich ist die außerordentlich enge Anbindung der FDP an die Union in einem Fünf-Parteiensystem nicht mehr zeitgemäß. Einen Tag nach der Hessenwahl mahnte die stellvertretende FDP-Bundesvorsitzende Cornelia Pieper im Tagesspiegel vor einer zu starken Bindung an die CDU bei der Bundestagswahl 2009 und forderte damit von Parteichef Westerwelle eine Kurskorrektur[14]. Im gleichen Zug müssen sich die Grünen fragen, ob sie Jamaika-Koalitionen oder schwarz-grüne Bündnisse auf ewig von sich weisen wollen. Für Jamaika in Hessen würden auch die Beispiele auf kommunaler Ebene in zahlreichen Kreisen und vor allem in den Städten Frankfurt, Wiesbaden und Gießen sprechen, wovon eine Sogwirkung für die Landesebene ausgehen könnte. Die zweite Möglichkeit, um in einem Fünf-Parteiensystem eine klare Mehrheit herzustellen, wäre eine rot-rot-grüne Option, bei der die SPD ihre ablehnende Haltung überwinden müsste. Die Linkspartei müsste sich hingegen in einigen grundlegenden bundespolitischen Fragen an den zwischen allen anderen Parteien (weitgehend) herrschenden Konsens, bspw. in der Außen- oder Sozialpolitik, annähern, um eine solche Option auch auf bundespolitischer Ebene möglich zu machen. Mit Blick auf die politische Kultur in Deutschland ist der Ausweg aus dem derzeitigen Fünf-Parteien-Dilemma, das fast immer in eine große Koalition führt, sicher mehr in der Pluralisierung der Koalitionsoptionen als in der Flucht in ein Mehrheitswahlrecht, wie nun von einigen Akteuren[15] gefordert zu suchen (vgl. Süddeutsche 05.02.2008).

---

[14] Markus Löning, FDP Vorsitzender in Berlin, forderte in der Berliner Zeitung am 28.01.2008 Ähnliches: „Die einseitige Bindung an die CDU ist falsch. Einen Zwei-Lager-Wahlkampf darf es für die Bundestagswahl nicht geben, sonst macht sich die FDP zum Geburtshelfer für eine Regierung mit der Linkspartei. Die FDP müsse zwar sagen, was die beste Koalitionsoption ist, aber sie muss auch gesprächsbereit bleiben für die SPD und für die Grünen."

[15] Gefordert hatten dies u.a. der sächsische Ministerpräsident Milbradt, der Ring Christlich Demokratischer Studenten (RCDS), der ehemalige Bundesverfassungsgerichtspräsident Ernst Benda und der Passauer Politologe Gerd Strohmeier, der ein solches Konzept entworfen hat.

Quellen- und Literaturverzeichnis

CDU (2008): Wiesbadener Erklärung, Beschluss des Präsidiums vom 5.1.2008, http://www. cdu.de, Zugriff 1.2.2008.

Der Tagesspiegel (28.1.2008): Pieper: Nicht zu früh an CDU binden, http://www.tagesspiegel.de, Zugriff 29.1.2008.

Frankfurter Allgemein Zeitung (1.3.2008): Richterbund: Debatte über härtere Strafen „überflüssig".

Ders. (3.2.2008): Roland Koch im Interview: „Ich habe auch CDU-Wähler irritiert".

Frankfurter Neue Presse (25.1.2008): Wallmann: Koch hat Fehler gemacht. Interview mit Walter Wallmann.

Focus Online (14.1.2008): CDU-Spitze stellt sich gegen Koch, http://www.focus.de, Zugriff 14.2.2008.

Graf, Jutta (2003): Landtagswahlen in Hessen und Niedersachsen am 02. Februar 2003, Sankt Augustin, www.kas.de, Zugriff 29.1.08.

HR-Online (2008): Wolff wirft das Handtuch, http://www.hr-online.de, Zugriff 15.2.2008.

Infratest Dimap (März 2007): Hessen Trend, Berlin.

Infratest Dimap (Januar 2008): Hessen Trend, Berlin.

Initiative Neue Soziale Marktwirtschaft (Hrsg.) (2007): Bundesländerranking 2007, http://www.bundeslaenderranking.de, Zugriff 29.1.2008.

Neu, Viola (2008): Landtagswahlen in Hessen und Niedersachsen am 27. Januar 2008, http://www.kas.de, Zugriff 2.2.2008.

Pedersen, Mogens (1990): Electoral Volatiliy in Western Europe, 1948 – 1977, in: Peter Mair (Hrsg): The West European Party System, Oxford, S.195– 207.

Schmitt-Beck, Rüdiger/ Weins, Cornelia (2003): Die hessische Landtagswahl vom 2. Februar 2003: Erstmals Wiederwahl einer CDU-Regierung. In: ZParl, 4, S.671– 688.

SPD-Parteivorstand (2008) (Hrsg.): Landtagswahl in Hessen. Ergebnisse und Schnellanalysen auf Basis der Kurzfassung des Infratest-dimap-Berichtes für die SPD.

Spiegel Online (2006): Auf, auf zum fröhlichen Klagen, http://www.spiegel.de, Zugriff 16.2.2008.

Süddeutsche Zeitung (5.2.2008): Diskussion um Mehrheitswahlrecht. Kleine Parteien, große Wirkung.

Teevs, Christian (19.1.2008): Wulff lässt Koch abblitzen, in: Spiegel Online, http://www.spiegel.de, Zugriff 20.1.2008.

Welt (19.1.2008): Clement warnt vor Wahl von Andrea Ypsilanti.

Jakob Schissler

Politische Kultur in Hessen im Wandel

Die hessische politische Kultur wurde durch die Nachkriegsregierungen des Landes, vor allem durch den übergroßen Einfluss der hessischen SPD unter Ministerpräsident Georg-August Zinn in den 50er und 60er Jahren des letzten Jahrhunderts geprägt.

1 Die Herausbildung der hessischen Identität

Merkmal dieser Prägung war, dass das „rote Hessen" gegen den schwarzen Bund, die Bonner Adenauerdemokratie, stand. Natürlich war die hessische Bevölkerung auch stolz darauf, wichtiger Teil der Bundesrepublik zu sein. Aber das Gefühl, in diesem Verbund eine besondere Rolle zu spielen, schafft schon ein bestimmtes Eigenbewusstsein. Hessen hatte wenig Tradition mit sich herumzuschleppen. Die drei wesentlichen Teile, das ehemalige Großherzogtum Hessen-Darmstadt im Süden und in der Mitte, das Kurfürstentum Hessen-Kassel im Norden sowie Hessen-Nassau im Westen waren Gebilde von Napoleons Gnaden und hätten auch getrennt voneinander existieren können. Als dann aber nach 1945 die USA diese drei Teile zum „Amerikanischen Hessen" fügten – die Nummernschilder waren damals mit AH beschriftet – da wurde dies spontan von der Bevölkerung des neuen künftigen deutschen Bundesstaates akzeptiert.

An der Zonengrenze liegend konnte sich Hessen sowohl mit den Amerikanern als auch mit dem generellen Antikommunismus der fünfziger Jahre identifizieren. Beide Haltungen wurden zunehmend auch von den siegreichen Sozialdemokraten repräsentiert. Zwar gab es anfänglich vor allem in Nordhessen noch sehr viele Landwirte, die überwiegend nationalkonservativ, d.h. damals FDP wählten, aber in den Vordergrund der Entwicklung rückte der industrielle Aufschwung und damit die Massenbeschäftigung in den 50er und 60er Jahren. Für die breite Arbeitnehmerschicht gab es mäßigen Aufstieg, aber viel Beschäftigung bis hin zur Vollbeschäftigung. Diese Trends kamen vor allem der Sozialdemokratie zugute und weniger den Liberalen, deren nationale Basis in Nordhessen mit dem Wandel hin zur Industriegesellschaft abbröckelte und auch nicht der hessischen CDU, die unter dem Frankfurter Bürgermeister Wilhelm Fay als eine noble Mittel- und Oberschichtpartei recht marginal blieb, zudem auch konsensual von den Sozialdemokraten eingebunden wurde.

Unter sozialdemokratischer Regie konnte die Bevölkerung ihre hessische Identität in Zustimmung zur bundesrepublikanischen Oberhoheit in einer Weise ausbilden, von der niemand geträumt hatte. Sozialer Wohnungsbau schuf neue Wohnungen, die Eigenheimentwicklung boomte. In dieser besten aller Welten ging es im Lebensstandard bergauf und im Gefühl der Menschen ebenfalls. Die historischen und religiösen Traditionen wie in Bayern oder in Baden-Württemberg gab es in Hessen nicht, insofern konnten die Menschen sich hier gleicher fühlen als anderswo – vielleicht mit Ausnahme von Nordrhein-Westfalen. Die hessische Verfassung mit ihrem Artikel über die Sozialisierung und mit anderen progressiven Grundrechtsartikeln sowie einem revolutionären Betriebsrätegesetz war in Hessen schon 1946 intensiv diskutiert und in einer Volksabstimmung angenommen worden (Zezschwitz 1997). Dies alles verstärkte den Eindruck, dass das rote Hessen etwas moderner war als der Rest der Bundesrepublik.

Mit dem Wiederaufbau der im Krieg zerstörten Städte entwickelte sich auch ein regionales und lokales Wir-Gefühl, das nicht sonderlich stark ausgeprägt war, weil es keine Widerstände dagegen gab und keine Konfliktlinien darüber auftauchten. Die Religionen vertrugen sich überwiegend, es gab keine Kirchenkämpfe, wenngleich sicherlich manche katholische Diaspora das säkulare Treiben in Hessen nicht gerade genießen konnte. Aber die Sammlungspartei CDU überbrückte diese leichten Mangelempfindungen.

2 Symbole und Rituale

Somit können wir festhalten: Wir haben bisher über hessische Symbole gesprochen: der rote Löwe oder die Farbe Rot für das Image des Fortschrittlichen, die hessische Verfassung und das Rechtssystem als egalitär, der Potenz nach sozialistisch, drittens eine effiziente Landesregierung, die in der Folge mit „Hessenplan" und „großem Hessenplan" eine aktivistische Politik repräsentierte und in Persönlichkeiten wie Georg-August Zinn, Albert Oswald, Rudi Arndt und den Frank-

furter Oberbürgermeistern Brundert und Möller sowie dem Generalstaatsanwalt
Fritz Bauer starke Führungspersönlichkeiten stellte, die dem Wunsch der Zeit
nach Autorität nachkamen – bei gleichzeitiger Vorstellung von Gleichheit. Dies
alles rundete die Symbolik zu einem ganzheitlich gelungenen Mix ab, der lange
trug. Mit der Studentenrevolte und mit dem Bau der Atomkraftwerke in Biblis
ging diese hessische Idylle der Sozialdemokratie ihrem Ende entgegen.

Symbole repräsentieren über Bilder oder über Farben ganze Paletten von sozialen Zuständen, jedenfalls deren Bewertung. Um solche Symbole freilich zu
bestätigen, bilden sich in der Politik Rituale aus. Die wichtigsten Rituale sind
Wahlen, die einen sportlich-kämpferischen Charakter haben und eben Sieger und
Besiegte produzieren. Aber der hessische Ministerpräsident Zinn hatte 1960 das
Gefühl, es müsse etwas mehr für die Identifikation der Bevölkerung mit dem
hessischen Staat getan werden und man erfand den Hessentag. Er fand 1961
erstmals in der oberhessischen Fachwerkstadt Alsfeld statt und erfreute sich
zunehmend großer Beliebtheit. Seitdem wird er jährlich wiederholt und fand
2007 in Ansbach statt, wo es seit 1978 das Freilichtmuseum den „Hessenpark"
gibt – ein schönes Arrangement von hessischen Fachwerkhäusern. Diese Anlage
hält die Erinnerung an das vorindustrielle Hessen wach, wenngleich eine solche
Mentalität nicht eine ursprüngliche sozialdemokratische Nostalgie widerspiegelt
und politisch auch den Mittelschichtparteien zugute kommt. Ergänzt wurde
diese Symbolik durch die Programme „Dorfgemeinschaftshäuser" und „Unser
Dorf soll schöner werden" (Müller 1995). Aber all diese Programme zeigen, dass
die Sozialdemokratie in Hessen auch eine integrierende Rolle spielte, die hessische Identität über den Parteien und im sozialen Ausgleich und Zusammenhalt
suchte. Insofern ist der Begriff „Staatspartei" gerechtfertigt.

Die Hessentage stellen einen Mix aus Kommerz und politischer Einheit dar,
weil die Umzüge auf die Vorzüge hessischer Produkte verweisen sollen und der
Vorbeimarsch der Wagen an den hessischen Landesvätern so etwas wie eine
moderat monarchische Huldigung darstellt. Die Kombination von Kommerz und
Huldigung scheint dem modernen Gefühl nach Überhöhung entgegenzukom-
men, und mancher Bewohner Hessens wird der Meinung sein, dass es sich hierbei um Kitsch handelt. Dennoch spielt der Hessentag für viele Menschen eine
große Rolle beim Mitmachen, sich einbringen, sich identifizieren. Ohnehin kann
man in einer mobilen Gesellschaft nicht damit rechnen, dass alle sich unter einem
Hessengefühl versammeln. Viele mobile Bewohner Hessens haben ein lediglich
rationales Gefühl dem politischen Gemeinwesen gegenüber, in dem sie leben. Für
ein lokales Heimatgefühl an einem bestimmten Platz fehlt häufig die Zeit. Manche intellektuell Angehauchten mögen die Vorstellung einer Identifikation ganz

von sich weisen. Sie nutzen den Rahmen des Landes für einen rationalen Entwurf des eigenen Lebens. Und einem Menschen, der betont schwäbisch in Hessen spricht, wird man es nicht verübeln, dass er sich seiner Sprache wegen weiterhin als Schwabe fühlt und dies auch bleiben wird. Diesen rationalen Bezug zum Lande dürften auch all diejenigen ausprägen, die aus beruflichen Gründen in Hessen landen und deren Familien hier ihren Platz suchen müssen. Sich als Hesse zu fühlen, mag nicht jedermanns Sache sein. Die Symbolik des Landes macht es allerdings leicht, sich dem rationalen Fortschrittsdenken, das seit Ministerpräsident Zinn in dem Slogan „Hessen vorn" kulminierte, anzubequemen. So leicht wie ein Hesse kann man nicht Bayer, Württemberger oder Berliner werden. Bei dem hohen Anteil von Ausländern in Hessen ist der leichte Zugang zur Identifikation mit Hessen ebenfalls gewährleistet. Auch hier erweist sich die frühe Festlegung auf Gleichheit und Fortschritt als eine Hilfe für die Akzeptanz der neuen Lebenswelt. Integration ist schwierig bis unmöglich – auch Amerikas Schwarze leben nicht sonderlich integriert, aber sie leben seit den sechziger Jahren des letzten Jahrhunderts gleichberechtigt. Wenn eine türkische Kassiererin in Frankfurt zu einem sagt: „Des kost drei Makk fuffzisch", dann weiß man, dass sie in Hessen zumindest angekommen ist.

3   Wahlen und Landtag

Ein weiteres Ritual in Hessen sind die Wahlen, wie schon erwähnt. Und dies gerade deshalb, weil Hessen einen Kontrapunkt zum Bund darstellt. Als in Bonn die sozialliberale Koalition an die Macht kam, geriet die hessische SPD in die Krise, und zwar aufgrund ihres Erfolges. Die Formation der alten Industriegesellschaft geriet unter Kritik und diese Formation wurde in Hessen den Sozialdemokraten als der Staatspartei zugeordnet. Die CDU entwickelte sich in dieser Konstellation Ende der sechziger Jahre zu einer aggressiven Konfrontationspartei und konnte in ganz kurzer Zeit mit den Sozialdemokraten gleichziehen, bzw. diese sogar stimmenmäßig überholen. An die Macht kam sie allerdings erst 1987 mit dem eher moderaten Walter Wallmann. Ihrem Schöpfer, dem ehemaligen Fuldaer Landrat Alfred Dregger, blieb es vergönnt, seine politischen Erfolge auch in Regierungsmacht umzusetzen. Dregger hatte aus der katholischen Lokal- und Diasporapartei CDU in Hessen eine hoch motivierte, rechtsnationale Sammlungspartei geschaffen, die dem frei flottierenden Potential enttäuschter FDP, BHE- NPD-Wähler und den wirtschaftsliberalen Mittelschichten eine neue stabile Heimat bot.

In den großen weltanschaulichen Debatten sodann in den siebziger Jahren um die hessische Bildungspolitik profilierten sich CDU und SPD als programmatische Konfliktformationen, die ihre Duelle im hessischen Landtag ausfochten und diese Tradition auch beibehalten haben. Die Grünen sind in den achtziger Jahren ergänzend mit ihren „Kriegen" gegen die Atompolitik generell und den Bau der Frankfurter Startbahn West hinzu gestoßen. Politische Konflikte gewinnen dabei in Hessen immer etwas Grundsätzliches, das über den Konfliktgegenstand hinausweist und die weltanschaulichen Gräben zwischen säkularen und religiösen Sichtweisen und zwischen sozialstaatlichen und neoliberalen Mittelschichtdogmen aufreißt. Der hessische Landtag ist damit ein Ort in Hessen, an dem die politischen Kräfte sich vor den Augen der Bevölkerung messen. Wenn der Parlamentarismus als Resonanzboden des Zumutbaren angesehen wird, dann ist diese Funktion im hessischen Landtag gut abgedeckt (Heptner 1993). Die schneidige CDU unter Alfred Dregger konnte bis in die heutige Zeit das Thema innere Sicherheit - sprich Verbrecherjagd - und mehr noch den Ausbruch aus hessischen Gefängnissen bis zu einer Stufe der Totalbedrohung stilisieren. In den neun Jahren der Kochschen Regierungszeit verlief das Spiel mit den scharfen Attacken umgekehrt.

4 Hessische Mythen

Als dritter Aspekt einer politischen Kultur sind die Mythen, mit denen die Hessen identifiziert worden sind, als ein weiteres Identitätsmerkmal neben Symbolen und Ritualen anzusehen. Während die Symbole die visuelle und die geistige Welt beeinflussen, bestehen die Mythen aus Geschichten, die einem Volk angeheftet werden. .

Hessische Mythen sind harmlos. Sie werden auch nicht dem gesamten Volk oder Staat zugerechnet, dafür ist Hessen noch zu jung, sondern sie sind regionen- oder lokalspezifisch. „Es will mer net in de Kopp enoi, wie kann nur e Mensch net von Frankfutt sei", das kann natürlich nur lokal gelten, d.h. bis Neu-Isenburg, wo die Frankfurter Würstchen hergestellt werden. Bei dem KfZ-Kennzeichen OF ist ebenfalls bekannt, dass es sich dabei um Autofahrer ohne Führerschein handelt; genauso wie hinter ERB ein reicher (Erbacher) Bauer vermutet wird. Die sturen Hessen kommen aus Osthessen, dem Vogelsberg und der Fuldaer Gegend. Mit einigen Bildungskenntnissen weiß man auch, dass die blinden Hessen diejenigen vermieteten kurhessischen Soldaten im amerikanischen Revolutionskrieg waren, die angeblich im Nebel einen Misthaufen für eine Gruppe von Soldaten hielten und denselben beschossen. Kasimir Edschmid hatte formuliert, dass sich in Nordhessen noch das gedämpfte pastellfarbene Licht von Nord- und Ostsee spiegele, während im Süden schon das Licht des Mittelmeeres leuchte. Ganz so abwegig ist dieses Bild nicht. Im übertragenen Sinne gelten mithin die Nordhessen als schweigsamer, ruhiger, in sich gekehrter und verlässlicher als die beredten, lärmenden, extrovertierten, aufsässigen und leichtlebigen Südhessen. Ob diese Zuschreibungen auch auf die Zuwanderer anzuwenden sind, ist schwer auszumachen.

Die Mythen stabilisieren freilich die Zuschreibungen über ganze Kollektive. In einem abstrakteren Sinn unterfüttern sie das reine Organisationsgefüge des politischen Systems mit Metaphern aus dem Leben. Es hilft den Institutionen bei ihrer Arbeit, wenn sie mit solchen kulturellen Ideen unterfüttert werden. Deshalb war es verständlich, dass die CDU-Regierung so viel Wert darauf legte, dass die hessischen Bediensteten den roten hessischen Löwen am Revers tragen sollen.

5 Die Zeit des Umbruchs

Wie zuvor schon ausgeführt, lagen die formativen Jahre der hessischen politischen Kultur in den fünfziger und sechziger Jahren des letzten Jahrhunderts. In den siebziger Jahren fingen die Turbulenzen an. Während der Studentenrebellion und dem damit einhergehenden Wertewandel entwickelten sich neue Weltbilder, die flexiblere politische Einstellungen beinhalteten. Die gute alte Mischung von ökonomischem Aufschwung plus sozialdemokratischer autoritativer Führung reichte der Jugend nicht mehr aus. Die Psychologie und die Ökologie kamen ins Spiel und das Leitbild des energischen und phantasielosen sozialdemokratischen Politikers geriet ins Abseits. Bürgerliche Repräsentanten mit Kennedy-Look, wie etwa der Hamburger Oberbürgermeister Klose oder der damalige Bildungsminister Klaus von Dohnany eigneten sich besser als Repräsentanten einer über die Arbeitnehmerschichten hinausreichenden Vorstellung von sozialdemokratischer Mitgliedschaft. Dies war aber nicht der einzige Angriff auf das sozialdemokratische Establishment. Es gab noch die andere Seite, die auch zum Wertewandel gehört, nämlich die Entwicklung eines selbstbewussten, aggressiven Mittelschichtbewusstseins. Dieses neue Selbstbewusstsein war latent vorhanden, wurde aber politisch sehr gekonnt von der neuen CDU unter Alfred Dregger, Walter Wallmann, Manfred Kanther und dem jungen Mann im Hintergrund, Roland Koch, politisch geformt. Hier versammelte sich ein katholischer Wertekonservatismus verbunden mit einer law-and-order-Aggressivität, der gegen die säkularisierten Sichtweisen Stellung bezog. Der Kulturkampf um die Lehrinhalte an den Schulen in den siebziger Jahren ist schon erwähnt worden. Er eignete sich vorzüglich zur Polarisierung.

Von links geriet der neue sozialdemokratische Ministerpräsident Albert Osswald – der Nachfolger von Zinn - wegen seiner Atompolitik unter Druck, von rechts wurde die Krise der Hessischen Landesbank (Helaba) als Zeichen verfehlter sozialdemokratischer Wirtschaftspolitik angeprangert. Unter tumultartigen Zuständen im Lande musste Osswald sein Amt aufgeben. Der Slogan „Hessen vorn" wurde als Begriff für Schlamperei, Korruption und Ineffizienz benutzt. Der neue hessische Ministerpräsident Holger Börner verkündete das „Ende der Fahnenstange", soll heißen, Politik sollte pragmatisch werden und auf politische Ideologie und Sinngehalte verzichten. Auch dies keine leichte Sache für die neuen Schichten, wie man sie nannte, die immerhin in Bonn das Zünglein an der Waage für den Erhalt der sozial-liberalen Koalition ausmachten.

Sozialdemokratische Politik konnte als pragmatische Politik stabilisiert werden, das hieß, die siegesgewisse Rhetorik von Fortschritt, Gleichheit, sozialdemokratischer Kompetenz und Leistungswillen des Landes, gebündelt unter dem Logo „Hessen vorn", konnte nicht länger aktiv eingesetzt werden. Aus den zentralen aktiven Mustern einer hessischen politischen Identität wurden latente. Die Wahlen wurden schwieriger, das Bündnis mit der FDP zerbrach beim Kampf um die Startbahn West des Frankfurter Flughafens. Holger Börner holte die Grünen mit ins Boot. Die FDP musste ums Überleben bangen und die CDU wurde stärkste Kraft im Lande mit markigen ordnungs- und sicherheitspolitischen sowie neoliberalen Parolen: „Arbeit muss sich wieder lohnen". Das einzige Manko war: Ein ums andere mal verfehlte sie ihr Ziel, an die Macht zu kommen – immer fehlte ein bisschen. Entnervt wich Alfred Dregger auf die Bonner Bühne aus.

In der CDU breitete sich die Gewissheit aus, dass man mit normalen Mitteln das hessische sozialdemokratische Urgestein nicht würde brechen können. Aggressiv war die Partei ohnehin. Dass Walter Wallmann 1977 die sozialdemokratische Festung Frankfurt erobern konnte, nachdem die SPD aufgrund der Gemeindereform in fast allen großen Städten den Missmut der Wähler auf sich gezogen hatte, war ein erstes Hoffnungszeichen für die CDU. Nicht als sozialpolitischer Treuhänder, wie die sozialdemokratischen OBs seit Brundert sich darstellten, sondern als moderner Sachwalter der Börsen- und Bankenstadt in feinem blauen Tuch, sinnend durch die Frankfurter Skyline hindurchblickend, die eine Hand unternehmerisch siegessicher in der Jackentasche – so erhielt Frankfurt das neue Mittel- und Oberschicht-Image. Adel und Banken nannte man die soziale Konstellation, die hinter dieser Machtverschiebung stand. Anstelle der abfälligen Namen, wie Krankfurt oder Mainhattan, die man in den langen Krisenjahren der Siebziger der Stadt gegeben hatte, erstrahlte mit viel Marmor und schicken Bankhochhäusern das neue Frankfurt: Weltbörsenplatz neben New York und London.

Aus dieser Euphorie heraus ist es wohl zu verstehen, dass ein kleiner Teil der Führung der hessischen CDU den Entschluss fasste, mit dem Brecheisen die sozialdemokratische Machtbasis auszuhebeln. Der damalige Parteivorsitzende der hessischen CDU, Manfred Kanther, enger Gefolgsmann von Alfred Dregger und Bundesinnenminister in Bonn, verschob mit ein paar Gesinnungsgenossen Geld ins Ausland, um, wenn nötig, die entscheidenden marginalen Mittel in der Hand zu haben, die endlich den Sieg erbringen sollten. Aggressiv war man schon vorher, jetzt kam als neue Mentalität die des Untergrundes hinzu. Kanther hat dies im Nachhinein, in den Prozessen gegen ihn, verdeutlicht. Lebensgeschichtlich verständlich, hatte er einen Hass auf die Roten: Er musste mit seiner Familie vor der Roten Armee flüchten und dann noch einmal vor dem SED-Regime. Ein drittes Mal wollte er im Kampf mit den „Roten" nicht mehr der Verlierer sein. (Konrad Adam 19.10.2006)

Skandalen in der Politik kommt die Funktion zu, auf Probleme im politischen Personal zu verweisen. Keine Partei ist von solchen Schwachstellen frei. Ob es sich um Parteifinanzierungen bei der FDP handelt oder um den Skandal der Oberbürgermeisterwahl in Wiesbaden vom Führjahr letzten Jahres, Skandale haben ihren Nutzen – aber auch ihren Preis.

Als Fazit gebündelt: Die CDU Deutschlands ist weitgehend auch eine pragmatische Partei mit nicht so ernst zu nehmenden ideologischen Obertönen. Die Hessen-CDU setzt sich davon ab. Sie ist eine Gesinnungs- und Kampfpartei. Ideologie bedeutet ihr sehr viel. War das die Wertediskussion der siebziger oder achtziger Jahre oder der Neoliberalismus heute, sie hat immer feste Überzeugungen und kampfbereite Mannschaften, wie seit jenem Wahlplakat von 1970, als Alfred Dregger wie die Spitze eines Pfluges vor seiner Mannschaft auf den Zuschauer zumarschierte: „Die Invasion von der Wega" wurde das Bild getauft. Roland Koch hat im Landtagswahlkampf 2008 mit seinen Themen Innere Sicherheit, Jugendkriminalität und Ausländerproblematik diese Kontinuität bestätigt.

Bedeutet das, dass sich die politische Kultur in Hessen ab den siebziger Jahren bis heute geändert hat? Wir wollen die Frage nach den Überlegungen im nächsten Abschnitt zu beantworten versuchen.

6   Zeiten der Politikverdrossenheit

Mit Sicherheit hat seit den siebziger Jahren die CDU viele Wähleridentifikationen verändert. Die Struktur der Arbeitskräfte hat sich von der industriellen Epoche, die erst in den Siebzigern problematisiert wurde, zur postindustriellen radikal verändert. Die Stammwählerpotentiale wurden prozentual geringer. Die Symbolik von „Hessen vorn" oder „Hessen als sozialstaatliches Modell gegen den Bund" verlor an Glanz. Mit wechselnden Mehrheiten bei den beiden großen Parteien schwenkte Hessen in den Normalfall deutscher Politik ein.

Auch unter den wirtschaftlichen Krisenerscheinungen nach der deutschen Einheit in den neunziger Jahren des letzten Jahrhunderts machte das Schlagwort von der Politikverdrossenheit über viele Jahre die Runde. Die unter seiner Perspektive analysierten Probleme mögen auch mit dem Schlagwort ganz treffend zu fassen sein. Im Rahmen einer umfassenden Betrachtung der bundesrepublikanischen Zeitgeistströmungen kann man aber eher davon ausgehen, dass auch in Hessen die Politik keinen symbolischen Überschuss mehr aufwies. Wie aber die diesjährige Landtagswahl zeigte, kann unter Bedingungen von gegensätzlichen politischen Wertvorstellungen, Politikverdrossenheit recht leicht wieder in Engagement umschlagen.

Um das Fazit zu ziehen: Die Politik hat sich an der Oberfläche in Hessen verändert. Aus der sozialstaatlichen Perspektive ist eine neoliberale geworden. Aber das betrifft den offensiven programmatischen Teil der Politik. Auf der tieferen Ebene sind die meisten Elemente des Sozialstaates erhalten geblieben. In der Kompetenzvermutung hinsichtlich einer ökonomischen Leistungsstärke konnte die CDU (zusammen mit der FDP) dominant werden. Jedoch erwarten die Bürger, dass dadurch auch ihre vernachlässigten Bedürfnisse mit abgedeckt werden. Und viele erwarten auch, dass die ihnen durch den Wandel zugefügten Schädigungen kompensiert werden. Dazu gehören Gerechtigkeit und Solidarität. Wie es gegenwärtig – beim Aufschwung des Jahres 2007 – heißt: „Der Aufschwung muss auch beim Bürger ankommen" – dies wird von der Politik erwartet. Insofern ist auch aus dem Slogan „Hessen vorn" wider etwas Positives geworden und die CDU-Landesregierung arbeitet mit diesem Slogan und damit, dass Hessen eine Vorreiterfunktion im Bund und in Europa zukommt. Die sozialdemokratische Begrifflichkeit der fünfziger und sechziger Jahre hat sich freilich nicht halten lassen.

Trotz schwerer Einschränkungen in den staatlichen Haushalten der letzten 20 Jahre ist der hessische Sozialstaat nicht demontiert worden. Zwar wurde und wird zunehmend die Sprache wirtschaftlicher Effizienz zur Behebung von Problemen benutzt, aber bei struktureller Arbeitslosigkeit können Benachteiligungen letztendlich nur sozialstaatlich ausgeglichen werden. Die FDP vermutet daher nicht ganz grundlos, dass die beiden großen Parteien – SPD und CDU – sozialdemokratische Tendenzen in ihrer Politik aufweisen würden. In der Tat gibt der hessische Staat seine Verantwortung für eine umfassende Daseinsvorsorge nicht auf. Die Politik jenseits von Ideologie ist nach wie vor dem Sozialstaat verpflichtet. Die politische Sprache hat sich jedoch für FDP und CDU sehr in die Richtung von Vorstellungen von wirtschaftspolitischen Erfordernissen verschoben.

Der Wandel, der sich seit den sechziger Jahren in der hessischen politischen Kultur vollzogen hat, zeichnet sich durch eine Differenzierung aus, bei der die alte sozialstaatliche Symbolik von „Hessen vorn" nicht verschwunden ist. Sie wird aber problematisiert durch die neoliberalen und die innere Sicherheit betreffenden Symbole eines großen Teils der Mittelschichten sowie die Umwelt- und Verkehrsperspektiven der grünen Bildungs- und Mittelschichten. Dies schlägt sich bei der Betrachtung der Wahlprogrammatik der hessischen Parteien für 2008 nieder, wie im folgenden zu sehen.

7 Politisch-kulturelle Muster der hessischen Parteien

Der hessischen Landtagswahl 2008 kommt eine große Bedeutung auch hinsichtlich der Tragweite politischer Sprache zu. Im Folgenden soll deshalb in erster Linie nicht die reale Dimension von Politik, sondern sollen die ideologischen Positionen anhand der Analyse der Parteiprogramme ermittelt werden. Daraus kann man die relevanten politisch-kulturellen Muster und das Selbstverständnis der einzelnen Parteien ablesen. Selbstverständlich unterscheiden sich die einzelnen politisch-kulturellen Selbstvergewisserungen der hessischen Parteien nur graduell von der Programmatik der Bundesparteien. Dennoch haben diese Parteien auch ihre eigene, regional zu verstehende Geschichte und damit großen Anteil an der Identität des Landes Hessen. Im historischen Rückgriff auf politische Mythen gehen die Liberalen am weitesten zurück. Die anderen Parteien definieren sich aus der Moderne heraus. Die CDU ist dabei kaum als eine konservative Partei zu bezeichnen. Die Sozialdemokraten und die Linke vertreten die Tradition des Sozialstaates, während die Grünen sich als eine neue Mittelschichtpartei etabliert haben. Die Freien Wählergemeinschaften sind dem Mythos der Basisdemokratie verpflichtet

7.1 Die liberale Bürgergesellschaft

Dieser zentrale Slogan der FDP soll signalisieren, dass die Partei in ihrer Programmatik den einzelnen Bürger ontologisch als den Ausgangspunkt aller Politik
betrachtet. In ihren Leitlinien zur Kommunalwahl in Hessen vom 26. März 2006
wird verdeutlicht, dass die FDP die Kommune als den wichtigsten Bereich der
politischen Betätigung des Bürgers betrachtet, denn hier kann Eigeninitiative
entfaltet werden, kann eine „liberale Verantwortungs- und Bürgergesellschaft"
entstehen, in der wichtige Aufgaben auch ehrenamtlich erledigt werden können:
Vorbild z.b. die „Freiwillige Feuerwehr". Entsprechend müsste auch die Finanz-
politik des Staates gestaltet werden. Alles, was von unten (preisgünstig) geschaffen werden kann, sollte auch dort belassen werden. „Die Willkürherrschaft des
Absolutismus stand im Widerspruch zur Idee einer freiheitlichen Gesellschaft",
heißt es auf Seite 2 der „Wiesbadener Grundsätze" von 1997.

Als Nachfolger des Absolutismus gerät damit der Bürokratiestaat ins Visier,
denn er „bevormundet den Bürger". Folglich: „Der Steuerstaat enteignet Leistung
und Chancen. Der Schuldenstaat vernichtet die Zukunft" (S.7). Damit erklärt sich
die FDP dezidiert für Deregulierung. Der regulierende Staat erscheint wie der
Gegner des Anfangs, der Absolutismus: „Eine durchgängige Befreiung der Gesellschaft aus der Zwangsjacke der Vernormung und Verregelung ist die einzige
Chance, den Menschen die Freiheit wieder zu übereignen" (S.18).

Wie ihre politischen Partner, die Konservativen, setzen die gegenwärtigen
Liberalen auf die Informationsgesellschaft, weil diese eine Dynamik entfalten
könnte, durch die die Interessenvertretungen der Arbeitnehmer an Bedeutung
verlieren würden. „Egoistische Interessengruppen verteidigen ihre Machtpositio-
nen gegen die sie bedrohende Transparenz in der Informationsgesellschaft. Der
Wissensvorsprung der Funktionäre ist durch die freie und unbegrenzte Verfüg-
barkeit von Informationen gefährdet" (S.28). Dagegen steht dann ein „Markt
unbegrenzter Möglichkeiten für den Austausch", nämlich von all den Dingen der
Informationsgesellschaft. Diese Informationsgesellschaft ermöglicht dann auch,
in FDP-Sichtweise, dass „Marktwirtschaft und Umwelt" versöhnt werden können, dass die Marktwirtschaft „erneuert" werden kann und „Vorfahrt für Arbeit"
entsteht. Und die große Utopie: dass „Politik wieder durchschaubar" (Wolfgang
Gerhardt: Arbeit, Bildung, Chancen) wird.

Dies alles ist freilich utopisch, der Rekurs auf die Anfänge des Liberalismus
beschwört eine Mythologie. Nicht gesagt wird, dass aus dem Liberalismus immer
Entwicklungen resultierten, die den Untergang des gesellschaftlichen Modells
der Einzelnen und Freien implizierten. Das war in der amerikanischen Republik

nicht anders als in England um die Wende vom 19. zum 20. Jahrhundert und im deutschen Bismarck- und im Kaiserreich. Konzentrationsprozesse haben ganz andere als von den Liberalen erwartete wirtschaftliche Realitäten hervorgebracht: die Regulierungen wurden durch die große Industrie gefordert. Die Entwicklung der chemischen, pharmazeutischen und Lebensmittelindustrie erfordert den Einsatz des Staates, um die Bürger vor immensen Gefahren zu schützen. Die wirtschaftliche Basis unserer Gesellschaft, nämlich Öl und Autos, übersteigen in ihren Gestaltungsanforderungen weit den Horizont von FDP-Politikern, die sich in ihren Programmen mit dem Ausbau von Gemeindelandwegen abmühen.

Der gesamte Bereich des Daseinsvorsorgestaates wird in der FDP-Programmatik rhetorisch nicht abgedeckt. Dennoch kann man folgern, dass die FDP mit ihrem vehementen Angriff gegen den Daseinsvorsorge- und Steuerstaat natürlich einen Punkt im Selbstbewusstsein moderner Menschen trifft, den sie mit ihrem Programm bedienen kann. Hohe Bildung und große Abhängigkeit frustrieren das moderne Individuum. So wie in der Mode will jeder ein Unikat sein – in seinem Selbstbewusstsein. Man lässt sich deshalb gern auf die Mythologie ein, man sei dieser Einzelne, zur Selbstgestaltung bereite Bürger, den man nicht länger zu bevormunden brauche. Auf dieses individualistische Selbstbewusstsein gebildeter Bürger setzt die FDP.

7.2 Die Herren der Netze

Die mythologischen Übungen der Freien Demokraten haben die Christdemokraten in Hessen längst abgelegt. Die Dynamik dessen, was läuft, erübrigt es einem Konservativen, lange im Kontemplativen zu verharren. Freilich ist der Begriff „konservativ" für diese politische Position längst atavistisch, eine Bezeichnung wie „Radikaltechnokraten" wäre viel angemessener.

Das Wahlprogramm – genannt Regierungsprogramm - der CDU stellt fest: „...dank des Engagements und der Bereitschaft der Menschen, aktiv an der Gestaltung unserer Gesellschaft mitzuwirken, verfügen wir über großartige Potenziale" (S.7). Auf diesen Potenzialen sollen sich die Bürger aber nicht ausruhen. Die Dynamik, die die Regierung suggeriert, schlägt sich auch in der Sprache nieder und wird auf 90 Seiten durchgehalten. Kurze Sätze: „Hessens Wirtschaft boomt. Die Arbeitslosigkeit geht deutlich zurück " (S.9). Gehämmert kommen auch die Zielprojektionen. Zur Integration von Einwanderern heißt es: „Fordern, Fördern. Einbinden." Heimatvertriebene werden mit den Worten: „Erinnern. Versöhnen. Gestalten." wachgerüttelt. Was ist Bildung in Hessen? „Qualifiziert. Verantwortungsvoll. Gerecht". Und was folgt daraus? „Erziehen. Bilden. Betreuen." Es wäre ein Leichtes, sich über diese Stakkatobegriffe lustig zu machen, das Gegenteil ist aber angebrachter.

Das Regierungsprogramm ist professionell gemacht. Seine Aussagen sollen auf allen Gebieten die gleiche Botschaft transportieren: „Hessen ist ein starkes Land" (S.7). Hessen steht für moderne Entwicklungen in der IT-Branche. Mit den Universitäten und dem Finanzplatz Frankfurt ist eine moderne, wissensbasierte Struktur gegeben, auf die man setzen kann. Ob es sich um den Flughafen Kassel handelt oder um die Nano- oder Biotechnologie – Hessen ist in Europa gut platziert. Damit versuchte die CDU und natürlich in erster Linie der Ministerpräsident alle Angriffe gegen Leistungsschwächen dieser Regierung abzuwehren. E-Government wird zur Basis der gesamten Dynamik. Der Minister für Bundes- und Europaangelegenheiten in Hessen, Volker Hoff, ist ganz siegessicher: „Hessen spielt unter den deutschen Ländern in Brüssel mittlerweile in der Ersten Liga." (inform, S.7). Auch die Landesverwaltung scheint durch ihr E-Government in einen Rausch der Superlative zu verfallen und spricht vom „Konzern Hessen" (ebd., S.33).

Die CDU umwirbt zwar auch die Bürgergesellschaft, aber nicht vom Typ „Freiwillige Feuerwehr". Für den gesellschaftlichen Teil der Technokratie ist vielmehr Coaching angesagt. Der Mentaltrainer Hans-Dieter Hermann, vom Fußball bekannt, erläutert an der Extremsituation eines Kletterers in der Steilwand, worauf es ankommt: „Die Sichtweise der Dinge ist entscheidend für das Handeln" (ebd., S.40). Sicherlich eine wichtige Erkenntnis für mental Leistungsfähige.

Die hessische Landesverwaltung sollte nach CDU-Vorstellungen von den Spitzensportlern lernen, wie man Spitze wird (ebd., S.40). Dies soll mithin eine Bürgergesellschaft von Medaillenanwärtern werden. Und wird im Vorgriff durch die ernste, angespannte und leistungskompetente Miene des Ministerpräsidenten symbolisiert. Wie sein Programm strahlt auch der Chef Kompetenz, Entscheidungsstärke und Gewinnermentalität aus. Geborgenheit wäre wohl kein Begriff, der in seiner Nähe – oder auch der seines Programms – anzusiedeln wäre.

Das Wahlprogramm ist einer politischen Sprache verpflichtet, die kein Ausruhen kennt, es propagiert eine Dynamik der atemlosen Netzwerke. Der Netzwerkbegriff ist allfällig, selbst da, wo er nicht explizit gebraucht wird. Die Hessen AG als Netzwerk in der Globalisierung, die Personen eingebunden in die Vernetzung; jeder kann in den Netzwerken seinen Platz finden. Projekte gibt es genügend in einer wissensbasierten Gesellschaft; wer also versagt, muss mit sich selbst ein Mentaltraining absolvieren, um zu erkennen, wie er sich projektmäßig neu positionieren kann. Hätte Koch sich an sein Programm gehalten, dann hätte er trotz der verbalen Kälte dieses Programms gute Chancen gehabt, die nötigen, wenn auch knappen Wählerstimmen für eine Mehrheitskoalition mit der FDP zu gewinnen. Die Abweichung vom Programm und das Improvisieren mit den radikalen Lieblingsthemen der Hessen-CDU, nämlich „law and order" raubte ihm diese Chance.

Der CDU und ihrem Ministerpräsidenten ist zu bescheinigen, dass sie in bestimmter Hinsicht sich auf der Höhe der Zeit befinden. Die Menschen haben Angst vor der Zukunft und lange zu fragen, in welcher Gesellschaft lebe ich und wo geht die Reise hin, ist gerade auch für junge Leute kein guter Rat. Besser ist es da schon, den Marathon mitzumachen und das Gefühl zu haben, kein Verlierer zu sein. Für mehr Reflexion ist im Programm der CDU und auch in dem von diesem vermittelten Lebensgefühl kein Raum. Wie gesagt, der Begriff „konservativ" ist überholt, es handelt sich um Radikal-Technokraten, deren Utopie freilich, wie auch bei der FDP, darin besteht, der drohenden Perspektive, das die Klassengesellschaft wieder aufreißt, ausweichen zu können. Anders als die FDP setzt die CDU allerdings auf eine Mischung aus Neoliberalismus und Etatismus. Das meiste was an Initiativen zur Modernisierung Hessens vorgeschlagen wird, soll nämlich durch starke Führung in einem starken Staat entstehen.

7.3 Die Partei der sozialen Netze

Auch für die Sozialdemokraten spielt der Begriff der Netze eine Rolle, aber als „soziale Netze" steht er für Eingebundenheit, Geborgenheit und Schutz. Nach ihrem Entwurf für ein Regierungsprogramm will die hessische SPD „das bürgerschaftliche Engagement als Ausdruck demokratischer Teilhabe nicht nur erhalten, sondern entscheidend fortentwickeln. Hierbei unterscheiden wir uns aber grundlegend von liberalen und konservativen Ansätzen einer 'Bürgergesellschaft', in der das 'bürgerschaftliche Engagement' den Rückzug des Staates aus der sozialen Verantwortung und seine weitgehende Beschränkung auf seine Ordnungsfunktionen" (S. 71) signalisiert. Der Staat auf allen Ebenen soll ein gleichwertiger zu gesellschaftlichen Kräften bleiben. Notwendige Modernisierungen sollen im Vergleich zu den Aktivitätsschüben der CDU humaner gestaltet werden. Soll heißen: mit mehr Rücksicht auf die Beschäftigungslage. Damit vertritt die SPD in hessischer Tradition den gewachsenen Sozialstaat und führt die Entwicklung des Landes in gewohnter Weise weiter, bzw. will harte Entscheidungen der FDP/ CDU-Regierungen aus den letzten neun Jahren, wenn möglich, wieder rückgängig machen. Ansonsten spricht sich die Partei genauso wie die CDU für Nanotechnologie und Flughafen Kassel und den Bau der nordhessischen Autobahnen aus. Aber: „Politik muss ... darauf achten, dass sie Ungleichheiten bei der Verteilung von Einkommen und Vermögen begrenzt und Armut beseitigt, dass sie die Schwachen schützt und die Absicherung der großen Lebensrisiken auf alle Schultern verteilt" (S.5). Die Repräsentanz dieses Programms durch die Parteivorsitzende Andrea Ypsilanti stellt sicher, dass diese Ausrichtung in linker Variante erfolgt, also mit neuen, progressiven Akzenten. Das heißt, die wahre konservative Kraft in Hessen ist in vielem die Sozialdemokratie – konservativ im Verteidigen der Besitzstände der Arbeitnehmerschaft im weitesten Sinne. Dass dabei die Modernisierung der Wirtschaft zu kurz käme, kann aus dem Programm nicht abgeleitet werden. Das Programm setzt nämlich implizit voraus, dass der normale Keynesianismus als Wirtschaftsphilosophie nach wie vor funktioniert, dass also neoliberale Dramatisierungen, z.B. über eine zu hohe Steuerlast, als Scheinargumente zu sehen sind.

Insgesamt bezeichnet die SPD dies als einen Neuanfang (S.5). „Wir wollen eine Politik mit klaren Wertmaßstäben, die den Menschen in den Mittelpunkt ihrer Entscheidungen stellt und für Hessen mehr soziale Gerechtigkeit bringt. Wir wollen eine Politik, die die Menschen mitnimmt auf dem Weg in die bessere Zukunft." (ebd.) Ob dies als ein Neuanfang zu verstehen ist, lässt sich bezweifeln, es ist eher eine Rückbesinnung auf Bewährtes. Der Mitnehm-Effekt dieser Politik klingt sehr nach Pädagogik. Die Hessen-SPD stellt sich, ob bewusst oder unbewusst, in die Tradition der nordischen Demokratie (alle sollen voranschreiten, keiner wird zurückgelassen), einer Gleichheit durch die Klassen hindurch. Das ist sicherlich auch das Modell der Zukunft für unseren Kulturkreis („Daseinsvorsorge", S.7), aber auch in der Weltgesellschaft, wobei niemand weiß, ob dieses Ziel erreicht werden kann. Frau Ypsilanti sagt im Programm „Wirtschaft sind wir alle", diese müsse ganzheitlich verstanden werden (S.8).

Das Schlagwort des Programms heißt „Die Zeit ist reif". Eine solche Sentenz würde aber eher darauf verweisen, dass nach Jahren der Stagnation ein neuer Schwung von Nöten wäre. Die Koch-Regierung aber als eine Phase der Stagnation zu deuten, wäre höchst zweifelhaft. Das sozialdemokratische Programm argumentiert sehr ruhig, ausgeglichen und vernünftig. Es rüttelt nicht auf. Der politische Gegner wird nicht frontal angegangen. Es ist ein Programm zur Mobilisierung der Anhänger, ohne eine mitreißende Botschaft für die Abwartenden, Verunsicherten und Uninteressierten zu enthalten. In der Schulpolitik deutet sich allerdings eine neue Konfliktlinie an. So will die CDU „Schulvielfalt statt Einheitsschule (Regierungsprogramm, S.26), während die SPD für „Längeres gemeinsames Lernen" (Entwurf für ein Regierungsprogramm, S. 26) eintritt. Der Begriff „Vielfalt" soll Toleranz signalisieren, in Wirklichkeit steht er für sanktionierende Notengebung aufgrund von momentanen Leistungseinschätzungen der Schüler. Die SPD hingegen will so lange wie möglich in der Lerngemeinschaft fördern, um doch noch bei nachhängenden Schülern den Lernerfolg zu erreichen. Diese beiden Konzepte lassen sich schlecht vereinbaren. Sie sind zudem dazu angelegt, auch die Lehrerschaft zu entzweien. Der Wahlkampf hat dann aber der SPD und der Kandidatin Ypsilanti geholfen, die überwiegende Spannungslosigkeit des Wahlprogramms zu überwinden und auf Konfrontation zum Gegner zu gehen. Dies allerdings mit Hilfe von Roland Koch.

7.4 Die Grünen

Die Grünen besetzen mit ihrer Rhetorik sehr gekonnt die Tätigkeitsfelder der neuen Mittelschichten. Diese bestehen zumeist aus akademischer und technischer Intelligenz. So treten die Grünen für den Ausbau von Bildungseinrichtungen ein und für eine konsequente Umsetzung neuer Technologien, z.B. im IT-Bereich. Hier gibt es sicherlich Affinitäten zur CDU-Programmatik. Aber im Unterschied zur CDU sieht die grüne Perspektive optimistisch aus. Gelassen blickt die Partei auf die durch die industrielle Restrukturierung der letzten Jahrzehnte entstandenen gesellschaftlichen Potentiale, in denen sie zu Recht ihre Wählerschaft sieht. Das Eintreten für erneuerbare Energien und für Windkraft versteht sich von selbst. Man kann das Programm der Grünen damit zu Recht als ein Mittelstandsprogramm bezeichnen – allerdings bezogen auf die neuen technologisch sich entwickelnden mittelständischen Existenzen und Betriebe. Die Grünen entsprechen damit spiegelbildlich der FDP aber ohne auf den Traditionsbestand der Liberalen einschwenken zu müssen. Im Gegenteil: Die Grünen können elegant den Angriff auf die konservative Dreieinigkeit von Kinder, Küche und Kirche wagen.

In den 12 Punkten ihres Wahlprogramms verbinden die Grünen moderne industrielle Entwicklung, neue Energieträger, Umweltschutz und fortschrittliche Bildungspolitik. Hier gibt es einige Schnittmengen mit der CDU, aber hinsichtlich von Energie- und Verkehrspolitik doch auch gravierende Unterschiede. In einem Satz: Die Grünen sind die modernere FDP.

7.5 Die Linke

Die „Linke" ist überwiegend als eine sozialdemokratische Abspaltung zu verstehen. Im Unterschied zur SPD kann sie aber sprachlich auf jegliche Volkspartei-Rhetorik verzichten und den Wert Gerechtigkeit voll in Ansatz bringen. Dieser lässt sich inhaltlich umgangssprachlich darauf fokussieren, dass in den sozialen Veränderungen der letzten Jahre untere Arbeitnehmerschichten zu den Leidtragenden der Veränderungen gehörten und dass ihnen dafür Kompensationen zuständen.

7.6 Die freien Wähler

Wir leben zwar in einer Parteiendemokratie, das muss aber nicht heißen, dass alle politisch aktiven Bürger sich als Parteimitglieder wohl fühlen würden. Viele verstehen Demokratie als Basisprozesse der individuellen Teilhabe. Ob die freien Wählergemeinschaften mit ihrem Engagement in einer Landtagswahl die für sie richtige Entscheidung getroffen haben, darf bezweifelt werden. Wählergemeinschaften sind bei Kommunalwahlen erfolgreich, ansonsten höchstens als Ausdruck von Protest.

8 Wahlkampf, Wahl und Wahlergebnis

Die hier getroffenen Bewertungen und Einschätzungen der politischen Kultur in Hessen wurden zum Jahresende 2007 getroffen. Sie haben sich nicht als falsch erwiesen. Jedoch hat der Wahlkampf seine eigene Dynamik entwickelt. Statt einer normalen Wahl ergab sich eine äußerst konflikthafte. Das Wahlprogramm der hessischen Sozialdemokratie war eigentlich zu zahm. Aber mit der gekonnten Emotionalisierung des Themas Mindestlöhne durch den Parteivorsitzenden Kurt Beck und die Unterschriftenkampagne von Andrea Ypsilanti gewann das Thema eine politische Leidenschaft.

Der Wahlkampf von Roland Koch entwickelte sich – wie erwartet – aggressiv. Mit dem Überfall auf einen Rentner in der Münchener U-Bahn gewann das Lieblingsthema der hessischen CDU, nämlich innere Sicherheit und Kriminalität ebenfalls eine überraschende Aktualität. Der Ministerpräsident sah darin eine Chance, breit gegen die an Popularität gewinnenden Sozialdemokraten anzugehen. Er erweiterte das Thema Kriminalität auf sehr junge Straftäter, ausländische Jugendliche und latent gegen Ausländer. Was er dabei nicht bedachte war, dass er nicht der Oppositionsführer sondern der verantwortliche Regierungschef für die vergangenen neun Jahre war. Für die SPD war es ein leichtes, hier die passende Glaubwürdigkeitslücke gekonnt aufzudecken. Koch hatte Polizeistellen, Lehrerstellen und anderes Personal gekürzt. Der Unmut großer Teile der Bevölkerung ließ sich nunmehr gegen den als Versager auftretenden Sheriff richten. Die ganze Schwäche der hessischen CDU wurde damit offenbar, dass sie nämlich in Teilen eine radikale Untergrundpartei ist.

Das Wahlergebnis spiegelt recht genau den politisch-seelischen Haushalt der hessischen Bevölkerung wider. Stand die Wahl doch unter dem Zeichen einer Emotionalisierung, also einem Bekenntnis zu moralischen Überzeugungen. Natürlich blieben die Stammwähler von CDU und FDP bei ihrer Meinung, dass es auf verstärkte Effizienz, auf innere Sicherheit und antisozialdemokratische Haltungen ankäme. Das andere Lager konnte seine Chancen nutzen die Wähler mit dem Gerechtigkeitsthema und mit moralischen Werten von Anstand und Nicht-Diskriminierung anzusprechen. Das in diesem Beitrag vermutete Vorhandensein der großen Einstellungskomplexe von neoliberalem Effizienzdenken einerseits und prosozialem Gerechtigkeitsdenken andererseits hat sich in der Wahl deutlicher als je erwartet bestätigt.

Unter bestimmten Bedingungen kann es in Hessen zu starken liberal-konservativen Wetterumschwüngen kommen, im Hintergrund aber bleibt das Klima weltoffen, gerechtigkeitsbezogen, links-sozialdemokratisch. Die gegenwärtigen politischen Mentalitätslagen in Hessen setzen wieder überraschenderweise einen Kontrapunkt zur Bundesrepublik. Ob damit freilich den Hessen wiederum eine besondere Rolle innerhalb der politischen Kultur der Bundesrepublik zukommt, muss sich erst noch erweisen. Die umfassende kulturelle Gemengelage deutet ja nicht auf ein rotes Hessen hin, sondern auf eine schwarz-rote Konfrontation.

Literatur

Adam, Konrad (19.10. 2006): Kanthers langer Schatten. In: Die Welt, S.2 u. 8.

Heptner, Bernd (1993): Der Hessische Landtag. In: Bernd Heidenreich und Konrad Schacht (Hrsg.): Hessen. Eine politische Landeskunde, Stuttgart, S.113-130.

Müller, Jörg (1995): Der Hessentag. In: Klaus Böhme und Walter Mühlhausen (Hrsg.): Hessische Streiflichter, Frankfurt, S.424-428.

Zezschwitz, Friedrich von (1997): Die Entstehung der Hessischen Verfassung als Ausdruck des gesellschaftlichen Umbruchs nach 1945. In: Bernd Heidenreich und Klaus Böhme (Hrsg.): Hessen. Verfassung und Politik, Stuttgart, S.317-343.

II. Parteien in Hessen

Wolfgang Schroeder

Die hessische SPD zwischen Regierung und Opposition

Einleitung

Die hessische SPD war einst so etwas wie der Superstar unter den deutschen Sozialdemokratien. Wer in der Adenauer-Ära den Hauch einer Vorstellung davon bekommen wollte, wie eine sozialdemokratische Realpolitik aussieht, die sich als Gegenmodell zur Adenauer Republik verstand, der konnte nach Hessen schauen. Keine andere Sozialdemokratie in Deutschland hat so lange und so intensiv die Geschicke eines Flächenstaates geprägt wie die hessische SPD. Einst waren das Bundesland Hessen und ihre Sozialdemokratie – zumindest von außen betrachtet - zwei Seiten einer Medaille. In diesen fast fünf Jahrzehnten Regierungszeit - zwischen 1949 und 1987 und von 1991 bis 1999 - waren auch in Hessen selbst die Reden vom „roten Hessen", von „Hessen vorn" und vom „sozialdemokratischen Modellstaat" mehr als geflügelte Worte. Die bitteren Niederlagen in den scheinbar ewigen sozialdemokratischen Hochburgen Frankfurt (1977), der Verlust der Landesregierung in Wiesbaden (1987) und der Mehrheit in Kassel (1993) wirkten: Sie lähmten die Akteure und wurden als Zäsuren empfunden. Jedenfalls gelang es nicht, auf diese Niederlagen hin aus eigenen Kräften neue Wege einzuschlagen und neue Antworten zu geben.

Aber selbst nach den Siegen von Walter Wallmann (1987-1991) und Roland Koch (1999-2008) scheint die Erinnerung an die glorreichen Jahre der hessischen Sozialdemokratie nicht zu verblassen. Betrachten wir jedoch die zurückliegenden 10 Jahre, so ist die SPD zwar immer noch eine stolze und mitgliederstarke aber inzwischen zugleich regierungsunerfahrene sozialdemokratische Partei geworden, die kaum noch kampagnenfähig ist. Weniger als anderen SPD-Landesparteien ist es ihr gelungen, sich inhaltlich und organisatorisch zu erneuern; zugleich hat sie aber auch enorme Bindungsverluste zur einstigen Kernklien-

tel der deutschen Sozialdemokratie zu beklagen. Stärker als andere sozialdemokratische Landesparteien – so meine These – leidet die hessische Sozialdemokratie an der Last ihrer eigenen Erfolgsgeschichte. Der einstige Superstar der deutschen Sozialdemokratie hat sich zum Normalfall entwickelt. Gleichwohl braucht
sich die hessische SPD nicht zu verstecken. Der Ausgang der Landtagswahl von
2008 jedenfalls weckte in der Partei selbst die Hoffnung, dass mit ihr in Hessen
und im Bund wieder zu rechnen ist. Um den Wandlungen und Perspektiven der
hessischen Sozialdemokratie auf die Spur zu kommen, werden hier folgende
Fragen verfolgt: Was war das klassische Profil der hessischen Sozialdemokratie?
Worin bestand die politische Basis des „Roten Hessen"? Worin bestehen die wesentlichen Elemente des Wandels der hessischen Sozialdemokratie? Wie hat sie
selbst auf die veränderten Verhältnisse reagiert? Was ist ihr heutiges Profil?

1   Entwicklung der hessischen SPD

Die hessische SPD war zwischen 1949 und 2008 genau 49 Jahre an der Regierung.
Sie war stets mehr als eine Staatskanzleipartei oder die Partei der Landräte und
Oberbürgermeister, die bis in die 70er Jahre eine wichtige Rolle in und für die
SPD spielten. Bis weit in die 70er Jahre hinein waren alle größeren hessischen
Städte von sozialdemokratischen Oberbürgermeistern geführt. Ein wesentliches
Merkmal der hessischen SPD besteht darin, dass sie sich bis auf den heutigen Tag
als Mitgliederpartei versteht. Gemeint ist damit, dass die Partei, genauer die
Bezirke, Unterbezirke und Ortsvereine, ein eigenes Leben jenseits von Regierung,
Opposition, Fraktion und Mandat führen, das einer anderen Logik als jener des
engen wählerorientierten Parteienwettbewerbs folgt. Diese eher inhaltlich defi-
nierte Partei hat sich phasenweise selbstbewusst von den kurzfristigeren Zyklen
des Mainstreams und der politischen Macht dispensiert, um ihre etablierte Identität zu pflegen. Daraus resultieren eine durchaus traditionsbehaftete, innerparteiliche Konfliktbereitschaft einerseits und eine partiell mobilisierungsfähige Wett-
bewerbsorientierung andererseits. Auffallend ist, dass sich trotz krisenhaftem
Wandel, und gepflegter politischer Fragmentierung in Flügel und Strömungen,
trotz organisatorischer Spaltung in die Bezirke Hessen-Süd und -Nord, die Zu-
schreibung als eher linker und mitgliederorientierter Landesverband durchgehalten hat.

1.1 Entwicklung der Wahlergebnisse der hessischen SPD

Wie unterschiedlich die hessischen Wähler das Angebot der SPD auf den Ebenen des Bundes, des Landes und der Kommune wahrnehmen, zeigen die zuweilen sehr gegenläufigen Ergebnisse der Partei auf diesen Ebenen. Bis Ende der 60er Jahre schnitt die SPD bei Landtagswahlen wesentlich besser ab als bei Bundestags- und Kommunalwahlen. Seit dieser Zeit näherten sich die Wahlergebnisse auf den verschiedenen Ebenen einander an; wobei die Landtagswahlergebnisse der SPD seither selten besser ausfielen als die Kommunal- und Bundestagswahlergebnisse.

Abbildung 1:   Wahlergebnisse der SPD in Hessen

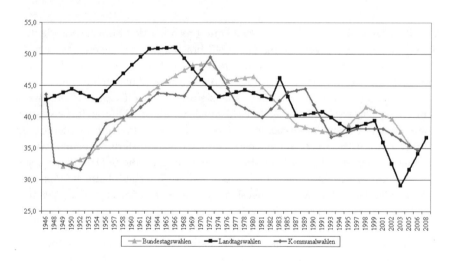

Das hessische Elektorat ist strukturell weder im konservativ-liberalen bürgerlichen Lager mehrheitlich verortet noch im rot-grünen Lager; es will umworben werden und dankt dies meist mit knappen Ergebnissen. Seit Anfang der 50er Jahre wuchs die kommunalpolitische Stärke der SPD zunächst stetig: von 32 Prozent im Jahre 1952 bis auf fast 50 Prozent im Jahre 1971; seither ist zwar ein dauerndes Auf und Ab festzustellen, das 2006 mit etwas weniger als 35 Prozent seinen Tiefstand erreichte.

Die Hochburgen der Sozialdemokratie lagen in den 50er bis 70er Jahren in den Städten und in Nordhessen. Auffallend ist, dass die dortigen Ergebnisse in dieser Zeit mitunter nicht so stark von den durchschnittlichen Wahlkreisen abgewichen sind. Sozialdemokratische Diasporagebiete waren vor allem die Wahlkreise der Bischofsstädte Fulda und Limburg. Gleichwohl zeigen sich auch größere Differenzen, wenn man die regionale Verankerung der sozialdemokratischen Partei untersucht. So zeigt das Wahlergebnis des Jahres 2008 erneut deutliche Differenzen zwischen dem Süden und Norden, wobei nun der Süden Hessens in einzelnen Bereichen sogar zur sozialdemokratischen Diaspora geworden ist. Vor allem ist es die auffallende Schwäche der SPD in den großen Städten, der den Einfluss der hessischen SPD besonders einschränkt.

1.2 Regierungspartei im Abonnement (1950-1987): Das „Rote Hessen"

Von 1946 bis 1987 stellte die SPD ohne Unterbrechung den Ministerpräsidenten. Bereits die hessische Verfassung von 1947 brachte Vorstellungen von sozialer Demokratie zum Tragen wie keine andere deutsche Länderverfassung. Wesentliche Elemente, die dies unterstreichen, waren etwa das Aussperrungsverbot, die Wertschätzung der Betriebsräte, die Sozialisierung von Schlüsselbetrieben. Hinzu kam ein selbstverständlicher Antifaschismus, der diese Haltung in bewussten symbolischen Gesten herausstellte und politisch kommunizierte. Unter Georg August Zinn, dem wohl erfolgreichsten hessischen Ministerpräsidenten, wurde die Idee vom „roten Hessen" inhaltlich so gefüllt, dass die SPD zweimal sogar eine absolute Mehrheit erreichte, ohne eine grundsätzliche inhaltliche Polarisierung in Gesellschaft und Parteiensystem zu riskieren, wie sie in den 70er und 80er Jahren zum politischen Alltag gehören sollte.

Schon unter ihrem ersten Vorsitzenden Wilhelm Knothe (1946-1950) erreichte die hessische Sozialdemokratie eine politische Artikulation der Arbeitnehmergesellschaft, die durch eine kluge Kooperations- und Integrationspolitik nach innen und außen ergänzt wurde. Mit ihren wegweisenden Koalitionsprojekten (mit der BHE, später der FDP und den Grünen) sicherte die SPD-Führung über viele Jahre ihre Machtbasis in Hessen. Diese Regierungspolitik wurde in anderen Teilen Deutschlands ebenso oft kopiert wie kritisiert. Vor allem die Koalition mit den Grünen bewirkte außerordentliche Ausstrahlung. Die politische Basis dieser Politik bestand in der engen Kopplung zwischen Regierungs- und Parteigeschäften. Besonders eindrucksvoll war auch hierbei wieder Georg August Zinn, der von 1951 bis 1969 sowohl Bezirksvorsitzender in Hessen-Nord wie auch hessischer SPD-Vorsitzender war. Das politische Steuerungszentrum um Zinn balancierte die diversen Ansprüche des Nordens und Südens mit Hilfe des südhessischen Bezirkschefs Willi Birkelbach (1954-1962), der zeitweise sogar Leiter in der Staatskanzlei wurde, derart verlässlich aus, dass eine besonders stabile sozialdemokratische Innenarchitektur entstand.

Auf Basis dieser innerparteilichen Geschlossenheit, bei Existenz konkurrierender Flügel, ließen sich der Aufbau einer hessischen Identität sowie die ökonomische Integration des Nordens, vor allem der sogenannten Zonenrandgebiete, glaubwürdig und erfolgreich vorantreiben. So gelang es mit Hessen-Tag, Hessen-Plan, und „Hessen-vorne"-Pathos nicht nur die ländliche Infrastruktur zu fördern und die regionalen Disparitäten abzubauen, sondern auch die SPD – zumindest vorübergehend - als die Hessenpartei zu identifizieren. Tatsächlich war bald die Rede vom „agrar-sozialen Musterländchen" und von der „soziale Aufrüstung des Dorfes" (Bullmann 2003). All dies förderte das Ansehen im Bund, sodass sich Hessen in der Adenauer-Republik zum kleinen Gegenmodell und zum politischen Vetopunkt entwickelte. Manchmal ist Adenauer auch tatsächlich am hessischen Widerstand gescheitert, wie z.B. beim Verfassungsgerichtsurteil gegen einen eigenen Fernsehkanal zu Adenauers Gnaden. Die Kritik der hessischen Sozialdemokraten gegen den Zentralstaat konnte sich aber auch gegen die eigene Bundespartei richten, wie etwa die zum Teil heftigen Attacken gegen das Godesberger Programm zeigten.

Gegen Ende der 1960er Jahre schwächte sich diese scheinbar selbst tragende Hessen-SPD-Welle ab. Die Zeiten wurden rauer, widersprüchlicher und die Partei wandelte sich durch einen außerordentlichen Generationenwandel, der kaum in einer anderen Partei je so stark ausfiel wie in der hessischen SPD. 1969 wuchs die Mitgliederzahl um 6,3 Prozent, 1970 um 5,7 Prozent, 1971 um 3,4 Prozent und 1972 sogar um 10,8 Prozent. Binnen dreier Jahre steigerte sich die Mitgliedschaft um fast 25 Prozent (Beier 1989: 472). Ein solch dynamisches Wachstum war und blieb seit den 50er Jahren einmalig. Die Schattenseite dieses Zustroms lag in einer neuen Heterogenität, die Identitätsprobleme aufwarf, Prozesse innerparteilicher Polarisierung förderte und kaum überwindliche Steuerungsprobleme schuf. Bildungspolitische Ambitionen, die ein stärker egalitär und sozial integriertes Bildungssystem anstrebten, polarisierten das Land, womit zugleich der Aufstieg der CDU zur Regierungspartei gefördert und bundesweite Negativschlagzeilen unter dem Stichwort Schulkampf (Müller-Kinet 1995; s. dazu den Beitrag von Rudloff in diesem Band) inspiriert wurden. Jedenfalls führten manche unausgereiften Veränderungsprojekte, insbesondere auf den Feldern der Schulpolitik und der Gebietsreformen nicht nur zur Konfrontation mit der Bevölkerung, sondern im

Bildungsbereich auch mit der Kultusministerkonferenz, der Bundesregierung und der Verfassungsgerichtsbarkeit.

Der 1969 erfolgte Wechsel von Zinn zum damaligen Finanzminister Albert Oswald (Ministerpräsident 1969 bis 1976, Parteivorsitzender 1970 bis 1977), der in seine politische Karriere als Giessener Oberbürgermeister gestartet war, stand also unter keinen guten Vorzeichen. Neben bildungspolitischen Zuspitzungen führten Fehlmanagement bei der Hessischen Landesbank (HELABA) und nicht zuletzt die Fusion von Gießen und Wetzlar zur „Kunststadt" Lahn zu erheblichen Legitimationsdefiziten gegenüber der Wählerschaft, was auch in der SPD nicht ohne personelle Konsequenzen blieb. Als erster musste Kultusminister von Friedeburg (1974) auf Druck der FDP seinen Hut nehmen; es folgte bald der Ministerpräsident selbst (1976). Die SPD war in einer schwierigen Lage: Innerparteilich war sie nicht zuletzt infolge des Generationenwandels zerrissen und durch umstrittene Reformprojekte geschwächt. Dagegen drängte die CDU-Opposition mächtig nach vorne und konnte 1974 erstmals die SPD in der Wählergunst überholen und stärkste Partei im Landtag werden. Besonders spektakulär waren 1977 der erstmalige Gewinn der Kommunalwahlen und die Eroberung des Frankfurter Oberbürgermeisteramtes. In dieser Situation übernahm der aus Kassel stammende, ehemalige SPD-Bundesgeschäftsführer Holger Börner das Amt des Ministerpräsidenten. Mit seinem Amtsantritt verband sich die Hoffnung, den drohenden Regierungsverlust abzuwenden und die Partei wieder mit sich selbst und der nunmehr von Helmut Schmidt geführten Bundesregierung zu versöhnen.

1.3 Der Weg zu „Rot-Grün"

Hessen entwickelte sich in den 1980er Jahren zum Zentrum der bundesdeutschen Debatte um die Zukunft des sozialdemokratischen Fortschrittsmodells. In der Gegnerschaft zum Bau von Kernkraftwerken, neuen Autobahnen, Flughafenausbau und einer geplanten Wiederaufarbeitungsanlage entwickelten sich einerseits die Grünen von einer sozialen Bewegung zu einer handlungsfähigen, mit Machtwillen ausgestatteten Partei. Andererseits nahm aber auch der innerparteiliche Widerstand gegen das sozialdemokratische Fortschrittsmodell derart zu, dass deutliche Integrationsdefizite sichtbar wurden, was sich letztlich vor allem in einer schwachen Anziehungskraft auf die Jugend der 80er Jahre auswirkte. Als einer der letzten großen pragmatischen Vertreter der alten Arbeiterbewegung personifizierte Holger Börner (Ministerpräsident 1976 bis 1987, Parteivorsitzender von 1977 bis 1987) (s. dazu den Beitrag von Schacht in diesem Band) in seiner

Biographie den Glauben an den immerwährenden Fortschritt durch Technik und Wachstum. In diesem Sinne unterstützte er von Hessen aus mit Leibeskräften die Politik von Bundeskanzler Helmut Schmidt. Zugleich gelang ihm mit seiner ideologieeindämmenden Politik des „Endes der Fahnenstange"[1] sowie mit klugen strategischen Reaktionen auf die neue Konstellation des Postmaterialismus eine realpolitische Krisenpolitik, die letztlich auch das Koalitionsspektrum des deutschen Parteiensystems nachhaltig veränderte. Damit ist nicht nur die erste bundesweite Koalition mit den Grünen in einem deutschen Länderparlament (1985-1987) gemeint, sondern auch die Praxis einer durch die Grünen geduldeten und tolerierten geschäftsführenden Minderheitsregierung (1983 bis 1985). Das alles war notwendig geworden, weil sich im Kontext eines Vierparteiensystems und einer inhaltlich neu ausgerichteten FDP keine andere Machtperspektive für die SPD ergab.

1.4 Erstmals in der Opposition

1987 verlor die SPD unter dem Spitzenkandidaten Hans Krollmann (Parteivorsitzender 1987 bis 1989) die Regierungsmacht an eine schwarz-gelbe Mehrheit. Damit war die hessische CDU erstmals seit 1950 wieder in einer hessischen Regierung vertreten. Die Niederlage des ehemaligen hessischen Finanzministers Hans Krollmann gegen den damaligen Frankfurter Oberbürgermeister Walter Wallmann fiel mit einer Differenz von etwa 1700 Stimmen denkbar knapp aus. Gerd Beier, Chronist der hessischen Sozialdemokratie, erklärte das Ergebnis des „Schwarzen Sonntags" vom 5. April 1987 aus den ungeklärten Widersprüchen des damaligen sozialdemokratischen Politikverständnisses: „Eine Landespartei, die sich so stark fühlte, dass sie am Ende Regierung und Opposition zugleich spielen zu können glaubte, ist seit dem April 1987 nur noch Opposition, nicht mehr Regierung, sondern nur noch Partei" (Beier 1989: 7). Da die Sozialdemokratie den schwarzen Sonntag als einmaligen Betriebsunfall begriff, der vor allem durch das aus Sicht der Bürger unrühmliche Ende der ersten rot-grünen Koalition verursacht worden war (s. dazu den Beitrag von Kleinert in diesem Band), wartete man auf die nächste Chance im Jahr 1991. Strukturelle Veränderungen leitete die hessische SPD in den ersten vier Jahren als Oppositionspartei nicht ein.

---

[1] Vorläufer der Schröder'schen „Basta-Politik". Die Formulierung entstand im Streit um die hessischen Rahmenrichtlinien und war als Ansage zur Entideologisierung der parteipolitischen Kontroversen gedacht.

1.5 Eichel-Jahre

1991 praktizierte die hessische SPD ihren ersten Landtagswahlkampf aus der Opposition heraus und war sogleich erfolgreich. Neben der wenig glücklichen Arbeit der Regierung Wallmann waren nicht zuletzt die emotionalisierten Bedingungen des ersten Irak-Krieges günstig für die Abwahl der ersten hessischen CDU-Regierung. Zugleich erwies sich die damals getroffene Kandidatenwahl als wegweisend für die weitere Entwicklung der Hessen-SPD. Denn mit dem ehemaligen Kasseler Oberbürgermeister Hans Eichel (Parteivorsitzender 1989 bis 2001) fand sich nicht nur ein neuer Ministerpräsident, sondern auch eine Persönlichkeit, die zusammen mit Heidemarie Wieczorek-Zeul[2] über viele Jahre eine wichtige Rolle in der Bundes-SPD spielen konnte. 1991 setzte sich der Nordhesse Hans Eichel im parteiinternen Auswahlwettbewerb als Spitzenkandidat gegen den Wiesbadener Bürgermeister Achim Exner durch. Möglich war dieser Triumph des pragmatischen Nordhessen, der ursprünglich zur Parteilinken des Frankfurter Kreises zählte, gegen den charismatischen Südhessen Exner, weil er die Protektion der südhessischen Führung unter Heidemarie Wieczorek-Zeul genoss. Die mittlerweile etablierte grüne Partei konnte in den 1990er Jahren in eine pragmatischere Koalitionspolitik eingebunden werden als noch in den 1980er Jahren. So lange in Bonn die Kohl-CDU regierte und die Abgrenzung zu deren Politik dominierte, blieb die rot-grüne Regierung in Wiesbaden mehr durch interne Unstimmigkeiten herausgefordert als durch energische Konkurrenz des politischen Gegners in Wiesbaden selbst. Das änderte nichts daran, dass auch in dieser Zeit im Bereich der Energie-, Verkehrs-, und Bildungspolitik die üblichen Grabenkämpfe zwischen Rot-Grün und Schwarz-Gelb tobten.

1.6 Gekocht und geschrödert

Seit 1998 versetzten zwei politische Akteure die hessischen Sozialdemokraten in Schwierigkeiten: Der eine hieß Koch und wurde häufig unterschätzt. Der andere hieß Schröder und beabsichtigte als sozialdemokratischer Bundeskanzler Deutschland zu verändern, ohne sich dabei sonderlich an sozialdemokratischen Mitgliedern und Traditionsbeständen zu orientieren. Wie so häufig in der hessischen Geschichte beeinflusste 1999 der lange Schatten der Bundespolitik den

---

[2] Heidemarie Wieczorek-Zeul ist die einzigste Bundesministerin, die seit 1998 ununterbrochen im Amt ist.

Ausgang der Landtagswahl - wenngleich diesmal nicht zu Gunsten der SPD. Trotz leichter Zugewinne der SPD wurde die rot-grüne Regierung von Schwarz-Gelb abgelöst (s. hierzu ausführlicher 3.2).

Das Ergebnis mobilisierte die Suche nach neuem Personal und einer besseren Anbindung an die Bundespolitik. Doch beide Suchprozesse währten nur sehr kurz und scheiterten. Statt einen Aufbruch zu organisieren, hoffte die SPD darauf, dass es sich wieder um einen Betriebsunfall handele, auf den - auch wegen der CDU-Spendenaffäre in den Jahren 2000 bis 2002 (vgl. den Beitrag von Neumann/ Schmid in diesem Band) - schnell wieder die Rückkehr zur Regierungsbeteiligung folgen werde.

Trotz der Niederlage im Frühjahr 1999 stieg Hans Eichel - nach der Flucht von Oskar Lafontaine - zum Bundesfinanzminister auf und wurde zeitweise nach Gerhard Schröder einer der wichtigsten bundesdeutschen Politiker. Bis 2001 blieb Eichel auch Landesvorsitzender der hessischen SPD, die mehr oder weniger paralysiert, die großen steuer- und finanzpolitischen Veränderungen hinnahm, ohne sich in dieser Zeit wahrnehmbar oppositionell zur eigenen Bundesspitze zu positionieren. Im Zuge der Vorbereitungen auf die Wahl 2003 traten Hans Eichel als Parteivorsitzender und Armin Clauss als Fraktionsvorsitzender im Jahre 2001 zurück. An ihre Stelle trat in Doppelfunktion, der dem pragmatischen Lager zugehörende Hessen-Süd-Vorsitzende Gerhard Bökel; er sollte mit diesen Funktionen im Rücken als SPD-Spitzenkandidat die Landtagswahl 2003 gewinnen. In seinem Windschatten entwickelte sich Jürgen Walter als Landesgeschäftsführer und wirkungsvoller Chefaufklärer im CDU Spendenskandal zu einem weiteren neuen Führungsaspiranten.

Ohne inhaltliche Neujustierung und ohne dass die neuen Spitzenkräfte um Jürgen Walter schon zum Zuge kommen konnten, blies der hessischen SPD Anfang 2003 der Wind erneut heftig ins Gesicht. Dafür war aus Sicht der Hessen vor allem die Bundesspitze verantwortlich. Tatsächlich entwickelte sich 2003 für die hessische SPD unter dem Spitzenkandidaten und Parteivorsitzenden Bökel (2001 bis 2003) zu einem schicksalhaften Leidensjahr. Bei den Landtagswahlen musste sie mit 29,1 Prozent das schlechteste Ergebnis ihrer hessischen Geschichte verzeichnen (s. dazu ebenfalls vertiefend 3.2). Auch diesmal drohte die Suche nach einem Neuanfang bereits im Keim zu ersticken; denn die Mehrheit der Verantwortlichen sah die eigentliche Ursache des schlechten Abschneidens „zu achtzig Prozent" in Berlin (FAZ 7.2.2003). Es sei „vorrangig eine Folge der Entfremdung der sozialdemokratischen Politik von ihrer gesellschaftlichen Wählerbasis (...) durch neoliberale Experimente". Nach dem Desaster der Landtagswahl von 2003 sahen außenstehende Beobachter die hessische SPD vor einem Scherbenhaufen, den ein Journalist der Frankfurter Neuen Presse am 5. Februar 2003 durchaus zeitgemäß, so umschrieb: „Die hessische SPD, gerade mit dem schlechtesten Wahlergebnis seit 1946 ins Ziel getaumelt, ist ein Sanierungsfall. Personell und programmatisch hat die Partei den Menschen im Land nichts mehr anzubieten, was sie mittelfristig wieder zu einer Konkurrenz für die inzwischen schier unerreichbar scheinende CDU Roland Kochs werden lassen könnte" (Georg Haupt 5.2.2003). Diskutiert wurden in der Folge programmatische, organisatorische und personelle Konsequenzen.

Hinsichtlich der programmatischen Orientierung der SPD war das „Ende der Fahnenstange" für die SPD noch lange nicht erreicht, wie sich mit der „Agenda 2010" zeigen sollte, die Bundeskanzler Gerhard Schröder im März kurz nach der Hessenwahl vorstellte. In der Folge versuchte sich die südhessische SPD zu einem Kristallisationskern des Widerstandes gegen die Bundes-SPD zu entwickeln. So unterstützten führende hessische Sozialdemokraten das im Frühjahr 2003 durchgeführte Mitgliederbegehren gegen den Kurs der Agenda 2010. Manche sprachen gar davon, dass es um die Widerherstellung der innerparteilichen Demokratie gehe und dafür ein außerordentlicher Bundesparteitag notwendig sei. In diesem Sinne insistierte die im selben Jahr neu gewählte hessische SPD-Vorsitzende Andrea Ypsilanti darauf, dass es „die Reise in die Mitte ... nicht sein" kann, statt dessen „müssen (wir) uns an unseren Kernwählern orientieren" (FNP 27.2.2003). Ypsilanti machte Berlin für die Schwäche der Partei verantwortlich: „Die Regierung darf sich nicht auf die Grundwerte der Partei beziehen, wenn man diese in den Gesetzen nicht wiederfindet". Mit Blick auf die eigene Programmatik lautete die Kritik: „Alles wird nur noch unter dem Gesichtspunkt der Ökonomie diskutiert. Die Motivationslage der Mitglieder geht an die Substanz" (FR 8.9.2003). Nach der Ablehnung der Agenda 2010 durch den Parteitag des SPD-Bezirks Hessen-Süd suchte man von dort auch den Kampf gegen die Agenda mit zu organisieren: Ein „Parteitag von unten" (FR 17.5.2003) sollte als Signal gegen die Annahme der Agenda auf dem außerordentlichen SPD-Parteitag am 1. Juni 2003 in Berlin wirken. Das hessische Credo im Kampf um die daheim gebliebenen Wähler und für ein starkes sozialdemokratisches Bewusstsein konzentrierte sich fortan auf folgende Kernforderungen: Die Bezugsdauer des Arbeitslosengelds I müsse beibehalten werden, Ausbildungsplatzabgabe und Vermögenssteuer eingeführt werden. Die hausgemachten Ursachen der Wahlniederlage, wie zum Beispiel der nicht vermittelbare Spitzenkandidat Gerhard Bökel sowie die eigenen inhaltlichen Schwächen wurden in der allgemeinen sozialdemokratischen Krisenstimmung an den Rand gedrängt.

Die hessischen Sozialdemokraten mussten aber bald feststellen, dass sie sich mit ihrer ausschließlich ablehnenden Haltung gegenüber der Regierungspolitik innerhalb der eigenen Partei zu isolieren drohten, sodass dieser Kurs nicht weiter verfolgt wurde. Stattdessen suchte man im Bereich egalitärer sozialpolitischer Reformstrategien, wie der Bürgerversicherung im Gesundheitswesen oder im Engagement gegen eine Rente ab 67, wieder Boden gut zu machen. Dazu gehört auch das Bemühen, erneut einen engeren Schulterschluss mit den Gewerkschaften zu finden. Die Beziehung zu diesen war seit dem Landtagsausstieg von Armin Clauss (2001), der zwischen 1972 und 1976 sowohl hessischer DGB-Vorsitzender und Landtagsabgeordneter war, brüchig geworden. Vor allem durch die von maßgeblichen Gewerkschaftern erfolgte Gründung der WASG, später Linkspartei, die sich fortan als antisozialdemokratische Partei verstand, wurde das Verhältnis zu den Gewerkschaften beträchtlich belastet.

2 Entwicklung der Parteiorganisation

2.1 Mitgliederentwicklung

Die hessische SPD versteht sich als Mitgliederpartei. Bezogen auf die Zahl der Wahlberechtigten im Land verfügt Hessen nach dem Saarland über die größte Dichte von SPD-Mitgliedern.[3] Ihrem eigenen Selbstverständnis entsprechend ist die SPD nicht nur an passiven Beitragszahlern interessiert, sondern sieht die Mitglieder auch als Aktivposten, um gesellschaftliche Verankerung, Beteiligung und Aktivierung für sozialdemokratische Ziele zwischen den Wahlen und während der Wahlkämpfe zu ermöglichen. Aus demselben Grund ist die SPD auch nie nur Regierungs- oder Mitgliederpartei gewesen, sondern hat vielmehr immer auch den Kontakt zu den sozialen Bewegungen gesucht und gepflegt.

Mit den alten sozialen Bewegungen wie den Gewerkschaften, Sozialverbänden, der Frauen- und Friedensbewegung war dies eine Selbstverständlichkeit. Mit den neuen sozialen Bewegungen taten sich die Sozialdemokraten lange Zeit schwer, waren diese doch aus den Konfliktlagen der 80er Jahre heraus teilweise explizit gegen die SPD gegründet worden. Im Zuge programmatischer und prak-

---

[3] Das Saarland verfügt mit 3,02 über den mit Abstand höchsten Organisationsgrad in der SPD, dahinter folgt Hessen mit 1,44 fast gleich auf mit Rheinland-Pfalz mit 1,43. Die nächsten Plätze belegen mit etwas Abstand Niedersachsen (1,14) und NRW (1,08), Stand 2004 (Niedermayer 2006: 380).

tischer Veränderungen gelang es der SPD aber immer wieder Anschlüsse zu diesen Bewegungen herzustellen, um somit neue Ideen und Mitstreiter zu gewinnen. Dies trifft nicht nur auf die Aktivitäten der Umwelt-, Dritte-Welt-, Kirchen- und Selbsthilfegruppen zu, sondern auch auf Teile der globalisierungskritischen Gruppen.

Abbildung 2:   Anzahl der Ortsvereine in den Bezirken der hessischen SPD

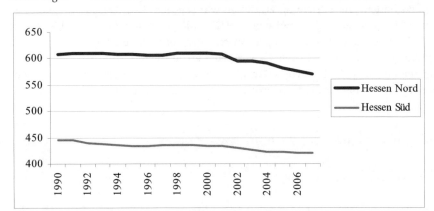

Das alltagsweltliche Zentrum sozialdemokratischer Politik ist der Ortsverein. Dort beginnt die Ochsentour für die Führungsauslese; dort ist die Partei für den Bürger greifbar und angreifbar. Hessen ist in der Rangliste der Mitgliederzahlen nach Nordrhein-Westfalen, Niedersachsen und Bayern der viertgrößte Landesverband. Aber kein anderer Landesverband hat so viele Ortsvereine wie der hessische. Die Zahl der Ortsvereine hat sich im Laufe der Zeit zwar reduziert, doch gab es auf dieser Ebene relativ wenig Wandel. Im Zeitraum zwischen 1990 und 2007 hat sich die Zahl der Ortsvereine in Hessen von 1.055 auf 991 reduziert. Das entspricht einem Rückgang um 6,1 Prozent, wobei davon 6,5 auf Hessen Nord und 5,4 auf Hessen Süd entfallen. Die insgesamt höhere Zahl der Ortsvereine in Hessen Nord, obwohl der Bezirk nur ein Drittel der Mitglieder des Landesverbands stellt, ist der ländlichen Struktur geschuldet. In Hessen Nord haben auch einzelne kleinere Dörfer einen eigenen Ortsverein. Überhaupt keine Veränderung gab es bei der Zahl der Unterbezirke, die nach wie vor bei 26 liegt. Die Struktur der hessischen SPD ist damit trotz erheblichem Mitgliederrückgang seit der Wiedervereinigung konstant.

Abbildung 3: Mitgliederentwicklung der hessischen SPD und Amtszeit der Vorsitzenden seit 1946

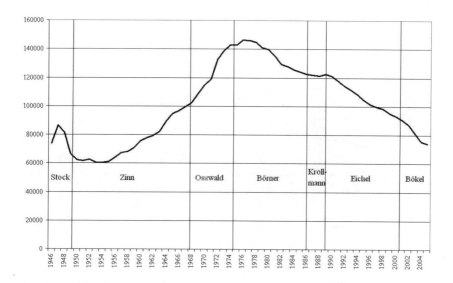

Die Mitgliederentwicklung der hessischen Sozialdemokratie lässt sich in vier Phasen unterteilen. Einer ersten Wachstumsphase, die sich von 1945 bis 1947 erstreckte, folgte bald ein abrupter Mitgliedereinbruch, der zu einem stetigen Rückgang führte; der Tiefpunkt war 1955 erreicht. Zwischen 1956 und 1978 kann die dritte Phase angesiedelt werden, die durch einen permanenten Zuwachs gekennzeichnet ist. Während 1955 mit etwa 60.000 Mitgliedern der bisherige Tiefpunkt der Mitgliederentwicklung zu datieren ist, fällt der Höchststand ins Jahr 1978 (142.850). Anders als der Trend beim Bundesverband, wo erst Ende der 1960er ein rasanter Mitgliederzuwachs einsetzte, erreicht die hessische SPD schon seit Ende der 1950er erhebliche Zuwächse. Der Trend setzte sich bis 1978 stetig fort. Der hessischen SPD gelang es, ihre Mitgliederzahl aus dem Jahr 1946 zu verdoppeln, während der Bundesverband im gleichen Zeitraum einen Mitgliederzuwachs von „nur" etwa vierzig Prozent verzeichnet.

Abbildung 4:   Entwicklung der SPD Hessen im Vergleich zum Bundesverband
(in Prozent)

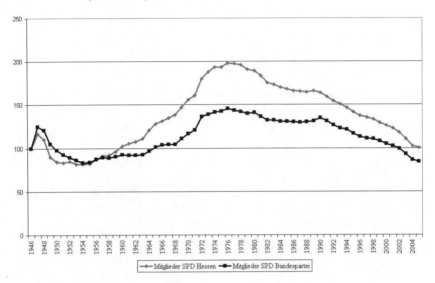

Während der Amtszeit des Ministerpräsidenten Holger Börner begann der Mit-
gliederschwund. Durch Verluste von über 23.000 Mitgliedern zwischen 1977 und
1987 stammt nahezu jedes fünfte verlorene Mitglied im Bundesverband aus Hessen. In der Amtsperiode von Walter Wallmann (CDU), gab es seither noch ein
letztes Mal eine Phase der leichten Stabilisierung der Mitgliederzahlen. 1989 stieg
die Zahl der Mitglieder gegen den seit 1978 beobachtbaren Trend noch einmal
um einen Prozentpunkt an. Seither bewegt sich die Mitgliederzahl mit zunehmender Geschwindigkeit in Richtung des Tiefststandes der 1950er Jahre, ohne
diesen aber bisher zu erreichen. Auch in der vierten Phase, in der seit 1979 ein
ständiger Mitgliederrückgang zu verzeichnen ist (nunmehr unter 70.000 Mitglieder), versteht sich die hessische Sozialdemokratie weiterhin als Mitgliederpartei.
Auffallend ist, dass der prozentuale Mitgliederrückgang in Hessen seit dem
Höchststand von 1978 stärker ausfällt als im SPD-Bundesdurchschnitt. Der hessische Mitgliederanteil stieg in der Bundespartei bis in die Mitte der Siebziger von
niedrigen 9 Prozent in den 1950er Jahren auf über 14 Prozent an. Derzeit liegt der
hessische Mitgliederanteil im Bund bei etwa 12 Prozent.

Um den Mitgliederrückgang zu erklären, können wir neben allgemeinen Ursachen[4], die grundlegend für das gewandelte Verhältnis der Bürger zu den deutschen Parteien und Verbänden sind, einige hessenspezifische Aspekte, die in besonderem Maße die Entwicklung der hessischen SPD erklären können, benennen:

- Schwächen im Agenda-Setting: unzureichende thematische Zeitgenossenschaft
- Fehlendes modernes Spitzenpersonal, vor allem in den Städten, die das Lebensgefühl ihrer Zeit verkörpern
- Erosion der Laufbahnpartei - Abnehmender Einfluss der SPD auf berufliche Karrieren: Rückzug aus der immerwährenden Regierungsbeteiligung, gekoppelt mit der Direktwahl der Bürgermeister
- Abkopplung von der Politik der größeren hessischen Städte
- Entkopplung zwischen Gewerkschaften, Sozialverbänden und SPD auf allen Ebenen.

Die Entwicklung der hessischen SPD zeichnete sich in den letzten zehn Jahren durch einen sich wechselseitig verstärkenden Prozess aus: Einerseits gab es ein unzureichendes Angebot für Mitglieder und Wähler wegen zurückgehender Regierungsbeteiligung sowie fehlender zeitgenössischer Gestaltungsprofile. Andererseits beeinflusste der Mitglieder-, Wähler- und Aktivistenrückgang die Fähigkeit der Partei, sich stark und dynamisch zu präsentieren. Im Ergebnis führte dies zum Beispiel dazu, dass immer weniger Menschen immer mehr ehrenamtliche Leistungen erbringen sollten, um weiterhin eine flächendeckende Präsenz der Partei zu ermöglichen. Da dies nur begrenzt funktionieren kann, ist es notwendig geworden einen immer größeren Teil der organisatorischen Aufgaben, die bislang durch ehrenamtliche Arbeit bewältigt wurden, an professionelle Dienstleister zu vergeben. Diese Möglichkeiten werden jedoch durch sinkende Beitragseinnahmen sowie zurückgehende Zahlbeträge aus dem Kreis der Man-

---

[4] Zu den allgemeinen Ursachen für den stetigen Rückgang der Mitgliederzahlen zählen: Veränderung von Arbeit (vor allem Tertiarisierung, Arbeitszeitverlängerung, Flexibilität, Zeitknappheit, Mobilität, Unsicherheitsgefühl), Wandel der Freizeit (erhöhtes Freizeitangebot, Eventorientierung), mediengesellschaftliche Entwicklungen, soziale Milieuveränderungen, Rückgang und Teilverschiebung des Partizipationsinteresses (soziale Bewegungen, bspw. Attac), langsamer und stetiger Rückzug von Akteuren aus dem Bereich ehemaliger Vorfeldorganisationen, bspw. Gewerkschaften, AWO.

datsträger und durch unsichere Kalkulationen hinsichtlich der Wahlkampfkostenrückerstattung limitiert.

Zugleich zeichnet sich die hessische SPD durch eine gewisse Beharrungs-
mentalität aus, die mit einer Schieflage in der Altersstruktur korrespondiert.
Ähnlich sieht es bei der Mitgliederstruktur aus. Die Hessen-SPD ist in der Bundespartei einer der Landesverbände mit dem höchsten Altersdurchschnitt sowie
dem geringsten Frauen- und Jugendanteil. Waren 1992 nur knapp 27 Prozent der
SPD-Mitglieder älter als 60 Jahre, so lag dieser Anteil 2007 schon bei knapp über
50 Prozent (Jahrbuch der deutschen Sozialdemokratie 2007). Dagegen ist der
Anteil der Mitglieder im Jungsozialisten-Alter (bis 35-Jahre) drastisch zurückge-
gangen. 1990 lag dieser Wert noch bei 15,8 Prozent, im Jahr 2007 nur noch bei
knapp 7 Prozent. Zu den Jusos werden aktuell gerade einmal 4.800 SPD-
Mitglieder gerechnet. In der Legislaturperiode 1999-2003 war unter den SPD-
Parlamentariern im hessischen Landtag nur einer jünger als 35 Jahre. Die CDU-
Fraktion konnte hingegen auf fünf MdL in dieser Altersgruppe verweisen (FR
14.8.2000). In der 2008 beginnenden Legislaturperiode stieg die Zahl der jüngeren
hessischen Abgeordneten im Juso-Alter jedoch wieder auf fünf an.

Die Mitgliederstruktur der hessischen SPD zeichnet sich also durch eine
starke Unterrepräsentation jüngerer Mitglieder und Frauen aus. Dagegen liegt
das Durchschnittsalter von etwa 59 Jahren an erster Stelle unter den SPD-
Landesverbänden. Diese Defizite sowie ein drastischer Mitglieder-, Wähler- und
Aktivistenrückgang führen zu einer sich wechselseitig verstärkenden Schwächung, die mit einem weiteren Prozess korreliert: Es fällt der SPD immer schwerer, veritable gesellschaftliche Strömungen, Denk- und Mentalitätsmuster in der
Partei hinreichend abzubilden. Dies alles kann eine gewisse Teilentkopplung
zwischen gesellschaftlich dominanten Trends und sozialdemokratischem Politik-
gefühl erklären.

2.2 Organisationsreformen

Traditionell bestehen in Hessen zwei starke Bezirke und ein schwacher Landesverband. Letzterer verfügt gegenüber den Bezirken nur über eine begrenzte Ressourcen[5]- und Handlungskompetenz. Denn die Bezirke, die traditionell in der

---

[5] Bei den gesamten Kosten für Personal, die in Hessen für die SPD anfallen, gingen 2004
etwa 6 Prozent auf das Konto des Landesverbandes, während sich die restlichen 94 Prozent
auf die beiden Bezirke verteilten (Auskunft des SPD-Parteivorstandes).

deutschen Sozialdemokratie die bedeutendsten politischen Einheiten darstellten, haben ein politisch-organisatorisches Eigenleben, das die dynamische und eigenständige Handlungsfähigkeit des hessischen SPD-Landesverbandes bis auf den heutigen Tag einschränkt. Insofern ist die Geschichte der SPD in Hessen seit 1945 davon gekennzeichnet, dass in regelmäßigen Abständen darüber gestritten wird, ob und wie man den Landesverband als eigenständiges Organ stärkt. In den ersten Jahrzehnten der Nachkriegsgeschichte war damit primär eine Übertragung von Ressourcen von der Bezirks- auf die Landesebene gemeint. In den letzten beiden Jahrzehnten ging es hingegen verstärkt darum, ob die Bezirksstruktur als solche nicht anachronistisch sei. Dabei verweisen die Anhänger eigenständiger Bezirke in Nord- und Südhessen darauf, dass die Parteikulturen in den beiden hessischen Hemisphären derart unterschiedlich seien, dass eine organisatorische Integration nur um den Preis erheblicher Integrationsdefizite zu erreichen sei. Zudem sei diese Debatte auch weniger eine solche, bei der es um einen effektiveren und effizienteren Mitteleinsatz ginge, sondern um politische Mehrheitsverhältnisse in Hessen.

2.2.1 Bezirk Hessen-Süd

Der Bezirk Hessen-Süd umfasst mit etwa 45.000 Mitgliedern den weitaus größeren Teil der hessischen SPD-Mitglieder. Sie stellen deshalb auf den hessischen Landesparteitagen auch etwa zwei Drittel der Delegierten. Ihr Einflussbereich liegt nicht nur im metropolengeprägten Rhein-Maingebiet, sondern er geht auch in den ländlichen, südhessischen und mittelhessischen Raum hinein, sodass auch dieser Bezirk urbane und ländliche Dimensionen integrieren muss. Seit den Anfängen nach dem zweiten Weltkrieg versteht sich Hessen-Süd als „linke Speerspitze der Bundes-SPD" (FAZ 11.6.2001). Daran haben auch eher pragmatische Vorsitzende wie Gerhard Bökel (1999-2001) ebenso wenig geändert wie die zunehmende politische Fragmentierung dieses Bezirkes, die sich in den letzten Jahren durch eine annähernde Parität zwischen linken und pragmatischen Kräften auszeichnet.

Eine besondere Herausforderung von großer Tragweite, die bis auf den heutigen Tag besteht, ist die schwächer gewordene Akzeptanz in den Städten. Öffnungsbemühungen, wie sie der Frankfurter Kommunalpolitiker Martin Wentz mit seiner Debatte über Politik und Dienstleistungsgesellschaft anstrebte, verschloss sich die Partei ebenso, wie sie Volker Hauff, den importierten Frankfurter Oberbürgermeister (1989-1991), der die SPD wieder mit der Stadtgesellschaft zu versöhnen suchte, abschreckte und hinausdrängte. Mit einem Wahlergebnis von

23 Prozent (2006) ebnete sie schließlich selbst die Basis für eine schwarz-grüne Koalition im Frankfurter Römer, was späterhin auch im Wiesbadener Magistrat kopiert wurde.

Seit den 1980er Jahren wird die programmatische und personelle Konstellation der südhessischen SPD in starkem Maße durch Heidemarie Wiezorek-Zeul, die von 1988 bis 1999 Bezirksvorsitzende war, geprägt. Unterstützt wurde sie in dieser Zeit vor allem durch Gernot Grumbach, der zwischen 1992 bis 2001 Vizechef des Bezirkes war und seither auch als ihr Nachfolger agiert. Die politischen Veränderungen im Bund und auf der kommunalen Ebene veränderten allerdings auch die Kräfteverhältnissen in diesem Bezirk. Mit den sogenannten „Netzwerkern", die durch junge hessische Abgeordnete der Landes- und Bundestagsgruppe getragen werden, meldete sich seit Ende der 1990er Jahre eine Gruppe zu Wort, deren Einfluss unter ihrem Frontmann Jürgen Walther deutlich gewachsen ist. Die traditionell linken Jusos des südhessischen Bezirks schlugen sich zwischenzeitlich auf die Seite des pragmatischen Flügels der Partei. Ein ehrliches Abbild dieser Kräftekonstellation sind die schlechten Wahlergebnisse des südhessischen Vorsitzenden Gernot Grumbach, der bei seinen Wahlen zum Bezirksvorsitzenden kaum mehr als zwei Drittel der Stimmen auf sich vereinigen konnte.

2.2.2 Bezirk Hessen-Nord

Hessen Nord ist mit seinen heute rund 25.000 Mitgliedern und 570 Ortsvereinen seit jeher ein außerordentlich erfolgreicher Organisationsbezirk, der nicht nur durch eine hohe Mitgliederdichte sowie überproportionale Wähler- und Mandatsträgerstärke auffällt. Aber auch in diesem Bezirk ticken die Uhren mittlerweile anders. Die SPD war in dieser Region für viele das Synonym für Heimat, unmittelbar spürbar im Lebensweltlichen der Sportvereine, Feuerwehren und Kirchenvorstände. Gemessen an der Einwohnerstärke besteht auch eine überproportionale Mitgliederstärke, sodass bei etwa 25 Prozent Einwohnern etwa ein Drittel der Delegierten beim Landesparteitag aus dem Norden kommen. Das Zentrum der nordhessischen SPD ist Kassel, das bis 1993 unentwegt sozialdemokratisch geführt wurde. Sehr geschlossen[6] und vergleichsweise pragmatisch auftretend, konnten die Nordhessen bis in die 1990er Jahre meist das hessische Spitzenpersonal stellen. Partiell konnten sie die sozialdemokratische Wählerschwäche des

---

[6] Diese Geschlossenheit drückt sich auch in einer geschlossenen Unterstützung der jeweiligen Vorsitzenden aus: Udo Schlitzberger (1993-2001) und Manfred Schaub (seit 2001).

Südens kompensieren. Das „Kontrastprogramm zu Hessen-Süd" (Heptner 11.6.2001) und die Heimat der pragmatischen Landespolitiker, ist allerdings seit der dramatischen Niederlage bei den Kasseler OB-Wahlen 1993 keine feste sozialdemokratische Bank mehr, sondern ebenfalls in der Gefahr, ihre sozialdemokratische Imprägnierung zu verlieren. In der Legislaturperiode 2003 bis 2008 saßen nur noch zehn Nordhessen im hessischen Landtag. Ein schwacher Trost bestand darin, dass in dieser Periode mit Manfred Schaub und Günter Rudolf die beiden einzigen direkt gewählten hessischen SPD-Landtagsabgeordneten aus Nordhessen kamen. 2008 waren es wieder die Nordhessen, die mit einem überproportional hohen Wahlergebnis die Kohlen aus dem Feuer holten. Das spiegelt sich auch darin wieder, dass in neun von elf Wahlkreisen das Direktmandat gewonnen wurde.

2.2.3 Auflösung der Bezirke?

Bis 1977 bestand der Landesverband in Hessen sogar nur als Kooperation der beiden Bezirke Hessen-Nord und Hessen-Süd. Seit 1977 wird der Landesvorstand durch Wahl auf einem Landesparteitag bestimmt. Nach den Wahlniederlagen 1987 und 1999, und erst recht nach der Wahl von 2003, suchte man nach Wegen, um die organisatorischen Strukturen des Landesverbandes zu stärken. Ähnlich wie in anderen Bundesländern sollten dafür Ressourcen und Kompetenzen von den Bezirken auf die Landesebene übertragen werden. 2001 gab der Landesverband Rheinland-Pfalz, dessen drei Bezirke damals zu Gunsten eines starken Landesverbandes aufgelöst worden waren, ein Beispiel dafür, dass dieses Projekt ohne polarisierende Kontroverse bewältigt werden kann (FR 8.11.2001). Negative Signale kamen dagegen aus Nordrhein-Westfalen, dem größten deutschen SPD-Landesverband, wo zwar ebenfalls die vier dortigen Bezirke aufgelöst und die Landespartei gestärkt wurde, dies allerdings zu erheblichen innerparteilichen Friktionen führte, die zugleich begleitet wurden von großen Wahlniederlagen (FAZ 24.4.2001).

Die Stärkung der Landesverbände sollte dazu beitragen, die Partei stärker auf die Wähler einzustellen und sie unabhängiger von den institutionellen Gliederungen der Partei zu machen: Damit sollte auch der Einfluss der mittleren Organisationsebene geschwächt werden, um eine direkt auf den Wählermarkt ausgerichtete Politik zu fördern. 2001 wurde vom damaligen Generalsekretär Müntefering und dessen Mitarbeiter Matthias Machnig die Idee der Netzwerkpartei popularisiert. In Hessen wurde dieses Konzept von Teilen der SPD-Landtagsfraktion, von der Mehrheit der hessischen Bundestagsabgeordneten und einigen südhessischen Unterbezirken verfochten. Dagegen waren vor allem die Spitzen in den Bezirksgremien und wesentliche Parteigliederungen, wie z.B. die Jusos.

Politische Dynamik erhielt diese Debatte dadurch, weil die Option der Bezirksauflösung zugleich auch zum impliziten Wahlprogramm des lange Zeit favorisierten SPD-Wunschspitzenkandidaten Gerhard Grandke gehörte. Der damalige SPD-Fraktionsführer im Landtag, Armin Clauss, begründete die Auflösung der Bezirke folgendermaßen: „In der jetzigen Struktur mit drei Ebenen – Unterbezirk, Bezirk und Landesverband – sei die Partei nicht kampagnenfähig (…) wir vergeuden zu viel Zeit in Gremien" (DPA 25.4.2001). Er setzte darauf, dass durch eine kampagnenorientierte starke Landesführung, Seiteneinsteiger und mehr jüngere Abgeordnete, die SPD auf Augenhöhe mit der CDU eine neue Kampagnenfähigkeit erzielen könne. Nach der Niederlage von 2003 wurden die Rufe nach einem schlagkräftigen Landesverband lauter, der in der Lage sei, schnell und flexibel zu arbeiten, um einen Spitzenkandidaten angemessen zu unterstützen. Andernfalls habe die SPD gegen die zentralistisch organisierte CDU von vorneherein einen erheblichen Wettbewerbsnachteil" (FR 4.10.2003). Es habe sich gezeigt, dass die SPD nicht mehr kampagnenfähig sei und um sie schlagkräftiger zu machen, müssten die teuren Bezirke abgeschafft werden.

Trotzdem entschieden sich die hessischen Gremien 2003 für die Beibehaltung der etablierten Strukturen. Mit kleineren Korrekturen, die lediglich signalisierten, dass alles beim Alten bleibt, wurde dieses Kapitel vorläufig geschlossen. Stattdessen gab es vergleichsweise unbedeutende Änderungen, um die zwischenbezirkliche Zusammenarbeit zu verbessern. Dazu gehörte die Erlaubnis, dass sich der Landesverband zukünftig auch zu bundespolitischen Themen äußern dürfe, was bislang nur den Bezirken vorbehalten war. Diese letztlich symbolische Aufwertung des Landesverbandes in der Satzung, ohne die Macht der Bezirke wirklich zu beschneiden, war ein Sieg des Status quo. Denn die greifbaren konkreten Punkte zeigen, dass das Thema Bezirke von einem politischen zu einem eher technisch-administrativen Komplex heruntergeformt wurde, was angesichts der Kräfteverhältnisse ein Gebot der Klugheit war. Wandel musste nunmehr jenseits der großen Strukturfragen angegangen werden.

3 Wahlkämpfe seit 1999

3.1 Politische Strömungen und Spitzenpersonal

Die politischen Strömungen in der hessischen SPD sind nicht identisch mit den offiziellen Strukturen des Landesverbandes. Denn auch die beiden Bezirksverbände, die Landtagsfraktion und etwas weiter weg, der Gruppe der SPD-Abgeordneten im deutschen Bundestag,[7] hegen eigene Machtansprüche. Sodann hat sich in den letzten Jahren eine teilweise diffuse, teilweise manifeste Strömungsdifferenz zwischen einem eher linken Flügel, der sein Zentrum im Süden hat, und einem eher pragmatischen Flügel, der sich als Ableger der 1999 im Bundestag konstituierenden Netzwerker versteht, gegründet. Dazwischen liegt viel Raum für insbesondere ad hoc orientierte Koalitionen. Ein gefestigtes Zentrum, dass eine über den Strömungen stehende Autorität abbildet und entsprechend handlungsfähig ist, hat sich in den Konflikten der Oppositionsjahre nicht herausgebildet, sodass manche bis auf den heutigen Tag auch von einer „neuen Unübersichtlichkeit bei der Hessen-SPD" (FR 06.02.2003) sprechen.

Nach der Niederlage von 1999 dominierte in der hessischen SPD die flügelübergreifende Hoffnung, durch einen charismatischen Spitzenkandidaten die Regierung Koch zu einer Episode erklären zu können. Nach der bitteren Wahlniederlage von 2003 und vor Beginn des Wahlkampfes 2008 steigerten sich die damit einhergehenden Erwartungen von Mal zu Mal vor laufenden Scheinwerferkameras[8]. Und immer ging es um den ehemaligen Offenbacher OB Gerhard Grandke, dem es aufgrund seiner Leistungen als Oberbürgermeister und seiner Ausstrahlung zugetraut wurde, die SPD wieder mit dem Wähler und der Macht zu vereinen. Tatsächlich entwickelte sich dieses Warten ähnlich wie in Becketts

---

[7] In der Ära Eichel gelang es Ende der 1990er Jahre einer Gruppe junger hessischer Abgeordneter in den Bundestag zu entsenden, die sich also zu Beginn ihrer Abgeordnetenzeit noch im Juso-Alter befanden. Unter den derzeit 16 hessischen SPD-Abgeordneten (2008) dominieren die sogenannten Netzwerker, die mit dem Marburger Sören Bartol auch den Sprecher der hessischen Gruppe und mit Nina Hauer die Sprecherin der Bundestags-Netzwerker stellen.

[8] So war schon 2001 in der Frankfurter Rundschau zu lesen: „In der Frage, wer in zwei Jahren als Spitzenkandidat gegen Regierungschef Roland Koch antreten soll, wächst der Druck auf den Offenbacher Oberbürgermeister Gerhard Grandke. Dem Vernehmen nach wird Grandtke auch vom SPD-Landesvorsitzenden Hans Eichel zunehmend gedrängt, endlich zu erklären, ob er gegen den früheren Innenminister Gerhard Böckel antreten will oder nicht" (FR 20.3.2001).

Theaterstück „Warten auf Gordot". Statt der Erlösung durch einen Charismatiker trug dieser auch zur Lähmung bei. Grandke erwies sich letztlich aufs Ganze betrachtet als ängstlicher Phantomcharismatiker. Nahezu sieben Jahre lang wartete die Partei. Ein ums andere Mal zögerte er. Von der SPD verlangte er aber weit reichende Vorleistungen für seine Kandidatur, die öffentlich so kommuniziert wurden: „Doch Grandke stellte Bedingungen: Nur wenn die Bezirke aufgelöst oder zumindest weitgehend entmachtet werden, will er den Landesvorsitz übernehmen. Seine Befürchtung ist, dass er andernfalls als Landeschef ohne echte Machtbasis agieren müsse. Nur eine konsequent auf den Vorsitzenden ausgerichtete SPD sei ausreichend kampagnenfähig, um der straff organisierten Hessen-CDU erfolgreich Paroli bieten zu können." Vertreter des parteipolitischen Establishment konterten und warfen dem Kandidaten vor die „die Latte zu hoch gelegt" zu haben (FR 06.02.2003). So lehnte er schließlich ab, nachdem ihm klar war, dass die bestehende Parteiführung sich auf seine Forderungen nicht einlassen würde. Es folgten Momente innerparteilicher Verlegenheit, die öffentlich auch negativ kommuniziert wurden. Es waren schließlich mit Bökel, Ypsilanti und Walter Politiker, die eher als Kompromiss-, Flügel- und weniger als Wunschkandidaten antraten. Während dies im Falle von Gerhard Bökel zur tiefsten Krise der hessischen SPD führte, gelang mit Andrea Ypsilanti, die vielleicht als eine der unterschätztesten Wahlkämpferin in die Geschichte der hessischen Parteien eingehen wird, eine nicht erwartete innerparteiliche Dynamisierung. Dazu beigetragen hat sicherlich auch, dass sie sich von Anfang mutig auf den innerparteilichen Wettbewerb eingelassen hat, nicht zögerte Verantwortung zu übernehmen und mit kluger Gelassenheit die Partei in ruhigeres Fahrwasser manövrierte.

3.2 Wahlkämpfe 1999 und 2003

Was ist das Besondere an den SPD-Wahlkämpfen seit 1999? Für den Wahlkampf der hessischen SPD wirkte es 1999 belastend, dass in Berlin wenige Monate zuvor die SPD die Regierung übernommen hatte. Wenn im Bund die Regierung von der eigenen Partei gestellt wird, kann sich dies als Hypothek für die Aktivitäten der jeweiligen Landespartei auswirken (vgl. in diesem Band: Decker/ Lewandowsky). Aber weder ist dies ein Naturgesetz, noch waren es alleine Bundestrends, die sich in Hessen negativ bemerkbar machten. Denn nach zwei SPD geführten Legislaturperioden gab es, vor allem im Bildungsbereich, größere Unzufriedenheiten mit der hessischen Landesregierung und der SPD. Insbesondere der damalige Bildungsminister Hartmut Holzapfel war Zielpunkt erheblicher Kritik durch Eltern und Lehrer geworden. Gleichwohl sahen alle Umfragen bis wenige Wochen vor der Wahl die SPD als Wahlgewinner. Dass dies nicht eintraf, ist schließlich neben den hausgemachten Unzufriedenheiten in der Bildungspolitik auf eine erste Welle der Kritik an der damals neuen rot-grünen Berliner Regierung zurückzuführen, die in ihrer ersten 100-Tage-Bilanz viel kritischen Unmut auf sich zog. Den entscheidenden Ausschlag für eine kurzfristig herbeigeführte Wechselstimmung legte jedoch der CDU-Herausforderer Roland Koch, durch eine von ihm inszenierte Kampagne gegen die sogenannte doppelte Staatsbürgerschaftspolitik der Bundesregierung. Im Kontext dieser Stimmungslagen kam es zur Mobilisierung des bürgerlichen und zur Demobilisierung des sozialdemokratisch-grünen Lagers. Die Grünen erhielten ein für ihre damaligen Möglichkeiten denkbar schlechtes Ergebnis und machten damit eine weitere rot-grüne Regierung unmöglich.

Im Vertrauen auf die negative öffentliche Wirkung der CDU-Spendenaffäre torkelte eine wenig ambitionierte Sozialdemokratie in einen Wahlkampf, der letztlich eine klassische Zwischenwahl gegen Berlin wurde (vgl. dazu den Beitrag von Decker in diesem Band). Mit der Unzufriedenheit gegenüber der Berliner Politik im Rücken sowie vergleichbar guten Zufriedenheitswerten mit der schwarz-gelben Landesregierung in Wiesbaden ausgestattet, mobilisierte das bürgerliche Lager gegen Berlin, während die potenzielle sozialdemokratische Wählerschaft durch diese Stimmungslagen demobilisiert wurde. Als wesentliche Ursache für die Abstinenz der eigenen Klientel wirkten zudem ein wenig überzeugender Kandidat, Gerhard Bökel, sowie fehlende mobilisierungsfähige Themen. Darüber hinaus hatte sich die hessische SPD auf die Forderung nach mehr Verteilungsgerechtigkeit durch die Wiedereinführung der Vermögenssteuer festgelegt, musste davon aber abrücken, weil die Berliner Parteispitze diese Idee während des Wahlkampfs wieder auf Eis legte (Schmitt-Beck 2003: 676). Die Sozialdemokraten hatten in ihrer Wahlkampfplanung die Nachwirkungen des Spendenskandals über- und die Zufriedenheit der Hessen mit der CDU-FDP Landesregierung unterschätzt. Gerhard Grandke kommentierte die Situation folgendermaßen: „Ein Teil der Partei hat sich auf dem süßen Gift der CDU-Parteispendenaffäre zu lange ausgeruht" (SZ 05.02.2003). In dieser Gemengelage erklärt sich das mit 29,1 Prozent schlechteste Wahlergebnis der hessischen Sozialdemokratie seit 1946.

Der Blick auf jene Wählerbewegungen, die die SPD bei der Landtagswahl 2003 betroffen haben, rückt den Wanderungssaldo bei der durchaus heterogenen Gruppe der Nichtwähler (-141.000) als wesentliches Moment für das schlechte Wahlergebnis in den Vordergrund. Es folgten der Wanderungssaldo gegenüber

der CDU (-77.000) sowie gegenüber den Grünen (-38.000), die zu dieser erd-
rutschartigen Niederlage beitrugen. Der Röntgenblick auf die sozialstrukturelle
Dimension (s. dazu genauer Tabelle 1 und 2) offenbart das Dilemma des Politik-
zyklus, in den die Sozialdemokratie durch die Politik der Schröder-Regierung in
Hessen geraten war. Es waren vor allem die Arbeiter und Arbeitslosen sowie
Teile der gewerkschaftlich organisierten Wähler, die man 2003 verloren hat.
Zugleich gelang es aber nicht, mit Erfolgen bei anderen sozialen Gruppen diese
Verluste zu kompensieren. Von den Verlusten bei den Arbeitern (-16 Prozent)
und Arbeitslosen (-8 Prozent) hat sich die SPD bis auf den heutigen Tag nicht
erholt. Das ganze Ausmaß der Niederlage zeigte sich vor allem daran, dass die
SPD von den 55 Direktmandaten, die in Hessen vergeben werden, nur noch zwei
in Nordhessen gewinnen konnte und somit nur noch mit 33 Abgeordneten in
Wiesbaden vertreten waren.

3.3 Wahlkampf 2008

Mit der im April 2006 ausgesprochenen Absage des ehemaligen Offenbacher OBs
Gerhard Grandke begann im Sommer der parteiinterne Vorwahlkampf um die
Spitzenkandidatur. Die Parteivorsitzende Andrea Ypsilanti meldete als erste
ihren Anspruch an. Nach einigem Zögern folgte ihr der Fraktionsvorsitzender
Jürgen Walter. Das Duell der beiden Spitzenfunktionäre wurde somit auch zu
einer Auseinandersetzung zwischen den Flügeln. Ypsilanti gehört dem linken
Flügel an, Walter hingegen der Gruppe der Netzwerker. Das Ansinnen des
Nordhessischen Bezirkes, einen Mitgliederentscheid zur Kandidatenfindung
durchzuführen, war allerdings mit der Satzung nicht vereinbar; stattdessen führten die Unterbezirke eine Befragung durch, über deren Legitimationskraft während des Verfahrens Unklarheit bestand. Dies führte schließlich zu einigen Irrita-
tionen. Denn die mit viel öffentlichem Interesse bedachten und mit großem Engagement geführten parteiinternen Vorwahlen blieben unverbindlich. Somit
besaß der innerparteiliche Kandidatenstreit mit direktem Mitgliederbezug nur
noch den Charakter eines Pseudoplebiszits. Zugleich war dies jedoch für die SPD
der Startschuss zum längsten Landtagswahlkampf ihrer Geschichte. Doch ohne
klares Reglement und Satzungslegitimation drohte dieser fast zum parteiinternen
Fiasko zu werden. Denn die numerische Mehrheit der abgegebenen Stimmen in
den 26 Unterbezirksentscheidungen zu Gunsten Walters wurde von der Delegiertenversammlung der hessischen SPD am 1.12.2006 annulliert, indem diese für
Andrea Ypsilanti votierte. Nach anfänglichen Integrationsproblemen (die unter-

legene Gruppe um Jürgen Walter sah sich zunächst im Wahlkampfteam und Schattenkabinett unzureichend berücksichtigt) entwickelte sich durch den Außendruck des kochschen Lagerwahlkampfstiles auch eine innere Geschlossenheit heraus, die durch die Spitzenkandidatin vergleichsweise souverän kommuniziert wurde. Mitverantwortlich dafür war auch die konsequente Koalitionsabsage an die Linke,[9] der in Prognosen stets zwischen vier und sechs Prozent Zustimmung vorhergesagt wurde.

Das zentrale Ziel der hessischen SPD bestand darin, zur hessischen Normalität zurückzukehren, also eine sozialdemokratische Regierungsbeteiligung zu erreichen. Dafür müsste der Einzug der Linkspartei in den Landtag verhindert werden und die Regierung sollte vor allem auf landes- und sozialpolitischen Politikfeldern angegriffen werden. So setzte die SPD zu allererst auf klassisch sozialdemokratische Themen, wie Mindestlohn und die sozial- sowie arbeitspolitische Situation. Im für Hessen traditionell hart umkämpften Bereich Bildungspolitik setzte die Partei nicht auf die traditionelle Auseinandersetzung im Stile eines ideologischen Schulkampfs, sondern suchte durch den Import eines externen Fachmanns[10] die Debatte erfolgreich zu entschärfen. Da die jüngsten bildungspolitischen Reformen der Landesregierung – Unterrichtsgarantie plus und die Verkürzung der Gymnasialschulzeit von 9 auf 8 Jahre - zudem deutliche Unzufriedenheit in der Bevölkerung hervorgerufen hatten,[11] konnte die SPD einen klassischen Oppositionswahlkampf führen, ohne ihr eigenes Konzept („Haus der Bildung") wirklich thematisieren zu müssen. Außerdem wurde mit der Forderung nach einem neuen Energiemix ohne Kernenergie ein Thema auf die Agenda gesetzt, das ebenfalls stark personenfixiert angegangen wurde.[12]

Spitzenkandidatin Ypsilanti inszenierte sich als bewusstes Gegenbild zum schier übermächtigen Amtsinhaber Koch, indem sie dessen fachlichem Kompe-

---

[9] Andrea Ypsilanti: „Ich habe eindeutig gesagt: Nicht mit der Linken, in keiner Beziehung, und dabei bleibt`s" (9.11.2007); „Es bleibt definitiv dabei: Mit der Linkspartei wird es keine Zusammenarbeit in Hessen geben" (13.1.2008). Diese Position wurde auch unmittelbar nach der Wahl bekräftigt: „Ich bleibe dabei, dass es kein Bündnis mit der Linken geben wird" (3.2.2008) (zit. nach: Frankfurter Allgemeine Sonntagszeitung, 24.2.2008).

[10] Mit Rainer Dohmisch setzte die SPD auf einen Bildungsexperten aus dem PISA Siegerland Finnland.

[11] Infratest dimap bilanzierte im März 2007 eine deutliche Unzufriedenheit mit der Bildungspolitik der Landesreggierung (40 Prozent: Schul- und Bildungspolitik hat sich eher verschlechtert; nur 17 Prozent: hat sich verbessert).

[12] Im Bereich Energiepolitik war Bundestagsabgeordneter und Träger des alternativen Nobelpreises, Hermann Scheer, Zugpferd der Sozialdemokratie.

tenzvorsprung ihre besseren persönlichen Kompetenzwerte sowie das Mantra einer neuen politischen Kultur gegenüberstellte. Obwohl sich Partei und Kandidatin engagierten, um als echte Alternative zur angeschlagenen Landesregierung wahrgenommen zu werden, gelang es ihnen bis Weihnachten 2007 nicht eine Wechselstimmung herbeizuführen. Um aus dem Stimmungstief zu gelangen, musste also ein bundespolitisches Thema auf die Tagesordnung gehievt werden. Indem die Landespartei eine Unterschriftensammlung zum allgemeinen Mindestlohn startete, wollte sie die Landesregierung an deren ohnehin schon offenen sozialpolitischen Flanke attackieren und die öffentliche Zustimmung zu diesem Thema nutzen. Zwar war dieses Thema letzten Endes nicht wahlentscheidend, führte aber zu Roland Kochs polarisierenden und stark umstrittenen Diskurs über Jugend- und Ausländerkriminalität, der letztendlich dessen Wahlniederlage verursachte. So gesehen war die Mindestlohnkampagne zumindest indirekt ein Erfolg. Während der alles überlagernden kochschen Kriminalitätsdebatte agierte die hessische SPD strategisch ausgesprochen klug. Ypsilanti überließ die Attacken auf die Hessen-CDU der Bundespartei und konnte so ihr Bild als sachliche und sympathische Spitzenpolitikerin voll entfalten. Der Wahlkampf, den viele Beobachter Anfang Januar schon für entschieden erklärt hatten, entwickelte sich in seiner Endphase zu einem spannenden Kopf-an-Kopf-Rennen, das bis kurz vor Mitternacht des Wahlabends anhalten sollte und die SPD im Ergebnis nur denkbar knapp auf den zweiten Rang verwies. Die Sozialdemokraten waren trotz deutlicher Zugewinne nicht stärkste Partei geworden und hatten keine Mehrheit für ein rot-grünes Regierungsbündnis. Außerdem war die SPD weder dazu in der Lage den Einzug der Linken in den Landtag zu verhindern, noch konnte sie an das Wahlergebnis von 1999 anzuknüpfen. Die Partei konnte die absolute Anzahl an Wählern, die ihr 2003 verloren gegangen waren, 2008 nicht wieder einfangen. Effektiv hatte sie immer noch rund 100.000 Wähler weniger als noch vor neun Jahren (vgl. Tabelle 1).

Tabelle 1:   Absolute Stimmenzahl von CDU und SPD bei den letzten
                Landtagswahlen

	1999	2003	2008
SPD	1.102.544	795.576	1.006.154
CDU	1.215.783	1.333.863	1.009.749

Tabelle 2: Wählerwanderung SPD Landtagswahlen Hessen 1999 und 2003
sowie 2003 und 2008 im Vergleich

	LT-Wahl 1999 und 2003 im Vergleich	LT-Wahl 2003 und 2008 im Vergleich
Wählersaldo abs.	-306.000	+ 206.000
Wanderungssaldo		
CDU	- 77.000	+ 90.000
FDP	- 13.000	+ 8.000
Grüne	- 38.000	+ 66.000
Linke		- 32.000
Andere Parteien	- 5.000	+ 3.000
Nichtwähler	- 141.000	+ 68.000
Erstwähler/ Verstorbene	- 46.000	- 9.000
Zu- und Fortgezogene	+ 14.000	+ 12.000

Quelle: ARD/ Infratest Wählerberichterstattung

Auch in den einzelnen Berufs- und Zielgruppen konnte die SPD die 2003er-
Scharte keineswegs vollständig ausmerzen (vgl. Tabelle 3). Am deutlichsten war
der Rückgang bei den Arbeitern (von 50 auf 37 Prozent), aber auch bei Arbeitslosen und Gewerkschaftsmitgliedern votierten weniger Wähler als 1999 für die
Sozialdemokraten. Der SPD ist es also trotz der Wahl Ypsilantis zur Spitzenkandidatin und eines betont linken Wahlkampfes nicht gelungen, ihren Status als
„Partei der kleinen Leute" zurück zu gewinnen. Dagegen konnte sie bei den Beamten kräftig dazu gewinnen und auch bei den Selbstständigen ihr Niveau von
1999 übertreffen. Die SPD wird den Erwartungen auch dieser Wähler gerecht
werden müssen, was sich auch auf die Besetzung dieser Themen und die Frage
nach Koalitionen auswirken wird.

Tabelle 3: SPD Hessen - Wahlverhalten bei Landtagswahlen nach Tätigkeit und
Gewerkschaftsmitgliedschaft

	Ergebnis 1999 in %	Differenz in %	Ergebnis 2003 in %	Differenz in %	Ergebnis 2008 in %
Gesamt	39,4	- 10,3	29,1	+ 7,6	36,7
Tätigkeit					
Arbeiter	50	- 16	34	+ 3	37
Angestellte	41	-14	27	+ 13	40
Beamte	36	- 6	30	+ 19	49
Selbständige	22	- 9	13	+ 13	26
Arbeitslose	42	- 8	34	+ 4	38
Rentner	40	- 5	35	+ 3	38
In Ausbildung	35	- 10	25	+ 11	36
Gewerkschaft					
Mitglieder	57	- 8	49	+ 1	50
Nicht-Mitglieder	35	-11	24	+ 9	35

Quelle: Infratest 2003 und 2008. Das Gesamtergebnis basiert auf den amtlichen Endergebnis, das Wahlverhalten basiert hingegen auf einer repräsentativen Umfrage.

Die SPD profitierte in diesem Wahlkampf nicht nur von den strukturellen Schwächen der Landesregierung, sondern vor allem von ihrer Spitzenkandidatin Ypsilanti, deren persönliche Zustimmungswerte deutlich besser ausfielen als jene des Amtsinhabers. Im Wahlkampf 2008 hat die hessische SPD gezeigt, dass sie eine Partei mit hoher inhaltlicher und organisatorischer Kontinuität und Stabilität ist. Zudem hat sie ihr eher linkssozialdemokratisches Themenprofil ökologisch erweitert und bildungspolitisch akzentuiert. Auch wenn beide Themenbereiche noch keineswegs ausgereift sind, wirken sie als zentrale Differenzierungsmuster gegenüber der CDU. Mit den zuletzt häufigen Wechseln an der Spitze der SPD sind innerparteiliche Stabilitäts- und Integrationsprobleme verbunden. Ob sich wieder ein stärkeres Steuerungszentrum nach diesem Wahlkampf herausbilden kann, ist einstweilen offen.

4 Fazit und Ausblick

Die hessische Sozialdemokratie zählt in der deutschen Parteienlandschaft bis auf den heutigen Tag zu einer der mitgliederstärksten Parteien. Im Gegensatz zu vielen anderen Ländern gibt es jedoch derzeit kein klares parteipolitisches Steuerungszentrum, was sich allerdings bei Regierungsbeteiligung wieder ändern kann. Ursächlich für die labile Führungslage ist nicht nur, dass die hessische Sozialdemokratie in starke politische Strömungen gespalten ist, sondern auch, dass sie in zwei nahezu autonomen Bezirken organisiert ist, die nicht nur über die wesentlichen materiellen und politischen Ressourcen, sondern auch über eine eigene sozialdemokratische Kultur verfügen. Der formal über den Bezirken stehende Landesverband, erst viel später organisatorisch mit eigenen Ressourcen etabliert, und sukzessive mehr Mittel beanspruchend, ist jedoch bis auf den heutigen Tag kaum mehr als ein Koordinationsgremium, das nur über eine geringe Autorität und Gestaltungskraft verfügt. Während der Bezirk Hessen-Süd unter den bundesdeutschen SPD-Bezirken stets als eher linksorientiert gilt - die Sperrspitze der Agenda 2010-Kritiker kamen aus seinen Reihen - wird dem Bezirk Hessen-Nord eine stärker pragmatische und regierungsunterstützende Perspektive zugeschrieben. Aber auch der traditionelle Bezirk Hessen-Süd erlag nie der Versuchung, vorhandene Grundsatzkritik gegenüber bundesparteilichen Präferenzen politisch auszureizen. In der Stunde der Entscheidung war auch er loyal und begrub das Kriegsbeil – zumindest für eine Weile. Das traf sowohl auf die Kritik am Godesberger Programm, als auch an der Agenda 2010 zu. Obwohl Hessen-Süd etwa zwei Drittel der Mitglieder umfasst, kam das hessische Spitzenpersonal, also die Ministerpräsidenten (Zinn, Börner und Eichel) - mit Ausnahme von Oswald - allesamt aus Nordhessen.

Die Geschichte der hessischen SPD ist voll von politischen Zuspitzungen, die zu innerparteilichen Zerreisproben führten. In den 80er Jahren verlor die Sozialdemokratie einen Teil ihrer Wähler, vor allem in der Jugend, an die Grünen. Denn die damals noch vorherrschende Auffassung, dass technologische Wachstumsprojekte (Großflughafen Frankfurt, umfassende Autobahnprojekte, Atomkraftwerke und eine strategische Wiederaufarbeitungsanlage) unumstößliche Basis für eine Politik des sozialen Fortschritts sei, führte in so manche gesellschaftliche Großkontroverse. Obwohl diese sozialdemokratische Idee einer aus Tradition inspirierten, technologisch basierten Gesellschaftsreform in turbulentes Fahrwasser geriet, gar nahe an die Erschöpfungsgrenze kam, unterblieb eine kritische, inhaltliche Neuausrichtung. Statt einer offensiven Neuerzählung der sozialdemokratischen Ordnungsideen wurde man nun stärker als der Partei lieb war, vom jeweiligen Zeitgeist und dem stummen Zwang der Verhältnisse getrieben. Mit der Linkspartei hat sich die innerhessische Konkurrenzsituation für die Sozialdemokratie einmal mehr ausdifferenziert. Im Kontext eines um die Linkspartei erweiterten Fünfparteiensystems wird es vermutlich zum Abbau erbitterter innerfamiliärer Blutskontroversen kommen. Auch wenn die SPD sich in diesen

Kämpfen im eigenen Wertelager und gegenüber den bürgerlichen Parteien behaupten kann, die Zahl der absoluten SPD-Stimmen wird in aller Regel geringer ausfallen; dagegen werden sich die Koalitionsmöglichkeiten erweitern.

Literatur

Beier, Gerhard (1989): SPD Hessen. Chronik 1945 bis 1988, Bonn.

Bullmann, Udo (2003): Land Hessen. In: Andersen, Uwe/ Wichard Woyke (Hg.): Handwörterbuch des politischen Systems der Bundesrepublik Deutschland. 5., aktual. Aufl. Opladen, Lizenzausgabe Bonn: Bundeszentrale für politische Bildung, www.bpb.de/wissen, Zugriff 27.02.08.

FAZ (11.6.2001): Linke Speerspitze der Bundes-SPD.

FAZ (24.4.2001): SPD schafft Landesverband.

FAZ (07.02.2003): Warnungen vor dem endgültigen Niedergang.

Frankfurter Neue Presse (27.02.2003): Wie Andrea Ypsilanti der SPD auf die Beine helfen will.

Frankfurter Rundschau (14.08.2000): Die SPD ist überaltert.

Frankfurter Rundschau (20.03.2001): Druck auf Grandke und Hilgen wächst.

Frankfurter Rundschau (08.11.2001): Dreiteilung aufgehoben.

Frankfurter Rundschau (06.02.2003): Neue Unübersichtlichkeit bei der Hessen-SPD.

Frankfurter Rundschau (15.05.2003): Parteitag von unten.

Frankfurter Rundschau (08.09.2003): Die Motivationslage der Mitglieder geht an die Substanz.

Frankfurter Rundschau (04.10.2003): Hessen-SPD bleibt zweigeteilt.

Franz, Corinna u.a. (Bearb.) (2005): Handbuch zur Statistik der Parlamente und Parteien in den westlichen Besatzungszonen und in der Bundesrepublik Deutschland. (Band 2-4), Düsseldorf.

Haupt, Georg (05.02.2003): Wer rettet die SPD?. In: FNP.

Heptner, Bernd (11.06.2001): Kontrastprogramm zu Hessen-Süd. In: FAZ.

Niedermayer, Oskar (2005): Parteimitgliedschaften im Jahre 2005. In: Zeitschrift für Parlamentsfragen, Heft 2, S.382-389.

Rupp, Hans Karl (1994): Die SPD – Staatspartei und demokratische Bewegungspartei. In: Dirk Berg-Schlosser (Hrsg.): Parteien und Wahlen in Hessen, Marburg S.79-108.

Schmitt-Beck, Rüdiger (2000): Die hessische Landtagswahl vom 7. Februar 1999: Der Wechsel nach dem Wechsel. In: Zeitschrift für Parlamentsfragen, Heft 1, S.3-17.

Schmitt-Beck, Rüdiger/ Weins, Cornelia (2003): Die hessische Landtagswahl vom 2. Februar 2003: Erstmals Wiederwahl einer CDU-Regierung. In: Zeitschrift für Parlamentsfragen, Heft 4, S.671- 688.

Süddeutsche Zeitung (05.02.2003): Die Linken wollen wieder mitreden.

Wolf, Frieder (2006): Die Bildungsausgaben der Länder im Vergleich. Welche Faktoren erklären ihre beträchtliche Variation?, Münster.

Arijana Neumann und Josef Schmid

Die Hessen-CDU: Kampfverband und Regierungspartei

Die CDU in Hessen scheint ein Sonderfall zu sein. Zwar haben alle Landesverbände der Union ihre Besonderheiten, aber in einer älteren Typologie der Landesverbände wird nur die hessische CDU in die Rubrik des „Kampfverbandes" eingeordnet. „Der Erfolg dieser Kampfverbandsstrategie basiert (…) auf dieser Korrespondenz von Themenwahl, Organisationsform und Führungspersonal…" (Schmid 1990: 135). Keine andere Landespartei der CDU musste, abgesehen von der großen Koalition in Hessen 1946 – 50, so lange warten bis sie wieder an die Regierung kam (vgl. Leunig 2007: 117ff). Obwohl die CDU die SPD als stärkste Partei im Landtag in den 70er Jahren überholen konnte, blieb ihr die Regierungsbeteiligung lange verwehrt. Die Frage, die im Zentrum dieses Beitrags steht ist, was aus diesem Kampfverband geworden ist und wie man die CDU in Hessen, die nun auf neun Jahre Regierungsbeteiligung, fünf davon mit absoluter Mehrheit, zurückblickt, charakterisieren kann. Was treibt sie an, welche Themen setzt sie und vor allem was hält sie zusammen? In diesem Zusammenhang fragt der Beitrag auch nach den Hintergründen für die Verluste der CDU bei der Landtagswahl 2008.

1   Entwicklung der hessischen CDU

Die Geschichte der hessischen CDU wird in der Literatur oft entlang der Folge ihrer Vorsitzenden erzählt. Dieses Vorgehen eignet sich aber nicht nur als chronologischem Pragmatismus, sondern auch, weil die Partei stark durch die Persönlichkeiten ihrer Vorsitzenden geprägt wurde und Führungswechsel oft auch tatsächliche Zäsuren in der Entwicklung der Partei bedeuten.

1. Phase: Gründungsphase und Orientierung am katholischen Sozialismus

Die Geschichte der hessischen CDU beginnt mit der Gründung des Landesverbands am 25. November 1945 in Frankfurt und der Wahl ihres ersten Vorsitzenden *Werner Hilpert* (1945 – 1952). Wie in vielen Bundesländern war die CDU auch in Hessen eine durchaus heterogene Sammlungsbewegung. Dies zeigte sich besonders in der Sozial- und Wirtschaftspolitik. In der regionalen Verteilung wird deutlich, dass konservative Kreise in Nord- und Mittelhessen an den bestehenden Eigentumsverhältnissen festhalten wollten und Sozialpolitik lediglich als „karitative Hilfestellung" (Rüschenschmidt 195: 16) betrachteten. Die südhessischen Gruppen positionierten sich dagegen sozial bis sozialistisch, was durch ihr Misstrauen gegen staatliche Institutionen begründet war.

Der südhessische linke Flügel dominierte eindeutig die ganze hessische CDU in dieser Periode[1]. Die Südhessen orientierten sich inhaltlich an der Idee des christlichen Sozialismus, der sich als Alternative zum marxistischen Klassenkampf verstand und der mit den Maßnahmen der Wirtschaftslenkung durch Planung, Sozialisierung und Mitbestimmung erreicht werden sollte (Sütterlin/ Wolf 1994: 115). Diese Vorstellungen wurden in den Frankfurter Leitsätzen festgehalten, die später zum Programm der hessischen CDU wurden.[2] Mit diesen Positionen grenzte sich die hessische CDU klar von der Ausrichtung Adenauers, dem Vorsitzenden der CDU in der britischen Besatzungszone ab, der „jede Form von Sozialisierung und auch das Bekenntnis zum christlichen Sozialismus ablehnte (Rüschenschmidt 1995: 20).

Allerdings wurde die Positionierung der hessischen CDU nicht durch einen Wahlerfolg belohnt. Nachdem CDU und SPD die hessische Verfassung gemeinsam ausgehandelt hatten, entschied sich bei den ersten Landtagswahlen 1946 ein Großteil der Wähler für die SPD (46,3 Prozent), die CDU kam nur auf 32 Prozent der Stimmen. Dennoch regierte die CDU in dieser Legislaturperiode mit. Christian Stock (SPD) bildete eine große Koalition und Werner Hilpert wurde stellvertretender Ministerpräsident. Auf ihre nächste Chance musste die CDU siebenunddreißig Jahre warten.

---

[1] 11 der 18 Vorstandsmitglieder kamen aus Südhessen
[2] Die Frankfurter Leitsätze blieben allerdings ein reines Programm des Vorstands. Sie wurden - aus Angst vor Ablehnung – nie dem Beschluss eines Parteitages unterzogen (Sütterlin/ Wolf 1994: 115).

2. Phase: In der Opposition im „Roten Hessen"

Bei den nächsten Landtagswahlen 1950 wurde eindrucksvoll deutlich, dass der Linkskurs der CDU in Hessen, in Abgrenzung zur Bundes-CDU unter Adenauer, die sich in Bonn gegen eine Koalition mit der SPD entschieden hatte, nicht mehrheitsfähig war. Die SPD erreichte mit Georg August Zinn die absolute Mehrheit, die CDU hingegen rutschte mit 18,8 Prozent in die Bedeutungslosigkeit ab. Dies bedeutete auch gleichzeitig das Ende der Dominanz des linken Flügels in Hessen und die Annäherung an die Politik Adenauers (Rüschenschmidt 1995: 34). Auf Hilpert folgte Wilhelm Fay (1952 – 1967) als Vorsitzender der CDU. Unter Fay bewegten sich die Ergebnisse der CDU zwischen 24 Prozent und 32 Prozent. Die CDU verfolgte in dieser Zeit keinen harten Oppositionskurs im Landtag, sondern stimmte bei wichtigen Gesetzten oft mit der Regierung. Eine bürgerliche Mehrheit jenseits der SPD war in Hessen rechnerisch, wie die Wahlergebnisse zeigen, schon früh in der Geschichte des Lands vorhanden. Das bürgerliche Lager war aber nicht geeint genug, um diese auch in eine Regierungsmehrheit umzusetzen. Vielmehr war es Ministerpräsident Zinn und der SPD gelungen den BHE[3] durch den Hessenplan für die Vertriebenen an sich zu binden.

3. Phase: Dregger und die CDU als Kampfverband

Im Jahr 1967 nahm die CDU den Kampf um die Mehrheit in Hessen auf. Der neue Vorsitzende Alfred Dregger (1967 – 1982), seit 1956 Oberbürgermeister von Fulda, Präsident des Städtetags und seit 1962 im Landtag, war erstmals ein ernstzunehmender Widerpart gegen Ministerpräsident Zinn. Unter Dregger wurde die hessische CDU zu dem von Schmid (1990) beschriebenen Kampfverband. Die Hessen-CDU wurde zu einem „hoch integrierten (…) Landesverband, in dem Teilsegmente mit einem gewissen politischen Eigenleben kaum mehr zu identifizieren sind" (Schmid 1990: 96). Im Landtag gab Dregger klar den Kurs einer rechts-konservativen Konfrontationstaktik vor und grenzte sich mit den Themen Bildung und innere Sicherheit von der Regierung ab. „Dregger galt als rechtslastiger, kaum kompromiss- und gesprächsbereiter und insofern auch als arroganter Kämpfer gegen sozialistische Machenschaften" (Wolf 1995: 86), was ihm den Beinamen „Sozialistenfresser" einbrachte. Dabei setzte Dregger auch auf eine

---

[3] Die Verbindung zwischen SPD und BHE war auf Landesebene nicht so selten wie oft angenommen. Bspw. stütze sich die SPD in Bayern in der einzigen Legislaturperiode (1954 – 1958), in der die CSU in Bayern nicht an der Regierung beteiligt war, auch auf eine Koalition unter Beteiligung des BHE; ein ähnliches Bündnis gab es zwischen 1958 und 1962 in Niedersachsen. Einen Überblick der Regierungsbeteiligungen des BHE und der Koalitionen gibt Leunig (2007: 17).

professionelle Öffentlichkeitsarbeit[4], um sowohl Positionen als auch Personen der
Partei nach außen deutlich zu machen (Wolf 1995: 63).

Abbildung 1:   Wahlkampfplakat der CDU Hessen 1970

Mit diesem Angriffsstil prägte Dregger ein neues Wir-Gefühl in der Partei, was
sich auch im Wahlkampf zeigte, der als Team geführt wurde. Der neue Kurs
zahlte sich aus. Bei der Landtagswahl 1970 legte die CDU um 13 Prozent auf 39,7
Prozent zu. Dieses glänzende Ergebnis zwar auf der einen Seite sicher ein Verdienst des neuen Parteivorsitzender, auf der anderen Seite darf man aber auch
nicht vergessen, dass die CDU sich seit 1969 im Bund erstmals in der Opposition
befand. Die SPD konnte von nun an nicht mehr nur von der Oppositionsrolle in
Bonn profitieren, sondern musste sich an der Regierung beweisen. 1974 gelang es

---

[4] Gleichzeitig modernisierte Dregger auch die Wahlkampfführung, in dem er z. B. bereits
1969 eine Wahlkampfreise durch Hessen mit öffentlichen Auftritten unternahm und im
selben Jahr erstmals demoskopische Umfragen in Auftrag gab (Wolf 1995: 67).

der CDU mit Dregger sogar, die SPD als stärkste Partei zu entthronen, da sie mit 47,3 Prozent gut 5 Prozent vor den Sozialdemokraten lag. Für die Regierungsmacht reichte es allerdings nicht, da die FDP fest an der Seite der SPD stand, was zum einen in der sozial-liberalen Koalition in Bonn begründet war, zum anderen aber auch durch persönliche Differenzen zwischen Dregger und Karry, dem Vorsitzenden der hessischen FDP. Dregger gab sich persönlich nicht mit der Rolle des hessischen Oppositionsführers im Landtag zufrieden, sondern wechselte 1972 in den Bundestag und führte von 1982 bis 1991 die CDU Bundestagsfraktion.

Erfolgreich war die CDU auch auf kommunaler Ebene.[5] Nach der Kommunalwahl 1977 war Hessen über Nacht nicht mehr rot.[6] Zumindest sah das Ergebnis in den Augen der geschockten Sozialdemokraten so aus. Für die CDU war es allerdings vielmehr die Ernte der Aufbauarbeit in der Fläche, die sie über Jahre geleistet hat.

Die guten Ergebnisse der CDU basierten zum großen Teil auf den bildungspolitischen Auseinandersetzungen, die unter der Überschrift „Schulkampf" (s. dazu den Beitrag von Rudloff in diesem Band) legendär wurden. Inhaltlich ging es in erster Linie um die Rahmenrichtlinien für den Unterricht, die die CDU als ideologisch kritisierten. Beispiele dieser Rahmenrichtlinien waren Abschaffung des Geschichtsunterrichts zu Gunsten des neuen Faches Gesellschaftslehre und inhaltliche Vorgaben für die Fächer Deutsch und Gesellschaftslehre, die auf emanzipatorischen und sozialkritischen Theorien basierten. Darüber hinaus kritisierte die CDU die Einführung von Förderstufen und Gesamtschulen, weil sie das gegliederte Schulsystem als bedroht ansah. Die Auseinandersetzung personifizierte sich im sozialdemokratischen Kultusminister Ludwig von Friedeburg (1969 – 1974), der die Reformen vorantrieb. Roland Koch sagte später über ihn: „Ludwig von Friedeburg hat der CDU Hessen wahrscheinlich mehr Mitglieder zugeführt als jeder andere" (Müller-Vogg 2002: 132). Im Landtag führte die CDU die Auseinandersetzung rhetorisch, auf kommunaler Ebene, wo sie an der Regierung war, praktisch. Beispielsweise wurde eine „Lehrerfeuerwehr", die bei Unterrichtsausfall einspringen sollte, gegründet. Begleitend dazu verteilte der Landesverband die Broschüre „Sozialismus im hessischen Schulwesen". In diesem Zusammenhang baute die CDU Vorfeldorganisationen im schulischen Bereich auf, mit denen ihr eine nachhaltige gesellschaftspolitische Vernetzung in diesem Be-

---

[5] Auch der Einfluss der Hessen-CDU auf Bundesebene der Partei wuchs zu dieser Zeit, sodass hessische Vertreter auf Bundesebene bald überproportional agieren konnten, z. B. Dregger, Riesenhuber, Kiep, Schwarz-Schilling und Wallmann.
[6] Besonders groß waren die Gewinne für die CDU in den kreisfreien Städten. In Frankfurt wurde Walter Wallmann neuer Oberbürgermeister.

reich gelang. Zentral waren dabei folgende drei Organisationen: die Arbeitsgemeinschaft christlich-demokratischer Lehrer (ACDL) organisierte viele Lehrer,
die nicht an die GEW gebunden waren, zweitens verbreitete die Schüler Union
die Meinung der CDU bei den Schülern und drittens gelang es dem hessischen
Elternverein (HEV)[7] die Elternvertretung immer mehr zu dominieren. Teil dieser
Bewegung waren auch der Schüler Roland Koch als Schulsprecher und seine
Mutter Irmgard Koch, als Elternvertreterin.

4. Phase: Opposition und erste Regierungszeit unter Wallmann

Obwohl bereits 1982 bei der Landtagswahl alle Zeichen auf einen klaren Wahlsieg der CDU hindeuteten[8], konnte die SPD in letzter Minute mit einer emotionalen Kampagne das Ruder herumreißen, in dem sie den Wahlkampf auf den Koalitionsbruch in Bonn fokussierte (Müller 1995: 97). Dregger war mit dieser Niederlage endgültig zum tragischen Helden der hessischen CDU geworden, weil er die
Partei organisatorisch und inhaltlich aufgebaut und die SPD an Stimmen weit
überholt hatte, aber nie die Früchte seiner Arbeit als Ministerpräsident ernten
konnte. Den Vorsitz gab Dregger nach der verlorenen Wahl an Wallmann (1982 –
1991) ab. Wallmann hatte sich bundespolitisch in der Führung der CDU-Fraktion
und als Vorsitzender des Guillaume-Untersuchungsausschusses profiliert und
war in Hessen als Frankfurter Oberbürgermeister vor allem für die Kulturpolitik
(Wiederaufbau der Alten Oper und der Ostzeile am Römer und das Museums-
ufer[9]) bekannt. 1986 ernannte Bundeskanzler Kohl Wallmann in Folge der Katastrophe von Tschernobyl zum ersten Bundesumweltminister.

  In diese Phase fiel auch ein Ereignis, das in der hessischen CDU damals
wohl kaum Beachtung gefunden hat, sich aber später als höchst bedeutend her-
ausstellen sollte. Unter der Führung des Vorsitzenden der Jungen Union Volker
Bouffier trafen einige junge JU-ler, deren Weltbild nicht mehr mit dem eines Alfred Dregger übereinstimmte und die in der hessischen CDU ihren Platz suchten
(Schuhmacher 2004: 84) zusammen. Unter anderem gehörten zu dieser „Tankstellen-Connection", die sich im Separee der Tankstelle Wetterau an der A5 Richtung

---

[7] ACDL und HEV existieren auch heute noch weiter und organisieren Meinungsbildungs-
prozesse der Eltern und Lehrer in Hessen im Vorfeld der CDU, wobei der ACDL eine Arbeitsgemeinschaft der CDU ist und der HEV unabhängig davon arbeitet.
[8] Die CDU hätte nach Umfragen noch drei Wochen vor der Wahl die absolute Mehrheit
holen können, was auch durch das Ergebnis der Briefwahl bestätigt wurde.
[9] Die Kulturpolitik in Frankfurt wurde in der Regierungszeit Wallmanns als Oberbürgermeister entscheidend von dem sozialdemokratischen Kulturdezernenten Hilmar Hoffmann
mitgeprägt, mit dem Wallmann eng zusammenarbeitete.

Norden zum ersten mal traf Karlheinz Weimar, Volker Hoff, Franz Josef Jung, Jürgen Banzer, Roland Koch und Karin Wolff als einzige Frau. Zusammengehalten wurde die Truppe von dem gemeinsamen Ziel, eines Tages Ämter und damit die Macht zu übernehmen. „Keiner von ihnen wäre damals auf die Idee gekommen, dass die Runde neben dem sagenumwobenen Pacto Andino einer der stabilsten und erfolgreichsten Freundeskreise der deutschen Politik werden würde" (Schuhmacher 2004: 85). Die Mitglieder der „Tankstelle" galten als linker „Klüngelkreis" und trugen den Generationenkonflikt innerhalb der Partei aus, ohne dabei die oberste Regel der hessischen CDU, nämlich die der Geschlossenheit nach außen, zu verletzten. Die Posten ließen unter dem liberalen Wallmann auch gar nicht so lange auf sich warten. Beispielsweise war Jung ab 1983 Landtagsabgeordneter, von 1987 bis 1991 Generalsekretär des hessischen CDU und Bouffier wurde 1987 Staatssekretär im Innenministerium unter Minister Karl-Heinz Koch, weil ihm der Wiedereinzug in den Landtag nicht gelungen war, Karlheinz Weimar wurde sogar Umweltminister.

In Hessen platzte 1987 die rot-grüne Koalition vor dem Ende der Legislaturperiode. Wallmann sah sich einer von den Querelen mit den Grünen geschwächten SPD gegenüber. Seine Ausgangsposition wurde auch dadurch verbessert, dass Ministerpräsident Börner nicht mehr antrat. Am Wahlabend des 5. April 1987 hatten CDU und FDP 1.500 Stimmen mehr als SPD und Grüne. Die CDU war zwar über 5 Prozent hinter ihrem Spitzenergebnis von 1974 zurückgeblieben, konnte aber dennoch endlich die Regierung übernehmen, weil die FDP nun fest an ihrer Seite stand.

Inhaltlich stoppte die CDU erstens das Gesamtschulprogramm der SPD und führte die freie Schulwahl wieder ein, zweitens wurde ein Sonderprogramm für die Ausstattung der Polizei aufgelegt und drittens wurde die Arbeitszeitverkürzung für Beamte, die vom Bund und anderen Ländern beschlossen worden war, nicht übernommen. Ab 1990 stand vor allem die Frage der Wiedervereinigung unter der Überschrift des „Aktionsprogramms Hessen-Thüringen" auf der Tagesordnung (Müller 1995: 120). Drei Monate vor der Wahl 1991 ersetzte der bisherige Fraktionsvorsitzende Hartmut Nassauer Gottfried Milde[10] als Innenminister. Da sich Karl-Heinz Koch und Franz Josef Jung, stellvertretend für die jungen Kollegen, für Koch stark machten, schlug Wallmann Roland Koch trotz einiger Bedenken als neuen Fraktionsvorsitzenden vor. Koch, der sich für Umweltthemen und den Dalai Lama interessierte war keineswegs der natürliche Kandidat

---

[10] Innenminister Milde hatte aus rechtswidrig abgehörten Telefonaten eines Frankfurter Anwalts dem Stern zitiert (Schumacher 2004: 114).

für diese Position, da er mit seinen Inhalten damals zum „quasi sozialistischen Flügel" (Schumacher 2004: 116) des Landesverbands zählte. Schließlich wurde er mit 36 von 46 Stimmen gewählt. Koch war mit 32 Jahren einer der jüngsten Fraktionsvorsitzenden in einem Landtag, nur seinem Vorbild Helmut Kohl war dieses Kunststück in Rheinland-Pfalz bereits mit 31 Jahren gelungen.

Unter Wallmann hatte die Hessen-CDU ihren rechts-konservativen Kurs verlassen und sich in die regierungspragmatische Mitte begeben. Dies reichte allerdings nicht, um die Regierungsmehrheit in Hessen zu halten, da die Landtagswahl 1991 wegen des Kriegs am Golf „im Schatten der Weltpolitik" (Müller 1995: 123) stattfand. Es kam in der Folge zu einer Neuauflage von Rot-Grün in Hessen unter Hans Eichel, weil die Hessen-Wahl wieder einmal von einem bundespolitischen Thema entschieden worden war.

Während der Regierungszeit Wallmanns leistete sich die CDU Hessen eine offene Flanke, die für ihre sonst sprichwörtliche Geschlossenheit untypisch war. Obwohl beide versuchten nach außen Einheit zu demonstrieren, waren die Spannungen zwischen Wallmann und Kanther für alle Beobachter der hessischen Politik offensichtlich. Die Lage spitzte sich mit der steigenden Zahl von Skandälchen um den Ministerpräsidenten immer mehr zu. Nachgewiesen wurde ihm die „Blumenzwiebel-Affäre", Wallmann hat seinen Garten auf Landeskosten pflegen lassen. Nachgesagt wurde ihm ein Alkoholproblem, was ihm den Spottnamen „Lallmann" einbrachte. Dem überkorrekten Kanther war ein solches Verhalten zuwider. Journalisten berichteten, dass die beiden, die auf der Regierungsbank nebeneinander saßen oft demonstrativ in eine andere Richtung gesehen haben. Wie tief der Graben war, zeigte auch Kanthers Text in der Festschrift für Wallmann zu seinem 65. Geburtstag. Auf knappen eineinhalb Seiten machte Kanther deutlich, dass die Differenzen durch das klare Hierarchieverhältnis der beiden gelöst wurden, nicht durch Übereinkunft: „Walter Wallmann war Landesvorsitzender und ich Generalsekretär, er hessischer Ministerpräsident und ich Finanzminister; er hatte die Richtlinienkompetenz" (Kanther 1997: 150). Der Partei fehlte es in dieser Phase an einem starken Anführer, hinter dem sie sich geschlossen versammeln konnte. Die Ära Wallmann wirkt in der hessischen CDU im Nachhinein als Episode, die sich in der Geschichte der Partei abhebt. Schumacher kommentiert dies folgendermaßen: „Der Schöngeist Wallmann passte kulturell gar nicht so richtig dazu, er war eher ein Zeitgeist-Phänomen" (Schumacher 2004: 119).

5. Phase: Mit Kanther erneut in die Opposition

Da die CDU nun wieder auf der harten Oppositionsbank Platz nehmen musste, machte Wallmann den Weg für eine personelle Erneuerung frei. Zur Geschlossenheit der hessischen CDU gehörte es, Führungswechsel ohne Zwist nach außen und schnell zu vollziehen. Im Hinblick auf das Amt des Parteivorsitzenden funktionierte dies mit Manfred Kanther (1991 – 1998) auch in diesem Fall. Den Fraktionsvorsitz aber wollte Roland Koch nach nur fünf Monaten nicht wieder hergeben und es kam zu einer Kampfkandidatur um diese Machtposition. Der Dregger-Vertraute Kanther, der den konservativen Flügel der hessischen CDU, den Petersberger Kreis hinter sich wusste, ging aus dieser Auseinandersetzung als Sieger hervor. Mit einem Verhältnis von 30 zu 16 Stimmen war das Ergebnis zwar klar, aber nicht so geschlossen, wie man es bei der hessischen CDU hätte erwarten können. Obwohl man die knapp 35 Prozent für Koch durchaus einen Achtungserfolg nennen konnte, war es für ihn die erste Niederlage seiner politischen Karriere. 1993 kehrte Koch wieder auf die Position des Fraktionsvorsitzenden zurück, da Kanther zum Bundesinnenminister berufen wurde (Opdenhövel 1995: 127f). Unstrittig ist die Personalie jedoch auch beim zweiten Anlauf nicht. Tankstellenfreund Bouffier lässt Koch den Vortritt, weil dieser sich 1987 als er sein Mandat verloren hatte, für ihn eingesetzt hatte. Diesmal macht aber auch Christean Wagner, der wie Kanther zum rechten Flügel der hessischen CDU gehört seine Ansprüche deutlich, verzichtet aber auf eine Kampfkandidatur, weil sich Kanther für Koch ausgesprochen hat. Dass die Fraktion den jungen Koch jedoch nicht rückhaltlos akzeptierte, machte das Wahlergebnis von 27 Ja-Stimmen, zehn Nein-Stimmen und sechs Enthaltungen deutlich. Koch musste sich seine Anerkennung in den nächsten Jahren erst noch erarbeiten.

Die Fraktion konnte sich in der Oppositionsrolle relativ schnell neu sortieren und attackierte die Landesregierung mit den Themen Asylpolitik und Bildung, wobei sie besonders den Unterrichtsausfall kritisierte. Der neue Fraktionsvorsitzende der CDU schärfte sein Talent besonders in der Auseinandersetzung mit Joschka Fischer, über den er später sagte: „Im Grunde hat mir Joschka Fischer zu diesem Karrieresprung verholfen" (zitiert nach Schumacher 2004: 115). Die CDU griff die SPD in Hessen aber nicht nur durch ihre Oppositionsarbeit im Landtag an, sondern baute auch ihre starke Stellung auf kommunaler Ebene aus und setzte so ein starkes Gegengewicht, da sie in fast allen großen Städten den Oberbürgermeister stellte.

Strategisch und inhaltlich knüpfte Kanther unmittelbar bei Dregger an und versuchte die Hessen-CDU wieder als Kampfverband aufzustellen, indem er im Landtag vor allem die Themen Schule und Bildung, innere Sicherheit sowie Wirtschaft und Finanzen besetzte und rhetorisch auf Konfrontationskurs ging. Die „sanfte Wende" Wallmanns, wie Opdenhövel es nennt, war damit eindeutig beendet.

6. Phase: Regierung unter Roland Koch

Als es auf die Landtagswahl 1999 zuging war klar, dass Kanther nicht noch einmal antreten würde. Nun war die Generation der Tankstelle an der Reihe, einen Kandidaten zu stellen. In Frage kam zum einen deren medientauglicher Kopf Bouffier und zum anderen Koch, der bereits Fraktionsvorsitzender war. Schließlich war es Bouffier, der die Entscheidung traf, weil er deutlich machte, dass Koch die besseren Chancen habe. Koch wurde vom Landesausschuss am 14. September 1997 zum neuen Landesvorsitzenden und damit auch zum Spitzenkandidaten einstimmig nominiert, weil Kanther stark für ihn geworben hatte und an die Geschlossenheit der Partei appelliert hatte (FAZ 15.09.1997). Die Bestätigung erfolgte auf dem Landesparteitag am 25. Januar 1998 in Hanau mit 97,7 Prozent. „Von jenem „jungen Wilden", als der er einmal apostrophiert wurde, war keine Spur. Koch stellte sich in die Tradition der großen Männer der hessischen Union: Hilpert, Fay, Dregger, Wallmann und Kanther. Doch gleichzeitig machte er auch eine Zäsur. Er sah in den neunziger Jahren eine neue Zeitenwende, die einen Aufbruch mit neuen Visionen nötig mache", kommentiert die FAZ (26.01.1997). Mit Koch brach damit eine neue Ära in der hessischen CDU an, da seine primäre Sozialisation weder im 2. Weltkrieg noch im Kalten Krieg verankert war, wie es bei seinen Vorgängern Dregger und Kanther der Fall gewesen war.

Die Landtagswahlen 1999 in Hessen waren der erste Stimmungstest für die rot-grüne Bundesregierung in Berlin, deren 100-Tage-Bilanz in der öffentlichen Beurteilung nicht besonders rosig ausfiel. Auf der einen Seite hatte die SPD in Hessen also Gegenwind aus Berlin, auf der anderen Seite aber konnten die Sozialdemokraten zuhause auf eine durchaus positive Regierungsbilanz verweisen. Hessen war das Land mit der höchsten pro Kopf Wirtschaftsleistung und einer unterdurchschnittlichen Arbeitslosenquote (Schmitt-Beck 2000: 5). Die SPD musste sich also allein auf landespolitische Themen stützen und warb mit „Wirtschaftlich ist Hessen deutscher Meister". Nach allen Umfragen hätte es einige Wochen vor der Wahl trotz der Störfeuer aus Berlin für eine Neuauflage von rot-grün in Hessen gereicht. Der junge Kandidat der CDU Roland Koch war bei den Wählern kaum bekannt, was schließlich die CDU, gemäß ihrer Tradition als Kampfverband dazu brachte, alles auf eine Karte zu setzten. Als Reaktion auf die Pläne der Bundesregierung zur Neuregelung der Doppelten Staatsbürgerschaft plante der Bundesvorsitzende der CDU Schäuble eine Unterschriftenkampagne. Die Umsetzung im hessischen Wahlkampf lehnte der Landesvorstand der hessischen CDU in Abwesenheit des Vorsitzenden zunächst ab. Als Koch zu dieser Sitzung jedoch später hinzukam, überzeugte er den Vorstand und die Kampagne wurde umgesetzt. Dies beweist wieder einmal die starke Stellung der Vorsitzenden in der hessischen CDU, die in der Lage sind, die Partei hinter ihrem Willen zu versammeln. Koch, dem von Beratern von dieser emotionalen und polarisierenden Kampagne abgeraten wurde, wusste, dass er sich für eine Strategie entschied, mit der er die Wahl entweder haushoch gewinnen oder verlieren würde. In den letzten drei Wochen des Wahlkampfs führte die CDU an Wahlkampfständen Unterschriftenlisten[11] gegen die von der Bundesregierung geplante Einführung einer doppelten Staatsbürgerschaft für in Deutschland lebende Kinder ausländischer Eltern durch. Wie das Wahlergebnis zeigt, gelang es Koch mit diesem innenpolitischen Konfliktthema ersten Ranges, die Wahl in Hessen diesmal knapp für sich zu entscheiden. Die Hessenwahl wurde auch 1999 wieder von einem bundespolitischen Thema entschieden.

Von dieser polarisierenden Strategie musste sich die CDU nach dem Regierungswechsel in Wiesbaden verabschieden, weil sie sich nun in der Regierung pragmatischer geben musste. Ein hohes Maß an Geschlossenheit wird in Partei und Regierung gleichermaßen dadurch erzielt, dass Roland Koch als Parteivorsitzender und Ministerpräsident auf ein eng gestricktes Netzwerk aus Vertrauten zurückgreifen kann, mit denen er seit der Gründung der Tankstellen-Connection Anfang der 80er Jahre eng vernetzt ist und die heute sein Kabinett dominieren. Gleichzeitig gelingt es Koch aber auch, beispielsweise über den Fraktionsvorsitzenden Christean Wagner, den rechten Flügel seiner Landespartei einzubinden. Die Freude über den Wahlsieg wurde aber durch den Spendenskandal, der nach einem Jahr im Januar 2000 öffentlich wurde (s. ausführlich dazu 2.3) schnell getrübt.

Die weit größere Überraschung in der Geschichte der hessischen CDU ist allerdings das Ergebnis der Landtagswahl 2003, da die Union mit einer absoluten Mehrheit daraus hervorging und die SPD erdrutschartige Verluste wie noch nie in ihrer Geschichte hinnehmen musste. Mit 48,8 Prozent erreichte die CDU Hessen das beste Ergebnis in ihrer Geschichte. Zum einen wehte der SPD der Gegenwind 2003 noch schärfer als 1999 ins Gesicht, zum anderen gelang es mit dem Spitzenkandidaten Bökel nicht, die CDU hart genug zu attackieren. Koch wurden in Umfragen „Macher-Qualitäten" einer starken Führungspersönlichkeit zugeschrieben. Bökel wurde von den Wählern jedoch als sozialer, sympathischer und

---

[11] Nach Parteiangaben kamen 400.000 Unterschriften zusammen.

glaubwürdiger eingeschätzt (Schmitt-Beck/ Weins 2003: 378). Wie wenig die Schwarzgeldaffäre der hessischen Landespartei auf die Landtagswahl 2003 nachwirkte, zeigt, dass 50 Prozent es der CDU am ehesten zutrauten, die Zukunftsprobleme Hessen in den Griff zu bekommen. Für die SPD votierten in dieser Frage nur 26 Prozent. Auch die Kandidatenpräferenz lag mit 57 zu 37 Prozent klar bei Koch und nicht beim Herausforderer Bökel.

Im Landesvorstand der hessischen CDU kann Koch sich seit 2002 ganz auf den Rückhalt seiner Tankstellen-Connection verlassen, da sich seine drei Stellevertreter aus dieser Runde zusammensetzten. Bouffier ist bereits seit 1991 stellvertretender Landesvorsitzender, Jung seit 1998 und 2002 kam auch noch Wolff hinzu.

Trotz des großen Erfolgs auf Landesebene, darf man nicht vergessen, dass die CDU auf kommunaler Ebene an Boden verliert. Hier scheint sie ihren Zenit überschritten zu haben. Die Wahlergebnisse sind zwar wieder besser als in den 90er Jahren (Tiefststand 1993 32 Prozent), die CDU kann aber nicht mehr an ihre Hochzeiten anknüpfen. Das Ergebnis von 2006 lag mit 38,5 Prozent weit vom Spitzenergebnis von 1981 mit 47,4 Prozent entfernt. Offen ist die Frage, welche Folgen die Verluste auf der kommunalen Basis langfristig für die Landespartei haben werden, weil der Erfolg der CDU in Hessen einst von hier ausgegangen war. In diesem Zusammenhang ist ebenso offen, wie sich die zahlreichen Koalitionen mit den Grünen auf kommunaler Ebene und im Landeswohlfahrtsverband auf die CDU auswirken werden. Auf der einen Seite könnte die CDU damit einen Teil ihrer Wählerschicht verärgert haben. Auf der anderen Seite könnte es aber auch sein, dass damit eine Zusammenarbeit mit den Grünen auch auf der Landesebene ermöglicht wird, was der CDU eine strategisch wichtige und weite Koalitionsoption eröffnen würde.

2   Entwicklung der Parteiorganisation der CDU in Hessen

2.1 Mitgliederentwicklung

Die Mitgliederentwicklung der hessischen CDU lässt sich in vier Phasen einteilen. In der Gründungsphase (1945 – 1968) hatte die CDU relativ wenige Mitglieder. Die genaue Bestandsaufnahme der Entwicklung ist in dieser Zeit schwierig, da die Daten bis 1965 immer wieder Lücken aufweisen. Von 1968 bis 1980 erlebte die CDU in Hessen einen Mitgliederboom, der die Zeit als Expansionsphase kennzeichnet. Von 1980 bis 1987 dominierte die CDU eine stabile Hochphase, in die auch der Mitgliederhöchststand von 71.200 fällt. Seit dem Jahr 1987 erlebt die CDU in Hessen ständige Mitgliederverluste und ist im Jahr 2006 bei 49.943 Mitgliedern angekommen. Die CDU verlor seit ihrem Höchststand über 21.000 Mitglieder, was ca. 30 Prozent des Gesamtbestands ausmacht und ist heute ungefähr auf dem Stand von 1974. Mit einem Rekrutierungsgrad von 1,0 liegt die hessische CDU heute auf dem sechsten Rang innerhalb der CDU. Der SPD-Landesverband rangiert im Vergleich mit 1,4 auf Platz zwei innerhalb der Bundes-SPD.

Abbildung 2: Mitgliederentwicklung der hessischen CDU unter den verschiedenen Vorsitzenden seit 1954

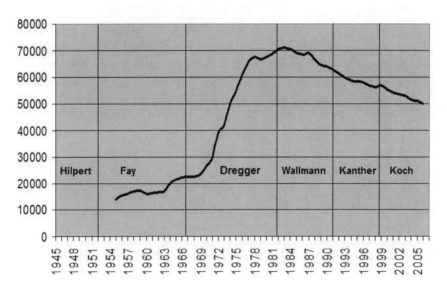

Im Vergleich zur Mitgliederentwicklung der Gesamtpartei wird deutlich, dass die Entwicklung in der hessischen Landespartei zwar parallel verläuft, aber auf einem weit höherem Niveau. Der Anstieg verlief aber in Hessen von Beginn an steiler und gelangte in die Höhe eines Anstiegs von über 400 Prozent, dem die Gesamtpartei bei weitem nicht folgen konnte. Als Erklärung für die überdurchschnittliche Entwicklung der CDU in Hessen sind vor allem drei Aspekte von Bedeutung. Erstens hat Dregger durch die Organisationsreformen und die Mitgliederwerbung diese Entwicklung gefördert. Zweitens erlebte die CDU wegen ihrer kommunalpolitischen Erfolge in den 70er Jahren einen Mitgliederzustrom, da die zahlreichen neuen Mandatsträger alle in die Partei eintraten. Der Streit um die Schulpolitik war für die hessische CDU das, was die Auseinandersetzungen um den Ausbau des Flughafens für die Grünen werden sollten. Drittens ist die Stärke der CDU in Hessen auch eine Reaktion auf die Stärke und die inhaltliche Positionierung der SPD in diesem Bundesland. Auch die SPD ist in Hessen überdurchschnittlich mitgliederstark. Die starke Polarisierung in den Wahlkämpfen trug sicher zu dieser Mitgliederentwicklung bei.

Abbildung 3:   Mitgliederentwicklung CDU Hessen und CDU-Bundespartei

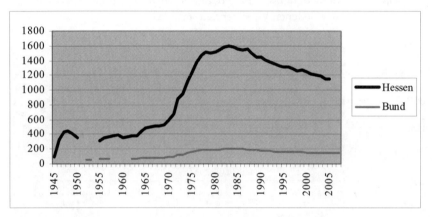

Die Lücken markieren Jahre, für die keine gesicherten Daten vorliegen

2.2 *Organisationspolitische Entwicklung des CDU-Landesverbandes Hessen*

Die CDU startete in Hessen als mitgliederschwache Honoratiorenpartei, in der die Landtagsfraktion die entscheidende Rolle spielte. Der Umbau der hessischen CDU von einer Honoratiorenpartei zu einer modernen Volkspartei begann in Hessen unter Fay, der als erster die Rolle des Parteireformers einnahm. Im Vergleich zur Gesamtpartei achtete er früh auf Mitgliederwerbung und Kontakte zum vorparlamentarischen Raum. „Der hessische Landesverband wurde so in den frühen sechziger Jahren zum Vorreiter für ein Modell, das der Bundespartei in der harten Oppositionszeit der siebziger Jahre zum Vorbild werden konnte." (Frommelt 1995: 55).

Den ersten tatsächlichen Aufbruch erlebte die CDU in Hessen als Parteiorganisation unter Dregger, der den innerparteilichen Reformkurs von Fay in einer verschärften Gangart fortsetzte. Gemeinsam mit Landesgeschäftsführer Kanther sorgte er dafür, dass es in allen Kreisen bis 1974 hauptamtliche Geschäftsführer gab (Wolf 1995: 71) und die CDU so auch in der Fläche des Landes ständige Präsens zeigte. Diese kostenaufwendigen Reformen wurden durch das 1967 in Kraft getretene Parteiengesetz ermöglicht. Das Parteiengesetz sicherte dem Bundesverband und den Landesverbänden sichere Einkommen in Form von Wahlkampfkostenrückerstattung (gemessen am Stimmenanteil) und staatlichen Zuschüssen (in Form von Bezuschussung der Spenden) zu (Oberreuter u. a. 2000: 21ff). Darüber hinaus muss man die Reformen unter Dregger vor dem Hintergrund des Umbaus der gesamten CDU von einer Honoratioren- zu einer Mitgliederpartei betrachten (vgl. Schönbohm 1985). In der Bundespartei wurden nach der Wahlniederlage 1969 ebenfalls weitgehende Reformen auf den Weg gebracht (vgl. Bösch 2005).[12]

Durch die Rückkehr auf die Oppositionsbank 1991 wurde eine erneute Reform der Organisation der Landesgeschäftsstelle auf den Weg gebracht. Die Ämter des Fraktions- und Parteigeschäftsführers, die während der Regierungszeit beide von Franz Josef Jung ausgeübt wurden, wurden nun bewusst getrennt. Der neue Landesgeschäftsführer Siegbert Seitz baute die Landesgeschäftsstelle zu einem Dienstleistungszentrum um, mit dem Ziel die Arbeit vor Ort besser koordinieren und unterstützen zu können. Mit einem computergestützten Kommunikationssystem wurden die Parteigliederungen vernetzt, was die Schlagkraft der Partei stark verbesserte.[13] Da die hessische CDU Anfang der 90er Jahre ihren Zenit der Mitgliederentwicklung und Wählerstimmenzahl überschritten hatte, erklärte Kanther: „dass sich ein jeder selbst dahingehend überprüft, ob er auf andere gesprächsbereit, unvoreingenommen und von einem bestimmten politischen Dienstgrad an immer noch so sympathisch als Volksvertreter wirkt, dass sich niemand bei Hofe fühlen muss" (zitiert nach Opdenhövel 1995: 133). Auch diese Reform fand eingebettet in gesamtparteiliche Bemühungen statt. Die seit Ende der 80er Jahre in der CDU zahlreich vorhandenen Ideen setzten sich aber in der Bundespartei nicht durch, da der Handlungsdruck nicht ausreichte, weil die Regierungsmehrheit in Bonn 1990 erhalten werden konnte.

---

[12] Auch auf Bundesebene ging mit den Reformen ein deutlicher Anstieg des hauptamtlichen Personals einher.

[13] Der Ausbau der Landesgeschäftsstelle erfolgte parallel zum Umbau vieler Landes- und auch Kreisgeschäftstellen in der CDU zu modernen Dienstleistungszentren, deren Mitarbeiter auch Ansprechpartner für Bürger sein sollten (Beil/ Lepszy 1995: 55).

Auch unter dem Parteivorsitzenden Roland Koch werden die ständigen Neuerungen in der Organisation weitergeführt. Angesichts der geringer werdenden Mitgliederzahlen und den damit verbundenen Nachwuchsproblemen der Landespartei hat der Landesverband ein Förderprogramm für junge Funktions- und Mandatsträger ins Leben gerufen. Den jungen Parteimitgliedern werden Seminare zur politischen Weiterbildung angeboten und darüber hinaus werden ihnen zwei (je einer aus Politik und der freien Wirtschaft oder dem Bereich der Hochschule) Mentoren an die Seite gestellt. Seit 2004 durchlaufen immer ca. einhundert junge CDU Mitglieder im Turnus von 18 Monaten das Programm. Das Besondere an diesem Ansatz ist, dass es der hessischen CDU gelungen ist, erstens alle Angebote für Nachwuchskräfte zu bündeln und in einem strukturierten Katalog anzubieten und zweitens, was noch viel wichtiger ist, eine innerparteiliche Struktur zu schaffen, die es ermöglicht gezielt Nachwuchskräfte anzusprechen und zu qualifizieren. Dieses Förderprogramm wurde vom Bundesverband der CDU aufgegriffen und wird vom Konrad-Adenauer-Haus anderen Landesverbänden zur Nachahmung empfohlen.

Zögerlicher sind der Landesverband Hessen und sein Generalsekretär Michael Boddenberg allerdings in der Umsetzung der Idee des Projektes „Bürgerpartei", das die Bundes-CDU 2003 zur Reform der Parteiorganisation beschlossen hat. Das Projekt beinhaltet u. a. die Möglichkeit, Kreisparteitage als Mitgliederversammlungen stattfinden zu lassen, statt nur Delegierte einzubinden. Dieser Ansatz scheint nicht besonders gut zu dem sonst so geschlossenen Landesverband zu passen, der dafür bekannt ist, Differenzen nicht auf presseöffentlichen Parteitagen auszutragen. Statt dessen setzt die Hessen-CDU mehr auf Bürgernähe, in dem sie Nicht-Mitglieder in Diskussionsforen einbindet und auch zur Erstellung des Wahlprogramms für die Landestagswahl 2008 zahlreiche Bürgerbefragungen vor Ort und per Internet durchgeführt hat.

Eine Tradition hat sich der Landesverband seit 1952 bewahrt. Seit diesem Jahr wird das Mitgliedermagazin „Hessen-Kurier" herausgegeben. Mit dieser Mitgliederzeitung steht dem Landesverband ein wirkungsvolles Instrument zu Verfügung, um die Mitglieder über die Ideen der Landespartei, der Landtagsfraktion und auch der Landesregierung zu informieren. Die Wirkung eines solchen Mitteilungsorgans darf in einem Landesverband, dessen oberste Maxime es ist, ihre Reihen geschlossen zu halten, nicht unterschätzt werden. Da die CDU nicht wie die SPD über eine bundesweite Mitgliederzeitung verfügt, ist dies die einzige Möglichkeit, sich direkt an alle Mitglieder zu wenden. Von besonderer Bedeutung ist eine solche Zeitung, wenn eine Partei gegen die Landesregierung oder auch gegen die veröffentlichte Meinung ihre Ideen durchsetzten will. Bis

heute nutzt die CDU Hessen den Hessen Kurier beispielsweise, um in Wahlkämpfen frühzeitig Argumentationsarten zu den wichtigen Themen an alle ihre
Mitglieder zu verschicken.

Die großen organisationspolitischen Umbrüche fanden in der hessischen
CDU, wie traditionell immer in Parteien, in den Oppositionsphasen statt. Während der Regierungszeit kommt es viel mehr zu effizienzorientierten Feinjustie-
rungen der Organisation.

2.3 Der Spendenskandal der hessischen CDU

Ihren Ursprung[14] hat die Spendenaffäre im Jahr 1984 als zum 1. Januar die Verschärfung des Parteiengesetzes im Hinblick auf die Spendenverbuchung in Kraft
trat. Dies ist Phase vier der Entwicklung der hessischen CDU, die in die Vor-
standszeit von Wallmann fällt. 1979 wurden staatsbürgerliche Vereinigungen, die
in den 1960er und 70er Jahren Geld für Parteispenden sammelten vom Bundesverfassungsgericht für rechtswidrig erklärt. Um das Geld dennoch für die hessische CDU zu sichern, wurden Anfang Januar 1984 20,8 Mio. Mark auf Schweizer
Konten transferiert. Beteiligt daran waren der Generalsekretär der hessischen
CDU Manfred Kanther, der Schatzmeister Casimir von Wittgenstein und Finanzberater Horst Weyrauch. Der Parteivorsitzende Wallmann wurde nicht einge-
weiht. Zum einen, um ihn damit nicht zu belasten, zum anderen weil Kanther
Wallmanns verschwenderischen Stil ablehnte und das Geld vor der „Begehrlich-
keit der Parteifreunde" (FAZ 17.01.2000) schützen wollte. In den Jahren 1985 bis
1988 wurden immer Summen zwischen 140.00 und 850.000 Mark an den Landesverband zurücktransferiert, beispielsweise zur Finanzierung der Kampagne für
freie Schulwahl 1985 oder für den Landtagswahlkampf. In den Jahren 1989, 1991
und 1996 wurden große Summen (vier, fünfeinhalb und dreieinhalb Millionen
DM) als Vermächtnisse getarnt an den Landesverband zurücktransferiert. Im
Rechenschaftsbericht wurden sie unter „sonstige Einnahmen" als Vermächtnisse
ausgewiesen. Weitere knapp 10 Mio. Mark wurden über die Stiftung „Zaunkö-
nig" zurück gebracht. Außer dem Landesverband profitierte der Frankfurter
Kreisverband der CDU, unter anderem im Oberbürgermeisterwahlkampf von
Petra Roth, in besonderer Höhe von diesen Geldern. Erhebliche Finanzspritzen

---

[14] Eine ausführliche Chronologie zur hessischen Spendenaffäre liefert Schumacher (2004:
173ff).

gehen auch in den Landtagswahlkampf 1999 und in die Unterschriften-Kampagne gegen die doppelte Staatsbürgerschaft.

Kurz nach den ersten Presseberichten über den Skandal der Bundes-CDU und dem Haftbefehl gegen den ehemaligen Schatzmeister Kiep wurde in der Süddeutschen Zeitung auch über Reisen von Weyrauch für den hessischen Landesverband berichtet. Als im Dezember bekannt wird, dass die CDU Hessen mehrere Vermächtnisse bekommen habe, erklärt Schatzmeister Wittgenstein, es handelte sich um jüdische Vermächtnisse, die die CDU Hessen via Schweiz bekommen habe. Dabei sei Anonymität Voraussetzung gewesen. Diese Geschichte war zunächst für die hessische CDU durchaus glaubhaft, weil Wittgenstein selbst als Stiefsohn in einer jüdischen Familie aufgewachsen war und es ihm über viele Jahre immer gelungen war, zuverlässig Geld für die Landespartei zu akquirieren. In der hessischen CDU hieß es lange: „Wenn du Geld brauchst, geh' zu Wittgenstein."

Bis heute ranken sich unzählige Spekulationen darum, wer außer Kanther, Wittgenstein und Weyrauch wann was über dieses illegale Finanzierungssystem der hessischen CDU gewusst hat. Vieles deutet darauf hin, dass die drei versucht haben, den Kreis möglichst klein zu halten. Fraglich ist beispielsweise, was Franz Josef Jung, der während der Affäre um den Buchhalter Reischmann Generalsekretär war, wusste. Reischmann hatte insgesamt 2,2 Mio. Mark unterschlagen, was aber lange unentdeckt blieb, weil ständig neues Geld aus der Schweiz transferiert wurde. Der Buchhalter wurde nicht angezeigt, wahrscheinlich weil er von den Konten in der Schweiz wusste. Später hat Jung gesagt: „Warum sollte ich mich damals um Geld kümmern? Es war doch immer welches da." Wenn Jung etwas gewusst hat, ist es fraglich, warum er seinem Tankstellen- und Anden-Pakt-Freund Koch nichts erzählt haben sollte. Ein Indiz, das darauf hindeutet, dass Koch nichts von den Finanzpraktiken gewusst hat ist, dass er nach seiner Wahl zum Parteivorsitzenden 1998 die unpopuläre Entscheidung getroffen hat nach 20 Jahren die Parteibeiträge zur Deckung der laufenden Kosten zu erhöhen. In die selbe Richtung weist eine Kreditaufnahme von Koch zur Vorfinanzierung der Wahlkampfkosten ebenfalls von 1998. Koch gibt an, erstmals am 21.12.1999 von den Konten erfahren zu haben und willigt ein, den Teil der Wahlkampfetats, der aus schwarzen Kassen stammte mit seiner Unterschrift in einen Privatkredit von Wittgenstein umzuwandeln und rückzudatieren. Damit sicherte der Landesvorsitzende Koch das Geld im juristischen Sinne ab, wurde gleichzeitig aber auch nachträglich Teil des Systems.

Noch am 10.1.2000 sagt Koch öffentlich, dass er keinen einzigen Vorgang außerhalb der offiziellen Buchung der CDU Hessen kenne. Das Interview wurde als Sternsinger-Lüge bekannt.[15] Erst danach präsentiert er sich in der Rolle des „brutalstmöglichen Aufklärers". Koch informierte die Öffentlichkeit am 21. Januar 2000 darüber, dass nicht wie von Kanther behauptet acht, sondern knapp 18 Millionen DM in die Schweiz transferiert worden waren. „Durch diese Mitteilung vermittelt er den Eindruck, der einzige in der Spendenaffäre zu sein, der jede neue Erkenntnis sofort an die Öffentlichkeit im Sinne einer schnellen Aufklärung weitergibt" (Hertel/ Schütz 2002: 755). In diesem Zuge gab Kanther zu, dass die Vermächtnisse eine Erfindung Wittgensteins waren. Im weiteren Verlauf gesteht Koch eigene Fehler ein als offensichtlich wird, dass er die Öffentlichkeit nicht immer direkt informiert hat, sondern immer erst dann, wenn es unausweichlich war. In Interviews stellte er sein Vorgehen als „Fehler und Dummheit" dar und betonte, dass „es juristisch korrekt und lediglich politisch unkorrekt" gewesen sei (Hertel/ Schütz 2002: 755).

Die Finanzaffäre der hessischen CDU kann hier nicht in allen Einzelheiten geschildert werden, sondern nur so weit, dass es möglich ist, ein Bild von den zwei Generationen der CDU zu zeichnen, die involviert waren. Davon ausgehend sind aus der politikwissenschaftlichen Perspektive zwei Fragen relevant: Erstens muss beantwortet werden, warum eine solche Affäre ausgerechnet in der hessischen CDU passiert ist und was dies über die politische Kultur des Landesverbandes aussagt. Zweitens muss man den immer noch erstaunlichen Sachverhalt diskutieren, wie der Landesvorsitzende und Ministerpräsident Roland Koch die Aufklärung ohne Rücktritt überstehen konnte.

Zur Beantwortung der ersten Frage sind zwei Faktoren von Bedeutung. Mit Wittgenstein hatte die hessische CDU erstens einen Schatzmeister, der es verstand, Geld für seine Partei zu akquirieren, was eine Voraussetzung für die späteren Machenschaften gewesen ist. Stattgefunden hat dies in einem wirtschaftlich erfolgreichen Bundesland, in dem Firmen auch zu großen Spenden bereit sind, wie auch das Beispiel Ferrero zeigt.[16] Zweitens trug die Architektur der CDU als verschworene Gemeinschaft dazu bei, die ihrem Ziel, der Regierungsübernahme in Hessen, alles andere unterordnete. Dies wird daran deutlich, dass sich die Beteiligten nicht persönlich bereichert hatten, sich aber dennoch hatten

---

[15] Roland Koch hatte vor seiner Tür nur Sternsinger erwartet, als ihm zahlreiche Journalisten begegneten, die ihm detaillierte Fragen zur Finanzaffäre seiner Partei stellten.

[16] Die hessische CDU erhielt vom Süßwarenhersteller Ferrero über viele Jahre eine jährliche Zahlung von ca. 50.000 Mark, die nicht ordnungsgemäß verbucht wurde. In den 90er Jahren hat Ferrero mehrere Millionen an Gewerbesteuer gespart, weil der CDU-Bürgermeister am Standort Stadtallendorf die Vorauszahlungen zu niedrig angesetzt hatte (Schumacher 2004: 182).

hinreißen lassen, obwohl sie als Politiker die geltende Rechtsordnung sonst aufs Äußerste verteidigten. Sie hatten die Verfassung, in der das Transparenzgebot für Parteien verankert ist, unter die Belange der Partei gestellt (FAZ 14.02.2000) und haben sich damit in erster Linie als absolute Parteisoldaten erwiesen. „Gehen Sie bitte davon aus, dass ich es nur für diese verdammte CDU gemacht habe", sagte Wittgenstein (FAZ 17.01.2000). Folglich hat die politische Kultur des Kampfverbandes und der Geschlossenheit nach außen das System der schwarzen Kassen ermöglicht.

Die Antworten auf die zweite Frage, warum Roland Koch die Affäre überstehen konnte, beruht auf drei Gründen. Die notwendige Voraussetzung für den Fortbestand der Regierung war, dass die FDP an der Koalition im Landtag festhielt und Roland Koch die Treue nicht versagte. In der FDP wurde dies heftig diskutiert. Der Bundesvorsitzende Westerwelle forderte im Februar 2000 Kochs Rücktritt, aber die Mehrheit der hessischen FDP stimmte auf ihrem Parteitag, angeführt von Ruth Wagner für den Verbleib in der Koalition (s. dazu den Beitrag von Schiller in diesem Band). Die FDP zeigte ihre Loyalität, als sie am 25. Januar 2000 gegen die von der Opposition beantragte Selbstauflösung des Landtags[17] stimmte und damit den Weg für Neuwahlen versperrte. Das Wahlergebnis wäre für die CDU mit großer Wahrscheinlichkeit verheerend gewesen, da die CDU nach einer Forsa-Umfrage am 20.01.07 bundesweit auf 29 Prozent kam. Die FDP stellte damit den Machterhalt in Hessen über die Verurteilung der Spendenaffäre des großen Koalitionspartners. Sie erhob nur die Forderung nach dem Rücktritt von Franz Josef Jung als langjährigem Generalsekretär der CDU von seinen Regierungsämtern. Zweitens hat die CDU ihrem Vorsitzenden und Ministerpräsidenten in Hessen deutlich den Rücken gestärkt. Der Landesverband bewies in dieser schweren Krisensituation, dass er den Beinahmen der verschworenen Gemeinschaft verdient trug, da die Affäre als internes Problem gesehen wurde, bei dessen Lösung jegliche Hilfe von außen unerwünscht war (FAZ 21.02.2000). Traditionell reagierte die CDU Hessen auf Angriffe von außen mit noch höherer Geschlossenheit nach innen. Auf einem kleinen Parteitag der Bundespartei gelang es Koch, sich so zu präsentieren, dass er „professioneller und glaubwürdiger mit der Spenden- und Finanzaffäre der CDU als die Führung der Bundespartei" (FAZ 24.1.2000) umgehe. Sein Vorgehen wurde als eine großartige Leistung in einer schwierigen Situation gewürdigt. Die hessische CDU war nicht bereit dazu, ihren lang ersehnten und hart erkämpften Wahlerfolg von 1999 und ihren hoffungsvollen Ministerpräsidenten Koch dem System der schwarzen Kassen von Kanther, Wittgenstein und Weyrauch zu opfern. Gleichzeitig gab es aber auch keine Bereitschaft, in Wittgenstein und Kanther Sündenböcke zu suchen und beispielsweise Parteiausschlussverfahren gegen sie anzustrengen, weil der ganzen Partei klar war, dass sie die Wahlerfolge auch deren System zu verdanken hatten. Die politische Kultur der verschworenen Gemeinschaft, die die schwarzen Kassen einst ermöglich hatte, bereitete nun auch den Weg zur innenparteilichen Bewältigung. Wie geschlossen die CDU Hessen war, zeigt das Wahlergebnis von 97,6 Prozent, mit dem Roland Koch am 18. Februar 2000 als Vorsitzender seiner Partei wiedergewählt worden war. Begleitet wurde dieses Ergebnis von „Roland, Roland" Rufen der 400 Delegierten (Schumacher 2004: 191). Drittens kommt hinzu, dass Roland Koch persönlich so stark war und den Januar 2000 überstanden hat, ohne von sich aus als Ministerpräsident zurückzutreten, was sicher viele andere an seiner Stelle getan hätten.

3 Regierungspolitik der CDU in Hessen

3.1 Leitlinien der Regierung Koch

Anders als bei der Regierung Wallmann, bei der es schwer fällt, die Schwerpunkte ihrer Arbeit herauszustellen, setzte die Regierung Koch vom ersten Tag an ihr Programm um. Roland Koch war angetreten, um alles anders zu machen. Folglich startete seine Regierungstätigkeit als eine Art Komplettrenovierungsprogramm, bei dem alles auf den Prüfstein gestellt wurde. Oberstes Leitmotiv war dabei die Effizienz, auf die hin jedes Politikfeld überprüft wurde. Um Effizienz zu erreichen, folgte die Regierung dem Grundgedanken, dass der Staat keine Aufgabe übernehmen solle, die private Dritte besser erledigen könnten. „Wir werden deshalb jede Aufgabe daraufhin überprüfen, ob sie vom Staat durchgeführt werden muss." (Koch 1999: 27). Erste Erfahrungen mit Privatisierung machte Koch bereits in seiner Zeit im Kreistag, wo er beispielsweise ein Leasing-Modell für ein neues Kreishaus entwickelte (Schumacher 2004: 78). Eng damit verbunden ist die Idee der Entbürokratisierung. Koch kündigte in seiner ersten Regierungserklärung an, alle Erlasse und Rechtsverordnungen abzuschaffen, die von der Regierung nicht ausdrücklich erneuert werden (Koch 1999: 18). In einer straffen Verwaltung sieht Koch eine notwendige Voraussetzung für Stringenz in allen Politikfeldern, dazu wurde SAP in allen Behörden eingeführt und damit der kameralistischen Buchführung ein Ende gemacht. Darüber hinaus setzt die Regierung auf E-Government zur Erleichterung der Kommunikation zwischen Bürger und Verwaltung.

Die Regierung Koch gibt sich nicht damit zufrieden, Hessen im Durchschnitt der Bundesländer zu sehen, sondern will Hessen nur mit den erfolgreichen Ländern Bayern und Baden-Württemberg messen. Föderalismus bedeutet für Koch in erster Linie Wettbewerb (Koch 1999: 18), hinderlich ist dabei aus seiner Perspektive der Länderfinanzausgleich. Direkt zu Beginn der ersten Amtszeit widmete sich Roland Koch einer Neufassung des Länderfinanzausgleichs. Ein zentraler Baustein neben der Arbeit in der Föderalismuskommission war die Klage der Länder Bayern, Baden-Württemberg und Hessen vor dem Bundesverfassungsgericht. Der Länderfinanzausgleich steht dem Ziel des wirtschaftlich starken Hessen entgegen, einen ausgeglichenen Haushalt vorzulegen, da Hessen in den letzten neun Jahren 19 Milliarden DM in den Ausgleich gezahlt hat und gleichzeitig 9 Milliarden DM neue Schulden aufnehmen musste.

Doch scheint der Regierung der Vergleich mit anderen Bundesländern nicht auszureichen, was beispielsweise die Kontakte des Ministerpräsidenten zum US-Bundesstaat Wisconsin zeigen. Hessen legte – auf der Basis von Ideen aus dem Partnerland Wisconsin – im Bundesrat Alternativgesetze zum vierten Gesetz für moderne Dienstleistungen am Arbeitsmarkt (OFFENSIV-Gesetz (2002) und das Existenzgrundlagengesetz (2003)) vor. Schließlich setzte Hessen in einem Kompromiss eine Experimentierklausel durch, die es 69 Kommunen erlaubte, für eine eigenständige Betreuung von Langzeitarbeitslosen zu optieren (Schmid 2008: 71). Die Umsetzung von HARTZ IV in Landesrecht erfolgte mit dem hessischen OFFENSIV Gesetz, das am 1.1.2005 in Kraft trat. Von der kommunalen Option machten in Hessen 13 Landkreise und kreisfreie Städte Gebrauch. Damit liegt Hessen als Initiator an erster Stelle der Bundesländer bei der Anzahl der Optionskommunen.

Die am weitesten gehenden Veränderungen lassen sich im Bereich der Bildungspolitik, als zentralem landespolitischen Thema und Hauptschauplatz der politischen Auseinandersetzung in Hessen, finden. In Bezug auf Bildungspolitik machte die CDU deutlich, wie stark sich ihre Vorstellungen von der Praxis der SPD bis 1999 unterscheiden. Schulpolitisch setzte die CDU mit der G8 (Verkürzung der Gymnasialzeit auf acht Jahre), der Unterrichtsgarantie plus und dem Elite-Internat Schloss Hansenberg neue Akzente (s. hierzu den Beitrag von Rudloff in diesem Band). Hochschulpolitisch hat Hessen wie auch zahlreiche andere B-Länder Studiengebühren für das Erststudium eingeführt. Gleichzeitig setzt die Landesregierung Konzepte um, die den Hochschulen mehr Autonomie geben sollen, was bei der TU Darmstadt und besonders bei der Umwandlung der Goethe-Universität in Frankfurt in eine Stiftungsuniversität deutlich wird.

3.2 Regierungsstil

Charakteristisch für die Regierung Koch ist, dass sie sich nicht davor scheute, große Projekte anzugehen. Ein Beispiel dafür ist die neue Staatskanzlei. Dass die Arbeit mit einer Staatskanzlei, die über sieben Einzelbauten, die in der Wiesbadener Innenstadt verstreut lagen, nicht effizient organisiert werden kann, war seit Börner offensichtlich. Aber bis Koch hatte sich kein Ministerpräsident daran gewagt. Mit der Aktion „Sichere Zukunft"[18] machte die Regierung deutlich, dass sie sich von ihren Zielen, einen ausgeglichenen Haushalt vorzulegen, auch nicht von Protesten abbringen lässt. Bei der Umsetzung von Reformen fällt auf, dass Koch im Kreise seiner Minister kaum als Teamplayer agierte, sondern schon mal in Ministerien „reinregierte". Ein   Beispiel hierfür ist die Aktion „Sichere Zukunft", bei der Koch eindeutig die Leitlinien für das Sparpaket vorgab. Anschaulich wurde dies auf der Pressekonferenz, wo Koch die zentralen Eckpunkte vorstellte und Minister Weimar nur noch Details ergänzte. Ähnlich war das Verhältnis zwischen Ministerpräsident und Ministerin Wolff im Rahmen des Schulleiterkongresses, den die Landesregierung im März 2007 einberief. Mit seiner zentralen Rede stellte er Ministerin Wolff in seinen Schatten und verdeutlichte seine Linie in der hessischen Schulpolitik. Roland Kochs Regieren mit Richtlinienkompetenz macht demnach auch vor den Ministerien seiner Tankstellen-Freunde kaum halt. Nur in das Ressort von Innenminister Bouffier greift er nicht ein. Bouffier genießt eine Sonderstellung in Kochs Kabinett, da er als Chef der Tankstelle Koch 1997 bei der Spitzenkandidatur den Vortritt gelassen hatte (s. Phase 6). Bouffier ist offensichtlich der zweite Mann im Staat und gilt als sicherer Nachfolgekandidat auf das Amt des Ministerpräsidenten.

Zu Kochs Regierungsstil (zum Konzept vgl. Korte 2001) gehört auch, wie bereits angesprochen, eine permanente Benchmarking-Rhetorik, die Hessen fortwährend vergleicht. Darüber hinaus ist die Dynamik des Verändern-Wollens bei Koch so groß, dass ihm Hessen nicht auszureichen scheint. Aus dem Amt des Ministerpräsidenten heraus macht er immer wieder seine bundespolitischen Ambitionen deutlich. Er koordiniert immer wieder Gesprächrunden mit Bun-

---

18 Im Zuge der Aktion "Sichere Zukunft" wurde im Jahr 2003 ein Drittel der Landesausgaben für freiwillige soziale Leistungen gestrichen. In der Folge mussten zahlreiche soziale Einrichtungen wie Schuldnerberatungen, Frauenhäuser und Jugendzentren erhebliche Kürzungen ihrer Mittel hinnehmen und teilweise schließen. Insgesamt wurden ca. 1.500 Stellen abgebaut. Darauf hin wurde das umfassendste Sparpaket in der Geschichte des Landes Hessen von Sozialverbänden und von der Opposition im Landtag „Aktion düstere Zukunft" genannt.

desministern zu zustimmungspflichtigen Gesetzen, zum Beispiel bei der Föderalismusreform, Unternehmenssteuerreform und bei der Erbschaftssteuer. Bei seinen zahlreichen USA-Reisen präsentiert sich Koch beinahe in der Rolle eines hessischen Außenministers, ähnlich wie bei seinen Empfängen für den Dalai Lama.

Die typischen Attribute eines Landesvaters scheinen Koch zu fehlen. Er ist viel mehr ein Manager und Hessen sein Konzern, den er von einem mittelständischen Unternehmen zu einem Global Player machen will. Ein Beispiel dafür ist, dass die Regierung Koch zur Mitte und am Ende jeder Legislaturperiode einen Rechenschaftsbericht herausgibt, der der Bilanz eines Unternehmens ähnelt. Dabei ist Koch nie mit sich und seiner Mannschaft zufrieden, sondern will immer höher, schneller, weiter. Trotz all der Abgrenzung, die Koch immer wieder für sich nutzt, führt er auch eine Tradition in Hessen fort. So wie Zinn versucht hat, Hessen als Anti-Adenauer Konzept aufzubauen, versucht Koch Hessen als effizienzorientiertes Gegenmodell im neoliberalen Gewandt zu Rot-Grün im Bund zu entwerfen. In seinen Regierungserklärungen nutzte er vor allem bis 2005 jede Gelegenheit zur Abgrenzung gegenüber der rot-grünen Bundesregierung in Berlin und zu seinem hessischen Amtsvorgängern.

3.3 Wo steht Hessen heute?

Die Frage, inwieweit die Landespolitik die makroökonomischen Rahmendaten eines Bundeslandes beeinflussen kann, ist umstritten. Sicher ist der Einbruch auf dem hessischen Arbeitsmarkt zu Beginn des neuen Jahrhunderts und das im Vergleich mit der gesamten Republik geringe wirtschaftliche Wachstum eine Folge des 11. September 2001, der das Rhein-Main-Gebiet überproportional getroffen hat. Andere Faktoren lassen sich aber tatsächlich auf die Landespolitik zurückführen. Zahlreiche unabhängige Rankings zeigen, dass Hessen zwar nach wie vor ein erfolgreiches Flächenland mit dem höchsten BIP pro Kopf ist, der Renovierungsprozess der Landesregierung aber durchaus seine Spuren hinterlässt. Nach dem Länderranking der Bertelsmann Stiftung behauptet sich Hessen hinter Hamburg, Bayern und Baden-Württemberg auf dem vierten Platz (Bertelsmann-Stiftung 2003; 2005). Beim Dynamikranking[19] der Initiative Neue Sozia-

---

[19] Einbezogen wurden die Veränderungen zwischen 2004 und 2006 bei den Faktoren Arbeitsmarkt, Wahlstand, Standort, Struktur und Unternehmensperformance. Das schlechte

le Marktwirtschaft, dem Institut der Deutschen Wirtschaft und der Wirtschafts-
woche landete Hessen abgeschlagen auf Platz 15 (INSM 2007). Auch im Hinblick
auf den Arbeitsmarkt belegt Hessen nach einem Ranking der Bundesländer im
Jahr 2006 den Rang vier, hat sich damit aber seit 2001 um einen Platz verschlechtert. Trotz der Aufsehen erregenden Ideen im Bundesrat, weisen die hessischen
Arbeitsmarktdaten nicht alle in eine positive Richtung. Auf der einen Seite ist
zwar die Erwerbsquote seit 2001 von 72,5 auf 73,1 Prozent gestiegen und die
Langzeitarbeitslosenquote ist von 35,2 auf 33,2 Prozent gesunken. Auf der ande-
ren Seite ist aber die Gesamtarbeitslosenquote von 7,4 auf 10,4 Prozent gestiegen.
Deutlich werden die Probleme bei den Frauen mit einer Steigerung von 7,1 auf
10,3 Prozent, bei den Jugendlichen von 6,4 auf 10,1 Prozent und besonders bei
Ausländern, die 2006 zu 21,9 Prozent von Arbeitslosigkeit betroffen waren (14,1
Prozent waren es 2001) (Schmid 2008: 69).

Besonders beim Kernthema Bildung sieht die Bilanz der Regierung nicht so
positiv aus. Im Bereich der Bildung sind die messbaren Verbesserungen seit dem
Regierungswechsel eher gering. Im Bildungsranking PISA hat sich Hessen vom
achten auf den siebten Platz vorgearbeitet und bleibt damit weiterhin Mittelmaß.
Bei den Bildungsausgaben pro Kopf ist es der Landesregierung gelungen die
Ausgaben seit ihrem Amtsantritt zu steigern. Hessen liegt damit im Mittelfeld
der westdeutschen Flächenländer. Die Bildungsausgabenquote ist in Hessen seit
Anfang der 90er Jahre allerdings gesunken, sodass Hessen jetzt das Schusslicht[20]
unter den westdeutschen Flächenstaaten bildet (Wolf 2006: 140ff)[21]. Die Zustimmung der Bevölkerung zur Bildungspolitik der Regierung ist eher gering. Im
März 2007 gaben 40 Prozent der Befragten in einer repräsentativen Umfrage an,
dass sich die politische Lage in Hessen im Bereich Schule und Bildung verschlechtert habe, nur 17 Prozent empfanden die Lage als verbessert (Infratest
März 2007). Die Stimmung in diesem Punkt verschlechterte sich mit der Nähe
zum Wahltermin. Im Januar zeigten sich 67 Prozent mit der Bildungspolitik unzufrieden und nur 26 Prozent als zufrieden.

Abschneiden erklärt sich insbesondere aus der Entwicklung bei Schüler-Lehrer-Relation,
Arbeitslosenquote und Patentanmeldungen.

[20] Die Zahlen beziehen sich auf den Vergleich von 1992 und 2002. Hessen wird im Vergleich
mit westdeutschen Flächenstaaten betrachtet, da nur diese eine angemessene Vergleichsgrö-
ße darstellen. Die Bildungsausgaben in Stadtstaaten und neuen Bundesländern sind durchgängig viel höher als in der Vergleichsgruppe der westdeutschen Flächenstaaten (vgl. Wolf
2006).

[21] Diese Diskrepanz bedeutet, dass die Bildungsausgaben mit der allgemeinen Haushalts-
entwicklung des Landes Hessen nicht mit gewachsen sind.

Die Zahlen zeigen, dass zwischen dem „Macher-Image" des Ministerpräsidenten und der tatsächlichen Entwicklung des Bundeslandes eine Lücke zu klaffen scheint. Im Januar 2008 waren 42 Prozent mit der Arbeit der CDU-geführten Landesregierung zufrieden, 56 Prozent unzufrieden (Infratest Januar 2008).

4   Wahlkampf und Landtagswahl 2008

Dass die Landtagswahl 2008 kein Kampf um die absolute Mehrheit werden würde, musste die CDU in Hessen früh einsehen. Die Umfragen seit 2006 sahen die CDU zwar stabil über 40 Prozent, doch eher näher an ihrem Ergebnis von 1999 (43,4 Prozent) als an dem von 2003 (48,8 Prozent)[22]. Man hatte sich früh damit abgefunden, bald wieder mit der FDP zu regieren. Ein Hinweis dafür war, dass die CDU für den scheidenden Minister für Wissenschaft und Kunst Udo Corts, der früh im Jahr 2007 ankündigte, nach dem Ende der Legislaturperiode wieder in die Wirtschaft wechseln zu wollen, keinen Schattenminister aufbot, da die FDP das Ressort beanspruchte. Ab März 2007 musste die CDU aber erkennen, dass ihre bürgerliche Mehrheit nicht auf jeden Fall gesichert ist, weil eine Umfrage von Infratest den Einzug der Linken in den Landtag prognostizierte und damit verbunden keines der beiden Lager eine eigene Mehrheit hätte (Infratest März 2007).

Dieselbe Umfrage hatte gezeigt, dass die Persönlichkeitswerte des Ministerpräsidenten in Bezug auf Führungspersönlichkeit, wirtschaftlicher Sachverstand und Durchsetzungsfähigkeit gut waren, Schwächen zeigten sich aber nach wie vor auf den Feldern Gerechtigkeit, Sympathie, Glaubwürdigkeit, wo die Herausforderin Ypsilanti klar in Führung lag. Darauf hin arbeiten Koch und seine Berater auf einer Sommertour unter dem Motto „Koch kocht", mit dem Ministerpräsidenten am Spaghettitopf auf Marktplätzen Land auf Land ab, am Landesvaterimage. Doch eine einzige Imagekampagne kann kein neues Bild von einem Politiker entstehen lassen, der auf der einen Seite ein Macher-Image hat, dessen weiche Persönlichkeitswerte aber durch die Doppelpass-Unterschriftenaktion von 1999 und viel mehr noch durch die Schwarzgeldaffäre von 2000 belastet sind.

Trotz einiger Besorgnis erregender Anzeichen, setzte die CDU weiterhin auf eine möglichst kurze Auseinandersetzung. Nach den langen Weihnachtsferien, die fast bis Mitte Januar dauerten, hatte sie den Wahltermin mit dem 27. Januar auf den frühst möglichen Termin gelegt, wozu sie mit ihrer absoluten Mehrheit

---

[22] S. zu den Umfragen seit März 2006 den Beitrag von Albert, Neumann und Schroeder in diesem Band, Abbildung 1.

im Landtag in der Lage gewesen ist[23]. Auch ihren eigenen Wahlkampfauftakt hatte die CDU mit dem Landesparteitag Anfang November 2007 spät gelegt. Am 3.11.07 verabschiedeten die Delegierten in Stadtallendorf das Wahlprogramm „Mutig.Modern.Menschlich" und stimmten über die Landesliste ab. Entgegen dem Mainstream verlief der Parteitag ohne medienwirksame Selbstinszenierung sachlich und auf die Rede von Roland Koch zugespitzt. Er stellte die Themen innere Sicherheit, Bildung und Verkehr in den Mittelpunkt und grenzte die CDU scharf gegen Rot-Rot-Grün ab. Die CDU signalisierte staatstragend, dass sie es als Regierungspartei nicht nötig hat, sich wie eine Oppositionspartei in Szene zu setzten. Ministerpräsident Koch konnte sein Traumergebnis von 100 Prozent von 2002 nicht wiederholen und erhielt zwei Gegenstimmen. Problematisch für die CDU war aber viel mehr das Ergebnis von Kultusministerin Wolff, die auf Listenplatz zwei mit 93,9 Prozent das schlechteste Ergebnis von allen 112 Kandidaten bekam. Das zeigt, dass sie wegen ihrer Schulpolitik, der Kreationismusdebatte und vielleicht auch wegen ihres Coming-Out auch in den eigenen Reihen angeschlagen war. Der Parteitag hatte es jedoch nicht vermocht, deutlich zu machen, mit welchen Großprojekten die CDU in die nächste Legislaturperiode starten will, es herrschte mehr die Rhetorik, des nüchternen „Weiter so!".

Auch in der Folge des Parteitags gelang es der Regierung nicht, ihre Bilanz in den Vordergrund des Wahlkampfes zu stellen, viel mehr verdichteten sich die Zeichen der Unzufriedenheit bei den Wählern. Denn trotz verbesserter wirtschaftlicher Rahmenbedingungen war die Zufriedenheit mit der Regierung, die 2003 nicht nur wegen der Misere von rot-grün in Berlin, sondern zu großen Teilen wegen der positiven Bewertung ihrer Arbeit wieder gewählt worden war, deutlich gesunken. Wie Abbildung 4 zeigt ist die Landesregierung in der Bewertung in fünf Jahren von 55 auf 36 Prozent um fast 20 Prozent abgesackt. Diese Werte machen deutlich, dass die CDU-geführte Landesregierung die Wähler mit ihrem Umbauprozess in ihrer zweiten Legislaturperiode offensichtlich überfordert hat. Durch zahlreiche Reformen wie die „Operation sichere Zukunft", Kür-

---

[23] Den von der CDU geplanten späteren Start in den Wahlkampf kommentiert Werner D'Inka in der FAZ treffend: „Bei aller scheinbaren Stabilität der Umfragen gilt es freilich zu bedenken, dass bisher nur die SPD so etwas wie einen vorgezogenen Wahlkampf betreibt, während die CDU ihr Pulver für die Zeit nach Neujahr trocken hält. Ministerpräsident Roland Koch (CDU) setzt darauf, seine Herausforderin Andrea Ypsilanti (SPD) nicht zu früh in den Rang der Ebenbürtigkeit zu heben. Dieser Plan ist nicht ohne Risiko, andererseits drehte sich die Stimmung vor fünf Jahren erst in den letzten beiden Wochen vor der Wahl in Richtung absolute CDU-Mehrheit. Auf diesen Effekt setzt Koch auch diesmal." (FAZ 07.01.2008).

zungen bei den Angestellten und Beamten der Landes, den Umbau in der Schulpolitik und der Einführung der Studiengebühren sahen sich zu viele Wähler als
einseitig von der Reformen belastet, ohne dafür Verbesserungen in anderen Bereichen zu spüren, sie fühlten sich als Verlierer dieser Reformen. An der Unzufriedenheit wird deutlich wo die Grenzen liegen, wenn eine Regierung versucht,
ein Land wie einen Konzern umzubauen. Während bei einem Konzern nur Bilan-
zen zählen, sind Regierungen von der Legitimation der Wähler abhängig.

Abbildung 4:   Zufriedenheit mit Landesregierungen im Vergleich in Prozent

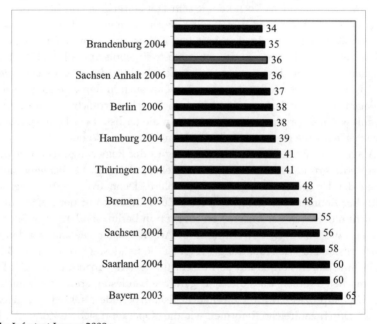

Quelle: Infratest Januar 2008

Die verschlechterte Stimmung gegenüber der Landesregierung reichte in Hessen
aber nicht aus, um bis zur Weihnachtspause des Wahlkampfes eine Wechselstimmung zu Gunsten der SPD zu erzeugen. Die tatsächliche Wechselstimmung
wurde erst durch die CDU selbst erzeugt. Offenbar hatte sich auf der Basis der
Umfragewerte bei der CDU Unsicherheit und auch Nervosität darüber verbreitet,
ob die Wahl mit einem reinen Bilanzwahlkampf der ruhigen Hand zu gewinnen
sei, was daran zu erkennen war, dass Wahlkämpfer Koch schon vor Weihnachten

nach einem populären Thema für die Schlussmobilisierung im rechts-konservativen Wählerlager suchte. Zuerst startete er den Versucht mit dem Hin-weis darauf, dass die Migrantenkinder schuld am schlechten Abschneiden der Deutschen bei der PISA-Studie seien. Dazu sagte der Ministerpräsident in einem Interview mit der Wetzlarer Zeitung am 1. Dezember: „Wir können uns mit den nordischen Ländern schon deshalb nicht vergleichen, weil sie im Vergleich zu uns praktisch keine Migration haben. In Frankfurt haben 70 bis 80 Prozent der Kinder, die geboren werden, einen Migrationshintergrund, in Hessen sind es 40 Prozent - an den finnischen Grundschulen ganze zwei Prozent." Am 16. Dezem-ber folgte der Vorstoß, das Tragen von Burkas, dem afghanischen Ganzkörper-schleier, an hessischen Schulen zu verbieten. Was aber nur zur vorweihnachtli-chen Posse reichte, denn das Kultusministerium beendete den Vorstoß mit der Erklärung, es sei noch nie eine Schülerin in einer hessischen Schule mit einer Burka gesehen worden und es gäbe keinen solchen Fall. Trotz der zwei vergebli-chen Versuche, ließ die CDU nicht vom Thema Integration und innere Sicherheit ab. Schließlich besetzte Koch am 28. Dezember das Thema Jungendkriminalität, als es zu einem Überfall eines Migranten auf einen Rentner in der Münchner U-Bahn gekommen war. Mit seinen Vorschlägen zur Verschärfung des Jugendstraf-rechtes wie dem „Warnschussarrest" traf Koch in das Schlagzeilenloch zum Jah-reswechsel und läutete die heiße Phase des Wahlkampfes, den viele auf die letz-ten beiden Wochen datiert hatten viel früher ein als erwartet. Doch das Thema erzielte bei den Wählern nicht, die von Koch erhoffte Wirkung. Schnell wurde deutlich, dass sowohl Prävention als auch Ausführung des Jugendstrafrechts Ländersache sind und die Bilanz der CDU-geführten Landesregierung auf die-sem Feld nicht besonders positiv war. Beispielsweise hatte die CDU in der Lan-desregierung im Zuge ihrer „Operation Sichere Zukunft" 2004 Mittel bei der Jugendhilfe gestrichen, die für die Prävention von Jugendkriminalität eingesetzt wurden. Gleichzeitig wurden auch Stellen bei Jugendrichtern gespart. In Folge dessen liegt die Dauer zwischen Tat und Verurteilung in Hessen deutlich über dem Bundesdurchschnitt. Neben der sachpolitischen Auseinandersetzung mit dem Thema wurde Koch aber auch vorgeworfen, er betreibe mit einem auslän-derfeindlichen Thema Wahlkampf und spalte damit die Gesellschaft, statt zu integrieren. Die Bundes-CDU unterstütze die Vorstöße ihres stellvertretenden Vorsitzenden und kam Anfang Januar in Hessen zusammen und verabschiedete die Wiesbadener Erklärung. In dem Papier machte sich die CDU-Spitze Kochs Vorschläge zu Eigen, erweiterte sie aber um die Einbettung vielfältiger wirt-schafts- und familienpolitischer Maßnahmen. Gleichzeitig ging aber Kochs An-denpaktfreund Wulff in Niedersachsen ein Stück weit auf Distanz zu Koch, da er

in seinem Wahlkampf eine derartige Polarisierung nicht brauchen konnte. Allgemein ließ sich Koch von dem negativen Echo in der öffentlichen Meinung zu
seinen Vorschlägen nicht beirren und sprach von einer schweigenden Mehrheit,
die ihm zustimme. Dass Koch in seiner polarisierenden Kampagne auch einen
Testlauf solcher Themen für die nächste Bundestagswahl sah, zeigt folgendes
Zitat: „Die Hessenwahl ist sicherlich auch ein Signal für die Bundespartei, in
welche Richtung die Weichen nach der Bundestagswahl 2009 gestellt werden
können. Im Bundestagswahlkampf werden wir polarisieren müssen" (zitiert nach
Focus online 18.01.2008). Als Koch darauf seine Vorschläge verschärfte und vor-
schlug, das Jugendstrafrecht auch auf unter 14-Jährige anzuwenden, hatte er den
Bogen deutlich überspannt, was an den Reaktionen der Presse und zahlreicher
gesellschaftlicher Gruppen deutlich wurde. Neben Richterbund, Kinderschutz-
bund und der Gewerkschaft der Polizei meldete sich auch Christian Wulff zu
Wort, der mit seinem gleichzeitigen Wahlkampf in Niedersachen das sympathische Gegenmodell zu Hessen reklamierte. „Kinder sind Kinder, und da stellt sich
die Frage vor allem nach den Eltern" kommentierte Wulff (Focus online
14.01.2008)[24]. Problematisch war für die CDU, dass die Kampagne bei den Wählern nicht fing. 82 Prozent waren der Meinung, dass Koch erstmal seine Hausaufgaben in Hessen machen und dafür sorgen solle, dass es schneller zu Gerichtsurteilen kommt (Infratest Januar 2008 II). 66 Prozent waren der Meinung, dass Koch
das Thema nur wegen des Wahlkampfes besetzt habe. Sogar 41 Prozent der
CDU-Anhänger waren dieser Meinung, was auch verständlich war, denn ohne
den Vorfall in München, wäre es wahrscheinlich nicht dazu gekommen.

Im TV-Duell versuchte Koch sich ein Stück weit von seiner eigenen polarisierenden Kampagne zu distanzieren und gab sich wieder staatstragend. Als
alleiniger Sieger konnte er aber aus dieser medialen Auseinadersetzung nicht
hervorgehen, da es der SPD-Spitzenkandidatin Andrea Ypsilanti gelungen war,
ihm auf Augenhöhe zu begegnen, was viele ihr vorher nicht zugetraut hatten. Für
Diskussionen sorgte in der letzten Woche auch das Schlussmobilisierungsplakat
der CDU. Nachdem sich die Umfragen zu Gunsten der Linken verdichtet hatten,
wurde der CDU immer bewusster, dass eine bürgerliche Mehrheit nur ohne die
Linke um Landtag möglich sein würde und sie entschied sich mit der Warnung
vor dem „Linksblock" zum Frontalangriff.

---

[24] Scharfe Kritik, die in Zeitungen und Fernsehen auch reichlich zitiert wurde, kam auch
vom Direktor des Kriminologischen Forschungsinstituts Niedersachsen, Christian Pfeiffer:
„Das macht keinen Sinn. Je jünger Menschen hinter Gitter kommen, umso höher ist ihre
Rückfallquote" (zitiert nach Spiegel online 14.01.2008).

Abbildung 5: Wahlplakat der hessischen CDU Ende Januar 2008

Im Bezug auf den Wahlkampf der hessischen CDU bleibt zu sagen, dass Roland Koch in den letzten vier entscheidenden Wochen versucht hat, einen Oppositionswahlkampf zu führen, obwohl er seit neun Jahren regiert. Ursachen dafür mögen zum einen sein, dass sich die CDU durch die mäßige Bewertung und die Ankündigung der SPD, im Januar eine Mindestlohnkampagne zu starten, hat verunsichern lassen. Schließlich hat die CDU mit dieser Kampagne selbst für die Wechselstimmung zu Gunsten der SPD gesorgt und damit ungefähr die Hälfte ihrer Verluste auf den letzten Metern selbst verschuldet. Mit 36,8 Prozent blieb die CDU zwar knapp stärkste Partei, fiel aber deutlich hinter alle Umfragewerte zurück (s. dazu den Beitrag von Albert, Neumann und Schroeder in diesem Band). Der Verlust von 12 Prozent wirft die hessische CDU wieder in die Zeit Ende der 60er Jahre zurück, als ihr unter Dregger ein gewaltiger Stimmenzuwachs gelungen war[25]. Die SPD kam mit 36,7 Prozent knapp dahinter und konnte damit trotz 7,6 Prozent Zugewinn nicht an ihre alten Ergebnisse in Hessen an-

---

[25] Die CDU hatte von der Landtagswahl 1966 zur Landtagswahl 1970 von 26,4 auf 39,7 Prozent zugelegt.

knüpfen und erreichte ihr zweitschlechtestes Ergebnis. Die CDU hatte zahlreiche Wähler an die FDP verloren, die mit 9,4 Prozent das beste Ergebnis seit 1970 in Hessen erreichte. Die Grünen mussten mit 7,6 Prozent ein ähnlich schlechtes Ergebnis wie 1999 verbuchen, was dazu führte, dass Rot-Grün, abgesehen von der Linken, hinter Schwarz-Gelb lag. Schließlich war es weder der SPD mit ihrer Abgrenzungsstrategie noch der CDU mit ihrer Mobilisierungsstrategie gelungen, die Linke aus dem Landtag heraus zu halten.

5   Fazit und Ausblick

Zusammenfassend lässt sich über den hessischen Landesverband der CDU sagen, dass seine Stärke in der Abgrenzung von einem Gegner liegt. Dies lässt sich daran erkennen, dass die CDU an der Abgrenzung zum „Roten Hessen" in der Opposition im Landtag gewachsen ist. Es gelang ihr, in Abgrenzung zur Regierung der SPD in Wiesbaden und Bonn zur stärksten Partei im Landtag zu werden. Auch die entscheidenden innerparteilichen Erneuerungsphasen (unter Dregger und Kanther) fallen in die Zeit der Opposition. Ein weiters Beispiel für die These ist die Doppelpass-Kampagne im Landtagswahlkampf 1999, in dem die CDU mit einem bundespolitischen Oppositionsthema siegte. Die polarisierende Kampagne gab den Wahlkämpfern der CDU einen deutlichen Motivationsschub und brachte die Stammwähler an die Urne, die dem bis dahin eher unbekannten Kandidaten Koch noch nicht vertrauten. In der Landesregierung in Hessen hat sich Koch bis 2005 immer wieder stark von der rot-grünen Bundesregierung abgegrenzt und so versucht, als landespolitisches Korrektiv zu wirken. Insofern lässt sich die Typologie des Kampfverbandes bestätigen. Hinzu kommt das Attribut einer verschworenen Gemeinschaft, die, wie im Fall der Schwarzgeldaffäre immer weiter zusammen rückt, wenn sie von außen angegriffen wird. Diese Charakterisierung des Landesverbandes der CDU Hessen funktioniert aber nur so lange, wie sie einen starken Gegenspieler für ihre Abgrenzung hat und nicht mit den eigenen Errungenschaften punkten muss. So gelang es der hessischen CDU nicht, die Regierungsmehrheit mit dem Ministerpräsidenten Wallmann 1991 zu halten. Im Landtagswahlkampf 2008 fehlten von Anfang an wegen der Großen Koalition in Berlin die bundespolitischen Reibungspunkte. Landespolitisch ist die CDU schon zu lange an der Regierung, um sich noch gegen die Vorgängerregierung profilieren zu können, was sie in der ersten Legislaturperiode noch in jeder Regierungserklärung ausgiebig getan hat. Hinzu kamen gewisse Abnutzungserscheinungen der Regierung, was man an den Zufriedenheitswerten erkennen konnte. Darüber hinaus trat die CDU zum dritten Mal mit ihrem Spitzenkandidaten Koch an. In Hessen war es aber nach Börner keinem Kandidaten mehr gelungen, eine dritte Amtszeit zu regieren.

Schließlich hat der Landtagswahlkampf 2008 gezeigt, dass die hessische CDU ihrem traditionellen Typus eines Kampfverbandes wieder eindrucksvoll gerecht geworden ist. Problematisch und für den Landesverband schließlich verhängnisvoll ist, dass es der hessischen CDU in neun Jahren Regierungsarbeit nicht gelungen ist, den Kampfverband mit den Attributen einer dynamischen Hessenpartei zu kombinieren. Die hessische CDU, deren Regierungsstil wenig konservativ und vor allem hoch pragmatisch ist, verfällt im Wahlkampf sofort in alte Klischees und Rollenbilder zurück. Damit allerdings ist die Zukunftsfähigkeit in Frage gestellt.

Die Aufarbeitung dieses Ergebnisses wird die hessische CDU sicher noch eine Zeit lang beschäftigen. Neben dem Debakel in Hessen, ist es der hessischen CDU nicht gelungen, eine erfolgreiche Wahlkampfstrategie für die Gesamtpartei zu kreieren. Der CDU dürfte nach diesem Wahlkampf eindruckvoll klar geworden sein, dass sie mit der Identität des law-and-order nicht mehrheitsfähig sein kann. Nachdem der Bundestagswahlkampf mit dem Schwerpunkt des Neoliberalismus 2005 aber auch nicht verfangen hat, ist die Union auf der Suche nach ihrem Alleinstellungsmerkmal für die Zukunft.

Literatur

Beil, Stefan/ Lepszy, Norbert (1995): Die Reformdiskussion in den Volksparteien. In: Konrad- Adenauer-Stiftung (Hrsg.): Interne Studien, 80.

Bertelsmann-Stiftung (Hrsg.) (2003): Die Bundesländer im Standortwettbewerb, Gütersloh.

Bertelsmann-Stiftung (Hrsg.) (2005): Die Bundesländer im Standortwettbewerb, Gütersloh.

Bösch, Frank (2005): Oppositionszeiten als Motor der Parteireform. Die CDU nach 1969 und 1998 im Vergleich. In: Josef Schmid und Udo Zolleis (Hrsg.): Zwischen Anarchie und Strategie. Der Erfolg von Parteiorganisationen, Wiesbaden S.172-185.

CDU (2008): Wiesbadener Erklärung, Beschluss des Präsidiums vom 5.01.08, www.cdu.de, Zugriff 01.02.08.

FAZ 15.09.1997: Einstimmiges Votum für Koch - und Kanther. Hessens CDU bestimmt Eichels Herausforderer/ Frisch, dynamisch, modern, S.8.

FAZ 26.01.1998: Aufbruch mit Visionen. Koch verspricht eine „Neuzeit für Hessen", Dregger redet von einem „großen Tag", S.4.

FAZ 17.01.2000: Diese verdammte CDU. Kanther, Koch und Kohl: Drei Lehren für ein reicheres Leben, S.4.

FAZ 24.01.2000: Die hessische CDU sucht Trost und Hoffnung bei Koch. „Professioneller und glaubwürdiger als die Führung der Bundespartei", S.19.

FAZ 14.02.2000: Interview mit Horst Weyrauch, dem ehemaligen Finanzberater der CDU. „Da war Herzblut dabei", S.52.

FAZ 21.02.2000 Wir schaffen unsere Probleme selbst weg. Die hessische CDU schart sich um ihren Vorsitzenden Koch und verbittet sich Ratschläge von außen, S.3.

Focus online (14.01.2008): CDU-Spitze stellt sich gegen Koch, www.focus.de, Zugriff 14.02.2008.

Focus online (18.01.2008): Bundes-CDU hofft auf „schweigende Mehrheit", www.focus.de, Zugriff 16.02.2008.

Frommelt, Reinhard, 1995: Mitregieren wollen und Opponieren-Müssen. Die CDU Hessen unter Wilhelm Fay. In: Heidenreich, Bernd/ Wolf, Werner (Hrsg.): Der Weg zur stärksten Partei. 50 Jahre CDU in Hessen, Köln.

Hertel, Janine/ Schütz, Astrid (2002): Politische Selbstdarstellung in Krisen. Die Parteispendenaffäre der CDU. In: ZParl, H 4, S.740-758.

Infratest Dimap März 2007: Hessen Trend, Erhebung im Auftrag des hessischen Rundfunks.

Infratest Dimap Januar 2008: Hessen Trend, Erhebung im Auftrag des hessischen Rundfunks.

Institut der deutschen Wirtschaft Köln (Hrsg.) (2007): Fünftes Bundesländerranking, Köln, www.bundeslaenderranking.de, Zugriff 12.11.2007.

Kanther, Manfred (1997): Freundschaft und Spannung. In: Petra Roth (Hrsg.): Bewahren und Erneuern: Walter Wallmann zum 65. Geburtstag, Frankfurt S.150–151.

Koch, Roland (1999): Regierungserklärung vom 22. April 1999, Landtagsprotokoll.

Korte, Karl-Rudolf (2001): Was kennzeichnet modernes Regieren? Regierungshandeln von Staats- und Regierungschefs im Vergleich. In: Aus Politik und Zeitgeschichte, B 4, S.3-13.

Leunig, Sven (2007): Die Regierungssysteme der deutschen Länder im Vergleich, Opladen.

Müller, Helmut, 1995: Von der Opposition in die Regierungsverantwortung. Die CDU unter Walter Wallmann. In: Heidenreich, Bernd/ Wolf, Werner (Hrsg.): Der Weg zur stärksten Partei. 50 Jahre CDU in Hessen, Köln, S.97 - 124.

Müller-Vogg, Hugo (2002): Beim Wort genommen. Roland Koch im Gespräch mit Hugo Müller-Vogg, Frankfurt.

Oberreuter, Heinrich u. a. (2000): Die politischen Parteien in Deutschland, München.

Opdenhövel, Patrick, 1995: Neuer Aufbruch. Die CDU unter Manfred Kanter. In: Heidenreich, Bernd/ Wolf, Werner (Hrsg.): Der Weg zur stärksten Partei. 50 Jahre CDU in Hessen, Köln, S.125 – 154.

Rüschenschmidt, Heinrich, 1995: Gründung und erste Jahre. Die CDU unter Werner Hilpert. In: Heidenreich, Bernd/ Wolf, Werner (Hrsg.): Der Weg zur stärksten Partei. 50 Jahre CDU in Hessen, Köln S.13 - 36.

Schmid, Josef (1990): Die CDU. Organisationsstrukturen, Politiken und Funktionsweisen einer Partei im Föderalismus, Opladen.

Schmid, Josef (2008): Bundesländer im Fokus: Aktive Arbeitsmarkt- und Beschäftigungspolitik, im Erscheinen.

Schmitt-Beck, Rüdiger (2000): Die hessische Landtagswahl vom 7. Februar 1999: Der Wechsel nach dem Wechsel. In: ZParl, 1, S.3-17.

Schmitt-Beck, Rüdiger/ Weins, Cornelia (2003): Die hessische Landtagswahl vom 2. Februar 2003: Erstmals Wiederwahl einer CDU-Regierung. In: ZParl, 4, S.671–688.

Schönbohm, Wulf (1985): Die CDU wird moderne Volkspartei. Selbstverständnis, Mitglieder, Organisation und Apparat 1950 bis 1980, Stuttgart.

Schumacher, Hajo (2004): Roland Koch. Verehrt und verachtet, Frankfurt.

Sütterlin, Sabine/ Wolf, Werner (1994): Die CDU in Hessen. In: Berg–Schlosser u.a. (Hrsg.): Parteien und Wahlen in Hessen, Marburg, S.109-132.

Wolf, Frieder (2006): Die Bildungsausgaben der Länder im Vergleich. Welche Faktoren erklären ihre beträchtliche Variation?, Münster.

Wolf, Werner (1995): Neubeginn und Kampf um die Mehrheit. Die CDU Hessen unter Alfred Dregger. In: Heidenreich, Bernd/ Wolf, Werner (Hrsg.): Der Weg zur stärksten Partei. 50 Jahre CDU in Hessen, Köln, S. 59-96.

Theo Schiller

Die FDP Hessen im bürgerlichen Koalitionslager

Die FDP Hessen stellt sich seit Mitte der 1980er Jahre nach Struktur und Funktion im Parteiensystem als eine relativ stabile Größe dar. Sie ist und war fest im bürgerlichen Lager mit der CDU verankert und versteht sich als „liberales Korrektiv" mit einer stark wirtschaftsliberalen Ausrichtung. Dabei stützt sie sich auf eine Wählerbasis in Mittelstand, freien Berufen und bildungsbürgerlichen Gruppen. In den zwei Legislaturperioden 1987-1991 und 1999-2003 war sie an CDU-geführten Landesregierungen beteiligt. In der Bundespartei hat sie insofern ein gewisses Gewicht, als sie zu den wenigen Landesparteien gehört, die kontinuierlich im Landtag vertreten sind und mit Wolfgang Gerhardt für einige Jahre den Bundesvorsitzenden stellte. Bis auf wenige situationsbezogene Konflikte sind programmatische und strategische Spannungen kaum ausgeprägt.

1 Entwicklungsgeschichte

Die hessische FDP hat eine wechselvolle Entwicklung durchlaufen, ehe sie in den frühen 1980er Jahren auf einen im Ergebnis langfristigen Kurs im bürgerlichen Koalitionslager mit der CDU einschwenkte (vgl. Schiller 1994; Staudt 1996; Schiller 2006). Drei markante Entwicklungsphasen können bis dahin unterschieden werden: (1) die Ausrichtung als bürgerliche Rechtspartei 1945-1956, repräsentiert durch den Landesvorsitzenden August Martin Euler, der auch im Richtungsstreit der Bundespartei eine führende Rolle spielte; (2) eine Phase der ideologischen Mäßigung und Stabilisierung nach der Abspaltung der Freien Volkspartei (FVP) 1956-1970; (3) die Phase der sozial-liberalen Koalitionsregierung mit der SPD 1970-1982. Auch wenn programmatisch langfristige Kontinuitäten im Eintreten für die Marktwirtschaft und für Wirtschaftsinteressen sowie für Rechtsstaatlichkeit und Demokratie zu verzeichnen sind, so zeigten sich in diesen Zeiträumen doch deutlich unterschiedliche Profilausprägungen. So wurde in der Anfangszeit das Konzept einer nationalen Sammlungspartei auch für bürgerlich-konservative Gruppen und ehemalige Soldaten und NS-Mitläufer verfolgt. In der Phase der ideologischen Mäßigung nach 1956 rückte man die Interessen des bürgerlichen Mittelstandes und administrative Modernisierung stärker in den Vordergrund. Ansätze zu bildungspolitischen Innovationen in Schulen und Hochschulen erleichterten den Weg in die sozial-liberale Koalition ab 1970, in der auch bürgerrechtliche (Datenschutz) und kulturpolitische Initiativen (Denkmalschutz) entwickelt wurden. Ideologisch und koalitionspolitisch hatte die FDP damit in ihrem ersten Vierteljahrhundert gerade in Hessen einen weiten Bogen geschlagen. Während der Gründungsphase 1945/ 46 war eine am ehesten naheliegende bürgerliche Koalition blockiert, da die christlich-sozial und katholisch geprägte CDU zusammen mit der SPD die hessische Verfassung auf den Weg gebracht und 1946-50 eine große Koalition gebildet hatte. Gegen diese „gefangene" CDU konnte die rechtsbürgerliche FDP in der Landtagswahl 1950 in einem Wahlbündnis mit dem Bund der Heimatvertriebenen und Entrechteten (BHE) sogar 31,8 Prozent der Stimmen erreichen (CDU 18,8 Prozent). Nach 1950 bestand gegen die SPD keine Mehrheitschance für eine CDU-FDP-Regierung, und mit der Wendung der CDU zu einer nationalkonservativen Strategie unter Alfred Dregger seit 1967 war aus Sicht der neuen liberalen Führungsgeneration um Wolfgang Mischnick und Heinz-Herbert Karry der Weg zur Zusammenarbeit verbaut. Auch die Perspektiven einer SPD-FDP-Regierung im Bund ab 1969 bestärkten die sozialliberale Ausrichtung in Hessen. Diese enge Verschränkung von Landes- und Bundespolitik bestätigte sich erneut im Jahr 1982, als die Aufkündigung der Regierungszusammenarbeit mit der SPD in Hessen unmittelbar in den Bruch der Bonner Koalition unter Kanzler Schmidt mündete. Mit dieser erneuten politischen Umorientierung hatte die FDP, die im Oktober 1982 mit nur 3,1 Prozent an der 5-Prozent-Hürde scheiterte und erst im September 1983 wieder in den Landtag zurückkehrte, in Hessen zum dritten Mal eine tief greifende Krise zu bewältigen, die wie schon 1956 und 1969/ 70 zu beträchtlichen Mitgliederverlusten führte. Seit 1982 und damit seit einem Vierteljahrhundert hat die FDP nunmehr in Hessen wie im Bund diese strategische Ausrichtung auf das bürgerliche Koalitionslager mit der CDU grundsätzlich beibehalten.

2 Organisation und Führung

Die Organisationsstruktur folgt - seit den 1980er Jahren im Wesentlichen unver-
ändert - dem üblichen Muster von Ortsverbänden, Kreisverbänden und den
Gremien des Landesverbandes. Als mittlere Ebene fungieren die fünf Bezirksverbände Südhessen-Starkenburg, Rhein-Main, Mittelhessen, Nord-Ost-Hessen und
Westhessen-Nassau.[1] Die 300 Delegierten des Landesparteitages werden von den
Kreisverbänden zur Hälfte nach ihrer Mitgliederzahl, zur anderen Hälfte nach
den letzten Wahlergebnissen im jeweiligen Kreisgebiet gewählt. Zwischen den
Parteitagen fungiert ein Landeshauptausschuss. Der Landesvorstand besteht aus
dem Präsidium (sieben Mitglieder einschließlich dem Landesschatzmeister und
dem Vorsitzenden der Landtagsfraktion bzw. Vertreter), 16 weiteren Beisitzern,
dem Europabeauftragten, den der FDP angehörenden Landesministern (soweit
vorhanden) und dem Landesvorsitzenden der Jungen Liberalen (Julis).

Die Führung der Partei liegt beim Präsidium, bestehend aus dem Landesvorsitzenden, zwei Stellvertretern, dem Schatzmeister, zwei weiteren Beisitzern
und dem Vorsitzenden der Landtagsfraktion. Faktisch dominieren der/ die Landesvorsitzende und der/ die Fraktionsvorsitzende (zeitweise auch in Personalunion). Von 1983 bis 1995 hatte Wolfgang Gerhardt den Landesvorsitz inne, 1991-
1994 auch den Fraktionsvorsitz. Ihm folgte Ruth Wagner 1994-1999 als Fraktionsvorsitzende und 1995-2006 als Landesvorsitzende; nachfolgend übernahm Jörg-
Uwe Hahn beide Funktionen.[2] Die Mehrheit des Präsidiums gehörte in der Regel
gleichzeitig der Landtagsfraktion an. In Phasen der Regierungsbeteiligung war
der Landesvorsitz jeweils mit einem Ministeramt gekoppelt (Gerhardt 1987-1991,
Wagner 1999-2003). Die Führung der Landespartei war also stets eng mit Frakti-
ons- und Regierungspositionen verklammert.

Die Mitgliederentwicklung kam, nach den starken Verlusten 1982-1984, seit
Mitte der 1980er Jahre in ruhigeres Fahrwasser. Von etwa 7.700 im Jahr 1990 sank
die Zahl der Mitglieder während der neunziger Jahre auf 5.938 (2000) ab, um
seitdem langsam auf 6.524 (2006) anzusteigen. Die regionale Verteilung zeigt
längerfristig stabile Muster mit den Kreisverbänden Frankfurt/ M., Waldeck-

---

[1] Bis Ende der 1980er Jahre zum Teil andere Bezeichnungen: Starkenburg, Untermain,
Nordhessen.

[2] Ende 2007 gehörten dem Präsidium an: Landesvorsitzender Hahn (MdL, zugleich Fraktionsvorsitzender), Stellvertreter Dieter Posch (MdL) und Heinrich Kolb (MdB), Schatzmeister Dirk Pfeil, Beisitzer Dorothea Henzler (MdL) und Hans-Jürgen Hielscher (Kreisbeige-
ordneter Main-Taunus) sowie als Fraktionsvertreterin Nicola Beer (MdL).

Frankenberg, dem Hochtaunus, Main-Kinzig und Gießen an der Spitze und dem Odenwald, Hersfeld-Rotenburg und Fulda als Schlusslichtern (1993) (Staudt 1996: 147). Die Mitgliedszahl der hessischen FDP entspricht etwa zehn Prozent der Mitglieder der Bundespartei (2006: 64.880), eine bezogen auf den Bevölkerungsanteil Hessens überproportionale Größe, die sich der relativen Stabilität des Landesverbandes seit den 1980er Jahren verdankt.

Abbildung 1:   Mitgliederentwicklung FDP in Hessen

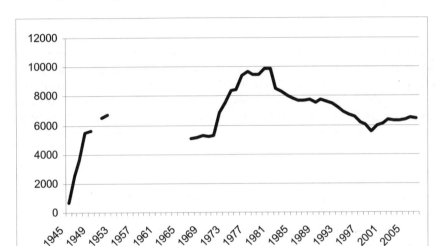

Quelle: bis 1989 Gnad 2005 (für 1950, sowie 1953 bis 1966 sind keine Daten vorhanden), ab 1990 Daten des Landesverbandes der FDP in Hessen.

Sozialstrukturell waren 1994 in der Mitgliedschaft die Selbständigen, die Landwirte und die freien Berufe überproportional vertreten, ebenso die höheren Altersgruppen (die über 50-jährigen stellten mehr als die Hälfte der Mitglieder) (Staudt 1996: 148). Neuerdings ist eine leichte Tendenz zur Verjüngung zu verzeichnen. Der Frauenanteil beträgt etwa ein Viertel. Organisatorisch ist der Landesverband relativ schwach. Die Landesgeschäftsstelle umfasste in den 1990er Jahren nur wenige Mitarbeiter, nach dem Ausscheiden der Partei aus der Regierung 2003 wurden die Aufgaben des Landesgeschäftsführers ehrenamtlich vom ehemaligen Staatssekretär Portz wahrgenommen. Die Unterstützung durch vier hauptamtliche Regionalbeauftragte war finanziell nicht immer gesichert. Mit der

FDP eng verbunden ist die Karl-Hermann-Flach-Stiftung, die als Regionalbüro der Friedrich-Naumann-Stiftung parteibezogene politische Bildung betreibt. Finanziell standen der Partei im Landtagswahljahr 1991 ca. 1,1 Mio. DM (560.000 Euro) (Schiller 1994: 176) zur Verfügung, im Bundestagswahljahr 2005 ein Betrag von 2,4 Mio. Euro (Deutscher Bundestag 2005: 167ff., 170), der durch angehobene Erstattungssätze und durch das hohe Ergebnis bei der Bundestagswahl (vgl. unten 4.) zustande kam.

3 Programmatik

Nach dem Wechsel 1982 auf Landes- und auf Bundesebene in das bürgerliche Koalitionslager mit der CDU und der Wählerbestätigung dafür im September 1983 auch in Hessen hielt die hessische FDP bis jetzt an dieser strategischen Aus-richtung fest. Bei allen Landtagswahlen seit 1983 gab die FDP eine eindeutige Koalitionsaussage für die CDU ab (so auch im Bund, etwas undeutlich 2002). Damit positionierte sich die FDP als liberales Korrektiv im bürgerlichen, konser-vativ-liberalen Parteienlager.

In Hessen zeichnete sich das längerfristige programmatische Profil bereits in den Wahlprogrammen zu den Landtagswahlen 1983 und 1987 und in der Regie-rungsarbeit in der Regierung Wallmann/ Gerhardt (1987-1991) ab. Spätere Wahl-programme und Erfolgsbilanzen bestätigten diese Grundlinien. Nach allgemei-nen Grundsätzen über die Freiheit des Einzelnen stand die liberale Wirtschafts-politik an erster Stelle. Den allgemeinen Rahmen steckte die bundespolitische Programmentwicklung ab, die seit Mitte der 1980er Jahre stärker durch marktra-dikale Akzente und die Zurückdrängung sozialer Leistungen, arbeitsrechtlicher Schutzregeln und gewerkschaftlicher Einflusspositionen geprägt war (vgl. Wies-badener Erklärung von 1988 und Wiesbadener Grundsätze 1997 der Bundespar-tei). Auf der Landesebene gewann die Wirtschaftspolitik allerdings stärker prag-matische Züge, zumal für einige Politikfelder (z. B. Steuersenkungen oder Dere-gulierung des Arbeitsmarkts) nur geringe Landeskompetenzen bestehen. Stärker in den Vordergrund gerückt wurden die Infrastrukturausstattung, insbesondere der Ausbau des Frankfurter Flughafens, die Kernenergieanlagen und der Stra-ßenbau. Generell propagierte man Privatisierungsmöglichkeiten öffentlicher Einrichtungen und Leistungen, ebenso die Rückführung staatlicher Regelungen und Bürokratie. Mittelstandsförderung und kommunale Wirtschaftsförderung wurden besonders betont. Umweltpolitik sollte primär mit marktwirtschaftlichen Instrumenten betrieben werden.

Im Bereich der Bildungs- und Wissenschaftspolitik versuchte sich die Partei mit einer technologischen Modernisierungsfunktion, der Verbesserung der Finanzausstattung der Hochschulen und der Förderung des Technologietransfers zu profilieren. Der Kulturpolitik wurde eine besondere Bedeutung für die soziale Entwicklung und als Standortfaktor beigemessen. In der Schulpolitik betonte die FDP nach der sozial-liberalen Öffnung wieder den Leistungsgedanken und unterschiedliche Begabungsvoraussetzungen und näherte sich in den 1980er und 1990er Jahren stärker den CDU-Vorstellungen des gegliederten Schulsystems an. Rechtsstaatliches Profil wurde zwar fortgeschrieben, jedoch nicht besonders hervorgehoben. Die innovative Rolle der FDP, früher z. B. im Datenschutz, fand keine wesentliche Ausprägung. Deutlich liberale Impulse wurden zunehmend zur Integrationspolitik für Migranten formuliert.

4 Stellung im Parteiensystem und Wahlentwicklung

4.1 Bundes- und Landtagswahlen

Entsprechend der koalitionspolitischen Ausrichtung der FDP im Bund seit 1982 legte sich auch die hessische FDP langfristig auf das bürgerliche Koalitionslager mit der CDU fest und ging mit eindeutigen Koalitionsaussagen in die jeweiligen Wahlen. Während viele andere FDP-Landesverbände trotz dieser Ausrichtung ab 1994 bei Landtagswahlen nicht mehr erfolgreich waren (die FDP war in allen ostdeutschen Ländern inkl. Berlin sowie in sechs westdeutschen Ländern längere Zeit nicht mehr in den Landtagen vertreten), konnte die hessische FDP eine kontinuierliche Vertretung im Landtag erreichen. Damit gehörte sie mit Baden-Württemberg, Rheinland-Pfalz und Schleswig-Holstein zu den Stabilitätsfaktoren der Bundespartei.

Bei den Landtagswahlen erreichte die FDP in Hessen seit 1987 in der Regel etwa 7,5 Prozent der Stimmen, nur 1999 sackte sie auf 5,1 Prozent ab. Die absoluten Stimmenzahlen lagen meist bei der Größenordnung von 210.000 (Tabelle 2) Bei den Bundestagswahlen wurden in Hessen Werte zwischen acht und elf Prozent erzielt, die seit 1994 jeweils etwas über dem Bundesdurchschnitt lagen; die absoluten Stimmenzahlen bewegten sich hier zwischen 280.000 und 390.000 Stimmen. Die höchsten Bundestagsergebnisse wurden 1990 mit 10,9 Prozent und 2005 mit dem Spitzenwert von 11,7 Prozent erreicht.

Bei der Landtagswahl 1991 (Schmitt-Beck 1991) kam zum ersten Mal die von der FDP während der Regierungszeit Wallmann durchgesetzte Zwei-Stimmen-

Regelung (Landesstimme und Wahlkreisstimme) zur Anwendung. Gleichwohl blieb am Ende der Koalitionsregierung mit der CDU 1987-1991 das Wahlergebnis mit 7,4 Prozent leicht hinter dem Resultat von 1987 zurück. Auch 1995 blieb die FDP mit demselben Prozentergebnis in der Opposition (Schmitt-Beck 1996). Die Wahl 1999 (Schmitt-Beck 2000) brachte einen massiven Stimmeneinbruch auf 5,1 Prozent und nur 142.845 Stimmen. Nachdem CDU und FDP kurz zuvor ihre Regierungsmehrheit im Bund an Rot-Grün verloren hatten, gelang es offenbar der CDU, eine Oppositionskampagne gegen die neue Berliner Mehrheit mobilisieren, nicht aber der FDP. Mit ihrer Unterschriftenkampagne gegen die doppelte Staatsbürgerschaft der neuen Regierung Schröder/ Fischer konnte die CDU unter Führung von Roland Koch damit deutliche Stimmengewinne erzielen, und zwar auch auf Kosten der FDP. Zu einer Zweitstimmenkampagne war die CDU nicht bereit. Der innerparteiliche Zwist in der FDP um den Ausschluss des Abgeordneten Kappel 1997 (vgl. Kapitel 5) mag ebenfalls geschadet haben. Ein Ausstrahlungseffekt des aus Hessen stammenden Bundesvorsitzenden Gerhardt scheint wenig wirksam geworden zu sein.

Die Wahl 1999 führte zu dem paradoxen Ergebnis, dass die FDP trotz ihrer Niederlage in die Regierung mit der gestärkten CDU eintreten konnte. Ministerin für Wissenschaft und Kunst wurde die Landesvorsitzende Ruth Wagner, während Dieter Posch das Ministerium für Wirtschaft, Verkehr und Landesentwicklung übernahm. Die Landtagswahl vom Februar 2003 endete wiederum mit einem paradoxen Ergebnis, diesmal mit umgekehrtem Vorzeichen (Schmitt-Beck 2003). Trotz des Stimmenzuwachses der FDP auf 7,9 Prozent (216.000 Stimmen, neun Mandate) und damit auf das normale Niveau früherer Wahlen schied die FDP aus der Regierung aus. Die vorausgegangene Bundestagswahl im September 2002 und ihre Nachwirkungen hatten CDU und FDP als Oppositionsparteien auf Bundesebene erheblich begünstigt und zu großen Einbußen der SPD geführt. Der FDP kam sicher auch ihre Regierungsarbeit im Land zugute. Da jedoch die CDU unter Ministerpräsident Koch stark zugenommen und die absolute Mehrheit der Sitze erreicht hatte, lehnte die FDP das Angebot der Union einer weiteren Regierungsbeteiligung ab. In der innerparteilichen Debatte setzte sich die Landesvorsitzende Wagner (u.a. gegen den Fraktionsvorsitzenden Hahn) mit dem Argument durch, dass man gegenüber einem Partner mit absoluter Mehrheit wesentlich geschwächt und somit nur "fünftes Rad am Wagen" wäre. Die unterlegene Gegenposition setzte auf die Kontinuität der Regierungsarbeit und die mutmaßliche Fairness des Koalitionspartners. Im Ergebnis war die FDP für die erstmals auf fünf Jahre verlängerte Legislaturperiode von 2003 bis 2008 wieder auf die Oppositionsrolle verwiesen.

Die Landtagswahl am 27. Januar 2008 führte zu gravierenden Verschiebungen im Parteiensystem. Die CDU stürzte um 12 Prozentpunkte auf 36,8 Prozent ab, die SPD konnte mit 7,6 Prozent Zugewinn gleichziehen und die Grünen verloren 2,6 Prozent. Vor allem aber zog die Linke mit 5,1 Prozent in den Landtag ein. Die FDP erreichte einen Zuwachs auf 9,4 Prozent und wurde seit langem erstmals wieder drittstärkste Partei vor den Grünen. In diesem von Roland Koch mit dem Thema Gewaltkriminalität ausländischer Jugendlicher stark polarisierten Wahlkampf gelang es der FDP offenbar, sich innerhalb des bürgerlichen Lagers als gemäßigte Stimme liberaler Rechtspolitik zu profilieren und liberalere CDU-Wähler an sich zu binden. Eine bürgerliche Regierungsmehrheit kam jedoch auf Grund der Schwäche des Koalitionspartners CDU nicht zustande. Andere Koalitionsmöglichkeiten, etwa eine Ampelkoalition, hatte die FDP definitiv ausgeschlossen.

In der Gesamtentwicklung seit Anfang der 1990er Jahren waren in der Wählerstruktur zwar leichte Modifikationen zu verzeichnen, doch einige Spezifika blieben weitgehend stabil (Hohmann/ Schacht 1996: 194; Staudt 1996: 144; Hessisches Statistisches Landesamt, Repräsentative Wahlstatistik). Unter den FDP-Wählern waren in der Regel die Männer leicht stärker vertreten als die Frauen, die über 45-jährigen deutlich stärker als die jüngeren Altersgruppen. Sie wiesen öfters höhere Bildungsgrade und ein höheres Einkommen auf, Selbständige und Landwirte wählten zudem überdurchschnittlich häufig FDP. Während vor 1982 Katholiken in der FDP-Wählerschaft stark unterrepräsentiert waren, haben sich seitdem die konfessionellen Relationen deutlich angenähert. Bei Landtags- und Bundestagswahlen sind auch konfessionell geprägte regionale Unterschiede der Stimmabgabe für die FDP signifikant zurückgetreten, was wohl eng mit dem Stimmensplitting zugunsten der FDP innerhalb des bürgerlichen Lagers zusammenhängt. Insgesamt prägen somit sozialstrukturelle Merkmale und solche der politischen Lagerbindung wesentlich die Wählerschaft der FDP.

Tabelle 1:   FDP-Wahlergebnisse in Hessen 1987 - 2008

	Landtag Landesstimmen* absolut % (Wahlkreisstimmen)*		Bundestag Zweitstimmen absolut %		Bundesergebnis (Zweitstimmen) %
Bundestag 1987			323.594	9,1	9,1
Landtag 1987	259.133	7,8			
Bundestag 1990			374.240	10,9	11,0
Landtag 1991	220.155 (185.475)	7,4 (6,3)			
Bundestag 1994			283.186	8,1	6,9
Landtag 1995	206.173 (129.732)	7,4 (4,7)			
Bundestag 1998			279.988	7,9	6,2
Landtag 1999	142.845 (98.095)	5,1 (3,5)			
Bundestag 2002			280.927	8,2	7,4
Landtag 2003	216.110 (148.632)	7,9 (5,5)			
Bundestag 2005			392.123	11,7	9,8
Landtag 2008	Vorl. 258.554 (Vorl. 196.015)	9,4 (7,2)			

Quelle: Hessisches Statistisches Landesamt
* Landesstimme entspricht der Zweitstimme bei Bundestagswahlen, Wahlkreisstimme entspricht der Erststimme bei Bundestagswahlen.

4.2 Stimmensplitting

Die langfristige Festlegung der FDP in Hessen (und im Bund) auf die bürgerliche Koalition mit der CDU zeigte sich nicht nur politisch durch entsprechende Wahlaussagen und durch Regierungszusammenarbeit. Sie ließ sich vielmehr auch am Wahlverhalten mit einem ausgeprägten Stimmensplitting ablesen (vgl. Tab. 3). Bei den Bundestagswahlen hatten Zweitstimmenwähler der FDP bereits 1983 zu 58 Prozent die Erststimme an CDU-Kandidaten gegeben, 1994 waren es 54,6 Prozent, 1998 sogar 61 Prozent. Bei Landtagswahlen in Hessen konnte erstmals 1991 mit zwei Stimmen gewählt werden. Bei der Wahl 1991 stimmten von den Landesstimmen-Wählern der FDP 25 Prozent mit der Wahlkreisstimme für die CDU, während bei der Wahl 1995 der Anteil der CDU-Wahlkreisstimmen auf 45 Prozent zunahm.[3] Bei der Landtagswahl 1999 gaben von den Wählern mit FDP-Landesstimmen immerhin 33,7 Prozent ihre Wahlkreisstimme den CDU-Kandidaten, bei der folgenden Wahl von 2003 stieg dieser Anteil sogar auf 48,9 Prozent. Bei der Bundestagswahl 2005 war mit der Zweitstimmenwahl der FDP ein Spitzenwert von 62,5 Prozent mit der Erststimme für CDU-Wahlkreisbewerber verknüpft. Auch wenn nicht jede gesplittete Stimmabgabe eine Leihstimme darstellt, ist der Sinn taktischen Wählens doch primär darin zu sehen, der FDP zur Überwindung der 5-Prozent-Hürde zu verhelfen und damit Lagerstimmen zu sichern. Die hohen Splittingwerte signalisieren also eine beträchtliche Abhängigkeit der FDP von CDU-orientierten Wählern und eine starke Verschränkung des konservativ-liberalen Koalitionslagers, die auch die strategische Beweglichkeit des kleineren Koalitionspartners deutlich begrenzt.

Tabelle 2:   Stimmensplitting FDP/ CDU in Hessen

	Von den Zweitstimmenwählern der FDP stimmten mit der Erststimme für	
	FDP	CDU
Landtagswahl 1991	64,5	25,3
Landtagswahl 1995	45,4	45,4
Landtagswahl 1999	50,8	33,7
Bundestagswahl 2002*	46,1	38,1
Landtagswahl 2003	41,9	48,9
Bundestagswahl 2005*	26,9	62,5

Quelle: Hessisches Statistisches Landesamt, Repräsentative Wahlstatistik. Für 1991 und 1995 vgl. auch Hohmann/ Schacht 1996: 163 . * Ergebnisse in Hessen.

4.3 Kommunale Vertretung

Auf kommunaler Ebene liegen die Stimmenanteile der FDP deutlich unter den Ergebnissen bei Landtags- oder Bundestagswahlen, so dass die kommunalpolitische Präsenz wenig zu Stabilität und Entwicklungsmöglichkeiten der Partei beiträgt (vgl. Tabelle 4 und 5). Mit durchschnittlichen Landesergebnissen bei Kommunalwahlen seit Mitte der 1980er Jahre um fünf Prozent (kreisfreie Städte leicht höher, Landkreise und kreisangehörige Gemeinden eher niedriger) gelang es häufig nicht, die Fünf-Prozent-Hürde zu überwinden. So war die FDP - im Unter-

---

[3] Darin wird bei dieser für die FDP besonders prekären Wahl ein hoher Anteil taktischer Stimmabgabe zur Stabilisierung der FDP vermutet (vgl. Schmitt-Beck 1996: 252).

schied zu den anderen kreisfreien Städten - im Stadtparlament von Frankfurt 1981 bis 1997 nicht vertreten. 1993 gehörte sie nur acht von 21 Kreistagen und nur etwa einem Drittel der anderen Gemeindevertretungen an. Erst als 1999 die Fünf-Prozent-Klausel für Kommunalwahlen beseitigt (und Kumulieren und Panaschieren eingeführt) wurde, konnten auch mit diesen niedrigen Wahlergebnissen kommunale Mandate erreicht werden. Leichte Prozentzuwächse bei den Kommunalwahlen 2001 und 2006 gehen wohl nicht darauf zurück, sondern eher auf situative politische Faktoren.

Tabelle 3:   Kommunalwahlergebnisse 1989 - 2006 (in Prozent)

	Landkreise und kreisfreie Städte	Kreisangehörige Gemeinden und kreisfreie Städte
1989	4,8	4,4
1993	5,1	4,7
1997	4,0	3,7
Rechtsänderung: *Wegfall 5-Prozent-Klausel, Einführung Kumulieren, Panaschieren*		
2001*	5,2	4,4
2006*	5,8	5,1

Quelle: Hessisches Statistisches Landesamt (* gewichtete Ergebnisse).

Auch in Frankfurt konnte die FDP wieder in die Stadtverordnetenversammlung einziehen, zunächst mit 4,6 Prozent (2001), dann mit 6,5 Prozent (2006). Einen Stimmenzuwachs erzielte die FDP in den kreisfreien Städten sonst nur in Wiesbaden. Insgesamt erzielte die FDP ihre besten Ergebnisse in den Großstädten (kreisfreien Städten) und in einigen Landkreisen vor allem der Rhein-Main-Region. Bei den Kreiswahlen 2006 erreichte sie nur in den Kreisen Hochtaunus, Main-Taunus und Waldeck-Frankenberg Werte über 7 Prozent. Die niedrigen Kreisergebnisse in den Kreisen Odenwald, Limburg-Weilburg, Fulda und Hersfeld-Rotenburg bestätigen die traditionelle Regionalverteilung mit schwachen Werten in den katholisch geprägten Kreisen.

Tabelle 4:   Kommunalwahlergebnisse in Städten und Kreisen (in Prozent)

Kreisfreie Städte	1993	2006*
Darmstadt	7,8	6,8
Frankfurt/ M.	4,4	6,5
Kassel	7,7	5,5
Offenbach	7,8	7,5
Wiesbaden	7,7	9,0

Ausgewählte Landkreise		
Werra-Meißner	9,7	5,5
Hochtaunus	8,4	9,5
Waldeck-Frankenberg	7,1	7,3
Fulda	3,4	4,0
Limburg-Weilburg	2,9	3,3
Odenwald	1,9	3,8

Quelle: Hess. Statistisches Landesamt (* gewichtete Ergebnisse).

5 Innerparteiliche Konflikte, landespolitische Schwerpunkte, Strategieprobleme

Die seit den 1980er Jahren relativ stabile strategische Festlegung auf das bürgerliche Koalitionslager entsprach der Gesamtlinie der Bundespartei während der Regierung Kohl 1982 bis 1998 und in der gemeinsamen Oppositionszeit mit der CDU gegen die rot-grüne Regierung Schröder/ Fischer 1998-2005. Die Oppositionsrollen gegenüber der 2003-2008 mit absoluter Mehrheit ausgestatteten CDU-Regierung Koch in Hessen oder gegenüber der großen Koalition aus CDU und SPD im Bund seit 2005 wurden nicht erkennbar für koalitionspolitische Flexibilität genutzt. Dahinter steht neben programmatischen Positionen zweifellos das Risiko, bei Bewegungen in Richtung auf SPD-geführte Koalitionen bisherige CDU-nahe Wähler, die Stimmensplitting praktiziert hatten, in erheblichem Umfang zu verlieren. In dem mit den Grünen langjährig gefestigten Vier-Parteien-System in Hessen und in dem seit 2005 durch die Linkspartei auf fünf Parteien erweiterten System im Bund sind in der Tat Koalitionsänderungen wesentlich schwerer möglich als früher unter den Bedingungen des Drei-Parteien-Systems. Auch Strategieänderungen, die primär programmatisch fundiert wären, lassen sich in dieser Parteienkonstellation nur mit Schwierigkeiten realisieren.

5.1 Konflikte

Diese Rahmenbedingungen geringer Optionen haben sicher auch dazu beigetragen, dass in der hessischen FDP nur selten innerparteiliche Spannungen aufgetreten sind. Die wenigen Konflikte wurden zum Teil eher durch intervenierende Ereignisse ausgelöst. Eine durchaus strategische interne Konfliktdimension stellte die Auseinandersetzung mit dem Landtagsabgeordneten Heiner Kappel (Main-Taunus-Kreis) dar. Kappel, der bereits seit 1983 dem Landtag angehört hatte, setzte sich schon vor 1995 mit einer Gruppe Berliner FDP-Mitglieder um den ehemaligen Generalbundesanwalt von Stahl für eine stärker rechtspopulistische Ausrichtung der FDP ein und verletzte nach der Wahl 1995 zunehmend die Grenzziehung zu rechtsextremen Gruppen. Dieser Ansatz einer „Haiderisierung" der FDP, der auch von dem früheren bayerischen Landesvorsitzenden Brunner betrieben wurde, reagierte auf den starken Abwärtstrend der FDP in Bund und Ländern nach 1990, besonders 1994/95.[4] Kappels Vorstoß in diese Richtung blieb in Hessen allerdings isoliert. Der Landesvorstand drängte ihn schließlich mit einem Ausschlussverfahren im Dezember 1997 zum Austritt aus der Partei, wobei er sein Mandat als Parteiloser bis zur Wahl 1999 behielt. Die Ausrichtung als bürgerlich-liberale Mitte wurde seitdem nicht wieder in Frage gestellt.

Der zweite Konfliktfall mit weit größerer Intensität betraf die Fortführung der Regierungsbeteiligung an der Regierung Koch, nachdem Ende 1999 der CDU-Parteispendenskandal aufgedeckt worden war. Die Frage, ob Ministerpräsident Koch selbst über die vom früheren Parteivorsitzenden Kanther angelegten geheimen Konten in der Schweiz informiert gewesen war und insoweit gelogen hatte, führte im Verlauf des Jahres 2000 innerhalb der FDP zu einer Zerreißprobe über den Verbleib in der Koalition. Minister, Fraktion und weitere Teile der Partei unter Führung der Landesvorsitzenden Wagner plädierten für den Verbleib in der Regierung, da Koch nichts nachgewiesen worden sei. Dabei glaubte man wohl auf Grund der persönlichen Freundschaft zwischen dem Fraktionsvorsitzenden Hahn und Koch glaubwürdige Informationen zu besitzen. Sicher wollte man die Regierungszugehörigkeit nicht schon nach einem Jahr wieder aufs Spiel setzen. Protagonist der Gegenposition war pikanterweise der FDP-Bundesvorsitzende Wolfgang Gerhardt, der selbst lange Jahre die Partei in Hessen geführt hatte, und der Koch nicht für glaubwürdig hielt. Er und seine Unterstützer wollten die FDP aus dem moralischen Debakel der CDU heraushalten, befürchteten negative Wahlauswirkungen auf die FDP, sahen darüber hinaus aber auch die Gefahr einer Vertrauenskrise der Parteiendemokratie insgesamt. Auf einem dramatischen Landesparteitag am 4. März 2000 in Rotenburg a. d. F. setzte sich die Partei- und Fraktionsführung mit 166 zu 132 Stimmen zugunsten des Verbleibs in der Koch-Regierung durch. Der Auseinandersetzung lagen auch unterschiedliche Einschätzungen über die Zukunftsaussichten der Partei zugrun-

---

[4] Einige Schlaglichter auf diese Entwicklung, besonders auf den Versuch der Gruppe um von Stahl 1995, in der Berliner FDP die Mehrheit zu erringen, wirft Dittberner (ders. 2005: 90-94). Ein irritierendes Plädoyer für einen rechtsliberalen Weg publizierten die Sozialwissenschaftler Lösche/Walter 1996.

de. Die Regierungsbefürworter hielten einen einfachen Koalitionswechsel nicht für möglich, fürchteten jedoch notwendige Neuwahlen: Mit der sicher geschwächten CDU wäre rechnerisch und politisch ohnehin keine Mehrheit mehr möglich gewesen, aber angesichts des äußerst knappen FDP-Ergebnisses von 1999 drohte bei einem Wechsel des Koalitionslagers der Verlust CDU-naher Stimmen und damit die Gefährdung des Wiedereinzugs in den Landtag. Die Befürworter des Koalitionsbruchs setzten umgekehrt darauf, dass gerade die moralisch begründete Abwendung vom skandalösen Verhalten der CDU Stimmengewinne für die FDP ermöglichen und indirekt neue koalitionspolitische Spielräume eröffnen könnte. Die Parteitagsentscheidung für den Verbleib in der Regierung bedeutete eine langfristig durchaus erfolgreiche Stabilisierung der Koalitionsstrategie.

Ein dritter Streitfall betraf einen Strategiekonflikt der Bundespartei vor der Bundestagswahl 2002, in dem die hessische FDP weitgehend einmütig Position bezog. Im Mai 2001 hatte Wolfgang Gerhardt unter dem Druck seines Generalsekretärs Westerwelle und des mit ihm verbündeten NRW-Landesvorsitzenden und stellvertretenden Bundesvorsitzenden Möllemann den Bundesvorsitz aufgeben und den Weg für Westerwelle an die Parteispitze freimachen müssen. Die von Westerwelle und Möllemann entwickelte populistisch-provokante Wahlkampfstrategie für 2002 („Projekt 18 Prozent" mit dem Konzept eines Kanzlerkandidaten) setzte sich zwar mehrheitlich durch, sorgte jedoch für erheblichen Streit. Die hessische FDP mit der Landesvorsitzenden Wagner, dem Fraktionsvorsitzenden Hahn und der Unterstützung Gerhardts attackierte diese Strategie vor und auf dem Mannheimer Parteitag im November 2001 vehement als unglaubwürdig und unseriös. Auch wenn sie damit erfolglos blieb, sollte sie doch nach den weiteren (antisemitischen) Entgleisungen Möllemanns und dem Misserfolg der ganzen Strategie bei der Wahl 2002 (7,4 Prozent) letztlich Recht behalten. Die FDP Hessen hielt ein solches populistisches Vabanque-Spiel mit ihrem eigenen Konzept solider Regierungsarbeit in einem konservativ-liberalen Bündnis wohl auch im Hinblick auf die bevorstehende hessische Landtagswahl Anfang 2003 für nicht vereinbar.

5.2 Landespolitische Schwerpunkte

Prägend für die landespolitische Arbeit der FDP waren seit Mitte der 1980er Jahre die beiden Regierungsperioden in den Koalitionsregierungen unter Walter Wallmann 1987-1991 und Roland Koch 1999-2003. In beiden Regierungen stellte die

FDP den Wirtschaftsminister (1987 ff. Alfred Schmidt, 1999 ff. Dieter Posch) und den Minister für Wissenschaft und Kunst mit den jeweiligen Landesvorsitzenden Wolfgang Gerhardt (1987 ff.) und Ruth Wagner (1999 ff.). Die Schwerpunkte in der Wirtschaftspolitik lagen in beiden Regierungsphasen in der Mittelstandsförderung und im Infrastrukturausbau wie dem Flughafen Frankfurt, dem Kraftwerksbau inklusive der Atomkraftwerke und dem Straßenbau. Während der Oppositionszeit 1991-1999 kamen zu diesen Schwerpunkten Initiativen zur Nahverkehrspolitik und zur Technologiepolitik (Staudt 1996: 133, 136-138). Auch während der Regierungszeit 1999-2003 blieben diese wirtschaftspolitischen Themen dominant, wobei Flughafenerweiterung und Kernenergie zusätzliche Dringlichkeit erlangten und in der Förderung von Unternehmensgründungen im IT-Bereich und in der Biotechnologie neue Akzente gesetzt wurden.

Die Wahrnehmung des Ressorts Wissenschaft und Kunst durch die jeweiligen Landesvorsitzenden betonte den wissenschaftlich-technischen Innovationsansatz und kulturpolitische Modernität. Wissenschaftsminister Gerhardt erreichte Verbesserungen in der Hochschul- und Forschungsfinanzierung und förderte den Technologietransfer. Während der Oppositionszeit forderte die FDP mehr Hochschulautonomie. Nach 1999 konnte Ruth Wagner dann als Ministerin ein neues Steuerungssystem der Hochschulfinanzen (Globalhaushalte, leistungsbezogene Mittelzuweisung usw., Hochschulpakt) einrichten, freilich insgesamt unter eher restriktiven Haushaltsbedingungen (Staudt 1996: 138; ausführlich Regierungsbilanz 1999-2003). Nach 2003 knüpften hieran vielfältige Ziele zur Qualitätsverbesserungen in Forschung und Lehre an.

Diese wirtschaftspolitischen und wissenschaftspolitischen Schwerpunkte wurden nach dem Ausscheiden aus der Regierung Koch u.a. durch Forderungen nach einer nachhaltigen Haushaltspolitik ergänzt, wobei der Verkauf von Landesbeteiligungen sowie ein Verbot der Schuldenaufnahme in der Landesverfassung vorgeschlagen wurde (Wahlaufruf 2008). Andere Themenfelder wie Schul-, Justiz-, Integrations- oder Umweltpolitik wurden in der Öffentlichkeit nicht mit ähnlichem Gewicht dargeboten.

5.3 Profilierung im Parteienwettbewerb

Die strategische Position im Vier-Parteien-System an der Seite der CDU muss sich in einem spezifischen Profil zur Abgrenzung von den anderen Parteien abbilden. Dabei fällt die Gegenposition zur SPD am leichtesten, weil liberale Wirtschaftspolitik nach traditionellen Klischees unschwer stärker staatsorientierten Konzepten sozialdemokratischer Wirtschafts- und Sozialpolitik gegenüber gestellt werden kann. Dass die Unterschiede gerade auf landespolitischer Ebene in Wirklichkeit bei weitem nicht so groß sind (wie die langjährige Koalition mit der SPD in Rheinland-Pfalz zeigt), wird wohl um der plakativen Klarheit willen überspielt. Aber auch im Verhältnis zum aktuellen oder potentiellen Koalitionspartner CDU musste die FDP ein eigenes Profil vorweisen, um, zumal als kleinere Partei, neben dem größeren Partner wahrnehmbar zu sein und spezifische Wählerkreise anzusprechen. Dabei wurde allerdings nur ein relativer Abstand demonstriert, um die Kooperationsmöglichkeiten nicht zu gefährden. Die hessische FDP zeigte insoweit im wirtschaftspolitischen Bereich nur geringe Eigenständigkeit. Ihre klassischen Profilierungsmöglichkeiten in der Innen- und Rechtspolitik gegen konservative Sicherheitspositionen wurden freilich ebenfalls wenig sichtbar; nur kurzfristig im Landtagswahlkampf 2008 mahnte die Partei gegen die scharfmacherische Kampagne von Roland Koch zum Jugendstrafrecht zu Vernunft und Mäßigung. In der Bildungs- und Hochschulpolitik trug man die CDU-Positionen überwiegend mit (gegliedertes Schulsystem, Studiengebühren,[5] Privatisierung von Universitätskliniken), wobei man mit schulpolitischen Innovationen neuerdings etwas mehr Abstand zeigte. Während der Oppositionsphase zur CDU-Alleinregierung 2003-2008 versuchten die Liberalen die Haushaltspolitik als ein ideologisch eher neutrales Profilierungsthema zu betonen. Bei der Integration von Migranten und bei Kinderbetreuung und Familienförderung wurden ebenfalls eigene Akzente sichtbar.

Gegenüber den Grünen befindet sich die FDP seit den 1980er Jahren in einer besonderen Konkurrenzlage, seit das Aufkommen dieser Partei ein Vier-Parteien-System herbeiführte, somit die funktionale Scharnierfunktion der FDP beendete und die Koalitionslager zementierte. Programmatisch scheinen sich die beiden kleinen Parteien nur auf den ersten Blick diametral gegenüber zu stehen, etwa mit starken Differenzen in der Wirtschafts- und Umweltpolitik (Atomkraftwerke, Flughafenausbau, Straßenbau u. ä.). Im Feld der inneren Sicherheit und der Bürgerrechte machten die Grünen der FDP jedoch das liberale Rechtsstaatsprofil durchaus streitig, und auch in der Bildungspolitik traten diese in Konkurrenz um innovative Ansätze für individuelle Leistungsförderung, Durchlässigkeit und Aufstiegschancen. Zahlreiche Berührungspunkte und damit Rivalitäten finden sich auch in der Sozialpolitik mit der Betonung von Eigenvorsorge und Selbstverantwortung und in dezentralen Infrastrukturlösungen. Auch sozialstrukturell

---

[5] Die frühere Ministerin für Wissenschaft und Kunst, Ruth Wagner, lehnte abweichend von ihrer Partei die Einführung von Studiengebühren ab.

konkurrieren diese beiden Parteien unmittelbar bei den einkommensstärkeren Wählergruppen mit höheren Bildungsgraden, jedenfalls bei Angestellten, Beamten und freien Berufen. Die seit den frühen 1990er Jahren durchgängig deutlich höheren Wahlergebnisse der Grünen auf Kommunal-, Landes- und Bundesebene zeigen, wie stark sich diese Konkurrenz strukturell gegen die FDP auswirkt. Erst mit der Landtagswahl 2008 konnte die FDP mit 9,4 Prozent (gegen 7,5 Prozent der Grünen) erstmals wieder die Position der drittstärksten Partei erlangen.

6   Ausblick

Die FDP führte auch die Landtagswahl im Januar 2008 in der seit den 1980er Jahren verfestigten Verankerung im bürgerlichen Koalitionslager mit der Union. Im Ergebnis zeigte sich eine besondere Konstellation, denn während bei der Wahl 2003 CDU und FDP jeweils Zuwächse erreichten, standen diesmal den massiven Verlusten der CDU deutliche Stimmengewinne der FDP gegenüber, die auf eine gewisse Profilierung der FDP innerhalb des Koalitionslagers hindeutet. Es muss offen bleiben, ob damit die Lagerbindung verstärkt wird, oder ob daraus Ansatzpunkte für mehr Eigenständigkeit entwickelt werden können. Generell brachte der Einzug der Linkspartei in den Landtag (wie schon in den Bundestag 2005) eine Strukturveränderung zu einem Fünf-Parteien-System mit sich. Unter diesen Bedingungen wird die Entstehung regierungsfähiger Mehrheiten zugunsten des einen oder des anderen Lagers unwahrscheinlicher. Die Lagerbindung der kleineren Parteien verhindert jedoch flexiblere Koalitionslösungen, zum Beispiel eine Ampelkoalition unter Beteiligung der FDP (mit SPD und Grünen). Ob eine größere koalitionspolitische Offenheit möglich wird, ist indes nicht nur von einer Landespartei wie der FDP in Hessen abhängig. Ohne eine entsprechende strategische Öffnung der FDP auf Bundesebene (mit Blick auf die Bundestagswahl 2009) wird eine solche flexible Anpassung an die Bedingungen des veränderten Parteiensystems nicht möglich sein.

Literatur

Quellen und Literatur

Berg-Schlosser, Dirk/ Noetzel, Thomas (Hrsg.) (1994): Parteien und Wahlen in Hessen 1946-1994, Marburg.

Deutscher Bundestag 2005: Rechenschaftsberichte der Parteien 2005, Freie Demokratische Partei, (Drucksache 16/ 5090), Berlin.

Dittberner, Jürgen (2005): Die FDP. Geschichte, Personen, Organisation, Perspektiven. Eine Einführung, Wiesbaden.

FDP Hessen (2002): Regierungsbilanz 1999-2003. Versprochen – Gehalten, Wiesbaden.

Ders. (2002): Wahlprogramm 2003-2008, Wiesbaden.

Ders. (2007): FDP macht Hessen stärker. Resolution der Landesvertreterversammlung.

Ders. (2007): Programm zur Landtagswahl 2008: „Hessen stärker machen". Beschluss des Landesparteitags der FDP Hessen 27./ 28. Oktober 2007.

Gnad, Oliver (2005): Handbuch zur Statistik der Parlamente und Parteien in den westlichen Besatzungszonen und in der Bundesrepublik Deutschland, Teilband 3, FDP sowie kleinere Bürgerliche und rechte Parteien, Düsseldorf.

Heidenreich, Bernd/ Schacht, Konrad (Hrsg.) (1996): Hessen. Wahlen und Politik, Stuttgart u.a..

Hohmann, Eckart/ Schacht, Konrad (1996): Landtagswahlen in Hessen, in: Heidenreich, Bernd/ Schacht, Konrad (Hrsg.): Hessen. Wahlen und Politik, Stuttgart, S. 164-194.

Lösche, Peter/ Walter, Franz (1996): Die FDP: Richtungsstreit und Zukunftszweifel, Darmstadt.

Niedermayer, Oskar (2000 ff.): Parteimitgliedschaften, in: Zeitschrift für Parlamentsfragen (ZParl.), jährlich, 2.

Schiller, Theo/ von Winter, Thomas (Hrsg.) (1993): Politische Kultur im nördlichen Hessen, Marburg.

Schiller, Theo (1994): Die Freie Demokratische Partei (FDP) in Hessen, in: Dirk Berg-Schlosser/ Thomas Noetzel (Hrsg.): Parteien und Wahlen in Hessen, 1946-1994, Marburg, S. 167-187.

Schiller, Theo (2006): Von der bürgerlichen Rechtspartei zur liberalen Mitte. Die Freie Demokratische Partei (FDP) in Hessen 1945-2005, in: Helmut Berding/ Klaus Eile (Hrsg.): Hessen. 60 Jahre Demokratie, Wiesbaden, S. 125-150.

Schmitt, Rüdiger (1987): Die hessische Landtagswahl vom 15. April 1987: SPD in der „Modernisierungskrise", in: Zeitschrift für Parlamentsfragen (ZParl.) 18, S. 343-361.

Schmitt-Beck, Rüdiger (1991): Die hessische Landtagswahl vom 20. Januar 1991: Im Schatten der Weltpolitik. Kleine Verschiebungen mit großen Wirkungen, in: Zeitschrift für Parlamentsfragen (ZParl.) 22, S. 226-244.

Schmitt-Beck, Rüdiger (1996): Die hessische Landtagswahl vom 19. Februar 1995: Bestätigung der Regierungsfähigkeit der Grünen, in: Zeitschrift für Parlamentsfragen (ZParl.) 27, S. 243-256.

Schmitt-Beck, Rüdiger (2000): Die hessische Landtagswahl vom 7. Februar 1999: Der Wechsel nach dem Wechsel, in: Zeitschrift für Parlamentsfragen (ZParl.) 31, S. 3-17.

Schmitt-Beck, Rüdiger/ Weins, Cornelia (2003): Die hessische Landtagswahl vom 2. Februar 2003: Erstmals Wiederwahl einer CDU-Regierung, in: Zeitschrift für Parlamentsfragen (ZParl.) 34, S. 671-688.

Staudt, Wolfgang (1996): Liberale in Hessen seit 1945. Materialien zum 50jährigen Bestehen der F. D. P. in Hessen, Wiesbaden.

Vorländer, Hans (2003): Aufstieg und Niedergang einer Spaßpartei: Die FDP nach der Bundestagswahl 2002, in: Oskar Niedermayer (Hrsg.): Die Parteien nach der Bundestagswahl 2002, Opladen, S. 109-123.

Webseiten

FDP Hessen (http://www.fdphessen.de)
Hessisches Statistisches Landesamt (http://www.hsl.de)

Hubert Kleinert

Die Grünen in Hessen

Nach ihrer kurzen Anfangsphase, in der die hessischen Grünen auf Fundamentalopposition ausgerichtet gewesen sind, haben sie sich schnell zu einem Landesverband mit Regierungsverantwortung entwickelt. Der Beitrag analysiert, welche Veränderungsprozesse die hessischen Grünen sowohl als Landesverband als auch als Fraktion im hessischen Landtag durchlaufen haben. Ein Schwerpunkt liegt dabei auf der Frage, wie sich die Grünen nach dem Verlust der Regierungsmehrheit 1999 personell und programmatisch neu aufgestellt haben.

1   Stationen der Parteigeschichte

1.1 Die Gründungsphase

Offiziell gegründet im Dezember 1979, lassen sich Ursprünge der hessischen Grünen bis ins Frühjahr 1978 zurückverfolgen, als im Vorfeld der Landtagswahlen die GLU (Grüne Liste Umweltschutz) gegründet wurde.[1] Zwar war der ersten Kandidatur Grüner Listen nach einer wechselvollen und chaotischen Geschichte von Spaltungen, Neu- und Umgründungen nur ein bescheidener Erfolg vergönnt[2], doch nachdem 1980 die bundesweite Formierung der Grünen erreicht

---

[1] Vgl. zur Gründungsgeschichte bes. Rudolf van Hüllen (1989): Ideologie und Machtkampf bei den Grünen, Bonn sowie Björn Johnsen (1988): Von der Fundamentalopposition zur Regierungsbeteiligung, Die Entwicklung der Grünen in Hessen 1982-1985, Marburg sowie Hubert Kleinert (1994): Die Grünen in Hessen, in: Berg-Schlosser/Noetzel (Hrsg.), Parteien und Wahlen in Hessen 1946-1994, Marburg, S.133ff.

[2] Bei der LTW 1978 kandidierten schließlich zwei getrennte Listen: Die GAZ (Grüne Aktion Zukunft) erreichte 0,9, die linkere GLH (Grüne Liste Hessen) 1,1 Prozent. Zur Geschichte

war, spielten die Hessen bald eine wichtige, zeitweise prägende Rolle für die Entwicklung der deutschen Grünen insgesamt. Für das Wachstum der Partei sorgte neben der relativen Stärke der alternativen Szene in den Groß- und Universitätsstädten des Landes die Vielzahl symbolträchtiger und umstrittener technologischer Großprojekte (z.b. Kernkraftwerk Biblis C, Planungen für eine atomare Wiederaufarbeitungsanlage in Nord- oder Mittelhessen). Von besonderer Bedeutung aber war die Auseinandersetzung um die Startbahn West des Frankfurter Flughafens (vgl. Cezanne 1989).

So haben die Grünen in Hessen trotz anfänglich geringer Mitgliederzahl früher und stärker als anderswo ihre Spuren hinterlassen. Nachdem im Gründungsprozess der Partei der Riss zwischen bürgerlich-ökologischen und linksalternativen Kräften hier noch deutlicher hervorgetreten war als in den anderen Bundesländern und der Landesverband zu Beginn der achtziger Jahre von einer gesinnungsradikalen und fundamentaloppositionellen Gruppe um die Frankfurter Jutta Ditfurth und Manfred Zieran dominiert worden war, machte sich ab Herbst 1982 zunehmend der Einfluss einer innerparteilichen Opposition bemerkbar. In dieser fanden sich Vertreter einer gemäßigteren Linksorientierung aus Groß- und Universitätsstädten des Landes mit eher ländlich geprägten Ökologen auf der Basis eines reformerischen Politikverständnisses zusammen. Angesichts der veränderten politischen Machtverhältnisse in Wiesbaden, die die im Herbst 1982 mit 8,0 Prozent der Stimmen erstmals im Landtag vertretenen Partei in die Rolle des Züngleins an der Waage gebracht hatte, trat diese Gruppe für eine Strategie der Öffnung zu Bündnissen mit der SPD ein. Neben der Kerngruppe der Frankfurter Altspontis um Fischer und Cohn-Bendit waren es vor allem Grüne aus Marburg, Kassel und der südlichen Peripherie von Frankfurt, die dabei tragende Rollen übernahmen.

1.2 Die Realos setzen sich durch: Der Weg zu rot-grün

Nachdem ein längeres Hin und Her von Annäherungen und Abgrenzungen zwischen SPD und Grünen im Landtag keine tragfähige Basis für eine parlamentarische Zusammenarbeit geschaffen hatte, war 1983 eine Wiederholungswahl nötig geworden. Unter dem Eindruck Grüner Stimmenverluste gelang der innerparteilichen Opposition dann ein folgenreicher Sieg: Eine Gruppe von Landtags-

---

der Kanidaturen und Spaltungen vgl. z.B. van Hüllen, a.a.O., S.122ff. u. Kleinert, a.a.O., S.133-135.

abgeordneten unter Führung des späteren Umweltstaatssekretärs Kerschgens setzte, unterstützt von den Bundestagsabgeordneten Fischer und Kleinert, auf der Landesversammlung in Petersberg im Oktober 1983 einen Antrag durch, der die Aufnahme von Verhandlungen über eine parlamentarische Zusammenarbeit mit der SPD ohne Vorbedingungen vorsah. Dieser Beschluss erwies sich als entscheidende strategische Weichenstellung für rot-grün in Hessen und den weiteren Weg der Partei. Mit ihm endete die Vorherrschaft des radikalen Fundamentalismus in der Landespartei. Es begann die Dominanz der Realos.

Nach kompliziertem Verhandlungsverlauf kam es im Frühjahr 1984 zur Absegnung der rot-grünen Zusammenarbeit durch die Parteibasis. Holger Börner wurde mit den grünen Stimmen zum Ministerpräsidenten gewählt. Zwar war diese Zusammenarbeit nach einem heftigen Streit über den Umgang mit den Atomfabriken in Hanau erst einmal wieder beendet, doch der Krach mündete in eine zweite Verhandlungsphase, an deren Ende im Dezember 1985 der formelle Eintritt der Grünen in die Landesregierung stand. Joschka Fischer wurde als Umweltminister „erster Grüner Minister auf diesem Planeten" (vgl. Johnsen 1992).

Während der Weg der Hessen bei den Bundes-Grünen überwiegend auf Ablehnung stieß, war der Realokurs kommunalpolitisch inzwischen unterfüttert. Nach der Kommunalwahl 1985 kam es in sechs hessischen Landkreisen sowie in den Städten Wiesbaden, Marburg und Gießen zu rot-grünen Bündnissen (Kleinert 1994: 149). Eine lange Lebensdauer war der ersten rot-grünen Koalition freilich nicht beschieden. Nachdem die Tschernobyl-Katastrophe im Frühjahr 1986 Umweltminister Fischer unter den Druck seiner Partei gebracht hatte, die darauf drang, den Betrieb der Atomanlagen in Hessen möglichst bald zu beenden, wozu Fischer sowohl die Kompetenzen wie die Unterstützung des Ministerpräsidenten fehlte, wurden schließlich wieder die Hanauer Nuklearfirmen zum Zankapfel. Die Grünen sahen in Börners Absicht, der Firma Alkem die Genehmigung für einen erweiterten Umgang mit Plutonium zu erteilen, eine Abkehr vom Koalitionsvertrag. So beschloss die Landesversammlung im Februar 1987, die SPD aufzufordern, „zur Linie der Koalitionsvereinbarung zurückzukehren". Andernfalls müsse die Koalition beendet werden. Daraufhin ging Börner einen Tag später seinerseits in die Offensive und entließ Umweltminister Fischer (vgl. Grüne 1989: 56; Fischer 1987). Die folgende Neuwahl brachte den Grünen einen beachtlichen Stimmengewinn (9,4 Prozent). Dieser reichte aber nicht aus, um die Verluste der SPD zu kompensieren. Hessen wurde erstmals von CDU und FDP regiert.

1.3 Konsolidierung des Landesverbandes: Die Fischer-Partei

Der Realo-Dominanz bei den hessischen Grünen konnte das Scheitern der Koalition nichts anhaben: Die Aufkündigung der Koalition war im Wege des geordneten Rückzugs vollzogen worden. Die Begründungen vermieden jeden Anschein neuerlicher Radikalisierung. In der Sache aber hatte man Glaubwürdigkeit gewahrt. So ist die Entwicklung der hessischen Grünen nach dem Machtverlust 1987 in eine neue Phase eingetreten, die sich in besonderer Weise mit der Person Fischers verbindet. Wohl schlug sich der machtpolitische Einflussverlust zunächst in einem öffentlichen Bedeutungsrückgang nieder und auch die Bundespartei machte den Hessen zu schaffen: Hier kam es jetzt immer wieder zu heftigen Auseinandersetzungen, die mehr als einmal kaum noch überbrückbar schienen.[3] Dennoch gelang den Hessen unter Führung des Fraktionsvorsitzenden Fischer eine Konsolidierung der immer deutlicher von der Landtagsfraktion bestimmten Landespartei. Während Fischer in der Fraktion professionellere Arbeitsstrukturen durchzusetzen verstand und seine Führungsrolle bald unbestritten war, wuchs er zugleich in die Rolle des Antreibers der parlamentarischen Opposition im Landtag heran. Die Schärfe, mit der dabei Fehler und Schwächen der Minister der Wallmann-Regierung aufs Korn genommen wurden, hat zu Fischers wachsendem Renommee in Hessen beigetragen. Sie ist freilich später von der CDU-Opposition auch gegen rot-grün gewendet worden und hat zu einer Kultur des politischen Skandalisierens beigetragen, die bis heute prägend für die Debatten im hessischen Landtag ist.

Als Reformer der Parteistrukturen war Fischer in jenen Jahren weniger erfolgreich und auch seine Vorstellungen von der Abschaffung der Trennung von Amt und Mandat und anderen Elementen des basisdemokratischen Gründergeists ließen sich nicht durchsetzen. Unumstritten war Fischer damals noch nicht: Bei der Listenaufstellung zur Landtagswahl 1991 musste er sich der Konkurrenz zweier Gegenkandidaten erwehren. Gleichwohl war seine Rolle in der Landespartei Ende der achtziger und Anfang der neunziger Jahre mit strukturellen Veränderungen verbunden. Die Durchsetzung und Behauptung des Realokurses in Hessen war bis 1987 vor allem durch eine gut funktionierende Vernetzung zwischen dem reformpolitisch orientierten Teil der Landtagsfraktion, den Bonner Realos Fischer und Kleinert sowie einzelnen namhaften kommunalpolitischen Akteuren möglich gewesen. Dagegen standen die informellen Netzwerke der

---

[3] Im Spätherbst 1987 schien die Bundespartei auf eine Spaltung zuzusteuern; auch 1988 stand im Zeichen immer neuer Verwerfungen zwischen den beiden Flügeln.

Radikaleren um Ditfurth und Zieran. Mitglieder des Parteivorstandes waren zum Teil in diese Netzwerke involviert. Als solche mochten sie eine Rolle spielen. Als Gremium dagegen war der Landesvorstand schwach. Wo es bis dahin politische Führung praktisch allein auf informeller Basis von Strömungen gegeben hatte, veränderte sich dies jetzt. Die informelle Autorität des Realo-Bosses Fischer, der sich weiter auch bundesweit einmischte, verband sich mit der formellen Autorität des Faktionsvorsitzenden, der im Parteivorstand eher seine Geschäftsstellenleitung sah. Das stärkte die innerparteiliche Macht der Fraktion. Deutlich wird das im Vergleich der Landeslistenaufstellungen zu den Landtagswahlen 1987 und 1990. 1987 hatten nur wenige Abgeordnete der ersten Grünen Legislaturperiode erneut aussichtsreiche Listenplätze erobern können (die Rotation hatte man 1986 abgeschafft). 1990 sah das schon anders aus: Jetzt wurde die Mehrheit derjenigen, die sich um eine Wiederkandidatur bemühten, tatsächlich wieder gewählt. Schlechtere Karten hatten dagegen diejenigen, die sich mit der Empfehlung vorangegangener Tätigkeit im Landesvorstand um ein Mandat bewarben. Auch im politischen Profil schlug sich die gewachsene Macht der Reformpolitiker nieder: Im August 1990 war das alte Landesprogramm der Grünen Hessen, das mit seiner Melange aus allgemeinen wachstumskritischen und pazifistischen Bekenntnissen und Forderungen eher einem alternativen Warenhauskatalog entsprochen hatte, durch ein neues ersetzt worden, das dem gemäßigteren Profil des Landesverbandes besser entsprach.

So trat im Landtagswahlkampf 1991 eine veränderte Grüne Partei an, die sich in der Opposition konsolidiert hatte und mit Fischer eine echte Führungsfigur besaß. Zu schaffen machte der Partei weniger innerparteilicher Radikalismus als die Randlage, in die die Grünen durch ihre Schwierigkeiten mit der Deutschen Einheit geraten waren. Am Ende aber erwies sich gerade das noch als Vorteil: Das Scheitern der westdeutschen Grünen bei der Bundestagswahl 1990 (4,8 Prozent) sorgte sieben Wochen später nicht nur für einen zusätzlichen Mobilisierungs-, sondern auch für einen Mitleidseffekt. So wurden 8,8 Prozent erreicht.

1.4 Die Regierung Eichel/ Fischer: Grünes Regieren als parlamentarischer Normalfall

Am Ende fiel der rot-grüne Wahlsieg ähnlich knapp aus wie die Niederlage vier Jahre zuvor. Bei der folgenden Koalitionsbildung war von vornherein klar, dass Fischer wieder Umweltminister werden würde. Freilich jetzt als Stellvertreter des neuen Ministerpräsidenten Eichel in stärkerer Rolle als unter Börner, zumal er sich auch das Amt des Ministers für Bundesangelegenheiten gesichert hatte. Umstritten blieb dagegen die Besetzung des zweiten Ministerpostens, der nach einigem Gerangel an die Landtagsabgeordnete Iris Blaul ging. Die Amtszeit der Regierung Eichel/ Fischer unterschied sich deutlich vom rot-grünen Konfliktbündnis der achtziger Jahre. Zwar hatte jeder der beiden Partner Krisen zu überstehen, aber nur selten wurzelten die Probleme in schwierigen oder gar unüberbrückbaren Auseinandersetzungen zwischen den Koalitionspartnern. So lässt sich mit Blick auf die zweite rot-grüne Regierung in Hessen fast schon von einem Normalfall parlamentarischen Regierens sprechen – inklusive der Kräche, Krisen und Zänkereien, die es beim Regieren immer gibt. Dabei konnte Fischer in der Eichel-Regierung selbstbewusster agieren als unter Börner. Mit seinem Sinn für wirkungsvolles öffentliches Auftreten war er mitunter sichtbarer als der Ministerpräsident selbst. Am Renommee des Grünen Landesministers kamen bald auch die Repräsentanten des nicht im Parlament vertretenen Bundesverbands nicht mehr vorbei. Dass Fischer seinen künftigen Platz an der Spitze der Bundespartei sah, wurde im Herbst 1992 klar, als er seine Absicht verkündete, für 1994 eine Bundestagskandidatur anzustreben.

Dass die geschäftsmäßige Normalität von rot-grün das öffentliche Ansehen der Grünen befördert hatte, zeigten die Stimmengewinne bei den Kommunalwahlen 1993. Innerparteilich freilich hatte der grüne Weg in die Normalität erst einmal wenig bewegt. Zwar war im Sommer 1991 eine Organisationsreform gelungen: Jetzt hatten die Grünen auch einen richtigen Parteivorstand mit zwei Sprechern. Jedoch wirkte dieser wie ein bloßer Appendix von Fraktion und Regierung. Und die gewachsene Attraktivität im Wählervolk verband sich mit rückläufigen Mitgliederzahlen. Innerparteilich blieben oppositionelle Strömungen relevant, die sich zwar jetzt nicht mehr als grundsätzliche Kritiker des rot-grünen Kurses verstanden, wohl aber mit Argwohn die Politik angeblich allzu marktwirtschaftsfreundlicher und machtversessener Realos verfolgten und sich selbst als Linke definierten. Sie waren vor allem im mittelhessischen Raum von einiger Bedeutung. Verband sich diese Grundausrichtung mit den Restbeständen von ökologischer Radikalkritik und dem grün-typischen Antiautoritarismus, konnten solche Stimmungen bei einzelnen Entscheidungen durchaus einmal die Vorhaben des Wiesbadener Machtzentrums durchkreuzen, zumal bei der nur schwer zu kalkulierenden Zusammensetzung von Landesversammlungen (ein Delegiertenprinzip auf Landesebene kennen die hessischen Grünen bis heute nicht).

Auf den Wechsel Fischers nach Bonn 1994 reagierte die Landtagsfraktion mit einer Mischung aus Bedauern und Erleichterung. In einem Verfahren, bei dem am Ende die Landesversammlung seine offizielle Nominierung vornahm, wurde Rupert von Plottnitz zum Nachfolger auserkoren. Die Landtagswahl im Februar 1995 brachte den Grünen schließlich den größten Wahlerfolg ihrer Geschichte (11,2 Prozent). Die Partei schien auch ohne Fischer weiter auf der Erfolgsspur.

1.5 Die Gründung der GJH

Als folgenreich erwies sich die im Frühjahr 1991 beschlossene Gründung einer Jugendorganisation. Nachdem schon Ende der 80er Jahre in Frankfurt ein Jugendstammtisch eingerichtet worden war, gab es jetzt offiziell den Jugendverband Grüne Jugend Hessen (GJH). Von der Partei großzügig gefördert, entwickelte er sich bald zu einem Machtfaktor, dem es vor allem auf der Landesebene und in Frankfurt gelang, personalpolitisch erheblichen Einfluss zu erlangen. Dabei erwies sich das Mitgliederprinzip als großer Vorteil. Die in ihrer Mobilisierungskraft gegenüber den Älteren überlegenen Jungen vermochten in mindestens drei entscheidenden Situationen wichtige Landesversammlungsabstimmungen zu entscheiden: Bei den Listenaufstellungen zur Bundestagswahl 1994 und zur Landtagswahl 1995 sowie bei der Abstimmung zur Einführung des Delegiertenprinzips Anfang 2000.

Bei den Abstimmungen über die Listen zur Bundes- bzw. Landtagswahl gelang es den Kandidaten der GJH, Berninger und Al Wazir, jeweils den ersten für Männer zugänglichen Listenplatz nach den als gesetzt betrachteten Fischer bzw. von Plottnitz, zu erobern. Mit einer geschickten Mischung aus Erneuerungsanspruch, grundsätzlichem Bekenntnis zum rot-grünen Kurs und dem Ausnutzen von Widerständen gegen bekannte Altrealos waren diese Kandidaturen erfolgreich und brachten die Personalplanungen der Führungsgruppe um Fischer durcheinander.[4] Fortan galt, dass bei schwierigen personalpolitischen Entscheidungen für profilierte Altrealos gegen den Willen dieser Gruppe kaum etwas auszurichten war. Zumal sich mit dem Aufrücken der Genannten in die entsprechenden Funktionen auch eine Personalpolitik verband, die zur Rekrutierung weiterer Personals aus dem GJH-Umfeld führte, was die entsprechenden Loyalitäten absicherte. Ein Blick auf das heutige Führungspersonal der hessischen Grü-

---

[4] Nach den personalpolitischen Vorstellungen im Umfeld Fischers war Hubert Kleinert für den aussichtsreichen Listenplatz 4 zur Bundestagswahl vorgesehen, während Alexander Müller diesen Platz auf der Landtagsliste einnehmen sollte.

nen zeigt die Bedeutung der Grünen Jugend als Karrieresprungbrett eindrucksvoll.[5]

1.6 1995-1999: Grüne Krisenjahre in der zweiten Regierung Eichel

Dass die Post-Fischer-Ära neue Probleme bescheren würde, zeigte sich schon bei
der Koalitionsbildung. Die Frage der Ressortverteilung sorgte innerparteilich für
heftigen Streit. Verschiedenste Modelle wurden diskutiert, um die gewachsene
Stärke der Partei am Kabinettstisch zur Geltung zu bringen. Am Ende kam es zu
einem Kompromiss, der viele nicht überzeugte: Die Grünen bekamen mit Justizminister von Plottnitz ein klassisches Ressort zweiter Ordnung. Das andere Ministerium, das Iris Blaul führen sollte, war ganz ungewöhnlich gestrickt. Hier
wurden jetzt die Kompetenzen für Umwelt, Jugend, Familie und Gesundheit
zusammengefasst, was bundesweit einmalig war. Schon im Herbst 1995 folgte
dann der Knall: Nach Querelen um Rolle und Stellung ihres Staatssekretärs
Schädler, in die auch ihr Büroleiter und Lebensgefährte verwickelt war, warf die
Ministerin selbst das Handtuch. Zwar wurde eilig die Frankfurter Umweltdezer-
nentin Nimsch zur Nachfolgerin bestimmt, doch der öffentliche Eindruck war
verheerend und die parteiinternen Kritiker sahen sich bestätigt: „Im Ergebnis [d.
Rücktritts, H.K.] mischten sich hier Führungsschwäche mit schwierigem Ressort-
zuschnitt. [...] Bündnis 90/ Die Grünen Hessen haben seit dem Weggang von
Joschka Fischer ein deutliches Führungsproblem. Das Macht- und Politikvaku-
um, das er hinterlassen hat, wurde weder thematisch noch personell aufgefüllt.
[...] Die Übernahme des Justizressorts ist aus Grüner Sicht weder identitätsstif-
tend noch tagespolitisch besonders vorantreibend." schrieb Regierungspräsident
Bäumer (Bäumer 1995: 2).

Tatsächlich stand die zweite rot-grüne Legislaturperiode für die Grünen unter keinem guten Stern. Alle nachfolgenden personalpolitischen Rochaden – Anfang 1996 löste Alexander Müller Fritz Hertle als Fraktionsvorsitzenden ab, im
April 1997 wurde der Frankfurter Stadtkämmerer Koenigs zum Chef der Landespartei gewählt - konnten nichts ändern: Die Grünen taten sich schwer. Unter
dem Diktat schwieriger finanzpolitischer Rahmenbedingungen, attackiert vom
politischen Gegner, der im Wiesbadener Landtag jeden Grünen Schwachpunkt

---

[5] Ein Blick auf das heutige Führungspersonal der hessischen Grünen zeigt die Bedeutung
der Grünen Jugendorganisation als Karrieresprungbrett: Gleich drei der fünf aktuellen
Bundestagsabgeordneten sind ehemalige GJH-Vorsitzende (Lührmann, Maisch, Nouripur).

zur Skandalisierung zu nutzen suchte und dabei bevorzugt Minister von Plottnitz aufs Korn nahm und durch interne Rivalitäten geschwächt, blieb die politische Ausstrahlung bescheiden. Anfang 1998 eskalierten die Probleme erneut: Nachdem sie zunehmend unter den Beschuss der Opposition geraten war, wurde jetzt auch bei den Grünen offen Kritik an der Amtsführung von Umweltministerin Nimsch geübt. Dass der Auslöser der Querelen eine letztlich nachrangige Detailfrage gewesen war, interessierte wenig. Sie sei den Anforderungen ihres Ministeriums nicht gewachsen, hieß es. Ende Februar 1998 wurde sie durch die Landtagsabgeordnete Priska Hinz ersetzt. Trotz dieser Schwächen blieb die Wiesbadener Fraktion auch in dieser Zeit das wichtigste Machtzentrum der hessischen Grünen. Wohl war niemand wirklich zufrieden und die interne Stimmung schlecht. Im Sinne strategischer Steuerungsfähigkeit war der Apparat schwach; aber er blieb stark genug, um Kritik von außen abzuwehren. Auch die Wahl des politisch profilierten Frankfurter Stadtkämmerers Koenigs zum Landesvorsitzenden im Frühjahr 1997 vermochte daran nichts Wesentliches zu verändern. Dem ambitionierten Koenigs gelang es nicht, aus der traditionellen Nebenrolle des Vorstandssprechers eine echte Führungsrolle zu machen. Er blieb einer von vielen, die den Karren ziehen wollten.

1.7 Wahldebakel und Neuanfang in der Opposition

Trotz aller Schwächen der vorangegangenen Legislaturperiode herrschte lange die Erwartung einer Fortsetzung der Koalition mit der SPD vor. Unter dem Eindruck des Streits um die doppelte Staatsbürgerschaft und des ernüchternden Starts von rot-grün im Bund triumphierte am 7. Februar 1999 Roland Koch. Besonders abgestraft hatten die Wähler die Grünen, die mehr als ein Drittel ihrer Stimmenanteile und fast die Hälfte ihrer Wähler eingebüßt hatten. Nur 7,2 Prozent der Stimmen – ein Debakel. Der Landesvorstand kündigte seinen Rücktritt an. Aus der Partei kamen Forderungen, die den Ministern von Plottnitz und Hinz nahe legten, ihr neues Landtagsmandat gar nicht anzunehmen. Als Priska Hinz dann von der neuen Fraktion auch noch zur Fraktionsvorsitzenden gewählt wurde, war der Unmut an der Parteibasis beträchtlich. In diese krisenhafte Zuspitzung hinein wurde der Vorschlag lanciert, mit der Wahl des Bundestagsabgeordneten Berninger an die Spitze der Partei könne diese ein Signal für einen Neuanfang setzen. Fortan wurde für diesen Vorschlag kräftig die Werbetrommel gerührt – obgleich zu seiner Realisierung die Abschaffung der Trennung von Amt und Mandat nötig war, was angesichts der dazu nötigen Mehrheit von zwei Drit-

teln und der nach der Wahlniederlage kritischen Grundstimmung an der Partei-
basis praktisch ausgeschlossen war. Erwartungsgemäß hatte diese Initiative bei
dem im Zeichen der Wahlniederlage stehenden Landesparteitag keine Chance.
Zu neuen Parteivorsitzenden wurden schließlich der ehemalige Giessener Regierungspräsident Bäumer und die Darmstädter Schuldezernentin Wagner gewählt.
In den geschäftsführenden Landesvorstand rückte jetzt auch Hubert Kleinert.
Alle drei hatten als bekannte Altrealos in den vorangegangenen Jahren eher am
Rande des landespolitischen Geschehens gestanden, waren freilich dann und
wann als Kritiker krisenhafter Entwicklungen in Erscheinung getreten.[6] Sie versprachen eine inhaltliche und organisatorische Erneuerung der hessischen Grünen. Als erstes war an eine Neufassung der Landessatzung gedacht, mit der die
Trennung von Amt und Mandat ebenso verschwinden wie das Delegiertenprinzip für die Landesebene eingeführt werden sollte. Auch Initiativen zur inhaltlichen Neubelebung der Partei hatte man sich ausgedacht.

Auch wenn der neue Landesvorstand mit einigen Widerständen rechnen
musste, schien es doch möglich, dass er mit profilierten Leuten ein neues Kraft-
zentrum der Landespartei werden konnte, zumal er vergleichsweise effektiv
arbeitete. Zwar wurden die landespolitischen Vorhaben immer wieder durch die
Bundespolitik beschwert, das galt vor allem für den Kosovo-Krieg, der auch in
Hessen für heftige Debatten sorgte und zu Parteiaustritten führte, doch die ange-
strebten Organisationsreformen fanden in fast allen Kreisverbänden mehr oder
weniger deutliche Mehrheiten. Die Landesversammlung Ende 1999 zeigte, dass
daraus jedoch kaum Rückschlüsse auf Landesversammlungsmehrheiten zu ziehen waren. Obgleich sich außer der GJH keine relevante Machtgruppe gegen die
Reform stellte, wurde die nötige Zweidrittel-Mehrheit zur Einführung des Delegiertenprinzips verfehlt. So blieb allein die Abschaffung der Trennung von Amt
und Mandat. Kurz darauf verkündete Bäumer seinen Rückzug; wenig später
schloss sich Daniela Wagner an. Zwar erklärte sich Hubert Kleinert bereit, die

---

[6] Im Herbst 1995 hatte sich eine Gruppe von Realo-Grünen zusammengefunden, die sich in
„kritischer Solidarität" zu den in Wiesbaden Handelnden sahen und in regelmäßigen Zu-
sammenkünften die dortigen Entwicklungen analysieren und Beratungskompetenzen zur
Verfügung stellen wollten. Zugleich wollte man Initiativen zur politischen Neubelebung
des Landesverbandes ergreifen. Das Verhältnis zwischen den Wiesbadener Akteuren und
diesem Kreis war widersprüchlich. Während Einige ein offenes Verhältnis pflegten und
etwa Müller und von Plottnitz sogar an Treffen beteiligt waren, machten Andere aus ihrer
Abwehr keinen Hehl. Da etliche aus dieser Gruppe auch zur Übernahme personalpoliti-
scher Verantwortung bereit waren, gerieten die Beteiligten objektiv in die Rolle potentieller
Machtrivalen.

Nachfolge zu übernehmen, doch die Autorität der Gruppe, die nach der Wahl-niederlage die Führung des Landesverbands übernommen hatte, hatte gelitten. Nach einigem Hin und Her stand im Frühjahr 2000 fest: Neben Kleinert sollte die Fraktionsvorsitzende Hinz die Partei führen. Auch war allen klar, dass die Kandidatur der ehemaligen Umweltministerin nicht überall auf Zustimmung stoßen würde. Angesichts der von vielen bekundeten Unterstützung war das Risiko allerdings vertretbar. Doch es kam anders: Priska Hinz fiel durch. Eine Koalition von jüngeren Kritikern der ganzen Wahl mit den Hinz-Kritikern an der Basis versagte der Fraktionschefin ihre Stimme. So wurde nur Kleinert gewählt. Zwei Tage später zeigte sich, dass Hinz jetzt auch in der Fraktion nicht mehr den uneingeschränkten Rückhalt besaß, den sie gebraucht hätte, um als Vorsitzende weiterarbeiten zu können. Zwar drückten sich die Zweifler gewunden aus, aber am Ende quälender Stunden blieb nur ihr Verzicht. Nachfolger wurde Tarek Al Wazir.

Für eine Weile wurden die hessischen Grünen jetzt von zwei Männern geführt. Angesichts der schwierigen Lage beeilten sich beide, Kooperationswilligkeit zu bekunden: Bald standen diverse Planungen, um die Partei mit neuen Schwerpunktsetzungen aus ihrem Tal herauszuführen. Während die Zusammenarbeit in Parteiangelegenheiten gut lief, bekam Kleinert bald die strukturellen Nachteile des außerparlamentarischen Parteivorsitzenden gegenüber der Fraktion zu spüren. Wo der Fraktionsvorsitzende mit großer Selbstverständlichkeit an den wichtigen Parteiangelegenheiten beteiligt sein mochte und auch gute Gründe dafür sprachen, ging umgekehrt die Fraktion davon aus, dass der Parteivorsitzende zwar gerne mitdiskutieren könne, aber ein weiter Teil der Tagespolitik letztlich ihre Angelegenheit sei. So war es schließlich immer gewesen. Für Konfliktstoff sorgten dabei mehrfach Zuständigkeitsfragen bei Haltung und Bewertung des Finanzskandals der hessischen CDU, der in jener Zeit das überragende landespolitische Thema war. Politisch aber zeigten sich bald Zeichen der Erholung. Die Regionalkonferenzen waren erfolgreich, aus den Kreisverbänden kam Rückenwind. Und die Wirkungen des CDU-Finanzskandals sorgten für neue Möglichkeiten öffentlicher Beachtung.

Tatsächlich schuf der Finanzskandal durch Parlamentsdebatten und den parlamentarischen Untersuchungsausschuss der in den Monaten nach Kochs Regierungsantritt fast in ein öffentliches Wahrnehmungsloch gefallenen Landtagsfraktion eine neue politische Plattform. Insoweit war er für die Sprecher der hessischen Landtags-Grünen ein politischer Glücksfall, den vor allem Al Wazir auch zu nutzen verstand. Freilich haben seine Wirkungen auch die politische Streitdramaturgie der hessischen Landespolitik auf Jahre hinaus festgelegt. So hat die CDU selbst entscheidend zur Konservierung der altvertrauten politischen Frontstellung zwischen Union und Grünen beigetragen. Eine Frontstellung, die in ihrer Schärfe deutlich über die eigentlichen inhaltlichen Streitpunkte der Landespolitik hinausreicht. Die Effekte der damit verbundenen, mit einer Dämonisierung Kochs angereicherten, konfrontativen Zuspitzung wirken bis heute fort und sorgen immer wieder für eine emotionale Überladung der landespolitischen Konfliktthemen. Mit dieser Hilfe der Union gelang ein öffentlicher wie innerparteilicher Ansehensgewinn, der vor allem der Fraktion aus den Tiefen des Jahres 1999 heraushalf und die Chancen verbesserte, auch auf anderen Gebieten der Politik Glaubwürdigkeit zurück zu gewinnen. Besonders bedeutsam war dabei die Schulpolitik, wo der neue Landesvorstand Selbstkritik eingefordert hatte. Künftig sollten Ganztagsschule und Vereinbarkeit von Familie und Beruf, neben den klassischen ökologischen Themen, eine herausgehobene Rolle spielen. Dazu kam der Widerstand gegen den weiteren Ausbau des Frankfurter Flughafens. Schon bald nach bekanntwerden der neuerlichen Ausbaupläne der Flughafen AG am Ende der neunziger Jahre hatte sich die Partei auf eine ablehnende Grundhaltung verständigt. Die hessischen Grünen mochten sich auf keine der im Mediationsverfahren diskutierten Ausbauvarianten einlassen. Als Lösung für die Kapazitätsprobleme des Rhein-Main-Flughafens verweisen sie bis heute auf die mögliche Intensivierung der Kooperation mit den Flughäfen in der Umgebung.[7] Dass der Protest gegen den Flughafenausbau auch als neues Mobilisierungsthema gesehen wurde, liegt angesichts der Geschichte der Grünen auf der Hand. Tatsächlich bemühte sich die Partei von Anfang an um engen Kontakt mit der Bürgerinitiativenszene im südhessischen Raum. Besonders in Erscheinung trat hierbei der Landtagsabgeordnete Kaufmann, der diese Rolle auch in den innerparteilichen Machtfragen einzusetzen verstand. Freilich erreichte die Bewegung bei weitem nicht die Mobilisierungskraft der Proteste gegen die Startbahn West zu Beginn der achtziger Jahre. Entsprechend limitiert ist seine Bedeutung für die parteipolitische Mobilisierung zu Gunsten der Grünen.

Die Kommunalwahlen 2001 zeigten, dass die Partei ihren Tiefpunkt überwunden hatte. Jetzt wurde auch erstmals breiter über schwarz-grüne Bündnisse diskutiert. Während es in Frankfurt erst einmal nicht dazu kam, wurde in Marburg-Biedenkopf ein solches Bündnis auf Landkreisebene installiert. Da dies im Gegensatz zur landespolitischen Konstellation stand, geriet der Landesvorsitzende Kleinert in eine schwierige Doppelrolle: Einerseits Befürworter einer Auflo-

---

[7] Vgl. die Programme der Grünen zu den Landtagswahlen 2003 und 2008. Schon zuvor war diese Grundhaltung in einem „Flughafenkonzept" der Grünen festgelegt worden.

ckerung der politischen Farbenlehre und Protagonist des Bündnisses in Marburg, musste er zugleich der Kritik aus der Landtagsfraktion gegenüber schwarz-grünen Anwandlungen in Frankfurt Rechnung tragen, die auch von Fischer aus Berlin unterstützt wurden. Die Landesversammlung im Mai 2001 wählte Hubert Kleinert zwar mit großer Mehrheit wieder, stellte freilich mit der Landtagsabgeordneten Evelin Schönhut-Keil wieder eine Co-Vorsitzenden an seine Seite.

Im Vorfeld der anstehenden Wahlkämpfe zur Bundes- und vor allem zur Landtagswahl gewann das in der Satzung gar nicht vorgesehene Gremium einer regelmäßigen Zusammenkunft von Partei- und Fraktionsvorstand wesentliche Bedeutung. Durch die Doppelrolle von Schönhut-Keil agierte jetzt eine Art doppelte Führungsstruktur, die zur Einbruchstelle von Missstimmungen wurde. Dabei spielten auch Konkurrenzen im Blick auf die Führungsrollen für die Landtagswahl 2003 eine Rolle. Die Listenaufstellung brachte Al Wazir und Schönhut-Keil auf die Spitzenplätze; der Landesvorsitzende Kleinert dagegen unterlag gegen Fraktionsgeschäftsführer Kaufmann. Sein Rücktritt war die naheliegende Folge. Letztlich war es Kleinert so wenig wie Koenigs gelungen, die Position des Landeschefs außerhalb des Landtags mit dem innerparteilichen Gewicht anzureichern, die einer solchen Führungsrolle zukommen musste.[8] Einmal mehr hatte sich gezeigt, wie sehr besonders die hessischen Grünen zur Fraktionspartei geworden waren.

1.8 2003: Grüne wieder gestärkt

Dem Wahlergebnis Anfang 2003 haben die Vorgänge bei der Listenaufstellung, die nach Manipulationsvorwürfen sogar wiederholt werden musste, nicht geschadet. Mit einem Ergebnis von 10,1 Prozent konnte die Partei die Scharte von 1999 wieder auswetzen. Zwar blieb sie meilenweit vom Ziel einer rot-grünen Neuauflage entfernt. Aber das war den rot-grünen Problemen in Berlin und der landespolitischen Schwäche der SPD zuzuschreiben. Als Landesvorsitzender folgte auf Kleinert der Bundestagsabgeordnete Berninger. Nach einer langen und konfliktreichen Phase des personalpolitischen Umbruchs wurden die hessischen

---

[8] Natürlich sind die Konstellationen und die beteiligten Personen immer anders. Aber es kann kein Zufall sein, dass es bis 2002 männlichen Parteivorsitzenden in Hessen immer ähnlich ergangen war. Auch insoweit kann man eigentlich nur begrüßen, dass die hessischen Grünen sich jetzt für ein Zusammenlegen von Partei- und Fraktionsvorsitz entschieden haben.

Grünen fortan von den beiden profiliertesten Leuten der GJH-Gründergeneration geführt: Der Generationswechsel war vollzogen. Zumal auch die Parteivorsitzende Schönhut-Keil bald darauf ihren Wechsel an die Spitze des LWV erklärte. Rupert von Plottnitz hatte zum Ende der Legislaturperiode seine landespolitische Karriere beendet. Der frühere Fraktionschef Müller war 2001 als Staatssekretär nach Berlin gewechselt. Dorthin zog es mit der Bundestagswahl 2005 auch Ex-Umweltministerin Hinz. Ganz neue Akzente waren am Ende mit dieser Wahl nicht verbunden. Zwar hat Berninger verschiedentlich Signale einer größeren Offenheit für schwarz-grün gesetzt und sich insoweit von seinem Weggefährten Al Wazir unterschieden. Freilich ist der Fraktionsvorsitzende als landespolitischer Hauptakteur prägender geblieben für das öffentliche Bild der hessischen Grünen als Berninger, der Ende 2006 aus der Politik ausgeschieden ist.

1.9 Die Ära Al-Wazir

So ist nach den langen und verlustreichen Konflikten der Nach-Fischer-Ära nicht Berninger in die Rolle des Vormanns der hessischen Grünen gewachsen, sondern Al Wazir, dessen Karriere als Berufspolitiker zur selben Zeit (1994) begann. Als Fraktions- und Parteivorsitzender vereint er jetzt eine formelle Machtfülle, die überregional bei den Grünen ohne Beispiel ist. Da auch die öffentlich weniger profilierte Co-Vorsitzende Cordula Schulz-Asche dem Landtag angehört, lässt sich sagen, dass mit dem Aufrücken Al Wazirs zum Landeschef der Weg der hessischen Grünen zur Angleichung ihrer Parteistrukturen an die im Parteiensystem übliche Führung von Landesparteien durch die führenden Repräsentanten in Regierungs- oder Parlamentsfunktionen einen Abschluss gefunden hat. Im Kern ähneln die Grünen heute organisationsstrukturell der FDP.

Politisch-konzeptionell wie strategisch hat die Ära Al Wazir bisher wenig erkennbare Veränderungen gebracht. Während die Wiesbadener Grünen im öffentlichen Erscheinungsbild auf die Rolle einer polarisierenden Opposition gegen Koch festgelegt bleiben, haben sich auf kommunaler Ebene die Dinge verschoben. Inzwischen gibt es eine schwarz-grüne Zusammenarbeit neben Marburg-Biedenkopf auch in Frankfurt, Gießen und Wiesbaden. Zeitweise wurde auch Kassel von CDU und Grünen regiert; auch im LWV gilt heute die schwarz-grüne Farbenlehre. Während an der kommunalen Basis rot-grün längst nicht mehr konkurrenzlos ist, bleibt das Verhältnis zur Union in der Landespolitik weiter von traditioneller Oppositionsrhetorik bestimmt, dominiert die aggressive Kampfpose meist jeden Zug zu differenzierter Analyse. Der veränderte kommunalpolitische Unterbau ist in der Landespolitik der Grünen bislang erstaunlich wenig spürbar geworden. Zu den Gründen dafür zählen sicher auch die besondere Prägung und die besonderen Talente des Fraktions- und Parteivorsitzenden, der mit der entsprechenden Kampfrhetorik seine größten persönlichen Erfolge erzielt hat. Hinzu kommt, dass bei allem Pragmatismus eine Art einsozialisierter Frontstellung gegenüber der angeblich deutschnationalen Hessen-CDU die politische Vorstellungswelt Al Wazirs besonders prägt. Kochs Polarisierungsstrategie im Rahmen des Landtagswahlkampfs 2008 wird Al Wazir in dieser Einschätzung eher bestätigt haben. So ist eine Öffnung der hessischen Grünen zu einer Jamaika-Koalition in Wiesbaden unter seiner Führung sehr unwahrscheinlich.

2 Veränderungen im politischen Profil der hessischen Grünen

Von der Randlage der Bewegungspartei der Gründerzeit bis heute haben die Grünen einen weiten Weg zurückgelegt – und sind dabei stärker in die politische Mitte gerückt. Der Vergleich zwischen den Programmdokumenten der Frühzeit und den Wahlprogrammen seit 1990 zeigt diese Wandlungsprozesse deutlich. Das Programm von 1982 repräsentierte eine Mischung von wachstumskritischen und ökopazifistischen Bekenntnissen mit mehr oder weniger radikalen Forderungen zur „Entmilitarisierung Hessens", zum „Ausstieg aus der Atomenergie" oder der Schaffung einer „ökologischen Kreislaufwirtschaft". Viele einzelne Forderungen standen unverbunden nebeneinander und hatten mit der begrenzten Reichweite der Wiesbadener Landespolitik nicht viel zu tun (vgl. Die Grünen 1982).

Schon das Wahlprogramm 1991 zeigte den veränderten Charakter der Partei. Zwar fanden sich weiter Grundsatzüberlegungen zum „ökologischen Umbau der Industriegesellschaft", doch war das Programm deutlich stärker auf die landespolitischen Handlungs- und Umsetzungsmöglichkeiten hin angelegt. Noch deutlicher wurde diese Entwicklung vier Jahre später. Das wesentlich kürzer gewordene Wahlprogramm entsprach weitgehend der Rolle einer Regierungspartei. Im Wahlprogramm 2003 schlug sich dann auch die kritische Diskussion um den fragwürdigen Nutzen überlanger Parteiprogramme nieder: Erstmals wurden ihm zehn so genannte Schlüsselprojekte vorangestellt, für deren Verwirklichung die Grünen sich besonders einzusetzen versprachen. Dieser Linie bleibt das Programm 2008 treu. In der thematischen Schwerpunktsetzung findet sich viel Kontinuität; alle Programme stellen die Umwelt- und Energiepolitik an den Anfang. Dann folgen entweder sozial- und bildungspolitische oder wirt-

schafts- und finanzpolitische Teile. Einen weiteren Schwerpunkt bildet das Thema Bürgerrechte, stets verknüpft mit mehr oder weniger breiten Kapiteln zu
Migration und Ausländerpolitik. In diesen Teilen lassen sich die deutlichsten
Veränderungen ablesen. Finden sich im Programm für 1991 noch Formulierun-
gen wie „die Grünen Hessen setzen sich für eine generelle Verkürzung von Haft-
zeiten ein. […] Steigende Kriminalität ist eine Begleiterscheinung unserer Le-
bensweise, die über neokonservative Wirtschafts- und Sozialpolitik zur Zwei-
Drittel-Gesellschaft und zur ‚Neuen Armut' führt" (Die Grünen o.J.: 81), so tau-
chen solche Wendungen später nicht mehr auf. Formuliert das Programm für
1991 noch mit multikultureller Emphase, dass Einwanderung „für uns eine Berei-
cherung, nicht etwa ein Problem" darstelle, weshalb sich die Grünen jeder Politik
widersetzten, „die ImmigrantInnen für die Zukunft von der BRD fernhalten will"
(ebd.: 83), so sind die einschlägigen Passagen in den folgenden Programmen
gedämpfter gehalten. Jetzt werden die Notwendigkeit eines bundesweiten Ein-
wanderungsgesetzes und die Hinnahme der doppelten Staatsbürgerschaft herausgestellt. Mit ihrem Integrationskonzept haben die hessischen Grünen kurz
nach der Jahrtausendwende erstmals die Probleme von Migration und Integration nicht mehr allein bei den Deutschen festgemacht und den Multikulturalismus
früherer Jahre insoweit relativiert, als jetzt herausgestellt wurde, dass die deutsche Sprache und die Verfassung die Grundlage für das friedliche Zusammenle-
ben verschiedener Ethnien in Deutschland bilden müsse. Dass Wahlprogramm
2008 betont, dass „das Potenzial der Einwanderinnen und Einwanderer zur Be-
reicherung beiträgt, dass Integration aber auch Anstrengung" bedeute und allen
Beteiligten etwas abgefordert werden müsse (Die Grünen 2007: 5). Über das
Kopftuchverbot für Lehrerinnen haben die hessischen Grünen lange kontrovers
diskutiert. Der Multikulturalismus der Anfangszeit hat einem nüchterneren Blick
auf die Probleme der Integration Platz gemacht.

Die Grüne Schulpolitik der frühen Jahre lässt sich als Nebeneinander ver-
schiedener Elemente kennzeichnen: Gegnerschaft zu überdimensionierten Ge-
samtschulkomplexen, Bekenntnis zur Vielfalt von Schulformen, zugleich aber
Betonung möglichst langen gemeinsamen Lernens, was sich als Votum für die
Einheitsschule lesen lässt, Ausbau des Elternrechts und Abbau von übermäßiger
Leistungsorientierung. Im Wahlprogramm 1991 hieß es: „Die Grünen setzen sich
für eine Verringerung der Arbeitsbelastung der Schülerinnen und Schüler ein.
[…] Diese Belastung muss auch durch eine Kürzung der Stundentafel vermindert
werden". Der beamtete Lehrer auf Lebenszeit wurde zum Auslaufmodell erklärt
(Die Grünen o.J.: 63, 65). Später verschoben sich die Schwerpunkte zu Gunsten
von Schulautonomie, Qualitätsbeurteilung und einer inneren Schulreform. Heute

legen die Grünen den Akzent vor allem auf Ganztagsschulen, längeres gemeinsames Lernen, kleinere Klassen und bessere Finanzausstattung. Pauschale Kritik an Leistungsorientierung findet sich nicht mehr.

Misst man die politischen Ziele der hessischen Grünen 2008 an ihren Schlüsselprojekten, dann stehen heute Veränderungen in der Verkehrspolitik ebenso im Vordergrund wie gentechnikfreie Lebensmittel aus der Region, der Verzicht auf den Flughafenausbau, ein Rechtsanspruch auf Kinderbetreuung vom ersten Lebensjahr an, die Schulpolitik, die Abschaffung der Studiengebühren, neue Angebote zur Integrationsförderung, eine Reform der Verwaltungsstruktur, ein Mindestlohn für Hessen, die besondere Förderung der Umwelttechnologie, der vollständige Anschluss des Landes an die Breitbandtechnik sowie der Umbau der hessischen Energiewirtschaft in Richtung erneuerbarer Energien. Diese zwölf Schlüsselprojekte mögen Aufschluss darüber erlauben, wie die Partei selbst heute die Prioritäten der Landespolitik sieht. Sieht man vom kategorischen Nein zum Flughafenausbau ab sowie – mit Abstrichen – von der Opposition zur Grünen Gentechnik, so findet sich darunter freilich kein exklusives Anliegen der Grünen.

3 Die Entwicklung von Mitgliedschaft und Parteiorganisation

Die Mitgliederentwicklung der hessischen Grünen war in den Jahrzehnten ihres Bestehens diversen Schwankungen ausgesetzt. Nachdem mit dem Einflussgewinn der Partei zunächst ein Anwachsen der Mitgliederzahl verbunden war, ging diese Zahl schon Ende der achtziger Jahre wieder leicht zurück. Danach beschleunigte sich der Rückgang. Die wiedererlangte Regierungsrolle in Wiesbaden hat den bundesweiten Negativtrend nach der Wahlniederlage bei den ersten gesamtdeutschen Bundestagswahlen auch in Hessen zunächst nicht kompensieren können (wobei hier der Austritt des radikalen Ditfurth-Flügels zu berücksichtigen ist). Erst 1993 wird eine Trendwende erkennbar. Die Folgejahre sind durch ein kontinuierliches Mitgliederwachstum gekennzeichnet. Im Dezember 1998, kurz nach der rot-grünen Regierungsübernahme im Bund, haben die hessischen Grünen ihren Mitgliederhöchststand erreicht. Dies korrespondiert exakt mit der Entwicklung im Bund. Im Laufe der Jahre 1999 und 2000 geht die Mitgliederzahl wieder deutlich zurück. Allein 1999 haben die hessischen Grünen fast 400 Mitglieder verloren; 2001 waren es 300. Auch in den Folgejahren ging es weiter bergab: Im April 2005 war der niedrigste Stand seit 1983 erreicht. Inzwischen liegen die Zahlen wieder etwas höher: Ende 2006 hatten die hessischen Grünen ungefähr die Mitgliederzahl von 1992. Überraschenderweise haben die hessischen

Grünen gerade in jener für sie krisenhaften Zeit der zweiten Regierung Eichel ihren höchsten Mitgliederzuspruch erreicht. Umgekehrt hat sich die Ära Fischer kaum niedergeschlagen. Die Entwicklung der Mitgliederzahlen muss demnach eher als Reflex auf die bundespolitische Wahrnehmung der Grünen aufgefasst werden, wobei im Einzelfall auch kommunale Sonderentwicklungen eine Rolle spielen. Die Landespolitik beeinflusst die Mitgliederentwicklung offenbar kaum.

Dass für die Mitgliederverluste zwischen 1999 und 2005 neben einem generellen Negativtrend, mit dem heute alle Parteien zu kämpfen haben, vor allem bundespolitische Einflussfaktoren die zentrale Rolle gespielt haben, zeigt die Verlaufskurve der Austritte. Eine erste größere Austrittswelle folgt den NATO-Militäreinsätzen gegen Serbien, eine zweite dem Afghanistan-Beschluss in Berlin. Freilich deutet die danach abgeschwächte, aber anhaltende Abwärtstendenz auch daraufhin, dass sich viele Grüne mit der Regierungsrolle ihrer Partei in Berlin generell schwer taten. Die hessischen Grünen haben in den Jahren der rot-grünen Bundesregierung mehr als 20 Prozent ihrer Mitgliedschaft eingebüßt und liegen damit etwas über dem Bundesdurchschnitt. Angesichts der Tatsache, dass die Grünen-Mitgliedschaft jünger ist als die Mitgliedschaft der SPD, demnach Mitgliederverluste durch Generationenaustausch weniger ins Gewicht fallen, lässt sich schlussfolgern, dass sich die hessischen Grünen mit der bundespolitischen Regierungsrolle ihrer Partei allenfalls etwas besser arrangieren konnten als die Sozialdemokraten.

Abbildung 1:   Mitgliederentwicklung der Grünen in Hessen

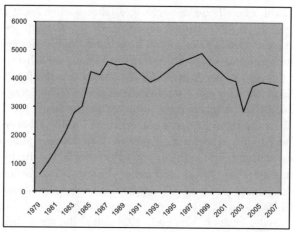

Quelle: Landesverband der Grünen in Hessen

Heute verfügen die Grünen in allen 26 Landkreisen und kreisfreien Städten über eigene Kreisverbände. Ihre Größe variiert sehr stark: Der mit Abstand mitgliederschwächste Verband findet sich in Hersfeld-Rotenburg. Er zählte Ende 2006 gerade 33 Mitglieder. Nur schwach vertreten sind die Grünen auch in anderen ländlichen Regionen Nord- und Mittelhessens wie dem Werra-Meissner-Kreis oder dem Vogelsberg. Zu den kleinen ländlichen Verbänden ist auch der südhessische Odenwaldkreis zu zählen. Mitgliederstärkster Verband war und ist der Kreisverband Frankfurt, der zu den besten Zeiten über 600 Mitglieder hatte und Ende 2006 519 Mitglieder zählte. Es folgen die fast gleich starken Kreisverbände Marburg-Biedenkopf (239) und Offenbach-Land (238) sowie der Kreisverband Giessen (220). Die Universitätsstädte Marburg und Giessen sind traditionelle Hochburgen der Partei; in Marburg hat die Partei früher bei überregionalen Wahlen ihre besten Ergebnisse in Hessen erreicht. Marburg und Gießen sind freilich von den Mitgliederverlusten nach 1999 in besonderer Weise betroffen und haben seither ein Drittel ihres Mitgliederbestandes verloren.[9] Auch bei den Wahlergebnissen hat Marburg seinen Spitzenplatz längst eingebüßt. Auffällig stark sind die Mitgliederverluste auch in den ländlich geprägten Kreisverbänden Kassel-Land und Schwalm-Eder. Einziger Kreisverband, der im Vergleich zu 1999 Mitgliederzuwächse melden kann, ist der Kreisverband Main-Taunus. Insgesamt hat sich in der ausgedünnten Mitgliedschaft das Gefälle zwischen Stadt und Land ebenso verstärkt wie das zwischen Nord und Süd. Die Grünen sind inzwischen noch stärker zur Milieu-Partei geworden.

Immerhin drei der sieben Landesvorstandsmitglieder sind heute zugleich Abgeordnete von Bundes- oder Landtag. Mit beratender Stimme vertreten sind neuerdings auch die in den letzten Jahren entstandenen Grünen Alten, die als Arbeitsgemeinschaft der Partei Mitgliedern jenseits des 50. Lebensjahres offen steht. Ob mit der institutionellen Verankerung dieser Arbeitsgemeinschaft eine Konkurrenz für den traditionell starken Einfluss der Grünen Jugend verbunden sein wird, muss sich zeigen. Auch in der Wahlkampfführung haben sich die Grünen den heute üblichen professionellen Standards angenähert. Seit längerem schon wird die Zusammenarbeit mit professionellen Werbeagenturen gepflegt. Demgegenüber sind die klassischen Formen der politischen Großveranstaltung,

---

[9] Hier müssen die regionalen Gegebenheiten natürlich berücksichtigt werden. Möglicherweise hat der Kurswechsel im Giessener Stadtverband, wo es zum Rückzug der früheren Machtgruppe gekommen ist, dazu beigetragen. In Marburg fällt neben dem schwarz-grünen Weg der Landkreis-Grünen die von der Grünen-Stadtverordnetenfraktion 2001 betriebene Abwahl der eigenen Dezernentin möglicherweise ins Gewicht, in dessen Folge es zu gravierenden Veränderungen im gesamten Kreisverband gekommen ist.

wie sie für die Zeit Fischers charakteristisch war, eher in den Hintergrund getreten. Als Medium im Wahlkampf spielt das Internet eine wachsende Rolle.

4 Die Landtagswahl 2008 und ihre Konsequenzen für die Grünen

Das Ergebnis der Landtagswahl hat auch für die Grünen eine komplizierte Situation geschaffen. Zwar ist ihr Wahlziel einer Abwahl der Regierung Koch insoweit teilweise erreicht worden, als dem Ministerpräsidenten die angestrebte bürgerliche Mehrheit fehlt, doch auch rot-grün hat keine Mehrheit erreicht. Der Linkspartei ist der Einzug in den Landtag gelungen, während die Grünen mit 7,5 Prozent das angestrebte Wahlergebnis von 12 Prozent weit verfehlt haben, durch den Verlust eines reichlichen Viertels ihrer Wählerschaft deutlich geschwächt und damit neben der CDU die Verlierer des Wahlsonntags sind. Zwar lässt sich diese Wahlniederlage durch den Polarisierungssog eines relativ erfolgreichen Anti-Koch-Wahlkampfs der SPD unter den Bedingungen einer neuen parteipolitischen Konkurrenz von links unschwer erklären, doch komfortabel sind die Aussichten für die geschwächten Grünen nicht. Dies zeigt auch der Blick auf die verschiedenen strategischen Optionen, die sich für die Grünen aus dem Wahlergebnis ergeben. Sollte sich die FDP doch noch für eine Öffnung zu einer Ampelkoalition unter Führung der SPD entscheiden, würde dies zwar den Weg zu einer auch von den Grünen präferierten Lösung freimachen, doch ist dies aus heutiger Sicht eher unwahrscheinlich. Dazu kommt, dass die Lösung der Machtfrage in Hessen den Grünen nur geringe Gestaltungsmöglichkeiten eröffnen würde. Angesichts der Stärke der liberalen Verhandlungsposition würden sie bei einer solchen Regierungsbildung leicht in eine Randrolle geraten. Strategisch interessanter wäre für die Grünen die ebenfalls öffentlich diskutierte Jamaika-Koalition. In einer solchen Verbindung käme den Grünen eine Schlüsselrolle zu. Vor allem von ihnen hinge es ab, welche inhaltlichen Veränderungen der bisherigen Landespolitik durchgesetzt werden könnten. Hinzu kommt, dass die Grünen im Fokus des öffentlichen Interesses stünden, was ihre Verhandlungsposition stärken würde. Ließe sich Politik nur unter sachlichen Gesichtspunkten anlegen, spräche manches für diese Option. Angesichts ihrer strikten Orientierung auf rot-grün, der traditionellen landespolitischen Frontstellung gegen die Union, die durch die emotionale Schärfe dieses Lager- und Polarisierungswahlkampfs neue Nahrung bekommen hat, erscheint freilich auch diese Option unwahrscheinlich. Das Wahlergebnis hat die Gräben zur Union vertieft und die Stimmenverluste an die

Linkspartei werden wohl die Neigung zu Experimenten in der politischen Mitte zusätzlich begrenzen. Die Parteiführung bräuchte jedenfalls einigen Mut, Risikobereitschaft, strategische Klugheit und politisches Kommunikationstalent, wollte sie diesen Weg gehen und der mehrheitlich auf Konfrontation zur Union getrimmten Wählerschaft erläutern. Wahrscheinlicher ist eher, dass bei den Grünen die Diskussion über Möglichkeiten einer Öffnung zu rot-rot-grün lauter wird. Die Protagonisten dieser Lösung werden dabei auf diverse landespolitische Gemeinsamkeiten verweisen (z.B. Studiengebühren). Diese Diskussion wird auf kürzere Sicht landespolitisch kaum zu greifbaren Ergebnissen führen, weil für die SPD jede Öffnung zu einer strategischen Mehrheitsbildung mit der Linkspartei mit allzu großen Risiken behaftet ist. Sie könnte aber dazu beitragen, dass die bestehenden schwarz-grünen Verbindungen im Lande in eine Krise geraten. Was immer die Grünen tun: Auch für sie sind die Verhältnisse schwieriger geworden. Die eingetretene Lage erfordert viel politisches Geschick. Die Zeiten der einfachen und eingeschliffenen Oppositionsrhetorik in Wiesbaden sind vorbei. Ob die hessischen Grünen mit dieser Lage und dem politischen Druck, der aus verschiedenen Richtungen kommen wird, im Sinne einer politischen Chancenmehrung werden umgehen können, wird sich zeigen.

5   Ausblick

Durch die besondere Mehrheitskonstellation im Wiesbadener Landtag begünstigt, haben die hessischen Grünen in den achtziger Jahren eine Pfadfinderrolle bei der Durchsetzung des rot-grünen Kurses und des reformpolitischen Weges in der Bundespartei übernommen. Zusammen mit dem baden-württembergischen Landesverband waren die Hessen bald die wichtigste Bastion der Realos. So war es kein Zufall, dass mit Fischer der wichtigste Exponent des reformpolitischen Kurses aus Hessen kam. Hessen war das Sprungsbrett für seine bundespolitische Karriere. Auch auf der innerparteilichen Gegenseite waren die Hessen mit Parteisprecherin Ditfurth stark vertreten. Für die achtziger Jahre kann man sogar davon sprechen, dass die Auseinandersetzung um den rot-grünen Weg in Hessen die Anordnung der internen Kräfteverhältnisse in der Gesamtpartei wesentlich geprägt hat.

Mit der Entwicklung der Grünen zu einer gewöhnlichen Machterwerbspartei hat sich freilich das besondere Gewicht der Hessen in der Bundespartei deutlich vermindert. Unter den führenden bundespolitischen Exponenten dominieren inzwischen die Baden-Württemberger; in der ersten, selbst in der zweiten Reihe der Bundespolitik sind Hessen derzeit nicht vertreten. Als Träger neuer inhaltlicher Impulse für die Bundespartei haben sich die hessischen Grünen nie sonderlich hervorgetan. Insoweit bestand ihr Macher-Image zu Recht. Eine Kultur der offenen programmatischen Debatte ist in Hessen lange wenig gepflegt worden – eine Spätfolge der extremen Vermachtung des Landesverbandes in der Zeit der Flügelkämpfe. Allzu sehr dominierten strategische Fragen und Durchsetzungsoptionen.[10]

Derzeit kann man nicht von einem besonderen Einfluss der Hessen auf Bundesebene sprechen. Hier wirkt der Generationswechsel eher als Nachteil. Zwar gehört Al Wazir inzwischen dem Parteirat an. Doch ob er als Landespolitiker eine prägende Rolle bei der Entwicklung der Bundespartei spielen wird, wird man eher bezweifeln müssen. Das könnte sich freilich dann ändern, wenn es in Hessen doch zu einem Jamaika-Bündnis oder zu einer Öffnung zu rot-rot-grün kommen sollte. Dann wäre der hessische Landesverband ein zweites Mal in der Rolle eines Pfadfinders für die Bundespartei.

Trotz aller oppositionellen Schärfe gegenüber der Koch-Regierung ist der Landesverband inzwischen weithin etabliert. Die relativ stabile Wähler- und Mitgliederbasis der Groß- und Universitätsstädte des Landes delegiert die politischen Initiativen heute weitgehend an eine Parteielite, die sich im Kern selbst ergänzt und der von Zeit zu Zeit neue Kräfte vor allem aus der Jugendorganisation zugeführt werden. Als Mitarbeiter werden vor allem in den regionalen Geschäftsstellen häufig Kommunalpolitiker herangezogen, so dass allmählich ein mehr oder weniger professionalisierter Apparat und ein entsprechendes Funktionärstum entstanden ist, für den auch Karriere- und materielle Absicherungsinteressen eine nicht zu unterschätzende Rolle spielen.

Der Blick auf die Zukunftsaussichten der hessischen Grünen muss zwiespältig ausfallen. Einerseits kann von einer relativ stabilen Verankerung der Partei in vor allem großstädtisch-akademisch geprägten Wählermilieus ausgegangen werden, wo die Grünen inzwischen in den mittleren Altersstufen ihre stärkste Wäh-

---

[10] Joachim Raschke hat 1993 den hessischen Landesverband der Grünen als den am stärksten „vermachteten" Landesverband identifiziert: „Macht- und Konfliktstrategien waren für diesen Landesverband charakteristisch. Diskurs und Kooperation blieben der zentralen strömungspolitischen Konfrontation immer untergeordnet...Die Strukturen der Kampfformation wirkten noch nach, als der Sieger im ‚Ausscheidungskampf' schon lange ermittelt war...ungünstige Bedingungen für die Entfaltung interessanter Diskurse nach Sicherung der Machtgrundlagen" (Joachim Raschke (1993): Die Grünen – Wie sie wurden, was sie sind, Köln S.339/340). Tatsächlich lassen sich die Wirkungen dieser Prägung der hessischen Grünen bis über die Jahrtausendwende nachzeichnen.

lerbasis haben. Hinzukommt ein den Grünen eher gewogenes Medienklima insbesondere in den landesweiten elektronischen Medien. Andererseits lassen weder die thematische Profilierung der Partei noch ihre strategische Orientierung eine rosige Zukunftsprognose zu. Gewiss mögen die Grünen von der im öffentlichen Bewusstsein durch die Klimadiskussion gewachsenen Bedeutung umweltpolitischer Themen profitieren. Alle vorliegenden Daten zeigen aber, dass die deutsche Politik ungleich stärker vom Primat sozialer Gerechtigkeitsfragen bestimmt ist – ein Gebiet, auf dem die Grünen in den Augen der Wählerschaft nur wenig spezifisches Profil haben (vgl. Egle 2007: 110). Hinzu kommen die Probleme durch die Entwicklung zum fluiden Fünfparteiensystem unter Einschluss der Linkspartei. Ganz gleich, ob die Grünen jetzt wieder mehr nach links oder mehr in die Mitte rücken: Die Zeiten, in denen die Partei linke Protestwähler ebenso leicht anziehen konnte wie bürgerlich-situierte Rechtsanwälte mit eher wirtschaftsliberalen Einstellungen, sind Vergangenheit. Nicht nur, aber auch in Hessen.

Literatur

Bäumer, Hartmut (1995): Einige Thesen zur Standortbestimmung von Bündnis 90/ DIE Grünen in Hessen, hektographiertes Manuskript, Okt. 1995, Fundstelle: Privatarchiv des Verfassers.

Cezanne, Elke (1989): Aufbruch einer Region, in: Stichwort Grün, Zeitschrift der hessischen Grünen, Zehn Jahre Grüne, Sondernummer, Wiesbaden.

Die Grünen (1982): Landesprogramm der Grünen Hessen, Wiesbaden.

Die Grünen (1989): Stichwort Grün, Sonderheft, Zehn Jahre Grüne, Wiesbaden.

Die Grünen (2007): Wahlprogramm von Bündnis 90/ Die Grünen Hessen zur Landtagswahl 2008, Wiesbaden.

Die Grünen (o.J.): Programm der Grünen Hessen zur Landtagswahl 1991, Wiesbaden.

Egle, Christoph (2007): In der Regierung erstarrt? In: Ders./ Zohlnhöfer, Reimunt (Hrsg.): Ende des rot-grünen Projekts – Eine Bilanz der Regierung Schröder 2002-2005, Wiesbaden, S.98-123.

Fischer, Joschka (1987): Regieren geht über studieren, Frankfurt/ M.

Johnsen, Björn (1992):Von der Fundamentalopposition zur Regierungsbeteiligung. In: Kleinert, Hubert (Hrsg.): Vom Protest zur Regierungspartei – Die Geschichte der Grünen, Frankfurt.

Kleinert, Hubert (1994): Die Grünen in Hessen. In: Berg–Schlosser u.a. (Hrsg.): Parteien und Wahlen in Hessen, Marburg.

Wolfgang Schroeder, Samuel Greef und Michael Reschke

Die Linkspartei in Hessen

1 Einleitung

Von der erfolgreichen parlamentarischen Westausdehnung hat die PDS viele Jahre vergeblich geträumt. Seit den Wahlen zur Bremer Bürgerschaft im Mai 2007 scheint der Sprung in die westdeutschen Landtage für die neu gegründete Linkspartei ein Selbstläufer zu sein. Denn seit dem Frühjahr 2008 ist sie in vier Landesparlamenten vertreten. Dabei hatten nicht wenige erwartet, dass der Siegeszug der Linkspartei in Hessen gestoppt werden würde. Denn angesichts einer profilierten linken Sozialdemokratie und einer hohen Polarisierung zwischen den Volksparteien und ihren Kandidaten wäre es nicht weiter erstaunlich gewesen, wenn die Linkspartei die Fünf-Prozent-Hürde in Hessen nicht übersprungen hätte. Tatsächlich konnte sie aber 5,1 Prozent der hessischen Wähler für sich gewinnen und damit in den Landtag einziehen. Nachdem dieses Bundesland als vermeintlich letztes Bollwerk gegen die Linkspartei gefallen ist, scheint der Weg in die noch linksparteifreien Parlamente aber nur eine Frage der Zeit zu sein.

Mit dem Einzug in das hessische Parlament ist die Linkspartei nun erstmals in einem der wichtigsten westdeutschen Flächenländer vertreten. Zugleich entwickelt sich mit ihrer Präsenz im hessischen Parlament ein neuartiges Fünf-Parteiensystem heraus, dessen Konsequenzen für alle Parteien noch gar nicht abschätzbar sind. Vermutlich wird die Linkspartei aber dazu beitragen, etablierte Identitäten und Polaritäten im gesamten hessischen Parteiensystem zu relativieren. Paradoxerweise würde somit der Einzug einer linkstraditionalistischen, staatsfixierten Partei dazu führen, dass es im hessischen Parteiensystem zu einem manageriellen Modernisierungsschub kommt. Dieser bestünde darin, dass zukünftig alle Parteien, die Regierungsambitionen verfolgen, ihre abgrenzenden, lagerbildenden Zuspitzungen derart kontrollieren, dass sie sich nicht limitierend für ihre eigenen Koalitionsmöglichkeiten auswirken.

Die Möglichkeit zur Etablierung als gesamtdeutsche Partei verdankt die Linkspartei einer durch Rot-Grün und Gerhard Schröder geschaffenen Gelegenheitsstruktur. In dem Maße wie die Sozialdemokratie zum Gestalter einer globalisierungskompatiblen Modernisierung aufstieg, wuchs das verunsicherte Elektorat links von der SPD. Diese Nachfrage befriedigte die Linkspartei mit markiger Rhetorik. Ohne Lafontaine als trommelndem Anführer und ohne die logistische Unterstützung aus den Reihen der Gewerkschaften wäre es der Linkspartei jedoch wohl kaum gelungen, sich derart schnell zu parlamentarisieren. Kurzum: Die Linkspartei ist von ihrer Entstehungslage her betrachtet eine antisozialdemokratische, populistische Sammlungsbewegung mit komplett divergierenden Kulturen in Ost- und Westdeutschland. Vor diesem Hintergrund versucht das Steuerungszentrum der Linkspartei, einen Kurs einzuschlagen, der sie als Anwalt der alten gegen die neue Sozialdemokratie stilisiert. Dass dies mehr eine Verheißung ist und weniger der Realität der innerparteilichen Zustände in Westdeutschland entspricht, kann in diesem Beitrag studiert werden, der sich mit den „Kinderkrankheiten" auf dem Weg von einer virtuellen zu einer realen Partei befasst. Dabei beschäftigt er sich vor allem mit den folgenden drei Punkten:

1. Wie ist die Linkspartei in Hessen entstanden; was waren die maßgeblichen Anstöße, Personen, Ideen und Entwicklungsmuster?
2. Woran kann die Partei in Hessen anknüpfen und wie nutzte sie ihren ersten hessischen Landtagswahlkampf, um sich als Akteur, mit dem man rechnen kann, im hessischen Parteiensystem zu etablieren?
3. Welche Veränderungen macht die Partei durch; inwieweit unterscheidet sie sich noch von den etablierten Parteien?

2 Ausgangssituation und Entwicklungsprozess der Linkspartei in Hessen

Beim Blick auf die neue Linkspartei in Hessen darf ein Verweis auf die ältere Linke nicht fehlen, insbesondere deswegen nicht, da es zahlreiche, auch biographische, Überschneidungen bei den Beteiligten gibt und sich viele linkstraditionalistische Zentren der Republik, in deren Tradition sich die Partei einordnet, in Hessen befinden. Es sind im Wesentlichen drei Elemente, die den traditionellen Überbau bilden und in der Vergangenheit anknüpfungsfähige Milieustrukturen ausgebildet haben: Die Abendroth'sche Tradition kritischer Wissenschaft in Marburg, die linkstraditionalistische Prägung starker Teile der hessischen Gewerkschaftsverbände (vgl. Deppe 1989) sowie Zentren der DKP[1] (vgl. Fülberth 1994). Unmittelbar hervorgegangen ist der hessische Landesverband allerdings aus der ehemaligen PDS und der WASG. Nachdem diese den 2005 beschlossenen Fusionsprozess im Juni 2007 auf Bundesebene vollzogen hatten, gründeten sich bundesweit Kreisverbände der neuen Partei, welche wiederum die jeweiligen Landesverbände bildeten – so auch in Hessen im August 2007[2]. Auf die hessischen Landesverbände der beiden Quellparteien PDS und WASG soll im Folgenden eingegangen werden, um dann im Anschluss den Fusionsprozess sowie die gegenwärtige Situation der Partei zu schildern.

2.1 PDS in Hessen

Die PDS[3], bzw. nach ihrer späteren Umbenennung die Linkspartei.PDS ist in Hessen nie über eine marginale Rolle hinausgekommen. Allerdings ist zwischen den verschiedenen politischen Ebenen zu differenzieren. Die Partei trat zu keiner hessischen Landtagswahl an, konnte aber auf Kommunalebene vereinzelte Erfolge erzielen.[4] Dabei ist es ihr jedoch nie gelungen, neben ihrem bundespolitischen Profil, welches stets stark durch ihren Charakter als Regionalpartei der neuen Länder determiniert war, und ihrem kommunalpolitischen Profil, welches sich lediglich aus begrenzten Erfolgen bei Kommunalwahlen und einer gewissen Verankerung in den fünf hessischen Universitätsstädten ergab, ein landespolitisches Profil zu entwickeln. Die versäumten Antritte bei den vorangegangenen Landtagswahlen und die programmatische Lücke in landespolitischen Angelegenheiten zeugen von der inneren Zerstrittenheit, dem mangelnden programmatischen Grundkonsens und der Fluidität der Partei. Diese rekrutierte sich vornehmlich aus Aktivisten aus dem Bewegungsspektrum der Trotzkisten und Altlinken, die in institutionell nahezu anarchischer Form organisiert waren und sich durch unterschiedlichste politische Konzeptionen und Sozialisationen unter-

---

[1] Insbesondere Marburg. Die biographische Überschneidungen illustriert besonders passend das Beispiel Pit Metz, der noch bis 1997 Mitglied der DKP gewesen ist.

[2] Der hessische Landesverband der Partei Die.Linke, Die.Linke.Hessen, konstituierte sich auf ihrem ersten Landesparteitag in Frankfurt am Main, der vom 24-26. August 2007 stattfand.

[3] Der hessische Landesverband gründete sich 1990.

[4] So zog sie bei der Kommunalwahl 1997 in Marburg mit 6,2 Prozent erstmals in Fraktionsstärke in ein Gemeindeparlament ein.

schieden (vgl. Koß, 2007: 118f.). Trotz einiger weniger ehemaliger Sozialdemokraten gelang ihr eine Verknüpfung mit den Gewerkschaften oder der Einstieg in traditionelle Wählermilieus der SPD nie. Ihr Mitgliederniveau beschränkte sich somit auch nur auf etwa 470 Mitglieder (vgl. HMDI 2007: 104).

Die Etablierung der PDS in den westlichen Bundesländern und somit auch in Hessen schlug insbesondere durch Selbstblockade und innere Zerrissenheit fehl (vgl. Koß 2007: 152). Hinzu kam eine Existenzkrise nach der für sie desolat verlaufenen Bundestagswahl 2002, bei der sie an der Fünf-Prozent-Hürde scheiterte. Die Rahmenbedingungen der West-PDS waren somit gekennzeichnet durch existenzielle strategische Fragestellungen bezüglich der eigenen Zukunft. Hieraus ergab sich, trotz vereinzelter eigenständiger Kommunalwahlerfolge, eine Sichtweise, die das Aufkommen der WASG im Jahre 2004, als Chance und nicht als Gefahr für die eigene Entwicklung ansah, erhoffte man sich doch einen Bündnispartner, mit dem sowohl der Brückenschlag hin zu den Gewerkschaften, als auch in traditionelle SPD-Wählermilieus möglich würde. Ulrich Willken[5], zu dieser Zeit Vorsitzender der PDS, verfolgte das Projekt einer „vereinigten Linken" engagiert und sollte auch für die Entwicklung der neuen Linkspartei als späterer männlicher Vertreter der Doppelspitze der Partei eine wichtige Rolle spielen.

2.2 WASG in Hessen

Die zweite Quellpartei ist die hessische WASG. Ihr ging ein Ableger der „Initiative Arbeit und soziale Gerechtigkeit" voraus, der sich unmittelbar im Anschluss an die Bundesinitiative konstituierte und maßgeblich vom ehemaligen hessischen Landesvorsitzenden des DGB, Dieter Hooge, dem derzeitigen Bundestagsabgeordneten und Bevollmächtigten der IG Metall Offenbachs, Werner Dreibus sowie Peter Vetter, ehemaligem Bevollmächtigtem der IG Metall Kempten, aufgebaut wurde. Jener Peter Vetter gehörte bereits zu den sieben süddeutschen Gewerkschaftern um Klaus Ernst und Peter Händel, die aus der SPD ausgeschlossen worden waren, nachdem sie massive Kritik an der Agenda 2010 und dem Reformkurs der damaligen rot-grünen Bundesregierung geäußert und mit der Gründung einer eigenen, diesen Kurs ablehnenden, Partei gedroht hatten. Be-

---

[5] Ulrich Wilken, Arbeitswissenschaftler aus Frankfurt am Main und Vorsitzender der hessischen PDS seit 2003, kann nach einem Achtungserfolg bei den Frankfurter Oberbürgermeisterwahlen 2006 einen gewissen Popularitätsvorsprung vorweisen und so als einer der wenigen auch öffentlich bekannteren hessischen Linken angesehen werden.

gründet in der Verankerung der Initiative im südhessischen Rhein-Main-Gebiet zeichnete auch die WASG eine starke Konzentrierung in und um Frankfurt aus. Diese drei Charaktere unterstreichen bereits anschaulich die starke Gewerkschaftsprägung der hessischen WASG. Hinzu kamen noch weitere bei der IG Metall oder ver.di hauptamtlich Beschäftigte. Jene Gewerkschaftsfunktionäre sind mit für eine Parteigründung außerordentlich förderlichen Ressourcen ausgestattet, die auch in der aktuellen hessischen Linkspartei zum Tragen kommen: sie sind organisationserfahren, sie verfügen über persönliche und institutionelle Netzwerke und materielle Ressourcen, die für die Etablierung einer Partei unverzichtbar sind und sie sind geübt in Machtpolitik und politischer Führung. Dass eine Gewerkschaftsfunktionärsprägung in einer sozialisationsbedingt äußerst heterogenen Partei allerdings auch Anstoßpunkte bieten kann, sollte sich im August 2007 in der Frage der Spitzenkandidatur der neuen Linkspartei zeigen.

Der Aufbau der WASG in Hessen vollzog sich rasant: zur ersten Bundesdelegiertenversammlung der WASG im November 2004 existierten bereits 14 Kreisverbände. Die WASG hatte in Hessen etwa 400-500 Mitglieder. Beide Parteien, Linkspartei.PDS und WASG, trafen sich also in Hessen, was die Anzahl der Mitglieder angeht, in etwa auf Augenhöhe. Es ist kein strukturelles Über- oder Untergewicht im Verhältnis der beiden Quellparteien zu verzeichnen.

2.3 Annäherungs- und Fusionsprozess

Der Prozess der Annäherung der beiden Parteien verlief in Hessen parallel zur Entwicklung auf Bundesebene. Mit Blick auf die vorgezogene Bundestagswahl 2005, nach den Erfolgen der WASG bei der Landtagswahl in Nordrhein-Westfalen[6] sowie mit Rückenwind aus der öffentlichen Diskussion rund um ein mögliches neues linkes Bündnis wandelte sich auch in Hessen das Miteinander beider Parteien von vormals privaten und inoffiziellen Kontakten hin zu engerer und regelmäßiger Zusammenarbeit. Hierbei kam es zu Konflikten innerhalb der WASG, die zu Austritten aus der Partei führten. Ein Zusammengehen von PDS und WASG, die schließlich in expliziter Ablehnung zur PDS gegründet worden war, war in den Augen einiger weniger WASG Mitglieder nicht akzeptabel, lehnte man doch ihre Regierungspolitik in den neuen Ländern sowie ihre SED-Vergangenheit ab. Der gemeinsame Antritt zur Bundestagswahl und der damit

---

[6] Sie konnte trotz eines konkurrierenden Antritts der PDS, die unter 1 Prozent erzielte, ein Ergebnis von 2,2 Prozent erreichen.

nach innen aufgebaute Druck, sowie die Erfolge bei der Kommunalwahl 2006 entfachten allerdings nach diesen ersten Kontroversen Bindungs- und Integrationswirkung, sodass die weitere Zusammenarbeit zwischen beiden Parteien bis zur Einsetzung des Übergangsvorstandes[7] reibungslos verlief. Begründet war dies in Hessen zum einen durch die existentielle Notwendigkeit für die PDS, einen Ausweg aus ihrer marginalen Rolle zu finden; zum anderen begrüßte die stark gewerkschaftlich geprägte WASG in Hessen ein Zusammengehen der beiden Parteien aus wahltaktischen, pragmatischen und machtpolitischen Motiven, wollte sie doch die unterstellte neoliberale Hegemonie mit einem möglichst breiten Bündnis aufbrechen. Kontroversen innerhalb der WASG oder zwischen den beiden Quellparteien, wie sie insbesondere in Berlin, Sachsen-Anhalt oder Mecklenburg-Vorpommern[8] stattfanden, sind für Hessen nicht zu konstatieren. So stimmten übergroße Teile der Mitglieder beider Parteien in den Mitgliedervoten für die Fusion. Eine hessische Besonderheit stellt die Zusammensetzung des Übergangsvorstandes dar. Im Gegensatz zur Bundesspitze, die kleinere Gremien für den Übergang zur gemeinsamen Partei empfahl, bildeten in Hessen beide Landesvorstände den Übergangsvorstand. Dieser sollte koordinieren und Empfehlungen aussprechen und stellte einen Versuch dar, den Fusionsprozess auf gleicher Augenhöhe zu vollziehen.

3 Der Weg in den hessischen Landtag

Auch wenn es für die Linkspartei der erste Landtagswahlkampf war, so konnte sie doch auf Erfahrungen aus der Bundestagswahl 2005 und der Kommunalwahl 2006 in Hessen zurückgreifen. Eine rückblickende Analyse bietet sich vor allem mit Blick auf das Wählerpotenzial der Linkspartei an.

Das Konzept der Linken, sich als neue Sozialstaatspartei im Westen zu etablieren, und damit, im Gegensatz zu den Grünen, keine neue Konfliktlinie zu besetzten, sondern den bestehenden Konflikt zwischen Liberalisierung und Staat-

---

[7] Dieses Gremium setzte sich aus Vertretern beider Quellparteien zusammen und diente koordinierend der Fusion beider Partner. Die hessische WASG war vertreten durch Janine Wissler, Ulrike Eifler, Klaus Albrecht, Dieter Hooge, Peter Vetter und Herrmann Schaus. Die hessische PDS durch Monika Brockmann, Astrid Fischer, Achim Kessler und Ulrich Wilken.

[8] Hier kam es zu Spaltungen und teilweise zu konkurrierenden Landtagswahlkandidaturen von Teilen der alten WASG gegen die neue Linkspartei.

sinterventionismus ausdifferenziert und akzentuiert zu bedienen, spiegelt sich auch in der Wahlanalyse wieder. Dabei scheint der Versuch in die elektorale Nische zu stoßen, die sich aus der Diskrepanz zwischen der gesellschaftlichen Nachfrage (Wohlfahrtsstaatsorientierung[9]) und dem vorhandenen politischen Angebot ergeben hat, indem in der SPD mit der Agenda 2010 und den Hartz-Reformen eine wahrgenommene Umorientierung in die Mitte stattfand, zumindest teilweise erfolgreich zu sein. Die strukturelle Unzufriedenheit eines Teils des SPD-Klientels mit dem neuen Kurs ist das Potenzial für die neue Linkspartei. Das Resultat zeigt sich bereits bei der Bundestagswahl 2005, bei der die SPD in der Bilanz den größten Wählerverlust in Richtung Linkspartei.PDS hinnehmen musste.[10] Insgesamt kamen mehr als ein Viertel aller Linksparteiwähler aus dem ehemaligen SPD-Lager; das gleiche Bild zeigte sich bei der Landtagswahl in Bremen 2007. Ob allerdings angesichts dieser Entwicklungen bereits von einem „Repräsentanzwechsel" gesprochen werden kann (Walter 2007: 331; Nachtwey/ Spier 2007: 36), ist doch zu bezweifeln. Dafür ist die Anzahl der wechselnden Wähler zu klein und es sind auch nicht ganze Wählergruppen, die plötzlich die Parteipräferenz wechseln. Hinzu kommt, dass es sich hierbei nicht um einen unumkehrbaren Prozess handelt - gerade bezogen auf Hessen – wo der Linkspartei eine im Bundestrend sehr linksgewandte SPD gegenüber steht. Viola Neu fügt hinzu, dass sich die Wähler der Linkspartei vor allem von „Protestmotiven" leiten ließen (Neu 2006: 123f.), woraus sich die Frage ergibt, wie und ob diese Wähler sich auf Dauer an die Partei binden lassen.

Weiteren Aufschluss über das Wählerklientel und -potenzial gibt die Betrachtung der Wählerstruktur nach sozialen Gesichtspunkten. Die Linkspartei konnte bei der Bundestagswahl 2005 8,7 Prozent der Stimmen erringen. Dabei war sie bei Arbeitern und Gewerkschaftsmitgliedern überdurchschnittlich erfolgreich (12 Prozent aller Stimmen) und bei Arbeitslosen sogar stark überrepräsentiert (25 Prozent aller Stimmen). Das sind auch die Wählergruppen, bei denen die Linkspartei im Vergleich zur Wahl 2002 die größten Zuwächse verzeichnen konnte und gleichzeitig das Klientel, das die Linkspartei selbst als ihre Zielgruppe benennt: Sozial Benachteiligte, prekarisierte Arbeitnehmer, also auch traditionelle

---

[9] Von 1991 bis 2004 hat die Zustimmung zur Aussage „Der Staat muss dafür sorgen, dass man auch bei Krankheit, Not, Arbeitslosigkeit und im Alter ein gutes Auskommen hat." zwar stetig abgenommen, ist dabei aber weiterhin auf einem sehr hohem Niveau verblieben (West von 90 Prozent auf 82 Prozent, Ost von 99 Prozent auf 92 Prozent; Quelle: Allbus).

[10] In der Summe verlor die SPD 970.000 Stimmen an die Linkspartei.PDS, gefolgt von 630.000 Stimmen an die CDU/CSU und 370.000 an die Nichtwähler.

SPD-Wähler sowie Nicht- und Protestwähler. Ähnliche Repräsentanzschwerpunkte zeigen sich auch bei Geschlecht und Alter. In Hessen erreichte die Linkspartei bei der Bundestagswahl 2005 5,3 Prozent. Stark überrepräsentiert in ihrer Wählerschaft waren dabei die 45-60-jährigen Männer (9,3 Prozent), unterrepräsentiert dagegen die über-60-jährigen Frauen (2,1 Prozent). Im Vergleich mit 2002 lässt sich insgesamt eine leichte Verschiebung in der Wählerstruktur hin zu den 35-60-jährigen feststellen.

Das gute Ergebnis bei der Bundestagswahl 2005 und die in den aktuellen Sonntagsfragen prognostizierten zweistelligen Werte können aber nicht darüber hinwegtäuschen, dass von einer deutschlandweiten Verankerung noch keine Rede sein kann. Den 25-29 Prozent in den neuen Bundesländern stehen knappe 5-7 Prozent im Westen gegenüber. „Noch also lebt die Linke im Osten und Westen in zwei grundverschiedenen politischen Welten" (Walter 2007: 334). Umso deutlicher wird, wie wichtig für die Linkspartei der Einzug in die Länderparlamente im Westen ist, um operationsfähige Basen aufzubauen. Nach dem Erfolg bei den Wahlen im Stadtstaat Bremen war Hessen, nicht zuletzt wegen seiner „roten" Vergangenheit und relativ starker Zentren wie Marburg und Kassel, als erstes Flächenland von entscheidender Bedeutung, um die Tragfähigkeit des neuen linken Projektes unter Beweis zu stellen.

In Anlehnung an die Periodisierung von Wahlkämpfen nach Wolf[11] soll im folgenden Abschnitt der erfolgreiche Einzug der Linkspartei in den hessischen Landtag nachvollzogen werden.

3.1 Die ersten gemeinsamen Schritte: Der Landesparteitag 2007 (Vorbereitungsphase)

Der erste Landesparteitag der hessischen Linken Ende August 2007 sollte das Fundament der neuen Partei legen. Entsprechend vielfältig waren seine Aufgaben.[12] Trotz der angesetzten Dauer von drei Tagen und verschiedener vorbereitender Tagungen, zeigte sich die Partei nach der gefeierten Konstituierung am Abend des ersten Tages im weiteren Verlauf in einem zerstrittenen, chaotischen

---

[11] Wolf unterscheidet drei Phasen: Vorbereitungsphase, Vorwahlkampfzeit, Schlussphase (Wolf 1985: 75f.).

[12] Hierzu zählten: Konstituierung des Landesverbandes, Verabschiedung der Satzung, Vorstands- und Delegiertenwahlen, Aufstellung einer Landesliste zur hessischen Landtagswahl 2008 sowie die Verabschiedung eines Wahlprogramms.

und selbstreferentiellen Zustand. Besonders der Übergangsvorstand machte hierbei keine besonders gute Figur. Es gelang ihm nicht, einen strukturierten Ablauf des Parteitages zu gewährleisten, er unterschätzte die Befindlichkeiten großer Teile der Basis und konnte außerdem seine Interessen nicht durchzusetzen. Diese sind in vier Dimensionen beschreibbar: Personell, programmatisch, strategisch und in der öffentlichen Wirkung.

Zusammenfielen diese vier Dimensionen in der Frage der Spitzenkandidatur. Hierfür lief sich im Vorfeld des Parteitages bereits Dieter Hooge in der medialen Öffentlichkeit warm. Ebenso fand er sich auf Platz eins des Listenvorschlages des Übergangesvorstandes wieder. Die medialen Reaktionen auf diesen Vorschlag waren durchweg positiv, attestierte man dem potenziellen Kandidaten doch eine gewisse Popularität sowie durch seine Verankerung im Gewerkschaftsmilieu fachliche und wahlstrategische Möglichkeiten, um der SPD in Hessen Konkurrenz machen zu können. Große Teile der Basis reagierten allerdings ablehnend. Insbesondere der Stil der öffentlichen Inthronisierung stieß auf Unverständnis. Diese Personalisierungs- und Popularisierungsstrategie, indiziert vom Übergangsvorstand und dem weiteren Führungszentrum der Partei, den Bundestagsabgeordneten Werner Dreibus und Wolfgang Gehrke, mag wahlstrategisch und mit dem Blick nach außen sowie auf die kommunikativen Erfordernisse einer Mediengesellschaft schlüssig gewesen sein. Kompatibel mit einer sich gründenden und äußerst heterogenen Partei, deren Basis außerordentliche hohe Partizipationsbedürfnisse aufweist, war es allerdings nicht. Maßgeblich organisiert von Ferdinand Hareter, selbst Gewerkschafter, fanden sich Kritiker zusammen und formulierten einen alternativen Listenvorschlag[13] mit dem ehemaligen DKP'ler Pit Metz[14] auf Platz eins. Obwohl sich die Spitze der Partei engagiert für Dieter Hooge aussprach, konnte sich Pit Metz deutlich durchsetzen.[15] Ein emotional treibender Impuls der Kandidatendebatte, die Pit Metz später zum Verhängnis werden sollte, darf nicht unerwähnt bleiben: So bekannte er sich dazu „in seinem Ideal" nach wie vor Kommunist zu sein und äußerte sich relativierend zum Schießbefehl an der ehemaligen innerdeutschen Grenze. Zudem signalisierte

---

[13] Zur Begründung für den konkurrierenden Listenvorschlag und als Kritik an dem des Übergangsvorstandes wurden ein Übergewicht Frankfurts, mangelnde Repräsentanz der Fläche, eine Privilegierung von Mitgliedern des Vorstandes und undemokratische Formulierung und Kommunikation angeführt.

[14] Pit Metz stammt aus Marburg und ist ebenfalls aktiver Gewerkschafter. Der Vorgang ist ein Beleg dafür, dass nicht von *einem* homogenen Gewerkschaftsflügel ausgegangen werden kann. Zur inneren Strukturierung der Partei siehe unten.

[15] 81 zu 59 Stimmen.

er eine klare ablehnende Haltung gegenüber möglichen Regierungsbeteiligungen - im Gegensatz zu Dieter Hooge, der sich diese unter gewissen Bedingungen vorstellen konnte. Die Wahl von Pit Metz kann, neben all den Befindlichkeiten und Stimmungen, die in diesem frühen Findungsprozess kumulierten, jedoch als Absage an einen Gestaltungswillen und somit auch als Absage an die Strategie der Bundes-Linken gedeutet werden. Schließlich sprach sich neben den Abgeordneten auch Oskar Lafontaine bei seiner Gastrede für Offenheit gegenüber Regierungsverantwortung und damit implizit für Dieter Hooge aus.

Nach den ersten öffentlichen ablehnenden Reaktionen auf die Kandidatenwahl und dem sich offenbarenden strategischen Dilemma (passte Pit Metz doch genau in die „Rote Socken"-Rhetorik der konkurrierenden Parteien) folgte die Intervention der Bundesebene und offenbarte die Semi-Souveränität des Landesverbandes: Der gewählte Spitzenkandidat wurde zu Gesprächen nach Berlin geladen und verzichtete daraufhin auf Platz eins. Schließlich konnte man sich auf Willi van Ooyen einigen[16]. Der Pädagoge aus Frankfurt steht für eine zivilgesellschaftliche Bündnisorientierung, die insbesondere in seiner starken Verankerung in der Friedensbewegung begründet ist. Als einziger unter den Wahlkreis- und Listenkandidaten gehört er nicht der Partei an. Welche konkrete programmatische Orientierung Willi van Ooyen vertritt bleibt unklar. Sicher ist aber, dass er vor allem einen innerparteilichen Kompromiss darstellt und zur Schadensbegrenzung in der Reputation beitrug. Profil verschafft er der jungen Partei „ohne Köpfe" allerdings nicht.[17]

Konnte man anfänglich erstaunt sein über eigene Wege der Parteibasis in Fragen der Landesliste – wirklich überraschend waren sie nicht. Langwierige Satzungsdiskussionen konnten bereits das starke Partizipationsbedürfnis der Basis unterstreichen. Verbindliche Mitgliederentscheide wurden in die Satzung aufgenommen. Auch die Trennung von Amt und Mandat wird verfolgt. Beschlossen wurde außerdem eine Frauenquote von 50 Prozent. Geordneter verlie-

---

[16] Er setzte sich gegen seinen Konkurrenten Dennis Stephan aus Gießen mit 91 zu 28 Stimmen deutlich durch. Mit dieser Korrektur an vorderster Stelle konnte die umkämpfte und Geschlechter quotierte Liste, die noch bis weit in den zweistelligen Bereich in Kampfabstimmungen ausgefochten wurde, auf einem später einberufenen Parteitag verabschiedet werden.

[17] Auffällig an den ersten acht Plätzen der Landesliste ist, dass sie zwei Kandidaten unter 30 Jahren aufweist (Janine Wissler und Jan Schalauske) und dass eine Überrepräsentation Frankfurts sowie eine Unterrepräsentation von ehemaligen WASG-Mitgliedern zu verzeichnen ist.

fen die Wahlen zum ersten Landesvorstand der hessischen Linkspartei.[18] Ulrich Wilken und Ulrike Eifler, ehemaliges WASG- und Linksruck-Mitglied sowie Mitarbeiterin von Werner Dreibus, bilden das Spitzenduo.

Die Kernforderungen des letztlich beschlossenen Wahlprogrammes wurden die Forderung nach einem allgemeinen Politikwechsel, ein Aktionsprogramm für Arbeits- und Ausbildungsplätze, die Abschaffung der allgemeinen Studiengebühren, der Umstieg auf die Gemeinschaftsschule, mehr Bürgerbeteiligung, die Verhinderung des Ausbaus des Frankfurter Flughafens sowie die Ablehnung von Privatisierungen, Bundesratsinitiativen zur Wiedereinführung der Vermögenssteuer und der Schaffung eines Mindestlohns.

3.2 Vorwahlkampfzeit

Der Zeitraum von September bis zum Jahreswechsel und somit bis zur heißen Schlussphase des Wahlkampfes diente einer gewissen Konsolidierung der Landespartei und der logistischen Vorbereitung für den Schlussakt des Einzuges der hessischen Linkspartei in den Landtag. Personal- und Strukturentscheidungen waren getroffen worden und im langen Schatten des Wahltermins vermochte man die Reihen zu schließen. Der Landesvorstand konnte seine Position festigen. Auffällig ist, dass nach der außerordentlich hohen und bundesweiten Berichterstattung über die Personalquerelen der hessischen Linkspartei die Berichterstattung nunmehr gänzlich ausblieb. Auch der Landespartei selbst gelang es nicht, in großem Maße Öffentlichkeit herzustellen und sich mit eigenen Themen und ihren Kandidaten zu positionieren.

3.3 Schlußphase

Ob die Linkspartei es schaffen würde, in den hessischen Landtag einzuziehen, war von Anfang an nicht klar ersichtlich. In den Umfragen schwankte sie seit

---

[18] 25 Landesvorstandsmitglieder sieht die Satzung vor. Acht von ihnen bilden den geschäftsführenden Landesvorstand, 16 üben eine Beisitzerfunktion aus und der Jugendverband Linksjugend.solid ist ebenfalls als vollwertiges Mitglied vorgesehen. Ferdinand Hareter, der bereits erwähnte Organisator des alternativen Listenvorschlags, konnte sich im Duell um den Parteivorsitz mit Ulrich Wilken nicht durchsetzen, aber als einer der stellvertretenden Vorsitzenden integriert werden.

Mitte 2006 zwischen vier und sechs Prozent und lag dann in der Schlussphase des Wahlkampfes im Januar 2008 bei relativ stabilen fünf Prozent. Damit war ein Einzug zwar wahrscheinlich, aber noch lange nicht sicher. Eine der größten Schwierigkeiten für die Linkspartei im hessischen Wahlkampf lag wohl in der ausschließlich punktuellen Präsenz. Trotz der in allen Wahlkreisen aufgestellten Direktkandidaten[19] gab es eine starke Zentrierung vor allem in den Universitäts- und Großstädten Kassel, Frankfurt, Offenbach, Marburg, Gießen und Darmstadt[20], wohingegen in den ländlichen Regionen, die wohl oder übel in den Flächenstaaten dominieren, wenig Wahlkampf gemacht wurde. Ulrich Wilken brachte es wie folgt auf den Punkt: „In den ländlichen Gebieten wird dagegen wohl nur ein Plakat am Ortseingang und -ausgang hängen."

Für die Linkspartei begann der Wahlkampf offiziell am 27. Dezember, auch wenn ihre 30.000 Plakate schon einige Tage vorher zu sehen oder eher zu lesen waren. Auf die Darstellung von Personal wurde fast komplett verzichtet (nur wenige Direktkandidaten-Plakate waren zu sehen), was angesichts der doch durchweg eher unbekannten Kandidaten nicht weiter verwundert. Dieses Defizit war mit Sicherheit einer der Hauptgründe dafür, dass man keinen offiziellen Spitzenkandidaten ins Rennen schickte, sondern von Anfang an auf ein Team setze.[21] Landespolitische Themen wurden kaum angesprochen (mit Ausnahme der Ablehnung des Flughafenausbaus), stattdessen dominierten unspezifische und verkürzte Slogans wie „Armut bekämpfen" oder „Zukunft für Kinder". Es wurde versucht, das nicht vorhandene landespolitische Profil durch das Herunterbrechen („... auch in Hessen ...") von bundespolitischen und gesamtgesellschaftlichen Themen zu kompensieren. Herausgekommen ist dabei ein Mix aus den Themen soziale Gerechtigkeit, Chancengleichheit in der Bildung, De-Privatisierung, Ökologie und Friedenspolitik. Hartleb/ Rode (2006: 167) haben recht, wenn sie sagen: „Der Linkspopulismus artikuliert den Protest der Benachteiligten – gerichtet gegen die Nutznießer des Status quo [...]". Der Wahlkampf wurde entsprechend der bundespolitischen Bedeutung der Frage über den Einzug ins Parlament und mangels eigener profilierter Köpfe in den letzten Vor-

---

[19] Nur in einem Wahlkreis musste eine Direktkandidatin ihr Mandat aus Altersgründen zurückgeben, da sie das vorgeschriebene Mindestalter des passiven Wahlrechts von 21 Jahren noch nicht erreicht hatte .

[20] Nur in Kassel Stadt, Frankfurt Stadt und Offenbach Stadt ist die Linkspartei bei der Kommunalwahl 2006 über 5 Prozent gekommen. Bei der Bundestagswahl 2005 waren die Ergebnisse besser, aber auch hier dominierten Frankfurt, Kassel, Marburg und Gießen.

[21] Das Wahlkampfmaterial der Linken bezeichnet die ersten sieben Kandidaten auf der Landesliste als „Spitzenteam".

wahltagen von Oskar Lafontaine und Gregor Gysi durch Präsenz und Rhetorik unterstützt.[22]

Der mit der Abhängigkeit von der Bundespartei einhergehende Filialcharakter der hessischen Linkspartei fand sich auch in den Wahlkampf-Ressourcen wieder. Ohne vorhandene parlamentarische Vergangenheit, und damit ohne eigene finanzielle Mittel, die hätten angespart werden können, herrschte eine absolute materielle Abhängigkeit von Berlin. Die zuständige PR-Agentur saß in Berlin, die mit 250.000 Euro "wohlgefüllte Wahlkampfkasse"[23] (Bodo Ramelow) (im Vergleich mit den etablierten Parteien natürlich eine marginale Summe) und die Plakate wurden zentral von der Bundespartei bereitgestellt. Für die materiell doch eher ressourcenschwache Linke, wäre der Wahlkampf ohne das ehrenamtliche Engagement ihrer aktiven Mitglieder wohl nicht so erfolgreich möglich gewesen.

Erschwerend kam hinzu, dass die Linkspartei sich in Hessen nicht so leicht von dem linken SPD-Landesverband abgrenzen konnte. Die zugespitzten Wahlkampf-Slogans unterschieden sich nicht wesentlich. Die Unterschriftenkampagne für den Mindestlohn, die von der Linken zuerst gestartet[24] und erst später von der SPD aufgegriffen wurde, zeigt, dass die SPD der Linkspartei das Feld nicht kampflos überließ. Die Linke versuchte es positiv zu sehen: "Das zeigt: Wir setzten Themen – Links wirkt."[25] Ersichtlich wurde im Wahlkampf aber auch, dass der politische Gegner nicht nur bei CDU und FDP zu finden war, sondern auch bei den Sozialdemokraten. Statt dem Konzept "Koch muss weg"[26] hatte sich die Linke für einen Kampf gegen alle Seiten entschieden, zu dem auch eine mehr oder weniger deutliche Koalitionsabsage an die SPD gehörte, die jedoch mit dem Ausgang der Landtagswahl durch Angebote[27] der Tolerierung und Unterstützung einer SPD-geführten Landesregierung revidiert wurde.

---

[22] Beide eröffneten den „Endspurt im Landtagswahlkampf" auf einer Veranstaltung am 25. Januar in Frankfurt.

[23] Zusätzlich erhielt jeder Direktkandidat 1000 Euro.

[24] Die Linke hatte bereits am 26. November 2007 ihre Unterschriftenaktion zur Einführung eines gesetzlichen Mindestlohnes gestartet. Sie forderte mindestens acht Euro. Am 2. Januar 2008 folgte die Unterschriftenkampagne der SPD mit einem Mindestlohn von 7,50 Euro.

[25] Herman Schaus, Platz sechs auf der hessischen Landesliste.

[26] Trotz eines eigenen Flyers „10 Argumente gegen Koch" gab es keinen ausschließlich gegen Roland Koch gerichteten Wahlkampf.

[27] Die Angebote reichen dabei von einem geradezu flehentlichen offenen Brief Dieter Hooges bis zu Unterstützungsangeboten bei der Regierungsbildung durch Gregor Gysi.

Im Ergebnis schaffte die Linkspartei - im Gegensatz zu dem ungewöhnlich guten Ergebnis von 7,1 Prozent in Niedersachsen[28] - mit 5,1 Prozent der Stimmen nur sehr knapp den Einzug in den Landtag. Es bestätigte sich, dass die Linkspartei bei der hessischen Landtagswahl tatsächlich das Zünglein an der Waage war, denn hätte sie den Einzug ins Parlament verfehlt, hätte es eine Mehrheit für Schwarz-Gelb gegeben. Das Überschreiten der Fünf-Prozent-Hürde war, wie zu erwarten, vor allem dem relativ guten Abschneiden in den Universitätsstädten zu verdanken. In den Landkreisen konnte die Partei nur 4,7 Prozent der Stimmen erreichen (was allerdings kein schlechtes Ergebnis ist, wenn man bedenkt, dass sie in der Fläche nicht verankert und kaum präsent ist), in den kreisfreien Städten dagegen 6,7 Prozent (mit den besten Ergebnissen in Kassel und Frankfurt; vgl. Tabelle 1). Dies ist ein, nach der Analyse der vorhergehenden Wahlen in Hessen, zu erwartendes Ergebnis gewesen, auch wenn die Linke ihr Wählerpotenzial nicht voll ausschöpfen konnte.[29] Der Vergleich mit der Bundestagswahl 2005 zeigt aber auch, dass es die Partei nicht geschafft hat, das Problem der vornehmlich städtischen Präsenz erfolgreich anzugehen. Während sie ihr Abschneiden in den kreisfreien Städten durchweg verbessern konnte, lag ihr Ergebnis in den Landkreisen fast immer unter dem der Bundestagswahl.

Tabelle 1:   Wahlergebnisse der Linkspartei in Hessen

	Bundestags-wahl[30] 2005	Kommunalwahl 2006	Landtagswahl 2008
Wähler/ Ergebnis (%)	178.913/ 5,3	64.526/ 3,3	140.769/ 5,1
Kreisfreie Städte			
Darmstadt	5,3	4,2	6,2
Frankfurt	6,8	6,6	7,1
Kassel	6,8	6,8	8,5
Offenbach	5,1	5,3	6,6

---

[28] Ungewöhnlich deshalb, weil die Linke in den Umfragen immer nur zwischen drei und fünf Prozent schwankte.

[29] Ausnutzung des Linken Wählerpotenzial im Vergleich zur Bundestagswahl 2005: 78,5 Prozent (BTW 2005: 180.000 Wähler, LTW 2008: 140.000 Wähler) und damit besser als Grüne (60,7 Prozent) und FDP (65,9 Prozent), aber schlechter als SPD (84 Prozent) und CDU (89,2 Prozent).

[30] Da bei der Bundestagswahl die Zuschneidung der Wahlkreise eine andere ist, sind die Ergebnisse nur begrenzt vergleichbar.

	Bundestags-wahl[30] 2005	Kommunalwahl 2006	Landtagswahl 2008
Wiesbaden	5,1	3,2	5,1
Landkreise			
Bergstraße	4,3	2,3	3,9
Darmstadt-Dieburg		2,0	4,5
Fulda	4,9	1,6	4,3
Gießen	5,8	3,8	5,1
Groß-Gerau	5,1	4,6	5,0
Hersfeld-Rotenburg		1,9	4,7
Hochtaunus	4,6	2,7	3,9
Kassel		4,4	6,1
Lahn-Dill	5,7	2,2	4,7
Limburg-Weilburg		2,2	4,1
Main-Kinzig		3,6	5,1
Main-Taunus	3,6	2,1	3,5
Marburg-Biedenkopf	6,2	4,9	5,9
Odenwald	4,8	3,1	5,7
Offenbach		2,7	4,2
Rheingau-Taununs	4,1	n.a.	3,6
Schwalm-Eder	5,8	3,0	5,5
Vogelsberg		1,8	4,9
Waldeck-Frankenberg	5,4	1,7	5,0
Werra-Meißner	5,9	2,0	6,6
Wetterau	5,0	3,0	4,4

Wer hat die Linkspartei gewählt? Auch hier entsprechen die Ergebnisse den Erwartungen. Ein typischer Wähler der Partei wäre männlich, zwischen 45 und 59 Jahren alt, niedrig gebildet und arbeitslos. Das sind die sozialen Gruppen, bei denen die Linke weit über ihr Ergebnis von 5,1 Prozent hinaus gewählt wurde.

Aber auch bei Arbeitern und Gewerkschaftsmitgliedern konnte sie punkten.[31] Viele Wähler der Linken sind also Personen, die man traditionell eher bei der SPD verorten würde. Dementsprechend verloren die Sozialdemokraten auch die meisten Stimmen an die Linkspartei.[32] Das zweite bedeutende Reservoir der Linkspartei waren die Nichtwähler. Bemerkenswerterweise konnte sie bei der Wahl von allen Parteien Wähler abwerben.[33]

An dem hessischen Landtagswahlergebnis zeigt sich aber auch, dass von einem Repräsentanzwechsel nicht gesprochen werden kann. Denn gerade bei der Wählergruppe, die die Linke für sich vereinnahmt, nämlich den Arbeitslosen und sozial Schwachen, hat sie in Hessen vergleichsweise schlecht abgeschnitten. Bei der Bundestagswahl 2005 wählten 25 Prozent der Arbeitslosen die Linkspartei, auch bei der parallel zu Hessen stattfindenden Landtagswahl 2008 in Niedersachsen, erreichte sie bei diesem Wählerklientel 24,5 Prozent - dagegen nehmen sich die 15,3 Prozent in Hessen vergleichsweise gering aus.

4 Die Fraktion der Linkspartei im Hessischen Landtag

Mit sechs Abgeordneten wird die noch junge Partei in Zukunft im Hessischen Landtag vertreten sein. Die Geschicke der Fraktion soll nach dem erklärten Willen der Parteibasis Willi van Oooyen leiten. Dessen Wahl hat für die Linke zwei wesentliche Vorzüge: Seine Person wirkt einerseits integrierend in die Partei hinein, schließlich ist er nicht durch eine bestimmte parteiinterne Strömungszugehörigkeit vorbelastet. Andererseits vermag seine politische Biographie den intendierten Anspruch einer Bewegungspartei sowie das Verständnis einer Fraktion, im Sinne eines parlamentarischen Ausschusses zivilgesellschaftlicher Gruppen, zu stärken.

Strategisch wird die hessische Fraktion ähnlich wie die Bundestagsfraktion vorgehen und ihre Themen zur Abstimmung im Landtag einbringen, um so vor

---

[31] Männer (6,5 Prozent), 45-59 Jährige (7,4 Prozent), 45-49 jährige Männer (8,9 Prozent); Personen ohne Bildung (9,2 Prozent); Arbeitslose (15,3 Prozent); Arbeiter (7,6 Prozent); Gewerkschaftsmitglieder (9,2 Prozent). Quelle: Forschungsgruppe Wahlen.

[32] Die SPD verlor 32.000 Stimmen an die Linke.

[33] Die Linke erhielt die Stimmen von 26.000 Nichtwählern, 19.000 von den Grünen, 17.000 von der CDU und 5.000 von der FDP (Quelle: Infratest dimap).

allem Druck auf die SPD ausüben zu können.[34] Wie eine formale Zusammenarbeit zwischen der Linkspartei und der SPD ausgestaltet sein könnte, blieb unmittelbar nach der Wahl weiter unklar. Die SPD wies diese wie bereits im Wahlkampf ab. Die Linkspartei hielt die Koalitionsfrage anfänglich betont offen, distanzierte sich Mitte Februar allerdings von einer Koalitions- oder einer Tolerierungsoption.[35] Dies ist sicherlich auch den inneren Fliehkräften der Partei geschuldet. Erwähnenswert ist außerdem, dass sich die Linkspartei als lernende Organisation erweist und erfahrende Parlamentarier und Geschäftsführer aus anderen Landesverbänden unmittelbar nach der Wahl dem Landesverband beratend zur Seite gestellt wurden, sicherlich auch um ähnliche Rückschläge wie in Bremen vermeiden zu können.[36]

Ein Blick auf die Eigenschaften der Fraktionsmitglieder offenbart verschiedene und interessante Über- bzw. Unterrepräsentationen. Bis auf Marjana Schott aus dem bei Kassel gelegenen Fuldabrück stammt die Mehrzahl der Abgeordneten aus Südhessen, davon vier aus Frankfurt. Altersgemäß erscheint die Fraktion repräsentativ für die Gesamtpartei: Janine Wissler ist die einzige Mandatsträgerin unter 30 Jahren, die anderen sind zwischen 50 und 61 Jahre alt. Auffällig ist außerdem die Geschlechterparität, die aus dem quotierten Verfahren zur Aufstellung der Liste resultiert. Mehrheitlich gehören die Abgeordneten der pragmatischeren, reformfreudigen Strömung der Sozialistischen Linken an. Somit wäre ein oppositionell und populistisch geschwungenes Damoklesschwert über dem Haupte einer Koalition eher auf Seiten der Basis zu verorten und nicht bei der größtenteils auch kommunalpolitisch erfahrenen Landtagsfraktion. Letztlich ist außerdem bemerkenswert, dass, resultierend aus der Trennung von Amt und Mandat, der Einzug der Linkspartei die Partei selbst vor eine personalpolitische Zäsur stellen wird. So gehören vier der sechs Abgeordneten dem Landesvorstand der Partei an, zwei davon dem geschäftsführenden Landesvorstand.

Mit dem Einzug in den Landtag ist aber insbesondere aus materieller Sicht für die weitere Entwicklung der Landespartei ein wichtiges Fundament gelegt worden. So verfügt sie auf Grundlage der Wahlkampfkostenrückerstattung und

---

[34] Zeitnah sollen dies, in der Position übereinstimmend mit der SPD, die Abschaffung der Studiengebühren sowie die Rückkehr des Landes Hessen in die Tarifgemeinschaft der Länder sein.

[35] Der hessische Landesverband tat dies expliziter als die Bundesspitze. Gregor Gysi sprach sich auf dem außerordentlichen Parteitag am 9.Februar 2008 für Gespräche mit der SPD aus.

[36] Hier präsentiert sich die Fraktion der Linkspartei nach zahlreichen Personalquerelen in einem desolaten Zustand.

der Diätenabgaben der Abgeordneten von nun an über eigene finanzielle Mittel und anhand der Infrastruktur einer Landtagsfraktion über zusätzliche logistische Ressourcen, die ihr eine gewisse Eigenständigkeit und Souveränität gegenüber der Bundespartei ermöglichen sollten.

5 Die Linkspartei in Hessen – Eine Innenansicht

Die Charakterisierung der hessischen Linkspartei als virtuelle Partei ergibt sich maßgeblich daraus, dass sich die Partei zwar im August 2007 formal gegründet, aber nach wie vor noch keine manifeste Form angenommen hat und sich weiterhin in einem fluiden Findungsprozess um ihre Identität befindet.

5.1 Aufbau und Strukturen des innerparteilichen Lebens

Der hessische Landesverband der Linkspartei gliedert sich in 24 Kreisverbände sowie in themen- und personengruppenbezogene Landesarbeitsgemeinschaften und Interessensgemeinschaften.[37] Diese sollen der innerparteilichen Willensbildung und dem Diskurs dienen und stellen Bindeglieder zu zivilgesellschaftlichen Gruppen dar. Der hauptamtliche Apparat des Landesverbandes beschränkt sich auf eine Stelle im Landesbüro in Frankfurt sowie auf eine halbe Stelle im nordhessischen Büro in Kassel. Weitere logistische Unterstützung erfährt der Landesverband aus den Büros der Bundestagsabgeordneten.

Der Mitgliederstand im Februar 2008 beträgt 2159 Personen. Nach etwa 1600-1700 Mitgliedern zu Zeiten der Konstituierung der Partei Mitte 2007 kann man also einen Zuwachs feststellen. Drei Charakteristika in der Verteilung der Mitglieder fallen auf. Etwa 60 Prozent der Mitglieder sind älter als 40 Jahre. Die Partei ist außerdem eindeutig männlich dominiert: 1665 Männern stehen 494 Frauen gegenüber. Festzuhalten bleibt letztlich außerdem ein starkes südhessisches Übergewicht. Allein der Kreisverband Frankfurt vereinigt, ohne die ebenfalls mitgliederstarke Region, bereits 466 Mitglieder.

Obwohl bei der neuen Linkspartei oft von einer Bewegungspartei gesprochen wird, war zumindest bei den hessischen Veranstaltung, Tagungen und Parteitagen von neuen oder alten Sozialen Bewegungen nicht viel zu sehen oder

---

[37] Beispielsweise zu Bildung, Umwelt, Migration. Auch die Kommunistische Plattform ist eine anerkannte LAG.

hören - mit Ausnahme der Friedensbewegung, die nach den Querelen um den Spitzenkandidaten mit Willi van Ooyen jetzt einen Vertreter an prominenter Stelle vorweisen kann. Bei Debatten, Rede- und Wortbeiträgen waren unter den Parteimitgliedern nur zwei bekennende Gruppen identifizierbar: Gewerkschafter und DKPler. Bei den Gewerkschaftern ist das wenig verwunderlich, stellten sie doch einen Großteil der aktiven WASG-Mitglieder und gehören damit zu den Personen, die das Projekt Linkspartei im Westen erst möglich gemacht haben. Zusätzlich stellen sie eine solide finanzielle und humankapitale Basis zur Verfügung. So finden Veranstaltungen der Linkspartei in Gewerkschaftshäusern statt und aktive Gewerkschafter nutzten Zeit und andere Ressourcen für ihre Arbeit in der Partei. Daneben bilden die Betriebe eine gute Basis zur Mitgliederrekrutierung. Dazu werden vor den Werktoren Flugblätter verteilt und in den Unternehmen die Betriebsräte aktiviert.

Wie sieht es aber im linken Milieu aus? Der Zuspruch und das Auftreten der alternativen Bewegungen sind eher verhalten. Während die Friedensbewegung personell vertreten ist, ist von der Dritten-Welt-Bewegung oder der ökologischen Bewegung nicht viel zu sehen. Nicht viel besser sieht es mit dem linkstraditionalistischen Milieu aus: von Seiten der DKP gibt und gab es keine Bestrebungen sich mit der Linkspartei zusammen zu schließen und auch von der anfänglich noch von einigen Personen beider Seiten geforderten engen Zusammenarbeit in Form von garantierten Listenplätzen für DKPler war im weiteren Verlauf nichts mehr zu hören[38]. Es kam aber zumindest nicht zu einem konkurrierenden Antritt von DKP und Linkspartei. Das die Linkspartei sich selbst nur als Teil des linken Milieus sieht und nicht als "Die Linke" auftritt, ist also nur folgerichtig. Auch beim kirchlichen Milieu gibt es, über eventuelle Überschneidungen mit der Friedensbewegung hinaus, keine Anzeichen einer besonders engen Zusammenarbeit.

Zur Mitgliederrekrutierung und Integration junger Mitglieder dienen zwei Verbände: der Studierendenverband Linke.SDS[39] und der Jugendverband Linksjugend.solid. Beide stellen ein Novum dar, war doch die parteinahe Jugend- und Studierendenvertretung stets lokal zersplittert (Studierende) bzw. existierten konkurrierende Verbandskonzepte (Jugend). Die Linke.SDS soll als gemeinsames Dach linksalternativer, linksautonomer und radikaldemokratischer Kräfte dienen, diese bündeln sowie vernetzen und koordinieren. Ein Landesverband existiert in

---

[38] Scheinbar konnte man sich nicht auf die an die DKP zu vergebenen Listenplätze einigen. Zeitungsberichte im Nachspiel der Wahl beschrieben die differierenden Vorstellungen zwischen Platz 5 (DKP) und zwischen Platz 8-11 (Linkspartei).
[39] Das Kürzel SDS steht für „Sozialistisch-demokratischer Studierendenverband".

Hessen bisher noch nicht. An den fünf hessischen Universitätsstandorten ist die Linke.SDS vertreten, Schwächen existieren im Fachhochschulbereich. Ob der Verband die ihm angedachte Schnittstellenfunktion zwischen linken Gruppierungen und Partei leisten kann, bleibt abzuwarten. Ohnehin bleibt zu konstatieren, dass die Hochschulen, verglichen mit den 1970er Jahren, nicht mehr Keimzellen linksalternativen Protestes und innovativer Politikangebote sind. Jener Verband spiegelt somit die veränderten externen Umwelteinflüsse auf das hochschulpolitische Spektrum wieder. Auch hier zeigt sich die dependenzpolitische Facette der noch jungen Partei.[40] Der Jugendverband Linksjugend.solid versteht sich zwar als parteinah, aber eigenständig. Ihm voraus gingen in Hessen 2004 Diskussionen um die Zukunft der parteilichen Jugendorganisation. Letztlich entschieden sich die damals 50-60 Mitglieder für den Verbleib in den Strukturen solids und somit für eine relativ autonome Stellung zur Partei und gegen die Strukturen der PDS Jugend, deren Funktion weniger auf programmatischer als auf der Ebene der Mitgliederrekrutierung gelegen hätte. Die Integration der WASG-Jugend, deren Aktivitäten auf Kassel begrenzt waren und die von der SAV, Sozialistische Alternative Voran, dominiert war sowie Teile der JungdemokratInNen/ Junge Linke[41], die sich in Richtung der Linkspartei orientiert hatten, verliefen mit einem Verlust an Aktiven. Der nunmehr im Jahre 2007 gegründete und einheitsstiftende Verband Linksjugend.solid gliedert sich in mehrere Ortsgruppen und erfreut sich, ebenso wie der Studierendenverband Linke.SDS, großer innerparteilicher Akzeptanz und Mitgliederzuwaches - insbesondere auch aus den Funktionärsebenen der Gewerkschaftsjugenden. Neben Linksjugend und Studierendenverband gibt es noch die beiden trotzkistischen Gruppen Linksruck und SAV[42]. Während erste sich 2007 formal auflöste, zieht sich letztere, die SAV, deren Aktivitäten hauptsächlich auf Kassel begrenzt waren, wegen ihrer ablehnenden Haltung gegenüber der Parteifusion, scheinbar bereits wieder aus der Partei zurück. Im Umfeld der Partei, und diese mit programmatischem Input

---

[40] Erste Erfolge bei Hochschulwahlen kann der Studierendenverband noch nicht melden. Sowohl in Kassel, als auch in Frankfurt und Gießen erzielten sie lediglich niedrigere Ergebnisse im einstelligen Prozentbereich.

[41] Eine Jugendorganisation, die spätestens nach 1982 ihre Nähe zur FDP aufgegeben hat und seit dem als parteiungebundene radikaldemokratische Organisation versucht zu wirken.

[42] Beide Gruppierungen, SAV und Linksruck, bzw. marx 21 sind trotzkistische Strömungen, die über Entrismus in der Vergangenheit immer wieder versuchten diverse politische Zusammenhänge maßgeblich zu beeinflußen. Linksruck scheint es im Falle der Linkspartei gelungen zu sein, stammen doch mit Janine Wissler und der Landesvorsitzenden Ulrike Eifler zwei zentrale Führungspersoenlichkeiten aus jenem Zusammenhang.

fütternd, agieren außerdem das Landesbüro der Rosa-Luxemburg-Stiftung sowie ein Beirat bestehend aus Akademikern und Gewerkschaftern[43], der sich explizit für die Parteifusion und einen Einzug in den Landtag einsetzte.

5.2 Innerparteiliche Strömungslehre

War Hessen zu Beginn der Zusammenarbeit beider Quellparteien und des Fusionsprozesses noch nahezu strömungs- und konfliktfrei, lassen sich, spätestens seit dem Landesparteitag, die drei bundesweiten Strömungen der Linkspartei auch in Hessen identifizieren: die Anti-Kapitalistische Linke (AKL), die Sozialistische Linke (SL) und das Forum Demokratischer Sozialismus (Forum DS). Diese sind institutionalisiert, verfügen über einen Sprecherrat und dienen zur Willensbildung sowie zur machtpolitischen Fundierung innerparteilicher Auseinandersetzungen. Hierbei zeichnet sich die AKL durch ihre Oppositionsorientierung aus. Unter ihren Mitgliedern befinden sich zahlreiche Mitglieder der Kommunistischen Plattform, so auch ihr hessischer Sprecher Reiner Kotulla. Die AKL versteht sich grundsätzlich als sammlungsorientierter Strömungszusammenhang. Die SL stellt die gewerkschaftliche und reformorientierte Strömung dar, die sich unter gewissen Bedingungen Regierungsbeteiligungen vorstellen kann und zu der in Hessen unter anderem die Landesvorsitzende Ulrike Eiffler und die führenden Gewerkschafter gehören. Das Forum DS wird in Hessen insbesondere durch Jörg Prelle vom Landesbüro der Rosa-Luxemburg-Stiftung geprägt. Es ist ebenfalls reform- und regierungsorientiert und PDS-dominiert.

Wie sich die Kräfteverhältnisse zwischen diesen Strömungen in der weiteren Entwicklung der Partei in Hessen ausprägen werden bleibt abzuwarten. Aktuell dominiert die SL, gestützt auf einen Großteil des Landesvorstandes und den über hohe Ressourcen verfügenden Gewerkschaftern und Bundestagsabgeordneten, den Landesverband. Bislang sind Richtungskämpfe noch nicht ausgebrochen, allerdings kann auf Grund der hohen Heterogenität der Partei von prinzipiellen Unterschieden innerhalb der Basis ausgegangen werden, so dass identitäre Auseinandersetzungen lediglich eine Frage der Zeit und des Anlasses zu sein scheinen.

---

[43] Hierzu zählen beispielsweise Carmen Ludwig (GEW), Frank Deppe und Werner Ruf (beide Politikwissenschaftler).

6 Die Linkspartei im hessischen Parteiensystem

Wie lässt sich die Linkspartei in das parteilich linke Lager in Hessen einordnen? Wie die Analyse der Wählerschaft gezeigt hat, vermochte die Linkspartei sowohl von der SPD als auch von den Grünen Stimmen zu gewinnen. Insbesondere konnte sie Proteststimmen von Wählergruppen an sich binden, die die SPD scheinbar nicht mehr erreichen kann.

Da die Erfolgsbedingungen der Linkspartei stark von Ausrichtung, Verhalten und Politik der SPD abhängen, wird es spannend zu beobachten sein, ob und wie sie sich in Hessen wird etablieren können. Schließlich verfügt die hessische SPD unter Führung Andrea Ypsilantis doch über ein betont linkes Profil, welches sich insbesondere im Kernanliegen der Linkspartei nach sozialer Gerechtigkeit niederschlägt. Hieraus entstehen zahlreiche programmatische Überschneidungen. So fordern beide beispielsweise die Einführung der Gemeinschaftsschule, einen gesetzlichen Mindestlohn oder auch Korrekturen an der Agenda 2010. Der sozialdemokratische Kurs einer ablehnenden Ignoranz gegenüber der Linkspartei konnte ihren Einzug in den Landtag nicht verhindern. So stellt sich auf Grund der inhaltlichen Überschneidungen und der potenziellen Rolle der Linkspartei als Mehrheitsbeschafferin für eine rot-grüne-Regierung für die SPD auch in Hessen die Frage nach einem schlüssigen Umgang. Ambitionen der Linkspartei, Andrea Ypsilanti zur Ministerpräsidentin zu wählen, und einer möglichen rot-rot-grünen Koalition nicht prinzipiell ablehnend gegenüber zu stehen, unterstreichen die Rolle der Linkspartei als Zünglein an der Waage. Einen wesentlichen Etablierungsfaktor in Konkurrenz zur SPD stellt die Verankerung innerhalb der Gewerkschaften dar. Anders als in Niedersachsen verhielten sich in Hessen die Gewerkschaften bei Wahlempfehlungen neutral und verwiesen nicht auf die Linkspartei. Insbesondere innerhalb des DGB-Bezirks Frankfurts und in relevanten Teilen der Gewerkschaftsjugend kann sie allerdings zunehmend einen Vorsprung gegenüber der Sozialdemokratie gewinnen.

Auch wenn Hessen als grünes Stammland gilt, bieten sich für die Linkspartei den Grünen gegenüber verschiedene Punkte der Abgrenzung. Insbesondere der Kurs der Grünen in Frankfurt und Kassel in der Koalitions- bzw. Flughafenfrage stellen Angriffspunkte dar.[44] Da die Grünen in Hessen auch in nahezu idealtypischer Weise dem Typus der Realos zugerechnet werden können (vgl. Bei-

---

[44] In Frankfurt koalieren CDU und Grüne und in der Region Kassel existieren Konflikte zum Flughafenausbau
Kassel-Calden.

trag von Kleinert in diesem Band) und die schwarz-grünen Erfahrungen in Frankfurt zukünftig durchaus auf die Landesebene ausstrahlen könnten, könnte die Linkspartei Druck von links auf die Partei ausüben. Eine tatsächliche Verankerung in alternativen und ökologischen Zusammenhängen gelang der Linkspartei bisher allerdings nicht.

7 Resümee

Die Westausdehnung der Linkspartei markiert eine Zäsur. Auch in den westdeutschen Landtagen besteht nun für die SPD und die Grünen eine veränderte Konkurrenzsituation. Die Linkspartei konnte allerdings nicht nur ehemalige SPD- und Grünen-, sondern auch CDU-Wähler und solche aus dem Nichtwählerbereich mobilisieren.

Aber anders als die Grünen, die Anfang der 1980er Jahre ein neues Vierparteiensystem einleiten konnten, besetzt die Linkspartei keine neue, tiefgreifende Konfliktlinie, sondern akzentuiert den etablierten und institutionalisierten Konflikt zwischen Arbeit und Kapital auf linkstraditionalistische Weise. Zum Charakter dieser Sammlungsbewegung gehört eine spezifische ideen- und interessenpolitische Heterogenität: Einige ehemalige Mitglieder von SPD und Grünen treffen auf Mitglieder linkssektiererischer Gruppierungen, Aktivisten aus der Friedens- und Ökologiebewegung sowie KPDlern und linkstraditionalistisch gestählten Gewerkschaftsfunktionären. Neben den vielen ergrauten Häuptern mit Nähe zum Vorruhestand, die mit einer gewissen Zähigkeit ihre unversöhnliche Haltung mit den bestehenden Zuständen inszenieren, sind auch Politikneulinge aufgenommen worden. So bildet sich eine heterogene und in sich widersprüchliche Parteibasis heraus. Daraus ergibt sich in den westdeutschen Ländern ein diametral anderes Parteiprofil als in den ostdeutschen: einerseits Nörgler- andererseits Kümmererpartei (vgl. Güllner 2005).

Angesichts des Wahlerfolges wird die Partei von nun an nachholend und ohne eine Disziplinierung durch Wahlkämpfe Auseinandersetzungen um ihren Charakter, ihre programmatische Basis und ihre strategischen Präferenzen führen müssen. In Anbetracht des etwaigen Kräftegleichgewichts zwischen Oppositions- und Reformorientierten gestalten sich Prognosen über ihren zukünftigen Weg schwierig. Bei der Ausbildung eines eigenständigen hessischen Profils wird die Landtagsfraktion eine zentrale Rolle spielen. Führende hessische Köpfe der nach Orientierung ringenden Partei konnten in den Landtag einziehen. Diese gehören mehrheitlich dem reformorientierten Flügel der Partei an. Hinzu kommt der mediale, politisch-strategische und logistische Ressourcenvorteil der Fraktion gegenüber den anderen Parteiebenen.

Ähnlich wie bei den Grünen wird auch beim Parteiwerdungsprozess der Linkspartei die Sozialisation durch die Verfahren, Regeln und Strukturen des Parlamentarismus eine wichtige Rolle spielen. Ob die ausgeprägten Partizipationsbedürfnisse und Mitsprachemöglichkeiten der Parteibasis dazu ein Korrektiv bilden werden, ist langfristig fragwürdig. Der Findungsprozess der Linkspartei wird sich vermutlich weniger zwischen oppositionellem Linkspopulismus und realpolitischem Gestaltungsdiskurs abspielen als vielmehr in der Aneignung kompromissorientierter parlamentarischer Praxis und ihrer voraussetzungsvollen Vermittlung gegenüber Parteibasis und Elektorat. Der Linkspartei fehlen gegenwärtig ein positiver und nicht lediglich auf Abgrenzung beruhender Grundkonsens sowie ein hessenspezifisches Profil.

Literatur

Deppe, Frank (1989): Die Entwicklung der hessischen Gewerkschaften 1946-1986. In: Greven, Michael Th.; Schumann, Hans-Gerd (Hrsg.): 40 Jahre hessische Verfassung – 40 Jahre Politik in Hessen, Opladen, S.135-147.

Fülberth, Georg (1994): Die Kommunistische Partei Deutschlands (KPD) und die Deutsche Kommunistische Partei (DKP) in Hessen 1945-1992. In: Berg-Schlosser, Dirk; Fack, Alexander; Noetzel, Thomas (Hrsg.): Parteien und Wahlen in Hessen 1946-1994, S.188-195.

Güllner, Manfred (2005): Zur Einheit nicht geeignet. In: Financial Times Deutschland, 24.06.2005.

Hartleb, Florian/ Rode, Franz Egon (2006): Populismus und Kleinparteien. Das Beispiel der Linkspartei.PDS und der WASG vor dem Hintergrund der Bundestagswahl 2005. In: Jun, Uwe u.a. (Hrsg.): Kleine Parteien im Aufwind. Zur Veränderung der deutschen Parteienlandschaft, Frankfurt/ New York, S.161-178.

Hessisches Ministerium des Innern und für Sport (HDMI) (2007): Verfassungsschutz in Hessen. Bericht 2006, Wiesbaden.

Koß, Michael/ Hough, Dan (2006): Zurück in die Zukunft? Die Linkspartei.PDS und die Verlockungen des Populismus. In: Jun, Uwe u.a. (Hrsg.): Kleine Parteien im Aufwind. Zur Veränderung der deutschen Parteienlandschaft, Frankfurt/ New York, S.179-200.

Koß, Michael (2007): Durch die Krise zum Erfolg? Die PDS und ihr langer Weg nach Westen. In: Walter, Franz u.a. (Hrsg.): Die Linkspartei. Zeitgemäße Idee oder Bündnis ohne Zukunft? Wiesbaden, S.117-153.

Micus, Matthias (2007): Stärkung des Zentrums. Perspektiven, Risiken und Chancen des Fusionsprozesses von PDS und WASG. In: Walter, Franz u.a. (Hrsg.): Die Linkspartei. Zeitgemäße Idee oder Bündnis ohne Zukunft? Wiesbaden, S.185-237.

Moreau, Patrick (2007): Arbeit & soziale Gerechtigkeit – Die Wahlalternative (WASG). In: Decker, Frank; Neu, Viola: Handbuch der deutschen Parteien, Wiesbaden, S.155-162.

Nachtwey, Oliver (2007): Im Westen was neues. Die Entstehung der Wahlalternative Arbeit & soziale Gerechtigkeit. In: Walter, Franz u.a. (Hrsg.): Die Linkspartei. Zeitgemäße Idee oder Bündnis ohne Zukunft? Wiesbaden, S.155-184.

Nachtwey, Oliver/ Spier, Tim (2007): Günstige Gelegenheit? Die sozialen und politischen Entstehungshintergründe der Linkspartei. In: Walter, Franz u.a. (Hrsg.): Die Linkspartei. Zeitgemäße Idee oder Bündnis ohne Zukunft?, S.13-69.

Neu, Viola (2006): Kleine Parteien an der Urne. Die Bundestagswahl 2005. In: Jun, Uwe u.a. (Hrsg.): Kleine Parteien im Aufwind. Zur Veränderung der deutschen Parteienlandschaft, Frankfurt/ New York, S.117-134.

Neu, Viola (2007): Linkspartei.PDS (Die Linke). In: Decker, Frank; Neu, Viola: Handbuch der deutschen Parteien, Wiesbaden, S.314-328.

Walter, Franz (2007): Eliten oder Unterschichten? Die Wähler der Linken. In: Ders. u.a. (Hrsg.): Die Linkspartei. Zeitgemäße Idee oder Bündnis ohne Zukunft? Wiesbaden, S.325-337.

Wolf, Werner (1985): Wahlkampf und Demokratie, Köln, 1990.

Benno Hafeneger

Rechtsextreme Parteien in Hessen

Blickt man auf die Geschichte des Rechtsextremismus (RE) und der rechtsextremistischen Parteien im Bundesland Hessen, dann spiegelt sich hier deren Geschichte in der Bundesrepublik ebenso wider, wie gleichzeitig landesspezifische Tendenzen, Akzente und Merkmale erkennbar sind. Diese Geschichte ist im Kern angesiedelt im Spannungsfeld zwischen offenem rechten Extremismus und konservativem Bürgerblock, zwischen altem und neuem Rechtsextremismus, verbunden mit Themenkontinuität und -wechsel sowie einem ideologischen Kernbestand und Modernisierungsversuchen. Dabei zeigen Mitgliederzahlen und Wahlergebnisse identifizierbare Zyklen zwischen Aufstieg und Niedergang bzw. ein wiederkehrendes Auf und Ab der rechtsextremen Parteien, die aber trotz alledem die Stabilität der parlamentarisch verfassten demokratischen Ordnung nie gefährden konnten. Der organisierte RE ist eine sich immer wieder verändernde Subkultur, blieb aber landespolitisch in fast allen Phasen bedeutungslos. Lediglich auf kommunaler Ebene ist es den Parteien (insb. der NPD und den Republikanern) immer wieder gelungen lokal und regional Wählerpotential auch im zweistelligen Bereich zu binden.

1 Nachkriegszeit

In der Nachkriegszeit und Anfang der 50er Jahre (re)organisiert sich der RE durchaus facettenreich. Neben Netzwerken, Kulturgemeinschaften und Traditionsverbänden wurde auch der Versuch unternommen die „alte Rechte" parteipolitisch zu organisieren (Dudek/ Jaschke 1984). Für den hessischen Kontext ist – neben den Aktivitäten der kleinen Rechtsparteien wie der Sozialistischen Reichspartei (SRP) und der Deutschen Partei (DP) - besonders die Nationaldemokratische Partei interessant, eine rechtsextremistische Kleinpartei, die nicht zu verwechseln ist mit der bis heute aktiven Nationaldemokratischen Partei Deutschlands (NPD) (vgl. im Folgenden Schmollinger 1984: 1892 ff.). Sie wurde 1945 in Friedberg gegründet und war in ihrem Wirkungskreis auf einige hessische Kreise und Städte beschränkt. Eine eigene Landeslizenz erhielt die Partei nie, allerdings wurde ihr Gründer Heinrich Leuchtgens durch eine Vereinbarung mit der FDP 1949 in den Bundestag gewählt. Ihre spektakulärsten Wahlerfolge erzielte die Partei bei den Kommunalwahlen von 1948. In Wiesbaden konnte sie 26.000 Wähler und 24,4 Prozent der Stimmen auf sich vereinen. Zudem konnte sie landesweit einen Anteil von 3,4 Prozent gewinnen, und das obwohl sie in nur sieben Land- und zwei Stadtkreisen kandidiert hat. Heftige Flügelkämpfe in der zerrissenen Partei führen 1950 schließlich zu ihrem Zerfall und dem Aufgehen einer kleineren Gruppe der Mitglieder (Höchststand Juni 1948 ca. 750) in der SRP und einer größeren Gruppe in der Deutschen Reichspartei (DRP).

In dieser Gründungs- und ersten Etablierungsphase gab es auch im Jugendbereich vielfältige völkische und rassistische Organisationsansätze und Gruppen, die sich in einem Spektrum von jugendbewegten, völkisch-nationalen und soldatischen bis hin zu neonazistischen Gruppen mit militanten Verhaltensweisen organisierten. In den 50er Jahren gab es Bestrebungen, im rechten Jugendlager an Bedeutung zu gewinnen, die Mitte der 50er Jahre mit einem nennenswerten Zulauf verbunden war und sich 1954 im Kameradschaftsring Nationaler Jugendverbände (KNJ) organisierte. Dabei können (auch in Hessen) drei Gruppen unterschieden werden: 1. betont politische, nationalistische Jugendorganisationen, die im ideologischen, teils auch im organisatorischen Zusammenhang mit nationalistischen oder neonazistischen Erwachsenenorganisationen stehen; 2. völkische Jugendbünde, die an die völkischen Teile der Jugendbewegung vor 1933 oder deren Gedankengut anknüpfen; 3. soldatische Jugendgruppen, die größtenteils mit Unterstützung militärischer Traditionsverbände oder Organisationen ehemaliger Soldaten arbeiten (vgl. Dudek/ Jaschke 1984).

2   Sechziger Jahre – Dominanz der NPD

Mit der Gründung der NPD 1964 entwickelte sich eine neue führende Kraft und eine Sammlungsbewegung unterschiedlicher rechter Gruppierungen – von national-konservativen Strömungen bis hin zu Vertretern nationalrevolutionärer Militanz – im parteipolitisch organisierten Lager. In der Zeit der großen Koalition, der sozial-liberalen Regierung und der neuen Ostpolitik, der Wirtschaftskrise sowie der studentischen Protestbewegung agierte sie besonders erfolgreich, denn hier hatte sie ihre Themenzentren (Stichworte: Ostpolitik, politische Linke, Kultur-kampf). Die Zeit von 1964 bis 1971 war für die NPD mit parlamentarischen Erfolgen auf kommunaler und Landesebene verbunden (vgl. Smoydzin 1967; Kühnl u.a. 1969; Niethammer 1969; Jesse 2005; Backes/ Steglich 2007). Es gelang ihr Teile des Wählerpotentials zu binden und in sieben Landtage einzuziehen. In Hessen erhielt sie bei der Landtagswahl am 6. November 1966 7,9 Prozent der abgegebenen Stimmen und war eine Legislatur mit acht Mandaten im Landtag vertreten. Dort blieben die rechtsextremen Abgeordneten trotz ihres Bemühens nach parlamentarischer Konformität durchgehend isoliert. Die geschlossene Ablehnungsfront der demokratischen Parteien, die die Profilierungsversuche der NPD schon im Keim erstickten (prinzipielle Zurückweisung von Anträgen, Verweigerung des Zugangs zu Präsidium, Hauptausschuss, Landeszentrale etc.), vermochten die Rechten zu keinem Zeitpunkt aufzubrechen. Während ihrer einmaligen Präsenz im Hessischen Landtag ist es der NPD somit zu keinem Zeitpunkt gelungen, parlamentarische Akzeptanz zu erlangen.

Weiter konnte sie in Hessen, Niedersachsen und dem Saarland nach Kommunalwahlen 183 Abgeordnete in 101 von 131 Landkreisen und kreisfreien Städten stellen. Ihre Hochburgen hatte sie in strukturschwachen Gebieten mit niedrigem Einkommensniveau. Nach der Bundestagswahl 1969 und dem knappen Scheitern (4,3 Prozent, fast eineinhalb Millionen Stimmen) begann der Abstieg der NPD, der mit Flügelkämpfen, Abspaltungen, Rücktritten und einem Generationenwechsel verbunden war. In Hessen war sie im nächsten Landtag nicht mehr vertreten und wurde in der Folgezeit bei Wahlen und in der Mitgliederentwicklung bedeutungslos.

3 Siebziger Jahre – Neue Militanz und Radikalisierung

Während der parteipolitisch organisierte Rechtsextremismus in den siebziger Jahren bei Wahlen und in der Mitgliederentwicklung bedeutungslos bleibt, machen Mitte der siebziger bis Mitte der achtziger Jahre vor allem rechtsextremistische und neonazistische (eng begrenzte und streng hierarchische) Kleingruppen sowie Wehrsportgruppen mit ihrer „Verjugendlichung", ideologischen Radikalisierung und Militanz der Szene (bis hin zum Rechtsterrorismus) auf sich aufmerksam. Zu erinnern ist an Gruppen wie Wehrsportgruppe Hofmann, Aktionsfront Nationaler Sozialisten/ Nationale Aktivisten (ANS/ NA), Volkssozialistische Bewegung Deutschlands/ Partei der Arbeit (VSBD/ PdA), die NSDAP Auslandsorganisation NSDAP/ AO oder die Jungen Nationaldemokraten (JN), die Wiking-

Jugend und andere Kleingruppen. Führende Aktivisten und Kader kamen aus Hessen, u.a. aus dem südhessischen Raum sowie aus dem Raum Fulda und Hanau. Es gab in dieser Zeit auch Hinweise aus der Fußballfan-Szene, dass hier (mit eher mäßigem Erfolg) versucht wurde Kontakte zu knüpfen und mit Werbeversuchen die Erlebnisorientierungen und Mentalitäten in Teilen der Fanszene zu binden.

4   Wahlerfolge in den achtziger und frühen neunziger Jahren

Erst Anfang der achtziger Jahre rückte der öffentliche Fokus wieder auf die rechtsextreme Parteienlandschaft, die zu dieser Zeit erstmals von einer Konkurrenz der Parteien geprägt war. Insbesondere die 1983 gegründeten Republikaner (REP) und die 1971 gegründete Deutsche Volksunion (DVU) kamen bei Landtagswahlen in Baden-Württemberg und Bremen über die Fünf-Prozent-Quote. Bei der Europawahl 1989 erhielten die REP 7,1 Prozent. 1989 konnte die NPD in mehreren Kommunen wieder in Parlamente einziehen. In Frankfurt erhielt sie bei den Kommunalwahlen in diesem Jahr 6,6 Prozent der Stimmen und sieben Abgeordnetenmandate (schon im Mai 1990 zerfiel die Fraktion). Die REP wurden in Hessen bei den Kommunalwahlen zur führenden Kraft des parteipolitisch organisierten Rechtsextremismus/ -populismus. Bereits bei den Kommunalwahlen am 12. März 1989 erreichten sie in den beiden Landkreisen, in denen sie angetreten waren, zweistellige Ergebnisse. Sie hatten bei den Landtagswahlen keine Chancen die Fünf-Prozent-Hürde zu überwinden, konnten bei den folgenden Kommunalwahlen jedoch ein erhebliches Wählerpotential binden und in einigen Landkreisen, vielen Städten und Gemeinden zweistellige Ergebnisse einfahren.[1] Sie erhielten bei der Kommunalwahl 1993 landesweit 8,3 Prozent der Stimmen und insgesamt 284 Mandate – womit sie in allen Parlamenten, für die sie kandidierten, auch vertreten waren. Damit zogen in der Geschichte der Hessischen Kommunalwahlen erstmals Mandatsträger der extremen Rechten in großer Anzahl in kommunale Parlamente ein.

---

[1] Bspw. Neustadt 17,3 Prozent, Stadtallendorf 16,1 Prozent, Offenbach 15,1 Prozent, Wiesbaden 13,1 Prozent, Frankfurt 9,3 Prozent, Biblis 13,5 Prozent, Hanau 14,0 Prozent, Dillenburg 13,3 Prozent, Geisenheim 12,0 Prozent, Gießen 10,4 Prozent.

5 Mitte der neunziger Jahre bis Anfang 2008 – Wahlergebnisse, Differenzierung und Jugendkultur

Seit Mitte der neunziger Jahre haben sich fünf Facetten des rechtsextremen Lagers herausgebildet und differenziert, die sich wie folgt darstellen:

5.1 Parteien und Wahlen: NPD und REP

Insgesamt gibt es in Hessen etwa 3.050 Mitglieder in rechtsextremistischen Organisationen. Die NPD hat etwa 450 (2005: 350, 2004: 300) und die REP etwa 800 Mitglieder. Die Neonaziszene umfasst in Hessen etwa 250 Personen (2004 waren es 200). Schwerpunkt der Szene (Neonazis/ Kameradschaften/ Skinheads) ist der südhessische Raum – aber auch in anderen Regionen gibt es Kameradschaften. Es ist der NPD gelungen auf Bundesebene wie auch in mehreren Bundesländern einen kleinen, aber funktionsfähigen Parteiapparat aufzubauen. Die Partei akzentuiert neben ihrem NS-nostalgischen Traditionsbestand und klassischen Themen (Fremde, Ausländer, Asylbewerber/ Zuwanderung, innere Sicherheit bzw. „Law and Order") vor allem antikapitalistische Elemente, die Ethnisierung der Sozialen Frage, Ressentiments gegen „die da oben" und Globalisierungsfolgen. Sie steuert weiter einen aktionistischen Kurs als „Protestpartei" an (Seils 2002; Stöss 2005; Virchow/ Dornbusch 2008). Durch den Zulauf aus der Neonazi-/ Kameradschaftsszene verzeichnete die NPD im Jahr 2005 in mehreren Landesverbänden Mitgliederzuwächse. Sie entwickelte sich zu einer radikalisierten und offen rechtsextremistischen Partei, die sich professionalisiert und verjüngt sowie „gegenüber der militanten ‚Szene' der ‚Skinheads' und ‚Neonazis' geöffnet hatte" (Backes/ Steglich 2007: 7).

Tabelle 1: Mitgliederzahlen von NPD und REP in Hessen und bundesweit

	NPD		REP	
	Hessen	Bund	Hessen	Bund
2006	400	7.000	k. A.	6.000
2005	350	6.500	800	6.500
2004	300	5.300	1.000	7.500
2003	300	5.000	1.300	8.000
2002	350	6.100	1.600	9.000
2001	400	6.500	1.800	11.500

Quellen: Landesamt für Verfassungsschutz Hessen/ Bundesamt für Verfassungsschutz

Bei der Kommunalwahl 2001 reduzierten sich die Stimmenanteile im Vergleich zur vorherigen Wahl erheblich. Auf Landesebene kamen die REP (als nach wie vor bedeutendste Rechtsaußenpartei in Hessen) auf 2,5 Prozent und die NPD auf 0,2 Prozent der Wählerstimmen. Aber auch hier zeigten sich weiterhin die lokalen und regionalen Hochburgen, die Präsenz der Partei und die bekennenden Kader. So erhielt die NPD bspw. im Wetteraukreis 3,3 Prozent der Stimmen und war mit drei Abgeordneten im Kreistag vertreten.[2] Die REP waren in 17 Kreistagen und in Parlamenten von drei kreisfreien Städten repräsentiert.

Bei der Bundestagswahl 2005 bekam die NPD in Hessen 1,5 Prozent (= 51.499) der Erststimmen und 1,2 Prozent (= 41.380) der Zweitstimmen. Das ist ein deutlicher Zuwachs gegenüber 2002 (0,3 Prozent der Erststimmen und 0,4 Prozent der Zweitstimmen).

Tabelle 2:   **Stimmenanteile von NPD und REP bei Kommunalwahlen in Hessen**

	NPD	REP
26.03.2006	0,4 %	1,5 %
18.03.2001	0,2 %	2,5 %
02.03.1997	0,6 %	6,6 %
07.03.1993	0,7 %	8,3 %
12.03.1989	1,4 %	0,7 %
10.03.1985	0,1 %	
22.03.1981	0,1 %	
20.03.1977	0,1 %	
22.10.1972	0,6 %	
20.10.1968	5,2 %	

Quelle: Hessisches Statistisches Landesamt

Bei der Kommunalwahl 2006 kandidierte die NPD im Wetteraukreis und Lahn-Dill-Kreis sowie in mehreren Kommunen. Die REP kandidierten in 15 Landkreisen und drei kreisfreien Städten (Frankfurt, Wiesbaden, Offenbach) sowie zahlreichen Kommunen. Bei der NPD war auf den Listen ein Zusammengehen mit Kameradschaften/ Freien Nationalisten (in der Wetterau) zu konstatieren. Im Lahn-Dill trat sie mit ehemaligen Aktivisten der REP an. Ein „Bürgerbündnis Pro Schwalm-Eder" ist mit einer Liste aus NPD-Mitgliedern, abtrünnigen Aktivisten

---

[2] Sie war außerdem in den Gemeindevertretungen von Wölfersheim (4 Sitze), Leun (2 Sitze) und Ehringshausen (hier erhielt sie 1997 22,9 Prozent der Stimmen, 2001 waren es noch 7,1 Prozent und 2 Sitze) und Kelkheim (1 Sitz).

der REP und aus der Kameradschafts-/ Neonazi-Musikszene im Schwalm-Eder-Kreis angetreten. Im Kreis Hersfeld-Rotenburg gab es eine ähnliche Zusammensetzung als Gruppe Freier Deutscher. Hier ist eine bundesweite Tendenz zu erkennen, die auf eine (regionale und auch nationale) Vereinheitlichung der extremen Rechten zielt. Dies ist nicht der erste Versuch, das „nationale Lager" zu vereinheitlichen. So waren auf den beiden Listen im Schwalm-Eder-Kreis und Landkreis Hersfeld-Rothenburg alle regional bekannten Aktivisten der REP, NPD und Kameradschafts-/ Musikszene vertreten. Hier ist die Einschätzung von Staud zu neueren Entwicklungen im rechtsextremen Lager und der neuen Bedeutung der NPD zutreffend, nach der es der größte Erfolg der NPD sei, sich „an eine vitale Jugendkultur anzuschließen. Aus der kleinen Skinhead-Szene von vor fünfzehn, zwanzig Jahren ist heute eine breite Strömung mit verschiedenen Stilen und unterschiedlichen Graden von Eindeutigkeit geworden. Die NPD schwimmt mittendrin. Sie wächst aus diesem Milieu und fördert es. Sie agiert an der Schnittstelle von Jugendkultur, Ideologie und parlamentarischer Politik" (Staud 2005: 14).

Bei allen lokalen und regionalen Erfolgen zeigen die Ergebnisse der Kommunalwahl in Hessen am 26. März 2006, dass die NPD und REP im Landesdurchschnitt bedeutungslos geblieben sind. Die REP erhielten 1,5 Prozent (2001 waren es 2,5 Prozent) und die NPD 0,4 (2001 waren es 0,2 Prozent) der Stimmen. Die REP bleiben – trotz des Aktivismus und der Verjüngung der NPD – parteipolitisch und parlamentarisch die führende Kraft im Lager.

Tabelle 3:   Stimmenanteile von NPD und REP bei Landtagswahlen in Hessen

	NPD	REP
27.01.2008	0,9%	1,0 %
02.02.2003	---	1,3 %
07.02.1999	0,2 %	2,7 %
17.02.1995	0,3 %	2,0 %
20.01.1991	---	1,7 %
05.04.1987	---	
25.09.1983	---	
26.09.1982	---	
08.10.1978	0,4 %	
27.10.1974	1,0 %	
08.11.1970	3,0 %	
06.11.1966	7,9 %	

Quelle: Hessisches Statistisches Landesamt

Bei der Kommunalwahl 2006 war die extreme Rechte nicht attraktiv. Sie konnte mit ihren Angeboten und ihrem Personal nicht an Themen und Stimmungen anschließen und das in empirischen Studien ausgewiesene Einstellungspotenzial (als Wählerpotenzial) mobilisieren. Weiter zeigt sich, dass sie – abgesehen von Mitgliedern aus den Kameradschaften und auch der jugendkulturellen Szene – kaum neue Mitglieder und Akteure gewinnen konnte, die bereit waren, auf den Listen zu kandidieren. Seit mehreren Wahlen sind es immer wieder dieselben Kandidatinnen und Kandidaten aus den bekannten lokalen Familienzusammenhängen und kleinen Netzwerken. Sie sind in Hessen eher älter und kommen aus unteren sozialen Gruppen. Jüngere Kandidaten und Kandidatinnen kommen aus der Szene der Kameradschaften und Freien Nationalisten. Neue Mitglieder und Kandidaten aus weiteren sozialen und beruflichen Statusgruppen konnten nicht gewonnen werden. Weiter haben Untersuchungen zur Sozialstruktur und den Themen von REP und NPD in hessischen Kommunalparlamenten für die neunziger Jahre Folgendes deutlich gemacht: Es sind erstens die ideologischen und gesinnungszentrierten Motive und Interessen, die sich vor allem in der Ethnisierung von sozialen Themen, in nationalistischen Umdeutungen und Schuldzuweisungen, in Polemiken gegen Zuwanderer und Asylbewerber, der EU-Osterweiterung sowie in Kriminalität und Sicherheit zeigen. Die Sozialstruktur der Mandatsträger in den kommunalen Parlamenten zeigt zweitens, dass diese (im Unterschied zu Sachsen) vor allem aus älteren Jahrgängen und aus unteren sozialen Schichten und Statusgruppen kommen. Es sind vielfach Familien- und Verwandtschaftsbeziehungen, die auf den Listen identifizierbar sind. Bisher finden sich Beamte, Selbständige oder Akademiker eher vereinzelt auf den Listen und in Parlamenten von hessischen Kommunen (vgl. Hafeneger 1995, 1997).

Für die Landtagswahl am 27. Januar 2008 kandidierte die NPD mit einer Landesliste, auf der 15 Kandidatinnen und Kandidaten verzeichnet waren. In 38 von 55 Wahlkreisen wurden Direktkandidaten nominiert. Auf den ersten Plätzen der Landesliste kandidierten die wichtigsten Kader: die stellvertretende Bundesvorsitzende Doris Zutt (Ehringshausen), Dirk Waldschmidt (Schöffengrund), der Landesvorsitzende Marcel Wöll (Butzbach) und Jörg Krebs (Frankfurt/ Main). Die NPD versuchte mit einer „großen Hessenrundfahrt" und Themen wie „sozial geht national", mit Forderungen wie „Senkung der Abgeordneten-Diäten", „Mindestlohn", „Ehestandsdarlehen für deutsche Paare", „Arbeit für Deutsche", „Müttergehalt für deutsche Frauen", „Ausweisung aller kriminellen und arbeitslosen Ausländer" Stimmen zu gewinnen. Sie erzielte im Landesdurchschnitt 0,9 Prozent der abgegebenen Stimmen.[3] Das Ergebnis ist ein Beleg dafür, dass die

---

[3] In einzelnen Kommunen zeigte sich folgendes Ergebnis: Lahn-Dill-Kreis 1,4 Prozent, Landkreis Herfeld-Rotenburg 1,9 Prozent, Vogelsbergkreis 1,0 Prozent und Wetteraukreis

NPD nicht in der Lage ist auf Landesebene Wählerpotential zu binden. Die REP hatten eine Landesliste mit 24 Kandidatinnen und Kandidaten eingereicht; in 50 von 55 Wahlkreisen gab es Direktbewerber. Auf den ersten Plätzen der Landesliste kandidierten aus dem Landesvorstand: Haymo Hoch (Zwingenberg), Mark Olaf Enderes (Wiesbaden) und Manfred Thierau (Stadtallendorf). Die REP forderten im Wahlkampf u.a. „Kriminelle Ausländer raus", „Unser Volk zuerst", ein „Minarettverbot für Hessen", „Wahlfreiheit für Mütter" und „Dankbarkeit von Ausländern und Asylbewerbern". Sie erhielten im Landesdurchschnitt 1,0 Prozent der abgegebenen Stimmen.[4] Auch sie ist nicht in der Lage auf Landesebene Wählerpotential zu binden.

5.2 Jugendkultur/ Alltag

Mit der jugendkulturellen Szene und rechten Erlebniswelt hat sich seit Ende der neunziger Jahre ein neues Phänomen herausgebildet. Neben der schon länger existierenden und abgrenzbaren traditionellen Skinheadszene ist dies vor allem eine Jugendszene in ländlichen Regionen, die typische jugendkulturelle Merkmale aufweist. Die mittlerweile langjährigen Beobachtungen zeigen, dass diese jugendkulturelle Gesellungsform nicht nur ein episodales Phänomen, sondern mittlerweile ein fester Bestandteil der jugendkulturellen Landschaft geworden ist. Die Hintergründe und Motive für diese Entwicklung sind vielfältig und im Kontext von krisenhaften Bedingungen des Aufwachsens in ungewissen Zeiten sowie der Entwicklung des ländlichen Raumes („abgehängte" Orte und Regionen, kulturelle Armut u.a.) zu interpretieren. Die Merkmale der jugendkulturellen Szene mit ihren Eigen- und Zwischenwelten sind für Hessen hinreichend beschrieben und untersucht worden (Hafeneger/ Jansen 2001; Hafeneger u.a. 2002; Hafeneger/ Becker 2007; Glaser/ Pfeiffer 2007). Mehrere Regionalstudien haben in Hessen seit dem Jahr 2000 für mehrere Landkreise[5] eine Szene nachgewiesen, die mit jeweils etwa zehn Cliquen in zehn bis 12 Orten durchaus flächendeckend erkennbar ist.

2,0 Prozent; Hirzenhain 5,4 Prozent, Wölfersheim 5,0 Prozent, Leun 3,4 Prozent, Haiger 2,0 Prozent und Ehringshausen 2,0 Prozent.

[4] In einzelnen Kommunen zeigten folgende Ergebnisse, wo die REP am stärksten waren: Offenbach 2,1 Prozent, Freienstein 4,4 Prozent, Sinntal 3,9 Prozent, Sensbachtal 3,8 Prozent, Raunheim 3,7 Prozent, Brachtal 3,6 Prozent und Stadtallendorf 3,4 Prozent.

[5] Schwalm-Eder-Kreis, Main-Kinzig-Kreis, Lahn-Dill-Kreis, Landkreise Gießen und Limburg-Weilburg. Diese Entwicklung ist auch für die Landkreise Vogelsberg, Schwalm-Eder, Bergstraße, Odenwald und Kassel bestätigt worden.

Einigen Befunden zur Folge sind diese von männlichen Jugendlichen bzw. jungen Männern dominiert, die vor allem aus unteren sozialen Schichten kommen (Auszubildende, Handwerker, Hauptschüler, in Maßnahmen der Schul- und Arbeitsverwaltung). Sie sind insbesondere im ländlichen Raum präsent, haben ihre Treffpunkte und hören ihre Musik. Identifizierbar sind unterschiedliche Zugehörigkeitsmuster. Dabei ist ein Strukturelement, dass es einen Kern und ein fluides Umfeld gibt. Weiter ist die Cliquenszene regional vernetzt, sie treten oftmals provozierend und Streit suchend auf. Der organisierte RE versucht an die kulturellen Trends anzuknüpfen und vor allem mit Lifestyle-Angeboten, mit „nationaler Musik" (wie den Schulhof-CD-Aktionen), Protest und Rebellionsritualen sowie Treffangeboten, Jugendliche im Umfeld von Schulen zu erreichen.

5.3 Einzelaktivisten/ Kameradschaftsszene/ Freie Nationalisten/ Vernetzung

Vor allem in der Szene der männlichen Jugendlichen und erwachsenen jungen Männer hat sich ein neuer Typus mit neuen medien- und öffentlichkeitswirksamen Aktionsformen herausgebildet, der ideologisch verfestigt und aktivistisch ist, der sich nach außen sowohl mit seinem Outfit, Tattoos, Lifestyle bekennend als auch bürgerlich anständig und angepasst verhält. Diese Kultur der jungen Männer zeigt sich auch in Hessen in Form von bekannten Einzelaktivisten, so genannten Freien Nationalisten bzw. Freien Kameradschaften. So gab es Mitte 2006 das Aktionsbündnis Mittelhessen, das für die vier Demonstrationen in Gladenbach verantwortlich zeichnete und bis zu 450 Teilnehmer mobilisierte. Exemplarisch als erkennbar aktive Gruppen genannt seien auch die Freien Nationalisten Rhein-Main (mit dem Anwesen in Butzbach/ Hoch-Weisel im Vogelsbergkreis und dem Wohnsitz des Landesvorsitzenden der NPD), der so genannte Nibelungensturm Odenwald und die Kameradschaft Bergstrasse mit etwa 25 Mitgliedern. Viele dieser Gruppen haben nur temporären Bestand, lösen sich aufgrund von Verfolgungsdruck, Konkurrenzen und Differenzen auf. Es erfolgen Neugründungen mit anderen Namen. Diese Prozesse und Formen im rechtsextremen Lager bilanzieren Klärner/ Kohlstruck folgendermaßen: „Auf der Ebene der Organisationsformen wurde die Vorherrschaft von hierarchisch organisierten (Wahl-)Parteien und paramilitärisch strukturierten Jugendorganisationen durch bewegungsförmige und informelle Zusammenschlüsse ergänzt" (Klärner/ Kohlstruck 2006: 29).

Besonders die NPD versucht, diese Elemente zu integrieren und an die Partei zu binden. „Vor allem durch ihr aktionsorientiertes Angebot aus Aufmärschen, Rechtsrock-Konzerten, Kameradschaftsabenden, Aktivitäten in einzelnen Jugendclubs oder dem Versand einschlägiger Devotionalien ist es der NPD in den letzten Jahren bereits gelungen, den Altersdurchschnitt ihrer Mitglieder zu senken. Mit der Betonung der ‚Jugendlichkeit' spekuliert die NPD auch darauf, dass mit ‚Jugend' assoziierter Begriffe wie ‚Stärke', ‚Virilität' oder ‚Zukunft' auf die Partei zu übertragen" (Virchow/ Dornbusch 2008: 69). Im jugendlichen Rechtsextremismus versuchen sich neben den Kameradschaften vor allem die Jungen Nationaldemokraten (JN) – die Jugendorganisation der NPD – mit einem „4-Säulen-Konzept" zu profilieren, das beim Landesparteitag der NPD am 27. Mai 2006 in Wölfersheim präsentiert wurde.[6]

5.4 Öffentlichkeits- und Demonstrationspolitik

Der „Kampf um die Köpfe, die Parlamente und die Straße" ist in der Drei-Säulen-Strategie der NPD formuliert worden. Neben der parlamentarischen Repräsentanz ist seit einigen Jahren in Hessen eine Zunahme von Konzerten, privaten Geburtstagsfeiern, der Demonstrationspolitik und von Aufmärschen zu beobachten. Präsenz und Aufmerksamkeit, Provokation und Öffentlichkeit, „sich zeigen" und sich als Machtfaktor zu gerieren, gehören zu den Merkmalen der Selbstinszenierung. „Neben der Schaffung eines Emotionskollektivs, der Selbstheroisierung und Solidarisierung wirkt die Demonstrationsstrategie noch auf andere Weise: sie ermöglicht Netzwerkbildung, Initiation, die Bildung von Parteigliederungen, die Gewinnung von Organisationskräften, Kadergewinnung und – auslese und eine Soldatisierung im Rahmen der Einübung von Marschformationen sowie die Erziehung zu ‚soldatischer Haltung'" (Backes/ Steglich 2007: 128). So ist die NPD im Jahr 2005 bei mindestens 80 Demonstrationen und Aufmärschen als Veranstalter aufgetreten (gegenüber 40 im Jahr 2004). Wiederholt werden Kundgebungen und Veranstaltungen, Demonstrationen und Aufmärsche oder auch so genannte Mahnwachen angemeldet und versucht gerichtlich durchzusetzen (und auch kurzfristig wieder abgesagt). So wurden z. B. Mitte des Jahres

---

[6] 1. Der Kampf um die Dörfer mittels Verteilaktionen, Stützpunktgründungen u.ä., 2. der Kampf um die Schulen, z.B. durch das Stellen von Klassen -und Schulsprechern, 3. die Zusammenarbeit mit den Kameradschaften und 4. die Intellektualisierung der Jugend mittels Schulungslagern und Gründung eines nationalen Bildungswerkes.

2006 gleich in mehreren Orten in Südhessen (im Odenwald und an der Bergstrasse) solche Öffentlichkeitsformen angemeldet und in Lindenfels, Höchst und Reichelsheim mit Flaggen und Transparenten, Slogans und Skandierungen inszeniert. Für den 26. August 2006 hatte das Aktionsbündnis Mittelhessen eine Demonstration unter dem Motto „Stoppt die Kriege im Nahen Osten" (und der
weiteren Parole: „Solidarität mit den freien Völkern im Nahen Osten. Besatzer
raus aus Palästina") in Marburg angemeldet und dann kurzfristig abgesagt. Auch
in Fulda wurde von Freien Nationalisten (und einem NPD-Mann angemeldet)
versucht am 19. August 2006 eine Veranstaltung anlässlich des Todestages von
Hess abzuhalten. Die vom Verwaltungsgerichtshof genehmigte Veranstaltung
wurde dann ebenfalls von der Szene abgesagt.

Am 20. Oktober 2007 demonstrierten die NPD in Frankfurt (mit knapp 100
Personen) und die REP in Rüsselsheim (mit etwa 20 Personen) gegen den geplanten Bau von Moscheen. Am 8. Dezember 2007 demonstrierte die NPD in Nidda
ebenfalls gegen den geplanten Moscheebau und konnte etwa 80 Teilnehmer auf
die Straße bringen. Am 15. Dezember demonstrierte die NPD mit 50 Personen in
Offenbach. Am 20. Januar 2008 führten die REP kurz vor der Landtagswahl eine
weitere Kundgebung mit etwa 100 Teilnehmern durch. Die Veranstaltungen sind
Teil ihrer Kampagne gegen weitere Moscheebauten in Hessen. Das Thema ist in
den Mittelpunkt der beiden Parteien geraten und im ideologischen Kontext von
Fremdenfeindlichkeit und Islamophopie angesiedelt. Der Landesverband der
NPD hat kurz vor der Landtagswahl am 19. Januar 2008 eine Wahlkampfkundgebung auf dem Frankfurter Römerberg mit etwa 90 Teilnehmern durchgeführt;
hier war das Motto: „Hessen Alternativen schaffen" und „Deutsche Politik für
deutsche Bürger". Die neue Phase der Demonstrationspolitik der extremen Rechten hat in Hessen wiederholt (und vor allem im Jahr 2007) gezeigt, dass das Lager
in einer Phase der Dauermobilisierung ist, die jedoch nur die Aktivisten aus der
parteipolitisch organisierten Mitgliedschaft und der rechten Szene aktiviert, während die extreme Rechte nicht in der Lage ist über ihr Lager hinaus zu mobilisieren und Protest auf die Straße zu tragen. Die Drei-Säulen-Strategie der NPD
wurde in den letzten Jahren ergänzt um die „Wortergreifungsstrategie". So zeigte
sich bei zahlreichen öffentlichen Veranstaltungen zum Thema RE, dass Akteure
der NPD und der Szene präsent sind, sich zeigen und mit diskutieren (wollen)
(vgl. Hafeneger 2007a).

5.5 Straftaten und Gewalt

Das hohe Niveau von rechtsextrem (fremdenfeindlich, rassistisch und antisemitisch) motivierten Straftaten und Gewaltdelikten, das es in der Bundesrepublik seit Anfang der neunziger Jahre gibt, findet sich in Hessen nicht. Im Ländervergleich hat Hessen eine relativ niedrige Quote. Die registrierten Straf- und Gewalttaten (und damit das Hellfeld) sind vor allem in den neuen Bundesländern überdurchschnittlich hoch. Im Jahr 2006 wurden 15.361 rechtsextreme und fremdenfeindlich motivierte Straftaten verübt, davon waren zwei Drittel Propagandadelikte (wie das öffentliche Verwenden verfassungsfeindlicher Zeichen) und 958 Gewalttaten; im Jahr 2004 waren es 7.943 Straftaten und davon waren 776 Gewalttaten. Auf 100.000 Einwohner kommen in Hessen 0,41 Gewalttaten im Jahr (2004 waren es ebenfalls 0,41), die überwiegend von jungen Männern verübt wurden. Alle diese Zahlen beziehen sich auf die behördlich registrierten Delikte im Hellfeldbereich. Für das Dunkelfeld werden weitaus höhere Zahlen vermutet.

6 Fazit

Der organisierte RE und die rechtsextreme Sub- und Jugendkultur gehörten zeitbezogen und unterschiedlich ausgeprägt schon immer zur politischen Kultur der Bundesrepublik Deutschland. In Hessen war und ist der organisierte RE mehr ein qualitatives Phänomen als ein quantitatives Problem; gleichzeitig zeigen lokale und regionale Zentren aber auch seine quantitative Bedeutung bei Kommunalwahlen. Aktuell ist die organisierte rechtsextreme Szene in Hessen überschaubar: Sie hat sich wie in der gesamten Republik differenziert und erhält Zuwachs (und auch Wählerzuspruch). Die Zahl der registrierten Gewalt- und Straftaten im Ländervergleich weist in Hessen jedoch ein niedriges Niveau auf. Weniger überschaubar sind die sich ausdifferenzierende nichtorganisierte Szene (Umfeld, Cliquen) und die rechtsextreme Kultur- und Erlebniswelt, der Mentalitätshaushalt und die rechtsextremen Orientierungen, die in die Mitte der Gesellschaft hineinreichen (vgl. Heitmeyer 2002 – 2008).

Der parteipolitische Wettbewerb der rechtsextremen Parteien ist nach wie vor von interner Konkurrenz und Abgrenzung geprägt. Gleichzeitig ist jedoch das (punktuelle) Zusammengehen des Lagers zu erkennen. Neben den alternden REP prägt vor allem die aktivistische NPD mit Mitgliedschaften und Zulauf aus der Kameradschaftsszene die rechtsextreme Parteienszenerie Hessens. NPD-Kader, Kameradschaften und Freie Nationalisten agieren in der (lokalen, regionalen) Netzwerkbildung und sind Träger des regen Aktivismus der Szene. Bei Landes- und Bundeswahlen waren rechtsextreme Parteien in Hessen (mit Ausnahme des Landtagswahlerfolges in den sechziger Jahren) erfolglos. Allerdings konnten sie immer wieder punktuelle und auch wiederholte Wahlerfolge in den lokalen und regionalen Hochburgen erzielen, die auf Wählerbindung und langfristigen Tradierungen hinweisen.

Literatur

Assheuer, Thomas/ Sarkowicz, Hans (1992): Rechtsradikale in Deutschland, München.

Backes, Uwe/ Steglich, Henrik (Hrsg.) (2007): Die NPD. Erfolgsbedingungen einer rechtsextremistischen Partei, Baden-Baden.

Dudek, Peter/ Jaschke, Hans-Gerd (1984): Geschichte des Rechtsextremismus in der Bundesrepublik Deutschland, Opladen.

Glaser, Stefan/ Pfeiffer, Thomas (Hrsg.) (2007): Erlebniswelt Rechtsextremismus, Schwalbach/ Ts.

Hafeneger, Benno (1995): Die Politik der extremen Rechten. Eine empirische Untersuchung am Beispiel der hessischen Kommunalparlamente, Schwalbach/ Ts.

Hafeneger, Benno (1997): Sozialstruktur der extremen Rechten. Mandatsträger der Republikaner und NPD am Beispiel der hessischen Kommunalparlamente, Schwalbach/ Ts.

Hafeneger, Benno/ Jansen, Mechtild (2001): Rechte Cliquen, Weinheim und München.

Hafeneger, Benno u.a. (2002): Rechte Jugendcliquen in Hessen. Szene, Aktivitäten, Folgerungen, Schwalbach/ Ts.

Hafeneger, Benno/ Becker, Reiner (2007): Rechte Jugendcliquen, Schwalbach/ Ts.

Hafeneger, Benno (2007a): In neuer Weise öffentlich präsent – Veranstaltungs- und Demonstrationspolitik der extremen Rechten, in: Praxis Politische Bildung (Heft 2), S.107-110.

Heitmeyer, Wilhelm (Hrsg.) (2002-2008): Deutsche Zustände (Folge 1-6), Frankfurt/ Main.

Jesse, Eckhard (2005): Das Auf und Ab der NPD. In: Aus Politik und Zeitgeschichte, (Band 42), S.31-38.

Klärner, Andreas Kohlstruck, Michael (Hrsg.) (2006): Moderner Rechtsextremismus in Deutschland, Hamburg.

Kühnl, Reinhard u.a. (1969): Die NPD. Struktur, Ideologie und Funktion einer neofaschistischen Partei, Frankfurt/ Main.

Leggewie, Claus/ Meier, Horst (Hrsg.) (2002): Verbot der NPD oder Mit Rechtsradikalen leben?, Frankfurt/ Main.

Niethammer, Lutz (1969): Angepasster Faschismus. Politische Praxis der NPD, Frankfurt/ Main.

Schmollinger, Horst W. (1984): Die Nationaldemokratische Partei. In: Stöss, Richard (Hrsg.): Parteien-Handbuch. Die Parteien der Bundesrepublik Deutschland 1945-1980 II, Opladen, S.1892-1921.

Seils, Christoph (2002): Ratlosigkeit, Aktionismus und symbolische Politik. In: Lynen von Berg, Heinz/ Tschiche, Hans-Jochen (Hrsg.) NPD – Herausforderung für die Demokratie?, Berlin, S.63-101.

Smoydzin, Werner (1967): NPD. Geschichte und Umwelt einer Partei – Analyse und Kritik, Pfaffenhofen.

Staud, Toralf (2006): Moderne Nazis. Die neuen Rechten und der Aufstieg der NPD, Köln.

Stöss, Richard (2005): Rechtsextremismus im Wandel, Berlin.

Virchow, Fabian/ Dornbusch, Christian (Hrsg.) (2008): 88 Fragen und Antworten zur NPD, Schwalbach/ Ts.

Florian Albert

Die Freien Wähler in Hessen

1 Einführung

Mit den Freien Wählern (FW)[1] kandidierte 2008 eine politische Gruppierung zur Landtagswahl, die ihrem rechtlichen Status nach keine Partei ist, deren politischer Schwerpunkt eigentlich in der Kommunalpolitik liegt und deren weitgehend eigenständig handelnde Ortsgruppen im Landesverband nur vergleichsweise locker zusammengeschlossen sind. Neben ihrer kommunalpolitischen Ausrichtung beruht die Identität der FW im Wesentlichen auch auf einer grundsätzlich parteienkritischen Haltung. Dementsprechend werden sie häufig als „Rathaus"- oder „Anti-Partei" bezeichnet. Obwohl die FW dies vehement bestreiten, erfüllen sie typisch parteipolitische Funktionen, wie bspw. Interessenartikulation, Rekrutierung des politischen Personals oder die Ausübung von Regierungsmacht (Wehling 2007: 288f.). Zudem sind sie auf Dauer angelegte Organisationen und bewerben sich um politische Mandate – in Hessen nach 1978 eben auch 2008 auf landespolitischer Ebene.

Ihren eigenen Wirkungskreis, die kommunale Selbstverwaltung, betrachten die FW als einen Ort, in dem politische Prozesse in erster Line kooperativ, pragmatisch und frei von parteilichen Interessen ablaufen sollten. Durch ihre dezidiert kleinbürgerlich-harmonisierende Sichtweise stilisieren sie Gemeinden zu homogenen Gemeinschaften (Stöss 1983: 2399), in denen sich befähigte Bürger einmütig um die vernünftige Lösung von Sachfragen bemühen sollten. Gestützt

---

[1] Dieser Artikel bezieht sich primär auf die Wählergemeinschaften, die im Landesverband der FWG Hessen organisiert sind. Dies ist nicht immer einfach, da die Statistiken nur begrenzt oder gar keine Unterscheidung zwischen unabhängigen und im Landesverband organisierten Listen treffen. Das Hessische Landesamt für Statistik nennt bspw. erst seit der letzten Kommunalwahl 2006 den Stimmenanteil der FWG Hessen an allen freien Wählergruppierungen.

auf den auf lokaler Ebene besonders weit verbreiteten Parteienskeptizismus begreifen die FW die dortigen Parteigliederungen als Fremdkörper, die sich angeblich nicht an Sachpolitik, sondern an reiner Parteiideologie orientieren und so den kommunalpolitischen Einklang stören würden. Ihrer Ablehnung von wertgebundenen Programmen entsprechend werben unabhängige Wählergemeinschaften daher in erster Linie für Personen und nicht für Programme. Ihre Kandidaten sind daher bevorzugt lokale Honoratioren, die durch vielfältiges Engagement, eine relativ lange Wohndauer oder einen guten Ruf fest in der Gemeinde verwurzelt sind.

2 Geschichte der Freien Wähler in Hessen

2.1 Die Freien Wähler in den Kommunen

Der Werdegang der FW Hessen ist geprägt von Auf- und Abstieg sowie der Konsolidierung als drittstärkster Kraft in Hessens Kommunen zum heutigen Tag. Die Entwicklung der hessischen FW entspricht daher – unter landesspezifischen Besonderheiten und zeitlichen Abweichungen – im Wesentlichen auch deren bundesweiter Gesamtentwicklung (Holtmann 2001: 424). Einer außerordentlich starken Phase (bis in die 1960er Jahre) folgten ein deutlicher Einbruch (Ende der 1960er/ Anfang der 1970er) sowie ein erneuter (relativer) Aufschwung Ende der 1980er/ Anfang der 1990er.

In den ersten zehn Jahren nach dem Zweiten Weltkrieg breiteten sich freie Wählergemeinschaften in Hessen rege aus und konnten beachtliche Wahlerfolge verbuchen. Insbesondere gesellschaftlich nicht Integrierte und politisch Heimatlose (Kriegsgeschädigte, Flüchtlinge, Ausgewiesene, aber auch NS-Belastete) machten als erste von der Möglichkeit, sich in parteifreien Wählergemeinschaften zu engagieren, Gebrauch (vgl. im folgenden Rüdiger 1966). Bis in die 1950er Jahre waren in Hessen zumeist locker organisierte Wählergemeinschaften mit vielfältigen Interessen entstanden, die – wenn im Einzelfall auch nicht immer trennscharf – wie folgt von Rüdiger kategorisiert wurden: 1. Kriegsgeschädigte und Neubürger; 2. Gruppen zur Wahrnehmung mittelständischer Interessen; 3. Politisch heimatlos gewordene Bürger (bürgerlich-rechtes Lager) und politisch Indifferente; 4. KPD-Gruppen; 5. Personalpolitisch motivierte Zusammenschlüsse; 6. Antisozialistische Zweckbündnisse und mehr oder weniger vorpolitische, im allgemeinen berufsständisch geprägte Unterschriftsgemeinschaften und 7. Einheitslisten. Allein diese Auflistung zeigt, dass auch in einer hessenweiten Betrachtung nur begrenzt von „den" FW die Rede sein kann und dass sie, obwohl unter einem gemeinsamen Namen zusammengefasst, stets unter dem Gesichtspunkt starker Differenziertheit betrachtet werden müssen. Politisch brisant war vor allem die Rolle der Wählervereinigungen, auf denen ehemalige Mitglieder der verbotenen KPD kandidierten. Bei den Kommunalwahlen 1956, die nur zwei Monate nach dem Verbot stattfanden, hatten sie nicht zuletzt dank juristischer Unklarheiten über den rechtlichen Status solcher Gruppierungen noch relativ wenige Probleme. Vier Jahre später hingegen hatte das hessische Innenministerium die Wahlausschüsse der Kommunen angewiesen, das Verbot der Partei und deren Ersatzorganisationen durch Ablehnung der Listenvorschläge konsequent umzusetzen. In Folge dessen verschwanden beispielsweise die – allerdings zuvor auch weitgehend erfolglosen – Gruppen mit ehemaligen KPD-Mitgliedern in Gießen, Offenbach oder Hanau von der politischen Bildfläche (Rüdiger 1966: 82).

Abbildung 1:   Parteien und Freie Wähler bei hessischen Gemeindewahlen seit 1946[2]

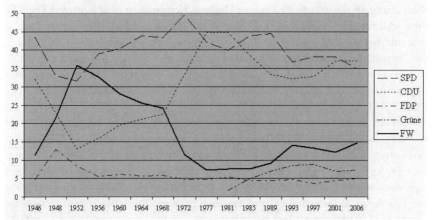

Abbildung: Eigene Darstellung. 2006 wurde erstmals das Ergebnis der Wählergemeinschaften, die im Landesverband der FW organisiert sind, separat erfasst (Ergebnis: 9 Prozent).

Bereits nach kurzer Zeit konnten freie Wählergruppen – besonders in den Gemeinden – große Erfolge erzielen. 1948 stammten rund 45 Prozent der eingereichten Wahlvorschläge in den kreisangehörigen Gemeinden von „demokratischen

---

[2] Quelle: Webseite Hessisches Statistisches Landesamt und Bick 1996: 214.

Wählergruppierungen" (Möller 1985: 85). 1952 waren sie stärkste Kraft in den Gemeinden – ein Ergebnis, dass bis heute nicht wiederholt werden konnte. In den kreisangehörigen Gemeinden stellten die FW 69,6 Prozent aller Mandatsträger und selbst bei den Kreistagswahlen konnten sie ihren Anteil auf 16,3 Prozent erhöhen (Möller 1985: 87f.).

In den folgenden Jahren verloren die Wählergemeinschaften zwar nicht massiv, aber dennoch zunehmend an Bedeutung. Der Prozess stetig rückgängiger Stimmenanteile bei Kommunalwahlen ist eng verbunden mit der Entdeckung der kommunalpolitischen Ebene durch die Parteien. Überall, wo diese mit eigenen Listen kandidierten, mussten die Parteiunabhängigen deutliche Verluste hinnehmen und ihre Rolle als Stellvertreter für die bislang nicht existenten Ortsgruppen der Parteien aufgeben. Der Prozess der Konzentrationsphase, in der sich das bundesdeutsche Drei-Parteiensystem der 1960er und 1970er Jahre herausbildete, vollzog sich in der hessischen Kommunalpolitik allerdings deutlich verzögerter als in anderen Ländern[3] (Bick 1996: 196). Denn bis zu den Wahlen von 1972 konnten die FW zunächst ihre Position als zweitstärkste kommunalpolitische Kraft gegenüber der CDU behaupten.

Allerdings stellen die Kommunalwahlen 1972 den bislang größten Einschnitt in Hessens kommunalpolitischer Geschichte dar – für die FW mit verheerenden Folgen. Nachdem bereits in den vorausgegangen Jahren deutlich geworden war, dass die Parteifreien ihre Funktion als Stellvertreter für die Volksparteien zunehmend verloren hatten, mussten sie in Folge der hessischen Gebietsreform 1972 nun eine Halbierung ihrer Stimmenanteile hinnehmen. Besonders die Umstrukturierung der Kommunen zu Großgemeinden setzte den FW deutlich zu, da bislang insbesondere die Kleingemeinden (bis zu 1.500 Einwohner) ihre letzten Bastionen gewesen waren. Mit ihren Listenvorschlägen erreichten sie hier eine Abdeckungsquote von 94,5 Prozent - weit mehr als die Großparteien (1964: SPD: 25,3 Prozent; CDU: 6,8 Prozent) (Möller 1985: 92). Nach 1972 gab es diese Gemeinden nicht mehr. Während die FW ihre Organisation an die neuen Großgemeinden anpassen mussten, stellte sich für die Parteien das Problem des schwachen Organisationsgrades in den Kleinstgemeinden nun nicht mehr. Zudem verloren die heterogenen Wählergemeinschaften an kommunalpolitischer Gestaltungskraft, da sich die Identifikation mit Problemen vor Ort und die Wahrneh-

---

[3] In Nordrhein-Westfalen, Hamburg und Rheinland-Pfalz erreichten die Wählergruppen bzw. anderen Parteien Anfang der 1960er kaum mehr als 5 Prozent der Stimmen der Gemeinde- bzw. Bürgerschaftswahlen.

mung der Einflusschancen auf diese insgesamt abschwächte (Führer/ Nötzel 1995: 136).

Dem weiteren Abstieg 1977 auf vergleichsweise magere sieben Prozent folgte bis Mitte der 80er Jahre eine Phase der Stagnation, in denen die FW keinen nennenswerten Zuwachs verzeichnen konnten. Erst in der nun folgenden Pluralisierungsphase der hessischen Kommunalpolitik konnten sie in der Folgezeit Stimmengewinne zu Lasten der großen Parteien verbuchen. Mit der Verdoppelung der Ergebnisse innerhalb von zehn Jahren (1993 rund 14 Prozent) konnte eine regelrechte „Renaissance der unabhängigen Wählergemeinschaften" (Bick 1996: 201) eingeleitet werden. In einem politischen Umfeld mit sinkender Wahlbeteiligung und steigender Unzufriedenheit mit Parteien haben sich die Rahmenbedingungen für die Anti-Parteien-Bewegung FW deutlich verbessert. Seit den 1990ern haben sie sich in den Gemeinden mit zweistelligen Stimmenanteilen deutlich vor Grünen und FDP als drittstärkste Kraft etabliert. Bei den Kreistagswahlen konnten sich die Parteifreien zudem mit rund sechs Prozent stabilisieren.[4]

2.2 Die erfolglose Landtagswahlkandidatur 1978

1978 beschloss der „Verband überparteilicher Wählergruppen in Hessen" vor dem Hintergrund der als ungerecht empfundenen Gebietsreform, seine Kandidatur für die hessische Landtagswahl einzureichen (vgl. im folgenden Stöss 1983 und Möller 1985). Das grundsätzliche Problem freier Wählergemeinschaften, nämlich bei Landtagswahlkandidaturen nie ausreichende Unterstützung aus dem eigenen Verband zu erhalten (Freie Wähler Bundesverband 2007a), trat bei dieser Wahl mehr als deutlich zu Tage. Auf der Tagung in Bad Nauheim stimmte weniger als die absolute Mehrheit (25 Ja, 18 Nein, 11 Enthaltungen) der Delegierten für diesen Schritt. Von ca. 300 unabhängigen Listen waren zu diesem Zeitpunkt auch nur rund 100 im Verband organisiert. Zusätzlich hatten sich die Befürworter der Wahlteilnahme mit einer Klage des Fraktionsvorsitzenden der Stadt Lahn, Karl Petry, auseinander zu setzen, der den Nauheimer Beschluss wegen angeblichem Satzungsverstoß außer Kraft setzen wollte. Die Auseinandersetzung über das Pro und Contra einer Kandidatur fand auch deshalb starken Niederschlag in der hessischen Presselandschaft.

---

[4] 1993: 6,1 Prozent; 1997: 6,7 Prozent; 2001: 5,8 Prozent; 2006: 5,8 Prozent. Quelle: Webseite Freie Wähler Hessen (Zugriff: 30.12.2007).

Das Wahlergebnis geriet nicht zuletzt dank dieser Uneinigkeit zum Debakel: Gerade einmal 7.500 Wähler (0,2 Prozent landesweit) votierten für die FW. Noch ein Jahr zuvor hatten zahlreiche Kreisverbände bei den Kreistagswahlen mehr als doppelt so viele Stimmen erhalten (Bspw. Lahn-Dill-Kreis 17.650 Stimmen). In nur einem einzigen Wahlkreis (Marburg-Biedenkopf Ost) überstiegen die FW die Ein-Prozent-Marke. Angesichts dieses Fehlschlags konstatiert Möller, dass die Kandidatur „gegen den Willen der klaren Mehrheit der hessischen Wählervereinigungen [erfolgte; FA], sie war das Werk einer kleinen Gruppe im FWG-Landesvorstand, die in naiver Fehleinschätzung der politischen Verhältnisse meinte, die 7,1 Prozent FWG-Stimmenanteil [...] bei der Kommunalwahl 1977 ließen sich einfach auf die Ebene der Landtagswahlen übertragen" (Möller 1985: 100f.).

3 Erfolgsfaktoren Freier Wähler

Das gute Abschneiden FW bei Kommunalwahlen erklärt sich zunächst mit unterschiedlichem Wahlverhalten im Mehrebenensystem. Zwar findet keine komplette Entkoppelung von bundes- und landespolitischem Wahlverhalten auf der einen und kommunalem auf der anderen Seite statt, trotzdem gibt es aber ein gewisses Maß der Differenzierung bzw. ein Mischverhältnis aus strukturellen und situativen Elementen (Holtmann 2001: 418). Daher kann man eine Unterscheidung zwischen generellen (z.B. Parteiidentifikation), kontextuellen (z.B. regionale Besonderheiten) und kommunalen/ kurzfristigen Faktoren (lokales Parteisystem, Kandidaten, Themen) treffen (vgl. auch Holtkamp/ Eimer 2006: 250). Auf Grund der Wahlerfolge FW in kleineren Kommunen wird häufig der Schluss gezogen, dass die Gemeindegröße eine wesentliche Variable für den Erfolg FW sei (Wehling 2007: 292). Neuere Studien haben jedoch gezeigt, dass diese Schlussfolgerung nicht weit genug greift und dass vielmehr der schwache Organisationsgrad der Parteien der Grund für ihr starkes Abschneiden ist. Sind diese, gerade in kleinen Kommunen, nicht oder nur in geringer Stärke mit eigenen Ortsverbänden präsent, so können parteifreie Wählergemeinschaften dieses politische Vakuum füllen und als Stellvertreter für die Parteien fungieren. Verlieren sie jedoch diese Stellvertreterfunktion und müssen sie sich mit Parteien oder auch anderen Wahlalternativen messen, so geht ihr Stimmenanteil deutlich zurück (pro angetretener Partei um ca. 19 Prozent) (Reiser/ Rademacher/ Jaeck 2008: 16). Als wichtiger Erfolgsfaktor gelten zudem die ehemaligen Kommunalverfassungen, die die jeweilige regionale politische Kultur langfristig geprägt haben. Gemein hin unterscheidet man vier Idealtypen, die sich u.a. in der Ausgestaltung des kommunalen Wahlsystems unterschieden haben. Im Sinne historisch gewachsener Strukturen kandidieren unabhängige Wählergemeinschaften in den Ländern, in denen das Süddeutsche Ratsverfassungsmodell vorherrschend war (und das in Bayern und Baden Württemberg stark direktdemokratisch gestaltet ist), tatsächlich häufiger und erfolgreicher bei Kommunalwahlen (ebd. 12 und 15).

4   Aktuelle Situation der Freien Wähler in Hessen

4.1 Organisation, Strukturen und Mitglieder

Traditionell haben Bundes- und Landesverbände bei den FW eine relativ geringe Bedeutung und sind nach wie vor überwiegend Repräsentativ- und Koordinierungsorgane. Um gegenüber den zentralisierten Parteiorganisationen im öffentlichen Diskurs jedoch nicht vollkommen an Gewicht zu verlieren, sahen die Unabgängigen zunehmend die Notwendigkeit, sich ein gemeinsames Sprachrohr zu schaffen, um „übereinstimmende und überregionale Interessen" (Braun 2006) der einzelnen Gruppen zu artikulieren. Am 19.Februar 1956 wurde in Frankfurt der Landesverband der FW Hessen gegründet. Stimmberechtigte Mitglieder im Landesverband sind die einzelnen Kreis- bzw. kreisfreien Stadtverbände. Laut eigener Angaben sind zurzeit 23 Kreisverbände, 271 Ortsverbände und somit ca. 15.000 Personen Mitglied bei den FW Hessen (ebd.). Bei der letzten Kommunalwahl 2006 waren 62 Prozent aller parteifreier Wählergruppen auch im Landesverband der FW organisiert.[5] Die tatsächliche Abdeckungsquote ist jedoch deutlich höher, da diese Statistik zum einen Listenverbindungen von FW und Parteien nicht als FW-Gruppen erfasst und zum anderen in der Kategorie „Wählergruppen" auch Listen aufgeführt wurden, die faktisch Ableger von Parteien sind und rein formal nicht als solche kandieren (z.B. Linkspartei/ WASG, Grüne Listen) und somit keineswegs dem Kriterium (partei-) Freier Wähler entsprechen.

In den vergangenen Jahren wurde die Organisation des Landesverbandes stetig ausgeweitet. Es existiert das „Bildungswerk für Kommunalpolitik Hessen e.V.", dessen Hauptaufgabe die Fortbildung von Mandatsträgern und Mitgliedern ist. Zudem gibt es seit 1998 mit den „Freien Jungwählern" (FJW) eine eigene Nachwuchsorganisation. Innerhalb der FW Hessen existieren keine organisierten Machtstrukturen. Wenn überhaupt, dann ist eine inhaltliche Konfliktlinie am

---

[5] Quelle: Hessisches Statistisches Landesamt.

ehesten beim Stadt-Land-Gegensatz erkennbar. Die ländlichen Verbände gelten demnach als eher konservativ, während sich in den Städten tendenziell liberale Kreisverbände organisieren. Einflussreich ist hierbei nicht zuletzt die parteipolitische Herkunft der FW-Politiker vor Ort, wie beispielsweise im KV Offenbach, der 1988 aus ehemaligen FDP-Politikern gegründet wurde und in den 1990er Jahren mit SPD und Grünen die Mehrheit in der Stadtverordnetenversammlung bildete.

Da die Organisationsform der FW Hessen (Mitglieder sind Kreis- und Ortsverbände sowie Einzelpersonen) mit dem hessischen Wahlrecht, das nur Kandidaturen von Vereinigungen, deren Mitglieder natürliche Personen sind, akzeptiert, inkompatibel ist, mussten die FW am 3.11.2006 in Groß-Gerau die Wählergruppe „FW Freie Wähler Hessen" gründen, die neben dem bestehenden Landesverband installiert wurde und die Ziele desselben vertreten soll. Trotz dieser doppelten Verbandsstrukturen war der zusätzliche organisatorische Aufwand begrenzt. Die Wählergruppe galt als rein funktionale Notwendigkeit, deren Umfang überschaubar war (ca. 450 Mitglieder) und deren Vergrößerung zunächst nicht angestrebt wurde. In einigen Kreisen umfasste sie lediglich das Minimum an notwendigen Mitgliedern (drei). Getragen wurde sie im Wesentlichen von Amts- und Funktionsträgern des Landesverbands. Mittel- bis langfristig strebt der Landesvorstand jedoch eine Zusammenlegung beider Strukturen an.

4.2 Wahlen und Erfolge

Zurzeit haben die FW Hessen ca. zwölf Prozent der Mandate in den Gemeindevertretungen und ca. sechs Prozent der Mandate in den Kreistagen inne. Im Bundesvergleich schneiden die FW Hessen somit tendenziell schwächer ab als andere Landesverbände (Wehling 2007: 292).[6] Da die Ergebnisse in den Kommunen außerordentlich stark variieren (zwischen Eins-Komma-Status und absoluter Mehrheit, beispielsweise in Liebenau mit 57,8 Prozent), kann an dieser Stelle nur der landes- bzw. kreisweite Trend näher beleuchtet werden. Bei Kreiswahlen erzielten die FW 2006 zum Teil zweistellige Ergebnisse und sind somit in einigen Kreistagen drittstärkste Fraktion nach CDU und SPD (Bsp.: Kreis Gießen 11,7 Prozent, Waldeck-Frankenberg 11,6 Prozent, Lahn-Dill-Kreis 11,4 Prozent). Bei den letzten Kommunalwahlen zeigte sich zudem deutlich, dass es sich bei den FW nach wie vor um eine ländliche Bewegung handelt, deren Präsenz und Erfolg

---

[6] Nur in drei Flächenstaaten (Nordrhein-Westfalen, Niedersachsen, Saarland) haben FW weniger Mandate auf Gemeindeebene inne.

in den kreisfreien Städten begrenzt sind (Kassel 1,8 Prozent, Offenbach 2,9 Prozent). Der eigenen Einschätzung zufolge rekrutieren die FW bei Kommunalwahlen ihre Wählerschaft zu ca. zwei Drittel aus dem bürgerlichen Lager, d.h. von Wählern, die bei landes- oder bundespolitischen Wahlen CDU oder FDP wählen.

5   Landtagswahl 2008

5.1 Freie Wähler und Landtagskandidaturen

Mit ihren Versuchen, in ein Landesparlament einzuziehen sind die FW bislang immer deutlich gescheitert. Während der bayerische Landesverband 2003 immerhin vier Prozent erzielen konnte, mussten sich andere Verbände stets mit deutlich weniger Zustimmung begnügen.[7] Neben den auf Landesebene nicht mehr vorhandenen Erfolgsfaktoren müssen sich FW bei ihrem Vorhaben, für eine Landtagswahl zu kandidieren, vor allem mit mehreren internen Problemen auseinandersetzen:
1. Nicht alle Mitglieder und Wähler der FW sind bereit die Landtagskandidatur zu unterstützen. In Folge dessen gibt es keine flächendeckende Kandidaturen und Wahlkämpfe. 2. FW haben bei Landtagswahlen häufig organisatorische Nachteile. Zum einen kennt ihr Verband keine den Parteien vergleichbare Straffung und Zentralisierung. Zum anderen müssen sie häufig wegen wahlrechtlicher Bestimmungen neue Organisationsformen schaffen und erhalten. 3. FW können auf Grund ihrer Heterogenität ihr Programm nur unzureichend präzisieren. Zudem fehlt ihnen auf Landesebene ein inhaltliches Alleinstellungsmerkmal, das entsprechenden landespolitischen Erfolg garantieren könnte. 4. FW verfügen nicht über die finanziellen Mittel wie politische Parteien. Sie finanzieren sich fast ausschließlich aus Mitgliedsbeiträgen und Spenden. Aus der staatlichen Politikfinanzierung sind kommunale Wählervereinigungen – trotz eines entsprechenden Urteils des Bundesverfassungsgerichts von 1992 – nach wie vor ausgeschlossen.
Innerhalb des Bundesverbandes der FW gibt es unterschiedliche Positionen bezüglich der Teilnahme an Landtagwahlen. So spricht sich beispielsweise einer der erfolgreichsten Landesverbände, nämlich der aus Baden-Württemberg, prinzipiell gegen einen solchen Schritt aus. Auch innerhalb der kandidierenden Landesverbände ist dies bislang keineswegs unstrittig.

---

[7] Zum Beispiel Brandenburg 1999: 0,6 Prozent; Saarland 1999: 0,8 Prozent; Thüringen 2004: 2,6 Prozent; Rheinland-Pfalz 2006: 1,6 Prozent.

5.2 Neuausrichtung der Freien Wähler Hessen

Im Jahr 1999 hatten sich die FW auf ihrem Delegiertentreffen in Solms noch mit deutlicher Mehrheit (ca. 80 Prozent) gegen eine Landtagswahlkandidatur für das Jahr 2003 ausgesprochen. Die Tatsache, dass sich 2006 eine Mehrheit von über 60 Prozent für die Landtagswahlkandidatur gefunden hat zeigt, dass sich innerhalb weniger Jahre ein Einstellungswandel innerhalb des Verbandes vollzogen hat.

Eingeläutet wurde dieser formal auf der Landesdelegiertenversammlung am 3.11.2001 in Gießen-Wieseck. Mit dem dort verabschiedeten so genannten „Vier-Säulen-Konzept" vollzogen die FW eine inhaltliche und organisatorische Neuausrichtung. So wurde in der Folgezeit der Landesverband deutlich professionalisiert und aufgewertet, um die Arbeit der FW besser gegenüber der Öffentlichkeit vermitteln zu können. Mittels eines Mitgliederinformationssystems, eines Antragspools für die kommunalpolitische Arbeit oder der Gründung kommunaler Arbeitsgemeinschaften sollten die Gruppen besser vernetzt und koordiniert werden. Die deutlichsten Veränderungen im Sinne verstärkter Zentralisierung vollzog der Verband allerdings in inhaltlicher Hinsicht. Neben der Verwendung eines gemeinsamen Logos erarbeiteten die FW erstmals politische Leitlinien, die den Mitgliedern als „roter Faden" dienen und das Ziel einer „gemeinsamen politischen Identität" (Faber 2002) verwirklichen sollten. Zur Kommunalwahl 2006 zogen die FW dementsprechend „erstmals in ihrer Geschichte mit landesweit einheitlichem Auftritt, inhaltlichen Aussagen und Strategien in den Wahlkampf" (Freie Wähler Hessen 2004b). Dieses Vorgehen wurde auch als Testlauf für eine mögliche Landtagswahlkandidatur gesehen (Grabenströer 2006) und angesichts des guten Ergebnisses sah sich der Landesvorstand in diesem neuen Kurs bestätigt (Freie Wähler Hessen 2006b). Der Einfluss des aktuellen Vorsitzenden Thomas Braun auf diese grundlegende strategische Neuausrichtung war zunächst relativ begrenzt, wurde dieser Prozess doch bereits Jahre vor seinem Eintritt initiiert. Bedeutender ist hingegen sein Einfluss auf die jüngere Debatte um die Landtagswahlkandidatur, plädierte er im Gegensatz zu seinem in dieser Frage eher skeptischen Vorgänger Wolfgang Hofmann doch deutlich offensiver dafür.

5.3 Interne Debatte und Entscheidung für die Landtagswahlkandidatur

Am 4.11.2006 hatte die Delegiertenversammlung in Groß Gerau über die Teilnahme an der Landtagswahl 2008 zu entscheiden. Außer dem sich einig wissenden Landesvorstand, der den Antrag zur Landtagswahlteilnahme gestellt hatte, zog sich der Konflikt zwischen Gegnern und Befürwortern durch die gesamte Verbandsstruktur, in der sich nach Einschätzung der FW-Führung drei wesentliche Fraktionen herausgebildet hatten: Neben den fundamentalen Gegnern einer Landtagskandidatur und den generellen Befürwortern musste insbesondere die größte Gruppe derjenigen überzeugt werden, die den Schritt auf die Landesebene nur unter bestimmten Voraussetzungen mittragen wollte. Indem der Landesvorstand nach 2001 den Weg einer nachholenden Professionalisierung (programmatisches Profil, organisatorische Grundstruktur und professionelle Außendarstellung) beschritten hatte, konnte diese Gruppe mehrheitlich für eine Kandidatur gewonnen werden.

In der Diskussion verwiesen die Befürworter insbesondere auf die politische Notwendigkeit einer Kandidatur, wonach die Interessen der Kommunen im Landtag stärker vertreten werden müssten und eine Korrektur der politischen Landschaft wegen des vermeintlichen Versagens der „etablierten Parteien" dringend notwendig wäre. Zudem läge die Wahlteilnahme im strategischen Interesse der FW, die dank erhöhtem Interesse ihre Organisation vergrößern und sich selbst als „Marke" stärken könnten. Die Gegner der Landtagswahlkandidatur befürchteten hingegen einen grundlegenden Identitätsverlust der FW als kommunalpolitische Kraft und eine zunehmende strukturelle „Verparteilichung" des Verbands. Einige Mitglieder warnten zudem vor der potentiellen Schwächung des bürgerlichen Lagers, die sich aus landespolitischer Konkurrenz zu CDU und FDP ergeben würde. Die schlechten Wahlergebnisse der FW 1978 in Hessen und in anderen Bundesländern spielten in der Diskussion hingegen keine Rolle.

Wie umstritten die Kandidatur letztendlich war, zeigte das Abstimmungsergebnis, wonach ca. 40 Prozent der Delegierten der Wahlteilnahme nicht zugestimmt haben. Beispielhaft für die uneinheitliche Stimmungslage ist zudem die Tatsache, dass der Hochtaunuskreis in Folge des Ergebnisses zwar aus dem Landesverband ausgetreten ist, der Kreisvorsitzende allerdings noch persönliches Mitglied in demselben geblieben ist. Verwerfungen dieses Ausmaßes blieben jedoch die Ausnahme. Andere Unterlegene hatten bereits vor der Abstimmung bekannt gegeben, dass sie sich dem Votum der Mehrheit beugen würden (Beispiel: Waldeck-Frankenberg) (Waldecksche Landeszeitung 2007).

5.4 Untersuchungsausschuss

Am 21.11.2006 wurde im Hessischen Landtag auf Antrag von Bündnis 90/ Die Grünen und der SPD ein Untersuchungsausschuss eingesetzt. Hintergrund war das Bemühen der FW auch als kommunale Kraft in die staatliche Politikfinanzierung einbezogen zu werden. Sie berufen sich bis heute auf das Bundesverfassungsgerichtsurteil vom 9.4.1992, welches dem Gesetzgeber Leitlinien zu einer solchen Neuregelung mit auf den Weg gegeben hat. Bis heute sind die Parteien dieser Aufforderung jedoch in keinem einzigen Bundesland nachgekommen.

Nach jahrelangem, erfolglosem Werben um eine solche Reform konnten sich die FW Hessen im Jahr 2005 mit Innenminister Volker Bouffier auf eine politische Initiative in Hessen verständigen. Allerdings, so der Vorwurf der FW, habe die Union während eines Treffens am 3.4.2006 ihre Zustimmung zu einer solchen Änderung mit einem Verzicht der FW auf die Landtagswahlkandidatur verbunden. Diese und insbesondere Ministerpräsident Koch beharrten in der Tat auf ihrem Standpunkt, dass ein solches Gesetz nur dann denkbar wäre, wenn die FW eine rein kommunalpolitische Kraft bleiben würden und eine Doppelfinanzierung auf Landes- und Kommunalebene ausgeschlossen werden könnte. Daher habe man die Absicht gehabt, erst nach dem Beschluss der FW über eine Landtagswahlkandidatur einen entsprechenden Beschluss mit breiter Zustimmung der anderen Fraktionen im Landtag zu fassen. SPD und Grüne sowie die FW interpretierten dieses Verhalten als Erpressung und Versuch, die FW von einer Kandidatur abzuhalten. Bis heute herrscht zwischen CDU und FDP auf der einen und SPD, Grünen und FW auf der anderen Seite Uneinigkeit über die Interpretation dieses Sachverhaltes, was sich auch in zwei verschiedenen Abschlussberichten des U-Ausschusses spiegelt.

Die konkreten Vorwürfe der FW wurden zudem erst im November 2006 publik. Zuvor hatte ihr Vorsitzender Braun den Sachverhalt bereits auf vier Regionalkonferenzen geschildert (Hessischer Landtag 2007: 39). Doch erst im Rahmen des Landesdelegiertentags und im Zuge der dort getroffenen Entscheidung für die Landtagswahlkandidatur, fanden die – nun auch gegenüber den Medien gezielt geäußerten[8] – Behauptungen des Vorsitzenden ein entsprechendes Echo. Die nun folgende bundesweite Berichterstattung, begünstigt durch den über ein halbes Jahr tagenden U-Ausschuss, bescherte den FW ein bislang einmaliges Maß an öffentlicher Aufmerksamkeit. Für die FW war die Debatte über Erpressungsvorwürfe ein regelrechter PR-Glücksfall. Neben ihrem sachlichen Anliegen konnten sie ihre Kandidatur gegenüber einem breiten Publikum thematisieren.

---

[8] Die erste Pressemitteilung der FW zu den Vorwürfen stammt vom 6.11.2006.

Zugleich konnte sich der bislang weitgehend unbekannte Spitzenkandidat Braun einen relativ hohen Bekanntheitsgrad verschaffen.[9]

5.5 Wahlkampfmanagement und -finanzierung

Auch der hessische Landesverband musste sich mit den bekannten Problemen FW in Landtagswahlkämpfen auseinandersetzen. In 14 Wahlkreisen (ca. 25 Prozent) kandidierten keine Direktkandidaten. Dies war allerdings nur zum Teil auf den Boykott der Landtagswahl zurückzuführen. In vielen Kreisen fanden sich nämlich schlichtweg keine Personen, die bereit waren beispielsweise die finanzielle Belastung einer solchen Kandidatur zu tragen. Um eine landesweite Wahlkampagne der FW überhaupt zu ermöglichen und um die Orts- und Kreisverbände nicht zu belasten (dies war beim Beschluss über die Wahlteilnahme so vereinbart worden), verständigte man sich im Vorfeld auf ein eigenes Finanzierungsmodell. Demnach spendeten die ersten fünfzehn (Direkt-) Kandidaten der Landesliste einen vierstelligen Betrag an den Landesverband. Zusätzlich stellten sie ihm ein individuelles Darlehen aus, das im Fall eines Wahlergebnisses von mehr als einem Prozent und der Gewährung von Wahlkampfkostenerstattung zurückgezahlt werden sollte. Aus diesen Mitteln stellte der Verband seine zentralen Wahlkampfdienstleistungen zur Verfügung. Die Kosten des Erststimmen-Wahlkampfes mussten die Betreffenden jedoch alleine tragen.

Da sie rechtlich keinen Parteienstatus innehaben, sind die FW Hessen auch nicht in die staatliche Politikfinanzierung eingebunden. Durch ihre Kandidatur zu Landtagwahl eröffnete sich für die FW allerdings die Möglichkeit, zumindest ihre Wahlkampfkosten rückerstattet zu bekommen. Laut hessischem Landtageswahlgesetz erhalten parteifreie Wählergruppen, die mindestens ein Prozent der Listenstimmen auf sich vereinigen können, einmalig zwei Euro pro Stimme (und höchstens den Gesamtbetrag der Wahlkampfkosten). Die im Parteiengesetz fixierte Regelung, dass die Landesverbände der Parteien ab einem Prozent Zustimmung 0,50 Euro je Stimme pro Jahr (also 2,50 Euro pro Legislatur) erhalten, gilt für sie nicht. Ebenso haben sie natürlich keinen Zugriff auf die den Bundesverbänden der Parteien zugewiesenen und dann auf die Landesverbände weitergeleiteten Mittel der staatlichen Parteienfinanzierung.

---

[9] Kurz vor der Wahl hatte Braun den gleichen Bekanntheitsgrad (ca. 20 Prozent) wie der Spitzenkandidaten der medial wesentlich intensiver beachteten Linkspartei, Willy van Ooyen (Driese 2008).

Der Landesverband hatte die politische Wahlkampfleitung inne, organisierte eine hessenweit einheitliche Kampagne und bestimmte die Themensetzung. Bezüglich des Kampagnen-Know-Hows bediente man sich im Vorfeld vor allem der Erfahrungen des bayerischen Landesverbands. Die Orts- und Kreisverbände wurden u.a. mit rund 15.000 Plakaten, 500.000 Flugzetteln sowie mit Radio- und Videospots unterstützt.

5.6 Strategien

Im Wahlkampf rückten die auf landespolitischer Ebene bislang profillosen FW weniger ein inhaltlich-programmatisches Alleinstellungsmerkmal ins Zentrum ihrer Kampagne, sondern versuchten sich vielmehr auf einer politisch-kulturellen Ebene von den anderen Parteien zu differenzieren. Indem sie das Bild einer zweigeteilten Gesellschaft zeichneten – auf der einen Seite das Volk, auf der anderen Seite die herrschende Parteienelite – bedienten sie sich typisch populistischer Argumentationsmuster. Sie selbst bezeichneten sich als „Anwälte der Ohnmächtigen" (Freie Wähler Hessen 2007a), die allein dem Gemeinwohl, und nicht dem „Diktat der Parteizentralen" verpflichtet sind. Mit dem Wahlkampfslogan „Für eine neue Kultur in der Politik" versuchten sich die FW dem Wähler als einzige Alternative zu diesem vermeintlichen „Parteienkartell" darzustellen. Ihre Kampagne zielte darauf ab, den Verband als frische, junge und unverbrauchte politische Kraft zu inszenieren, deren Politiker für „mehr Wahrheit, mehr Ehrlichkeit, mehr Offenheit" (TV-Spot) einstehen würden. Indem sie das in der Bevölkerung weit verbreitete Misstrauen gegenüber den politischen Parteien thematisierten, zielten die FW in erster Linie auf die „Nichtwähler, die Enttäuschten und Frustrierten" (Thomas Braun in: Rhein-Main-TV 2008). Trotz der pauschalen Parteienkritik zeigten sich die FW strategisch offen für mögliche Koalitionen mit allen Parteien – ausgenommen der Linkspartei sowie die Rechtsextremen. Trotz Erpressungsvorwürfen und Untersuchungsausschuss schloss Braun auch ein Bündnis mit der CDU – allerdings ohne Roland Koch – nicht aus (ebd.).

5.7 Themen

In ihrem am 3.11.2007 einstimmig verabschiedeten Programm für die Landtagswahl stellte die Wählergruppe zunächst ihre ganz traditionellen Themen, wie die finanzielle und infrastrukturelle Interessenvertretung für die Kommunen oder den sparsamen Einsatz von öffentlichen Geldern, in den Mittelpunkt des Landtagswahlkampfs. Die intensivste interne Debatte führten die FW im Bereich Bildungspolitik, wo sie sich letztendlich für das Konzept einer Ganztagsschule in allen Schulformen entschieden. Zudem zeigte sich auch die bei westdeutschen FW typische Öffnung für post-materialistische Sichtweisen (Holtmann 2001: 427), da das Programm der Wählergruppe auch umweltpolitische Forderungen und Plädoyers für mehr direkte Demokratie enthielt.

Des Weiteren bestätigte sich auch in Hessen die in der wissenschaftlichen Literatur vermerkte politische Verortung der FW im bürgerlichen Lager. Dies zeigt sich zum einen durch ein grundsätzlich liberales Plädoyer für die „größtmögliche Freiheit des Einzelnen", das zugleich mit einer scharfen Abgrenzung gegenüber der Linkspartei verbunden ist, der man vorwirft mit „Mitteln der SED" (Freie Wähler Hessen 2007b) zu arbeiten und „den Sozialismus in Deutschland wieder hoffähig machen [zu] wollen" (Freie Wähler Hessen 2007a: 4). Zum anderen finden sich konkrete Positionierungen in verschiedenen Politikfeldern, durch die sich die FW bereits seit längerem deutlicher vom linken als vom bürgerlichen Parteienspektrum absetzen, wie bspw. grundsätzliches Bekenntnis zum dreigliedrigen Schulsystem (Freie Wähler Hessen 2004a: 13), Betonung individueller Eigenverantwortlichkeit im Bereich der sozialen Sicherung (ebd.: 17), Wirtschaftsförderung und Abbau beschäftigungshemmender Regulierung (Freie Wähler Hessen 2007a: 12), Plädoyer für den Individualverkehr (Freie Wähler Hessen 2004a: 18) oder stärkere Verzahnung der Schulen und Hochschulen mit der Wirtschaft (ebd.: 11).

5.8 Kandidaten

Dank ihrer guten Verankerung in der hessischen Kommunalpolitik hatten die FW bei dieser Landtagswahl keine Probleme bei der Suche nach parlamentstauglichem Personal. Ihre Spitzenkandidaten erfüllten neben den klassischen Anforderungen erfolgreicher parlamentarischer Arbeit (Bildung/ berufliche Ausbildung, politische Erfahrung, gesellschaftliche Verwurzelung) auch das gängige Image von bürgerlichen Lokalhonoratioren. Thomas Braun, Spitzenkandidat und Landesvorsitzender, ist Rechtsanwalt aus Bad Soden. Zuvor war er 24 Jahre Mitglied der CDU und deren Fraktionsvorsitzender im Kommunalparlament. Nach Aussagen seiner ehemaligen Fraktionskollegen trennte er sich im September 2002 von seiner Partei, nachdem diese nicht ihn, sondern einen anderen Bewerber als Bürgermeisterkandidaten nominiert hatte (Frankfurt Allgemeine Zeitung 2006).

Braun, der unter anderem auch einem örtlichen Turnverein vorsitzt, begründete diesen Schritt hingegen mit einer Vielzahl unbestimmter Gründe. Platz zwei belegte die 26 Jahre alte Juristin Laura Macho aus Karben. Kommunalpolitisch ist sie im Stadtparlament, in Bürgerinitiativen sowie im Orts- und Kreisvorstand der FW aktiv. Ihr folgte Bernd Häfner, studierter Betriebswirt aus Kassel, der wie Thomas Braun auf eine dreißigjährige CDU-Karriere zurückblicken kann und sich ebenfalls vor einigen Jahren im Streit von der Partei trennte. Beruflich war er viele Jahre in Wirtschafts- und Fachverbänden tätig und ist heute selbstständig. Häfner ist stellvertretender Landesvorsitzender der FW und seit 1977 (mit einer Unterbrechung) Mitglied der Kasseler Stadtverordnetenversammlung. Auf Platz vier kandidierte Helmut Kinkel, der sich im Juli 2007 aus Altersgründen um keine weitere Amtszeit als Bürgermeister in Groß-Gerau bewerben konnte. Neben seiner großen kommunalpolitischen Erfahrung sticht besonders sein privater Lebenslauf hervor: Kinkel ist u.a. Träger des Bundesverdienstkreuzes, des Ehrenbriefs des Landes Hessen und Ehrenpräsident im Griechischen Roten Kreuz.

5.9 Wahlergebnis

Bei der Landtagswahl 2008 votierten lediglich 0,9 Prozent der Wähler für die FW. Somit wurde nicht nur das Ziel, in den Landtag einzuziehen weit verfehlt, sondern es konnte auch die so wichtige Ein-Prozent-Hürde für die Wahlkampfkostenerstattung nicht genommen werden. Die FW blieben bei dieser Wahl nicht nur punktuell, sondern strukturell erfolglos. In den Landkreisen konnten sie lediglich 1,0 Prozent der Stimmen erzielen (kreisfreie Städte: 0,5 Prozent) und musste sich in vielen Gebieten mit Null-Komma-Ergebnissen zufrieden geben. Zudem konnten sie die Ein-Prozent-Marke in lediglich einem von drei Regierungsbezirken (Mittelhessen) überwinden. In keiner Kommune erzielten sie auch nur ähnlich erfolgreiche Ergebnisse wie bei der letzten Kommunalwahl. Ähnlich schlecht ist das Bild bei den Direktkandidaten, die im Landesdurchschnitt 1,3 Prozent erzielten und somit schlechter als die Wahlkreisbewerber der Republikaner abschnitten. Selbst Thomas Braun erzielte in seinem Wahlkreis lediglich 1,4 Prozent der Stimmen. Der Landesverband konnte trotz allen Bemühens keinen flächendeckenden Wahlkampf sicherstellen. Zudem ist es ihm nicht gelungen, die Kritiker der Kandidatur ins Boot zu holen (Braun 2008). Allerdings ist das Ergebnis der FW in allen Wahlkreisen ähnlich schlecht ausgefallen, unabhängig davon ob dort viel oder gar kein Wahlkampf geführt wurde.

6   Fazit und Ausblick

Der alleinige Hinweis auf die zugespitzte Auseinandersetzung zwischen schwarz-gelbem und rot-grünem Lager im Wahlkampf greift zu kurz, um das schlechte Wahlergebnis ausreichend erklären zu können. Schließlich haben die FW bei der gleichzeitig stattfindenden Landtagswahl in Niedersachsen, wo ein wesentlich ruhigerer Wahlkampf stattgefunden hat, noch schlechter abgeschnitten (0,5 Prozent). Da Hessen vielmehr nur die Fortsetzung einer Serie des Scheiterns ist, wird deutlich, dass die durchaus nicht kleine Kommunalwählerschaft der FW die Ausweitung des Aktionsradius auf die Landesebene nicht unterstützt. Während der politische Ansatz von Bürgernähe, Pragmatismus und politischer Flexibilität im lokalen Kontext durchaus honoriert wird, geht das einzige Alleinstellungsmerkmal der FW, nämlich die programmatische und organisatorische Unabhängigkeit, mit parteiähnlichen Zusammenschlüssen auf Landesebene verloren – ein Verlust, den nicht nur Wähler, sondern auch viele Mitglieder nicht in Kauf nehmen wollen. Die „Parteifreien" sind auch keine Vertreter von neu entstandenen oder nicht mehr ausreichend politisch vertretenen gesellschaftlichen Interessen, wie beispielsweise die Grünen vor 30 Jahren. So solide das inhaltliche Angebot der FW bei dieser Hessenwahl auch gewesen sein mag, so austauschbar und verwechselbar sind die Themen letztendlich doch geblieben. Die FW sind auf Grund ihres nachweisbaren Gestaltungsanspruchs keine Protestpartei. Für die politisch Unzufriedenen ist die Mischung aus populistischer, aber keineswegs systemkritischer Parteienkritik und bürgerlicher Programmatik ganz offensichtlich nicht attraktiv genug. Das Gleiche gilt für die Wähler von CDU und FDP, die auf kommunaler Ebene das größte Reservoir der FW sind, bei der Landtagswahl aber in den Parteifreien keine echte Alternative erkennen konnten. Die FW sind auch nach dieser Landtagswahl das, was sie schon immer waren: Eine kommunalpolitische erfolgreiche, aber landespolitisch nicht expansionsfähige politische Vereinigung.

Quellen- und Literaturverzeichnis

Quellen und Literatur

Bick, Wolfgang (1996): Kommunalwahlen in Hessen 1946-1993. Trends und Wendepunkte in der kommunalpolitischen Landschaft. In: Heidenreich, Bernd/ Schacht, Konrad (Hrsg.): Hessen. Wahlen und Politik, Stuttgart.

Braun, Thomas (2006): 50 Jahre Landesverband Freie Wähler in Hessen (Rede des Landes-vorsitzenden am 11.Juni 2006).

Ders. (2008): Newsletter der Freien Wähler Hessen vom 28.1.2008, Gießen.

Driese, Patricia (2008): Der Politiker, das unbekannte Wesen. In: Wiesbadener Kurier vom 25.1.2008 (Quelle: Webseite Wiesbadener Kurier: http://www.wiesbadener-kurier.de/ politik/ objekt.php3? artikel_id=3136918; letzter Zugriff: 1.2.2008).

Euler, Ralf (2007): Freie Wähler offen für Bündnis mit fast jedem. In: Frankfurter Allgemeine Zeitung vom 9.9.2007.

Faber, Tobias (2002): Leistungsbilanz - Ein Jahr Vier-Säulen-Konzept (Rede des stellv. Landesvorsitzenden).

Frankfurt Allgemeine Zeitung (2006): Kochs Albtraum ist ein bürgerlicher Rechtsanwalt. In: Frankfurt Allgemeine Zeitung vom 13.11.2006.

Freie Wähler Bundesverband (2007a): Freie Wähler in die Landtage? Organisatorische Konsequenzen (Thesenpapier Bundesverbandstagung vom 17.11.2007 in Kassel).

Ders. (2007b): Protokoll Bundesverbandstagung vom 17.11.2007 in Kassel.

Freie Wähler Hessen (1999): Freie Wähler treten 2003 nicht an (Pressemitteilung vom 15.11.1999).

Ders. (2004a) Leitlinien der Freien Wähler – FWG Hessen e.V..

Ders. (2004b): Unabhängigkeit ist unsere Stärke (Pressemitteilung vom 2.11.2004).

Ders. (2006a): Freie Wähler treten zur Landtagswahl 2008 an (Pressemitteilung vom 4.11.2006).

Ders. (2006b): Starker Zuwachs in Hessens Kommunen für FW (Pressemitteilung vom 30.3.2006).

Ders. (2007a): Freie Wähler in Hessen: Für eine neue Kultur in der Politik.

Ders. (2007b): Thomas Braun: Willi van Ooyen arbeitet mit Mitteln der SED am Systemwechsel (Pressemitteilung vom 27.12.2007).

Führer, Jochen/ Nötzel, Thomas (1995): Die Hessen als Wähler. In: Böhme, Klaus/ Mühlhausen, Walter (Hrsg.): Hessische Streiflichter. Beiträge zum 50. Jahrestag des Landes Hessen, Frankfurt a.M..

Grabenströer, Michael (2006): Freie Wähler erstmals mit gemeinsamem Logo. In: Frankfurter Rundschau vom 18.2.2006.

Hessischer Landtag (2007): Bericht des Untersuchungsausschusses 16/ 3 zu Drucksache 16/ 6362 und zu Drucksache 16/ 6365 und Abweichender Bericht der Mitglieder der Fraktionen der SPD und BÜNDNIS 90/ DIE GRÜNEN.

Holtkamp, Lars/ Eimer, Thomas R. (2006): Totgesagte leben länger ... Kommunale Wählergemeinschaften in Westdeutschland. In: Jun, Uwe u.a. (Hrsg.): Kleine Parteien im Aufwind. Zur Veränderung der deutschen Parteienlandschaft, Frankfurt a.M..

Holtmann, Everhard (2001): Parteien und Wählergruppen in der Kommunalpolitik. In: Gabriel, W. Oscar u.a. (Hrsg.): Parteiendemokratie in Deutschland, Bonn.

Möller, Thomas (1985): Die kommunalen Wählergemeinschaften in der Bundesrepublik Deutschland (2. erweiterte Auflage), München.

Reiser, Marion/ Rademacher, Christian/ Jaeck, Tobias (2008, im Erscheinen): Präsenz und Erfolg Kommunaler Wählergemeinschaften im Bundesländervergleich.

Rhein-Main-TV (2008): Rhein-Main aktuell vom 7.1.2008 mit Thomas Braun (Webseite Rhein-Main-TV: http://www.rheinmaintv-video.de/ video/ iLyROoaftDW5.html; letzter Zugriff: 25.1.2008).

Rüdiger, Vera (1966): Die kommunalen Wählervereinigungen in Hessen, Meisenheim am Glan.

Stöss, Richard (1983): Wählergemeinschaften I. In: Ders. (Hrsg.): Parteienhandbuch (Bd. 2), Opladen.

Waldeckische Landeszeitung (2007): FWG-Kreisvorstand bestätigt - Thema Kreiskrankenhaus (Quelle: Webseite FWG KV Waldeck-Frankenberg, letzter Zugriff: 23.1.2008).

Wehling, Hans-Georg (2007): Freie Wähler (FW/ FWG). In: Decker, Frank/ Neu, Viola (Hrsg.): Handbuch der deutschen Parteien, Wiesbaden.

Ders./ Kost, Andreas (2003): Kommunalpolitik in der Bundesrepublik Deutschland – eine Einführung. In: Dies. (Hrsg.): Kommunalpolitik in den deutschen Ländern. Eine Einführung, Bonn.

Webseiten

Freie Wähler Hessen (http://www.fw-hessen.de).
Hessisches Statistisches Landesamt (http://www.hsl.de).

Sabrina Schwigon

Kleinstparteien in Hessen

1 Einleitung

In Wahlkämpfen und wissenschaftlichen Diskursen stehen die etablierten Parteien im Mittelpunkt des Interesses. Dieser Fokus wird nur sporadisch auf diverse Kleinparteien ausgeweitet – meist dann, wenn diese singuläre Wahlerfolge erzielen können. Ein Blick auf die Stimmzettel bei hessischen Landtagswahlen offenbart neben den altbekannten Parteien jedoch eine Vielzahl solcher Kleinstparteien, deren bloße Existenz meist gar nicht in das öffentliche Bewusstsein dringt. Ihre Parteinamen und deren Zusätze, wie beispielsweise „Die Violetten – für spirituelle Politik" sind oft die einzigen Hinweise auf das, was sich hinter den Namen verbirgt. Dieser Beitrag widmet sich Präsenz und Erfolgen von U-Fünf-Prozent-Parteien, also den Parteien, die bei hessischen Landtagswahlen seit 1991 nicht die magische Fünf-Prozent-Hürde nehmen konnten und liefert einen kurzen statistischen Überblick über die facettenreiche Kleinstparteienlandschaft dieses Bundeslandes. Die materiellen und personellen Ressourcen dieser Parteien sind knapp bemessen und die mediale Aufmerksamkeit läuft weitgehend an ihnen vorbei. Dennoch konnten alle U-Fünf-Prozent-Parteien bei den letzten Landtagswahlen in Hessen meist um die vier Prozent der Wählerstimmen auf sich vereinen, nachdem ihr Anteil 1991 mit 2,8 Prozent noch relativ gering war (vgl. Abbildung 1). Das Ergebnis der Wahl 2008 ist somit die Fortsetzung dieses Trends der relativen Stärke (4,5 Prozent der Landesstimmen).

Abbildung 1:   Landesstimmen der Kleinstparteien bei Hessischen
                 Landtagswahlen 1991-2008 (in Prozent)[1]

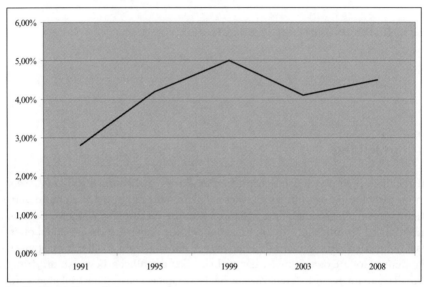

Quelle: Eigene Darstellung.

Seit 1991 sind bei den hessischen Wahlen insgesamt 29 U-Fünf-Prozent-Parteien
mit einer Landesliste angetreten. Weitere 22 Bewerber haben im Namen dieser
Parteien bzw. Wählergruppen oder als parteifreie Kandidaten (Bsp. 2008: W.
Ruppert direkt oder Familie Schmidt) in einzelnen Wahlkreisen kandidiert. Im
Normalfall haben die Parteien, die keine Landesliste gestellt haben, nur in einem
einzigen Wahlkreis einen Direktkandidaten nominiert. Einzige Ausnahme war
2003 die Wählergruppe UFFBASSE, die in zwei Darmstädter Wahlkreisen über
ihre Kandidaten präsent war.

---

[1] Quellen für alle Wahlergebnisse: Staatsanzeiger für das Land Hessen, Hessisches Statistisches Landesamt und Landeswahlleiter Hessen.

Abbildung 2:   Kleinstparteien und Wahlkreisbewerber (ohne Landesliste) bei
                  hessischen Landtagswahlen seit 1991

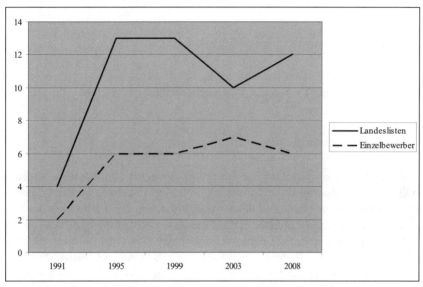

Quelle: Eigene Darstellung.

2   Rechtliche Rahmenbedingungen

Um überhaupt bei einer Landtagswahl antreten zu können, müssen die Parteien,
von denen nicht mindestens ein Abgeordneter seit der letzten Wahl im Parlament
vertreten ist, im Vorfeld eine Liste einreichen, die von mindestens „1000 Wahlberechtigten persönlich und handschriftlich unterzeichnet sein" muss (Hessisches
Landtagswahlgesetz, §20). Bei Kreiswahlvorschlägen einzelner Bewerber gilt das
äquivalent für 50 Unterschriften. Gerade für die kleinen Parteien ist ein weiterer
formeller Punkt wichtig, nämlich die Wahlkampfkostenrückerstattung. Nur die
Parteien, die bei den Landesstimmen mindestens ein Prozent erreicht haben,
erhalten pro auf ihre Liste entfallende gültige Landesstimme 50 Cent pro Jahr
(also 2,50 Euro pro Legislatur). Wählergruppen, die rechtlich keinen Parteistatus
innehaben, wie beispielsweise die Freien Wähler (vgl. Beitrag von Albert in diesem Band), erhalten dann eine Einmalzahlung von zwei Euro pro Stimme und
sind somit etwas schlechter gestellt (Hessisches Landtagswahlgesetz §58). Diese

Regelung gilt ebenfalls für erreichte zehn Prozent der Erststimmen bei den Wahl-
kreisbewerbern.

3 Kleinstparteien bei Landtagswahlen seit 1991

Im Folgenden werden Präsenz und Erfolg der U-Fünf-Prozent-Parteien bei den
hessischen Landtagswahlen seit der Wiedervereinigung betrachtet.

3.1 Landtagswahl 1991

Bei den ersten Landtagswahlen in Hessen nach der deutschen Wiedervereinigung
traten vier Kleinstparteien per Landesliste und zwei unabhängige Kandidaten in
den Wahlkreisen an. Die Republikaner (REP) erzielten mit 1,7 Prozent der Landesstimmen das beste Ergebnis der U-Fünf-Prozent-Parteien und hatten einen
deutlichen Vorsprung auf die dahinter folgenden Grauen (0,6 Prozent), die Öko-
logisch-Demokratische Partei (ödp) und die Partei Bibeltreuer Christen (PBC). Bei
den Wahlkreisstimmen lagen ebenfalls die REP und die Grauen vorn. Bei den
REP, der ödp und den Grauen korrespondiert der Wahlkreis, in dem sie jeweils
die meisten Landesstimmen bekommen haben, mit dem der meisten Wahlkreisstimmen. Die PBC traten lediglich in einem Wahlkreis, in Limburg-Weilburg, mit
einem Direktkandidaten an und erzielten dort 0,3 Prozent der Stimmen. Bei ihnen
gab es dort allerdings kein überdurchschnittliches Landesstimmenergebnis. Erwähnenswert für diese Wahl bleibt der Kandidat Lohmüller, der im Wahlkreis
Hochtaunus II immerhin 4,3 Prozent der Wahlkreisstimmen erhielt. Mit 2,8 Prozent der Landesstimmen am Landesgesamtergebnis erzielen die U-Fünf-Prozent-
Parteien bei dieser Wahl von allen hier analysierten Wahlen die wenigsten Stimmen.

3.2 Landtagswahl 1995

Die Landtagswahl von 1995 zeichnete sich durch einen deutlichen Anstieg kan-
didierender Parteien aus. Es stellen sich neun weitere Parteien per Landesliste
zur Wahl und somit zeichnete sich die Fragmentierung der (Kleinst-) Parteienlandschaft ab, die bis heute prägend blieb. Der Gesamtanteil der kleinen Parteien

am Landesergebnis stieg auf 4,2 Prozent an. Die REP erhielten trotz der Konkurrenz im rechten Parteilager durch die Nationaldemokratische Partei Deutschlands (NPD) mit zwei Prozent wieder die meisten Landesstimmen und konnten damit sogar noch besser abschneiden als 1991. Auch die Grauen wurden unter den kleinen Parteien wieder zweitstärkste Kraft, büßten aber im Vergleich zu 1991 an Stimmen ein. Die NPD und der Bund freier Bürger (BFB) rangierten mit jeweils 0,3 Prozent der Landesstimmen auf dem dritten Platz. Von den neun Parteien, die 1991 nicht dabei waren, erhielten sieben mindestens 0,1 Prozent der Landesstimmen (das entspricht einer Anzahl von jeweils ca. 2.700 absoluten Stimmen). Bei den Wahlkreisstimmen konnten sich REP, die PBC und die ödp gegenüber 1991 verbessern. Die NPD stellte zudem in fast allen Wahlkreisen Direktkandidaten.

3.3 Landtagswahl 1999

Bei der Landtagswahl 1999 traten insgesamt 13 Parteien mit Landeslisten an. Wiederum waren es die REP, die mit 2,8 Prozent die meisten Landesstimmen erhielten und somit 0,7 Prozent hinzu gewinnen konnten. Die Grauen traten erstmals seit 1991 nicht an. Zweitstärkste Partei auf Landesebene wurde bemerkenswerterweise die zum ersten Mal kandidierende Tierschutzpartei (0,5 Prozent). Ihr folgten die Freie Wählergemeinschaft und BFB mit jeweils 0,4 Prozent. Die Partei der Arbeitslosen u. Sozial Schwachen (PASS), deren Kandidat 1995 nur im Wahlkreis Waldeck-Frankenberg II 39 der direkten Stimmen erhielt, trat jetzt auf Landesebene an und erzielte 0,1 Prozent. Bei den Wahlkreisstimmen fällt im Vergleich zu 1995 auf, dass die Mehrheit der kleinen Parteien wieder in weniger Wahlkreisen Direktkandidaten nominierte. Die REP waren dabei die Ausnahme und konnten in 54 von 55 Wahlkreisen direkte Stimmen auf sich verbuchen. Sie legten damit um 1,1 Prozent zu. Der BFB kam mit 0,3 Prozent der Wahlkreisstimmen auf den zweiten Platz. Von sechs Parteien, die 1995 nicht antraten, konnten fünf mindestens 0,1 Prozent der Landesstimmen erzielen. Der Anteil der U-Fünf-Prozent-Parteien am Gesamtergebnis der Landesstimmen erhöhte sich leicht auf 5 Prozent.

3.4 Landtagswahl 2003

Bei dieser Landtagswahl warben im Vergleich zu 1999 drei neue Parteien um Landesstimmen: die Flughafenausbaugegner (FAG), die Schill-Partei und die Partei für Soziale Gleichheit (PSG). Die meisten Landesstimmen erhielten erneut die REP mit 1,3 Prozent, erneut gefolgt von der Tierschutzpartei (0,8 Prozent). Die FAG und die Schill-Partei erreichen mit 0,6 Prozent und 0,5 Prozent nennenswerte Ergebnisse im untersten Bereich. Bei den Wahlkreisstimmen waren es ebenfalls die REP und die Tierschutzpartei, die die meisten direkten Stimmen auf sich vereinen konnten (0,3 Prozent und 0,2 Prozent). Deutlicher Verlierer der Wahlen waren trotzdem die REP, die bei Direkt -und Landesstimmen mehr als ein Prozent an Zustimmung verloren. Besonders auffällig ist ihr Rückgang der Direktkandidaten (2003 nur noch in acht Wahlkreisen direkte Stimmen). Die NPD trat nicht an. Allgemein war bei der Mehrheit der Parteien ein weiterer Rückgang der Wahlkreisstimmen im Vergleich zu 1999 zu erkennen. Erwähnenswert sind allerdings zum einen der Einzelkandidat Schülbe, der im Wahlkreis Rotenburg 3,2 Prozent der Wahlkreisstimmen erhielt und zum anderen die Wählervereinigung UFFBASSE, die in den zwei Wahlkreisen von Darmstadt antrat und 1,5 und 3,1 Prozent der direkten Stimmen erzielte. Der Anteil der kleinen Parteien am Gesamtergebnis der Landesstimmen verschlechterte sich auf 4,1 Prozent.

3.5 Landtagswahl 2008

Bei der letzten hessischen Landtagswahl traten fünf neue Parteien auf der Landesebene an, die 2003 nicht dabei waren; insgesamt waren es 12 Parteien. Die meisten Stimmen davon erhielten die REP, die mit einem Prozent knapp die Rückerstattung ihrer Wahlkampfkosten sichern konnten, aber einen weiteren Rückgang an Zustimmung verkraften mussten (minus 0,3 Prozent). Die rechtsextreme NPD und die Freien Wähler (FW) scheitern mit jeweils 0,9 Prozent denkbar knapp. Die Tierschutzpartei landete auf dem dritten Platz (0,6 Prozent). Dasselbe Verhältnis ergab sich bei den Wahlkreisstimmen, bei denen die REP, die wieder in fast allen Wahlkreisen antraten, mit 1,4 Prozent sogar noch vor den FW (1,3 Prozent) landeten. Die Familienpartei, die 1999 in einem Wahlkreis einen Kandidaten stellte, trat jetzt auch auf Landesebene an und erreichte 0,3 Prozent. Die Piraten traten überhaupt das erste Mal in Hessen an und erreichten ebenfalls beachtliche 0,3 Prozent der Landesstimmen. Der Gesamtanteil der kleinen Parteien am Landesergebnis betrug 4,5 Prozent und stieg somit wieder leicht an. Allerdings muss bei dieser Wahl beachtet werden, dass mit der Linken eine neue Partei auf Anhieb 5,1 Prozent der Landesstimmen erhielt.

4   Zusammenfassung

Insgesamt haben im Zeitraum von 1991 bis 2008 40 Parteien an den Landtagswahlen in Hessen teilgenommen (vgl. Tabelle 1). Die REP weisen dabei die höchste Konstanz auf, da sie als einzige Partei bei allen Wahlen angetreten sind. Sie haben ebenfalls bei allen Wahlen prozentual die meisten Landes -und Wahlkreisstimmen erzielt.

Abbildung 3:   Anzahl der Landtagswahlkandidaturen von Kleinstparteien in Hessen von 1991 bis 2008

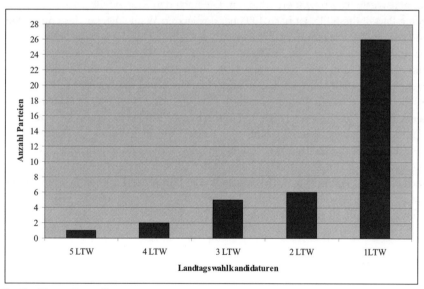

Quelle: Eigene Darstellung.

Nur zwei Parteien, die ödp und die PBC traten vier Mal an. Die PBC, eine Partei mit auf der Bibel beruhenden Wertevorstellungen, erhielt konstant 0,2 Prozent der Landesstimmen. Auffällig ist, dass 26 Parteien auf Landesebene oder Direktkandidaten in einem Wahlkreis nur ein Mal kandidiert haben – dabei überwogen einzelne Wahlkreiskandidaten.

Die inhaltliche Ausrichtung dieser Parteien, die nur einmal angetreten sind, bedient verschiedene Interessen. Zum einen gibt es so genannte single-issue-Parteien, wie beispielsweise die Flughafenausbaugegner (FAG), die primär gegen den Ausbau des Frankfurter Flughafens kämpfen und 2003 immerhin 0,6 Prozent der Landesstimmen erhalten haben. Auch die „Wählergruppe Deutlich mehr Wohlstand und Bürokratieabbau für alle Deutschen" (WBD) beinhaltete programmatisch nicht viel mehr, als der Name vermuten lässt. Zum anderen kandidierten unter den ideologisch links ausgerichteten Parteien beispielsweise die Sozialistische Alternative Voran (SAV) oder auch die Soziale Alternative für Gerechtigkeit (SAG) je einmal mit Direktkandidaten.

Bei den Parteien, die mehrmals angetreten sind, finden sich ebenfalls Ein-Themen-Parteien. Ein gutes Beispiel ist die Tierschutzpartei, die seit 1999 bis zu nennenswerte 0,8 Prozent erhalten hat. Die nach den REP zweitstärkste rechtsextreme Partei, die NPD, ist nach 1995 bei der letzten Wahl 2008 wieder angetreten und erzielte 0,9 Prozent der Landesstimmen. Damit bleibt sie wie die Freien Wähler auch knapp unter der Ein-Prozent-Hürde der Wahlkampfkostenrückerstattung. Die REP erhielten als einzige Partei bei jeder Wahl die Wahlkampfkostenpauschale. Auffällig in der Parteienlandschaft der Kleinstparteien ist seit 1995 der Anstieg von sechs auf 19 teilnehmende Parteien und Kandidaten, bei dem es bis heute in etwa geblieben ist. Die U-Fünf-Prozent-Parteien bewegen sich in ihren Landesergebnissen zwischen Null (0,0 Prozent) und maximal 2,7 Prozent Zustimmung. Für den Zeitraum von 1999 bis 2008 ist der Anteil derjenigen Parteien, die zwischen 0,1 Prozent und 0,3 Prozent der Landesstimmen erhalten haben, am höchsten (vgl. Abbildung 3). Mindestens die Hälfte der Parteien liegt in dieser Kategorie. Die Anzahl der Parteien, die bei den Landesstimmen 0,8 Prozent oder mehr erreichten, stieg seit 1995 konstant an.

Abbildung 4:   Landesstimmenergebnis der kleinen Parteien bei den hessischen
Landtagswahlen von 1991-2008

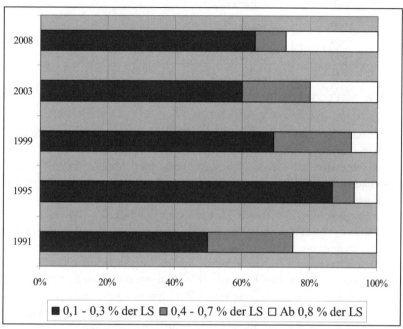

Quelle: Eigene Darstellung.

Die fünf erfolglosesten Parteien auf der Landesebene, die alle nur 0,0 Prozent der
Landesstimmen erreichten, sind in folgender Tabelle aufgeführt (vgl. Tabelle 1).
Die Deutsche Heimatpartei (DHP) ist dabei 1995 und 1999 mit 808 und 591 abgegebenen Stimmen sogar zweimal vertreten. Auf Platz eins steht Solidarität, die
1995 nur 484 Landesstimmen erhalten hat. Auf Platz drei liegt die Bürgerrechts-
bewegung Solidarität (BüSo) im Jahr 1999 und auf Platz fünf die PASS-
Kandidatur von der letzten Landtagswahl. Solidarität trat danach nicht mehr an,
die DHP verlor bei ihrem erneuten Antritt 1999 nochmals 217 Stimmen im Vergleich zu 1995. BüSo trat 2003 noch einmal an und konnte leicht verbessert 0,1
Prozent der Landesstimmen auf sich vereinen, wogegen sie 2008 wieder auf Null
Prozent absank (1167 abgegebene Stimmen).

Tabelle 1:   Die fünf erfolglosesten Kleinstparteien in Hessen von 1991-2008

	Jahr	Partei	Absolute Landesstimmen	Prozentualer Landesschnitt
1	1995	Solidarität	484	0,0 Prozent
2	1999	DHP	591	0,0 Prozent
3	1999	BüSo	612	0,0 Prozent
4	1995	DHP	808	0,0 Prozent
5	2008	PSG	1.034	0,0 Prozent

Quelle: Eigene Darstellung.

Die REP hatten im Spektrum der kleinen Parteien in Hessen trotz Verlusten bei den letzten Landtagswahlen immer die dominante Position inne. Die NPD erzielte, wenn sie angetreten ist, ebenfalls fast immer ein verhältnismäßig starkes Ergebnis. Das hessische Kleinstparteiensystem zeichnet sich im Untersuchungszeitraum eher durch Fluktuation als durch konstante Entwicklungen aus. Von Wahl zu Wahl variieren kandidierende Parteien und Wahlkreiskandidaten. Auch die verschiedenen Wahlteilnehmer entsprechen mehreren Kategorien wie Wählergruppen, single-issue-Parteien, Bürgerbewegungen und ideologisch rechts und links einzuordnenden Parteien. Dies offenbart aber auch inhaltlich ein breites Spektrum, das für bis zu fünf Prozent der Wähler attraktiv genug ist. Somit findet man in Hessen jenseits der etablierten Parteien ein Feld zum Teil exotisch-kurioser Gruppierungen, aber auch von Kleinstparteien, die ihre speziellen Interessen in den großen Parteien nicht ausreichend vertreten sehen.

Kleinstparteien und Wahlkreiskandidaten bei hessischen Landtagswahlen seit 1991 in der Übersicht

	1991	1995	1999	2003	2008
ADP-Aktuelle Demokratische Partei Deutschlands		W			
APD-Autofahrer- und Bürgerinteressen Partei Deutschlands		L+W			
APPD-Anarchistische Pogo-Partei Deutschlands					W
Arbeitslos				W	
BFB-Bund Freier Bürger		L+W			
BFB-Bund Freier Bürger-Offensive für Deutschland. Die Freiheitlichen			L+W		
BPD-Bürgerpartei Deutschlands			W		
BüSo-Bürgerrechtsbewegung Solidarität			L+W	L+W	L+W
CHANCE-Chance Wacker Mai			W		
CM-Christliche Mitte-Für ein Deutschland nach Gottes Geboten		W			
DHP-Deutsche Heimatpartei		L+W	L+W		
Die Frauen-Feministische Partei Die Frauen			L+W	L+W	
Die Grauen-Graue Panther	L+W	L+W			L
Die Tierschutzpartei-Mensch, Umwelt, Tierschutz			L+W	L+W	L+W
Die Violetten-für spirituelle Politik					L
DKP-Deutsche Kommunistische Partei		L+W	L+W	L+W	
Dr. Schrapel			W		
f. NEP – für Nicht-, Erst- und Protestwähler		L+W			
FAG Hessen-Flughafenausbaugegner Hessen				L	
Familie-Familien Partei Deutschlands			W		L
Familie Schmidt					W

	1991	1995	1999	2003	2008
Freie Wähler Hessen					L+W
Freier Kandidat					W
FWG-Freie Wählergemeinschaft			L+W		
Helgoland-König von Helgoland			W		
Hessen vor!-10 Punkte für eine initiative Politik der Mitte			W		
K.D.Obig		W			
Kraus		W			
Lohmüller	W				
Naturgesetz-Naturgesetz Partei, Aufbruch zum neuen Bewusstsein		L+W	L+W		
NPD-Nationaldemokratische Partei Deutschlands		L+W	L+W		L+W
ÖDP-Ökologisch-Demokratische Partei	L+W	L+W	L+W	L+W	
PASS-Partei der Arbeitslosen und Sozial Schwachen		W	L		
PBC-Partei Bibeltreuer Christen	L+W	L+W	L+W	L+W	
Pescheck				W	
Piraten Hessen-Piratenpartei Deutschlands Landesverband Hessen					L
PSG-Partei für Soziale Gerechtigkeit, Sektion der Vierten Internationale				L	L
Reisz	W				
REP-Die Republikaner	L+W	L+W	L+W	L+W	L+W
SAG-Soziale Alternative für Gerechtigkeit					W
SAV-Sozialistische Alternative Voran				W	
Schill-Partei Rechtsstaatlicher Offensive				L+W	
Schülbe				W	
Schulte		W			
Solidarität		L+W			

	1991	1995	1999	2003	2008
STATT-Die Unabhängigen		L+W			
UB-Unabhängige Bürgerpolitik					L+W
UFFBASSE-Unabhängige Fraktion Freier Bürger, Aufrecht, Spontan, Subkulturell, Eigenwillig				W	
Volksabstimmung-Ab jetzt... Bündnis für Deutschland, Partei für Demokratie durch Volksabstimmung					L+W
W.Ruppert direkt				W	W
WBD-Wählergruppe Deutlich mehr Wohlstand und Bürokratieabbau für alle Deutschen					W

L = Landesliste; W = Wahlkreis(e)

Literatur

Decker, Frank/ Neu, Viola (2007) (Hrsg.): Handbuch der deutschen Parteien, Wiesbaden.

Gesetz über die Wahlen zum Landtag des Landes Hessen (Hessisches Landtagswahlgesetz).

Gesetz über die politischen Parteien (Parteiengesetz).

Hessisches Statistisches Landesamt (http:// www.hsl.de).

Hessischer Landeswahlleiter (http:// www.wahlen.hessen.de).

Hessen Recht (http:// www.hessenrecht.hessen.de).

Staatsanzeiger für das Land Hessen.

III. Hessische Fallstudien

Frank Decker und Marcel Lewandowsky

Landtagswahlen als bundespolitische Zwischenwahlen. Der vermeintliche Sonderfall Hessen

Es ist eine Binsenwahrheit, dass Landtagswahlen in der Bundesrepublik stark von der Bundespolitik beeinflusst werden. Ihr Ausgang unterliegt dabei einer empirischen Gesetzmäßigkeit, die sich in ähnlicher Richtung auch für vergleichbare Zwischenwahlen in anderen Ländern nachweisen lässt. Die „unterhalb" der Legislaturperiode stattfindenden Wahlen führen danach zu Stimmenverlusten für die Regierungsparteien des Bundes, während die Opposition im Gegenzug auf Zugewinne hoffen kann. In der Bundesrepublik gewinnt dieser Effekt deshalb besondere Brisanz, weil sich die Ergebnisse der Zwischenwahlen auch institutionell auf die Bundespolitik auswirken, indem sie die Zusammensetzung der an der Gesetzgebung in großen Teilen gleichberechtigt mitwirkenden Zweiten Kammer zu Gunsten der Oppositionsparteien verändern. Damit bedingen bzw. verschärfen sie das Strukturproblem des deutschen Parteienbundesstaates, das von vielen als eine der zentralen Ursachen für Gesetzgebungsblockaden und Politikstillstand in diesem Lande angesehen wird (vgl. Darnstädt 2006).

Angesichts der großen Bedeutung der Zwischenwahlen ist es erstaunlich, dass der Zusammenhang von Landtags- und Bundestagswahlen die politikwissenschaftliche Forschung in der Bundesrepublik lange Zeit kaum beschäftigte. Anders als in der angelsächsischen Literatur, wo mehrere Referenzstudien auch den deutschen Fall berücksichtigten (Anderson/ Ward 1996; Lohmann u.a. 1997), lag das Thema hierzulande die gesamten achtziger und neunziger Jahre über praktisch brach. Diese unbefriedigende Situation veranlasste den Verfasser, in Ko-Autorschaft mit Julia von Blumenthal eine eigene Untersuchung durchzuführen, deren Ergebnisse 2002 in der Zeitschrift für Parlamentsfragen publiziert wurden (Decker/ Blumenthai 2002). Parallel und als Reaktion darauf entstanden

eine Reihe von weiteren Arbeiten, die unseren Ergebnissen zum Teil widerspra-
chen (Jeffrey/ Hough 2001; Burkhard 2005). Beflügelt wurde die Debatte außerdem durch Vorstöße aus dem politischen Raum, die Zahl der Landtagswahlen
über eine Zusammenlegung der Wahltermine zu reduzieren (vgl. Decker 2003).

Inzwischen hat sich die Wahlforschung des Themas auf breiter Front angenommen (Gabriel/ Holtmann 2007)[1]. Denn so sicher es ist, dass die Bundespolitik
auf das Landtagswahlverhalten ausstrahlt, so wenig Genaues wissen wir über
das Ausmaß, die Bedingungen und die Gründe der bundespolitischen Überlagerung. Die empirischen Analysen lassen zwar ein bestimmtes Muster des Wahlverhaltens erkennen, wie Bundes- und Landespolitik in der Wählerwahrneh-
mung zusammenspielen. Von welchen situativen und längerfristigen Faktoren
ihr Einfluss geprägt wird und ob auf dieser Basis allgemeine Aussagen über die
Dominanz bundes- oder landespolitischer Motive bei der individuellen Wähler-
entscheidung überhaupt getroffen werden können, lässt sich jedoch nur in Ansätzen sagen. Auch die hier präsentierten Befunde sind unter diesen Vorbehalt zu
stellen. Sie basieren zum einen auf einer Aggregatdatenanalyse sämtlicher Landtagswahlen im Zeitraum von 1970 bis Anfang 2008, zum anderen auf einer kom-
binierten Aggregat- und Individualdatenanalyse der von 1991 bis 2008 stattgefundenen fünf Landtagswahlen in Hessen. Vier davon (1991, 1995, 1999 und
2003) waren durch eine Besonderheit gekennzeichnet, deren Häufung den hessischen Fall vor anderen Landtagswahlen heraushebt: Sie fanden allesamt im unmittelbaren Nachgang (das heißt innerhalb von längstens fünf Monaten) zur
Bundestagswahl statt. Darüber hinaus bietet sich Hessen für eine Überprüfung
der Hypothesen auch deshalb an, weil es bei den Bundestagswahlen im betrachteten Zeitraum – bezogen auf Westdeutschland – stets nahe am Gesamtergebnis
lag. War das in der Mitte der Bundesrepublik gelegene Land bis zu Beginn der
siebziger Jahre noch klar von der SPD dominiert, so stellt es seither keine regionale Hochburg für eine der beiden großen Parteien mehr dar. Auch die Ergebnisse
von Grünen und FDP weisen Hessen als elektoralen Mikrokosmos aus, sodass
sich Richtung und Stärke des Zwischenwahleffekts hier vergleichsweise gut ermitteln lassen müssten.

---

[1] Die Ergebnisse des von Gabriel und Holtmann geleiteten DFG-Projekts zur bundespolitischen Beeinflussung der Landtagswahlen sind nachzulesen in: Kerstin Völkl u.a. (Hrsg.)
(2007): Wähler und Landtagswahlen in der Bundesrepublik Deutschland, Baden-Baden.

1 Landtagswahlen als Zwischen- oder Testwahlen: Hypothesen

Von der institutionellen Grundstruktur des deutschen Verbundföderalismus ausgehend, lassen sich für den Zusammenhang von Bundespolitik und Landtagswahlverhalten folgende Hypothesen formulieren:

1.) Die erste Hypothese lautet, dass bei den Landtagswahlen die Regierungsparteien des Bundes tendenziell abgestraft und die Oppositionsparteien entsprechend belohnt werden. In der Literatur spricht man in diesem Zusammenhang von der „Referendumshypothese" (Mughan 1986; Erikson 1988). Die Landtagswahlen gewinnen danach die Funktion eines Stimmungsbarometers für die Bundespolitik, das den Wählern die Möglichkeit gibt, der Regierung eine Art Zwischenzeugnis auszustellen. Das Ausmaß des Sanktionswahleffekts hängt von der Bedeutung der landes- und bundespolitischen Themen ab. Je weniger wichtig die Ebene der Landespolitik ist und von den Wählern so empfunden wird, umso leichtfertiger können diese bei den Zwischenwahlen mit ihrer Stimme umgehen (das heißt auch: gegen ihre eigentliche Parteipräferenz votieren), da sie ja über die Machtverhältnisse im Bund nicht direkt entscheiden. Dass sie mit der Stimmabgabe einen gewaltigen indirekten Einfluss auf diese Machtverhältnisse ausüben, indem sie die Zusammensetzung des Bundesrates verändern, steht dem nicht entgegen. Wahrscheinlich ist, dass die Wähler die institutionelle Tragweite ihrer Entscheidung gar nicht übersehen – Landtagswahlen sind insofern keine Bundesratswahlen, die von den Bürgern dazu genutzt werden, ganz bewusst Konstellationen des divided government herbeizuführen (vgl. Hainmüller/ Lutz 2006). Allerdings könnten sie den Effekt billigend in Kauf nehmen, um den Sanktionscharakter des Votums zu unterstreichen und die Regierung mithilfe einer gestärkten Opposition zur Änderung ihrer Politik zu zwingen.

Der Schlüsselfaktor, um die Stärke des Sanktionswahleffekts zu einem bestimmten Zeitpunkt zu erklären, ist die Unzufriedenheit mit der gerade amtierenden Bundesregierung bzw. deren Politik. Dieser Unzufriedenheit muss nicht automatisch eine gleichlautend hohe Zufriedenheit mit der Opposition im Bund gegenüberstehen – entscheidend ist allein der Abstand, der zwischen den beiden Seiten besteht. Im Umkehrschluss heißt das, dass der zu erwartende Sanktionswahleffekt dann nicht eintritt, wenn die Opposition sich in einem Stimmungstief befindet und schlechter bewertet wird als die Regierung. In einer solchen Situation könnte letztere von der Wählergunst auch ohne eigenes Zutun profitieren.

Tabelle 1:   Wahlergebnis in Abhängigkeit vom Einfluss der Bundes-/
Landespolitik

		Wahlergebnis	
		erwartet	abweichend
Einfluss	überwiegend Bundespolitik	BReg schwach (−)	BReg stark (+)
	überwiegend Landespolitik	+ / −	+ / −

2.) Die zweite Hypothese postuliert einen Zusammenhang zwischen der Stärke
des Sanktionswahleffekts und dem Zeitpunkt der Landtagswahlen. Finden diese
in relativem zeitlichem Abstand zur Bundestagwahl statt, sind die zu erwartenden Verluste der Regierungsparteien am größten – nur hier scheint der Ausdruck
Zwischenwahlen wirklich angebracht. Finden sie relativ zeitnah zur Bundestagswahl statt, gleichen sich Landtags- und Bundestagswahlergebnisse tendenziell an: Die Regierungsparteien schneiden dann besser, die Opposition schlechter ab als bei den Zwischenwahlen. Als ungefähre Orientierungsmarke kann man
von einem Zeitraum bis sechs Monate vor und drei Monate nach der Bundestagswahl bzw. Regierungsbildung ausgehen. Im einen Fall geraten die Landtagswahlen in den Sog der bevorstehenden großen Wahlauseinandersetzung, im
anderen Fall stehen sie noch unter dem Eindruck derselben. Der Nachwahleffekt
ist kürzer bemessen, weil sich der Bonus des Wahlsiegers erfahrungsgemäß rasch
verbraucht; die drei Monate entsprechen hier der sprichwörtlichen 100-Tage-
Schonfrist.

Tabelle 2:   Wahlergebnis in Abhängigkeit vom Zeitpunkt der LTW

		Wahlergebnis	
		erwartet	abweichend
Zeitpunkt der LTW	Mitte der Wahlperiode	BReg schwach (–)	BReg stark (+)
	kurz vor/ nach BTW	BReg stark (+)	BReg schwach (–)

3.) Die dritte Hypothese lenkt den Blick auf die kleineren Parteien. Sie geht davon aus, dass die Unzufriedenheit mit der größeren Regierungspartei nicht in allen Fällen der regulären Opposition zugute kommen muss. Stattdessen könnte sich ein Teil der Wähler entschließen, entweder – in einer abgeschwächten Form der Sanktionswahl – den kleineren Koalitionspartner zu unterstützen, der dadurch die Möglichkeit erhält, sich innerhalb der Regierung als Korrektiv zu profilieren. Oder er richtet seinen Protest gegen die etablierten Vertreter insgesamt, indem er – in einer extremen Form der Sanktion – auf radikale Parteien ausweicht. Es steht also zu erwarten, dass sowohl die kleinere Koalitionspartei als auch die radikalen Außenseiter bei den Zwischenwahlen zulegen und besser abschneiden als bei der Bundestagswahl. Im Umkehrschluss heißt das, dass bei einer Großen Koalition, wo die Regierungspartner annähernd gleich stark sind, kein Ausgleich stattfindet: Hier müssen beide Parteien damit rechnen, bei den Landtagswahlen in ähnlicher Weise abgestraft zu werden. Umso stärker könnten dann freilich die radikalen Oppositionsparteien profitieren.

4.) Die vierte und letzte Hypothese unterstellt, dass der Sanktionsanreiz der Wähler bei der Bundestagswahl durch die Existenz der Zwischenwahlen gemindert wird. Bekommt der Wähler Gelegenheit, die Regierung schon während der Legislaturperiode abzumahnen, trägt er ja zu deren Besserung bei, so dass er vielleicht keine zwingenden Gründe mehr sieht, sie bei der großen Wahl ganz abzuwählen. Was der Regierung kurzfristig schadet, würde ihr langfristig damit durchaus zum Vorteil gereichen. In der Bundesrepublik könnte dies umso mehr gelten, als

das stabilisierende Moment hier durch die institutionellen Folgen der Sanktionswahl noch verstärkt wird. Wenn die Opposition den Bundesrat kontrolliert und
über ihre dortige Mehrheit den Gesetzgebungsprozess wesentlich mitbestimmt,
warum sollten die Wähler ihr dann auch noch die Regierung anvertrauen? Zur
Überprüfung der „Moderierungsthese" hat sich die Forschung bislang stets auf
die Zwischenwahlen konzentriert, wo sie aber – wie oben gesehen – schon aus
theoretischen Gründen nicht sonderlich plausibel erscheint (Schnapp 2007). Bei
den Bundestagswahlen könnte ein solches Motiv viel eher eine Rolle spielen: Die
Wähler ziehen vor, es bei der Konstellation des divided government zu belassen,
um eine zu große Machtkonzentration im politischen System zu vereiteln.

2   Empirische Befunde 1970 bis 2005

Zur bundespolitischen Überlagerung der Landtagswahlen wurden vom Verfasser
zwei Untersuchungen durchgeführt, die sich auf den Zeitraum 1970 bis 2005
erstrecken (Decker/ Blumenthal 2002; Decker 2006). Auf neun Wahlperioden
verteilt, lässt sich dieser Zeitraum in insgesamt vier Regierungsphasen bzw. -
konstellationen zerlegen: die bis 1982 amtierende sozial-liberale Koalition, der die
Unionsparteien als Opposition gegenüberstanden, die christlich-liberale Koalition
bis zur deutschen Einheit (Oppositionsparteien: SPD und Grüne), die christlich-
liberale Koalition von 1990 bis 1998 (Oppositionsparteien: SPD, Grüne und PDS)
und die rot-grüne Koalition von 1998 bis 2005 (Oppositionsparteien: Union und
PDS). Alle Regierungen folgten mithin im Untersuchungszeitraum dem Modell
der so genannten kleinen Koalition, das bis auf das Intermezzo der ersten Großen
Koalition (1966 bis 1969) schon vorher sämtlichen Regierungsbildungen in der
Bundesrepublik zugrunde gelegen hatte.

    Hypothese 1 wurde in den Untersuchungen eindrucksvoll bestätigt. Ledig-
lich in einer Wahlperiode (1976 bis 1980) trat der erwartete Sanktionswahleffekt
nicht ein, was mit Verweis auf die Krise der damaligen Unions-Opposition plausibel gemacht werden konnte. Auch die Hypothesen 2 und 3 werden durch das
empirische Material überwiegend unterstützt. Allerdings müssen hier gewisse
Abstriche gemacht werden. So lässt sich z.B. eine Abschwächung des zyklischen
Musters seit der deutschen Einheit feststellen, die einerseits mit der neuen Pluralisierung des Parteiensystems (hinzutreten der PDS als weiterer Oppositionspartei) und andererseits mit sich häufenden Schwächephasen der großen Oppositionspartei erklärt werden kann (SPD 1995, Union 2000). Darüber hinaus ergeben
sich auch beim Abschneiden der kleinen Regierungsparteien (Verluste der FDP

1994 und der Grünen 1999) sowie bei den rechten oder linken Protestparteien Abweichungen vom erwarteten Muster. So liegen die Stimmenanteile der letzteren bei den Landtagswahlen im Schnitt nur geringfügig über den Bundestagswahlergebnissen.

3 Zwischenwahlen unter der Großen Koalition (2005 – 2007)

Nachzutragen bleibt die Entwicklung des Zwischenwahlverhaltens seit der Zäsur der Bundestagswahl 2005, die zu einer – von Union und SPD nicht gewollten – Neuauflage der Großen Koalition geführt hat. Das Zusammengehen der Volksparteien setzt den Sanktionswahlmechanismus der Landtagswahlen nicht außer Kraft, im Gegenteil: Indem sich die erwartbare Unzufriedenheit der Wähler mit der Politik der Bundesregierung nun auf beide große Parteien erstreckt, müssen diese gleichermaßen auf Verluste gefasst sein, während die kleineren Oppositionsparteien im Gegenzug mit Gewinnen rechnen können. Da der Wettbewerb zwischen Union und SPD auf der Bundesebene durch die Große Koalition zurückgedrängt wird, ist jedoch gleichzeitig eine Abschwächung der bundespolitischen Überlagerung der Landtagswahlen zu erwarten, sodass landespolitische Themen wieder stärker in den Vordergrund drängen. Die acht Zwischenwahlen, die im Zeitraum März 2006 bis Januar 2008 stattgefunden haben, passen in dieses Muster. Aus ihnen gingen die SPD in der Hälfte und die CDU sogar in allen acht Fällen mit zum Teil starken Verlusten hervor. Die Oppositionsparteien konnten demgegenüber zulegen (mit jeweils zwei Ausnahmen bei FDP und Grünen und einer bei der Linkspartei.PDS).

Dass die Stimmenverluste der CDU weitaus drastischer ausfielen als jene der SPD, widerlegt nicht die in Hypothese 3 formulierte Erwartung einer annähernden Gleichverteilung, sondern ist überwiegend auf den starken Zwischenwahleffekt bei vorangegangen Landtagswahlen zurückzuführen. Aufgrund der Unpopularität der rot-grünen Bundesregierung hatten diese der SPD dramatische Einbußen beschert, die sie nun zum Teil wieder wettmachen konnte, während die Union an keines ihrer vormaligen Spitzenergebnisse heranreichen konnte. Was den Zeitpunkt der Landtagswahlen angeht, lässt sich das erwartete Muster der Gewinne/ Verluste nicht erkennen. Dies belegt die – in den Befragungen nachgewiesene – stärkere Gewichtung landespolitischer Themen durch den Wähler, deren Virulenz sich auch daran ablesen lässt, dass dort, wo die Wahlen zeitgleich stattfanden (in Baden-Württemberg und Rheinland-Pfalz sowie Hessen und Niedersachsen) die Ergebnisse der beiden großen Parteien unterschiedlicher nicht hätten sein können.

Fehlt es an einem erkennbaren zeitlichen Muster, so zeigen sich auf der anderen Seite deutliche Unterschiede im Wahlverhalten zwischen den west- und ostdeutschen Bundesländern. Diese betreffen zum einen die Ergebnisse der Linken, die nach erfolgtem Zusammenschluss von PDS und WASG im Westen kräftige Stimmenzuwächse verzeichnete und bei drei von fünf Wahlen den Sprung in die Landesparlamente schaffte, während sie im Osten bestenfalls ein gemischtes Bild abgab (Stimmengewinne in Sachsen-Anhalt und Mecklenburg-Vorpommern, starke Verluste in Berlin). Zum anderen spiegeln sie sich im höchst unterschiedlichen Abschneiden der extremen Rechten sowie der sonstigen Parteien, deren zum Teil starke Stimmengewinne ausschließlich in den neuen Bundesländern zu Buche schlugen.

Einen merkwürdigen Effekt hatten die Zwischenwahlergebnisse mit Blick auf die Regierungsverhältnisse. In der Hälfte der Fälle führten die Landtagswahlen zu einem Regierungswechsel. Dabei wurde in einem Fall (Bremen) eine große von einer kleinen Koalition und in zwei Fällen (Sachsen-Anhalt und Mecklenburg-Vorpommern) eine kleine von einer großen Koalition abgelöst[2]. Obwohl sie bei den Zwischenwahlen abgestraft wurden, gingen die Regierungsparteien aus den Wahlen also als politische Gewinner hervor, was sich nicht zuletzt auf ihre Position im Bundesrat günstig auswirkte. Die Selbstperpetuierung der Großen Koalition als Regierungsformat hat ihre Ursache in der Rigidität des seit der Bundestagswahl neu entstandenen Fünf-Parteien-Systems. Die Etablierung einer gesamtdeutschen Linkspartei, die sich am 18. September 2005 abgezeichnet, aber erst nach den für die Linke erfolgreichen Landtagswahlen in Hessen und Niedersachsen zur Gewissheit verdichtet hatte, sorgt dafür, dass Regierungsbildungen nach dem vertrauten Muster einer (kleinen) Zweier-Koalition immer unwahrscheinlicher werden. Solange neuartige Dreier-Bündnisse (sei es eine „Ampelkoalition" aus SPD, FDP und Grünen, eine „Jamaika"-Koalition aus Union, FDP und Grünen oder eine Linkskoalition aus SPD, Grünen und Linkspartei) nicht zur Verfügung stehen oder funktionieren, gibt es in diesem System zur Großen Koalition keine realistische Alternative.[3] Dass dies unter Demokratiegesichtspunkten eine nicht wirklich beruhigende Aussicht darstellt, dürfte auf der Hand liegen.

---

[2] Auch für Hessen, wo die Koalitionsbildung bei Redaktionsschluss noch nicht abgeschlossen war, wird ein solcher Wechsel (zu einer Großen Koalition, Ampelkoalition oder rotgrünen Minderheitsregierung) als wahrscheinlich unterstellt.
[3] Vgl. Frank Decker (2007): Die Bundesrepublik auf der Suche nach neuen Koalitionen, in: Aus Politik und Zeitgeschichte B 35-36 (2007), S. 26-33.

Abbildung 1: Summierte Gewinne/ Verluste der Regierungs- und Oppositionsparteien 2005 bis 2008

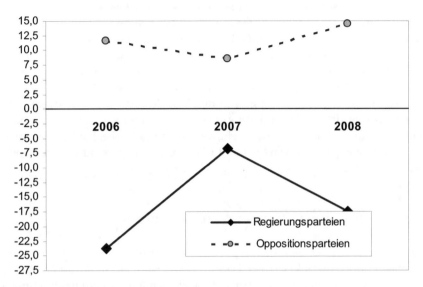

Quelle: Eigene Berechnungen. Um den unterschiedlichen Stellenwert der einzelnen Landtagswahlen (je nach Größe des Bundeslandes) Rechnung zu tragen, wurden die Verluste/ Gewinne mit einem „Bundesratsfaktor" gewichtet, der sich an der Stimmenverteilung in der Länderkammer orientiert. Für 2008 sind nur die Landtagswahlen in Hessen und Niedersachsen berücksichtigt.

4 Hessen: Mikrokosmos oder Sonderfall?

Die hessischen Landtagswahlen stellen in mehrerlei Hinsicht ein ideales Objekt für die Überprüfung der eingangs entwickelten Hypothesen dar. Erstens fanden alle Landtagswahlen seit 1950 entweder im unmittelbaren Nachgang der Bundestagswahl oder in der Mitte der Legislaturperiode statt. Zweitens haben vorangegangene Studien, auf die sich die Untersuchung stützen wird, gezeigt, dass bundespolitische Einflussfaktoren bei der Wahlentscheidung in Hessen eine große Rolle spielen. In diesem Zusammenhang ist entscheidend, dass insbesondere die Gruppe der Wechselwähler zum Sanktionswahlverhalten tendiert: Bei Unzufriedenheit mit der Bundesregierung wächst die Bereitschaft, auf Landesebene die bundespolitische Opposition zu wählen. Bei Partei gebundenen Wählern ist ein ähnliches Verhalten auszumachen, allerdings in weitaus geringerem Ausmaß. Drittens hat Hessen auf der Ebene des Parteienwettbewerbs eine bemerkenswerte Entwicklung durchgemacht. Nicht nur, dass das Land seit Mitte der siebziger Jahre keine Hochburg mehr für die Sozialdemokratie darstellt. Auch bundespolitische Entwicklungen lassen sich spiegelbildlich auf Landesebene beobachten. Dazu gehört etwa das Auftauchen der Grünen – in Hessen waren sie zum ersten Mal in einer Landesregierung vertreten – oder der elektorale Niedergang der Sozialdemokratie unter der rot-grünen Bundesregierung. Auch das Ergebnis der Landtagswahl 2008 weist deutliche Ähnlichkeiten zur vorangegangenen Bundestagswahl auf. So zog die Linke in ein westdeutsches Flächenland ein, während sich die Wahlergebnisse von SPD und CDU bis auf 0,1 Prozent einander anglichen.

4.1 Strukturelle und situative Faktoren in Hessen

Zur Überprüfung der einzelnen Hypothesen soll der Blick zunächst auf die strukturellen Faktoren gelenkt werden. Dabei tritt als erstes die Größe des Bundeslandes ins Auge. Hessen stellt mit über sechs Millionen Einwohnern das fünftgrößte Land der Bundesrepublik dar. Die Bevölkerungsdichte konzentriert sich auf den südlichen Teil, insbesondere das Rhein-Main-Gebiet sowie die urbanen Zentren in Mittel-, Nord- und Osthessen. Bei Hessen handelt es sich also um einen Flächenstaat, der für bundespolitisch geführte Wahlkämpfe einen breiteren Korridor bietet als die „quasi-kommunal" konzentrierten Stadtstaaten.

Der zweite strukturelle Faktor, den es zu betrachten gilt, ist die Beschaffenheit des Parteiensystems. Dieses war fast 30 Jahre lang – von 1946 bis 1974 – von der Hegemonie der SPD geprägt, zeichnete sich also durch eine stark asymmetrische Struktur aus.

Die Jahre 1946 bis 1974 hatten Hessen den Ruf einer „roten Bastion" (Franz u.a. 1982)eingebracht. Dieser Trend blieb trotz der Kopf-an-Kopf-Situation der beiden Volksparteien zwischen 1974 und 1983 bis zur Landtagswahl 1983 ungebrochen, bei der die Sozialdemokraten die absolute Mehrheit gewannen. Die Wahlergebnisse zeigen aber, dass die Vormachtstellung der SPD zwar auf gouvernementaler Ebene Bestand hatte, jedoch nur durch die Bildung von Koalitionen (erst mit der FDP, später mit den Grünen) aufrecht erhalten werden konnte. Spätestens seit den Landtagswahlen 1999 und 2003, als die SPD auch mit den Grünen nicht mehr die Regierung stellen konnte, sollten sich die Verhältnisse auf

Regierungsebene zu Gunsten der Union drehen. 2008 liegen die beiden Parteien nahezu gleichauf, was nicht zuletzt auf situative Momente zurückzuführen ist, die sich erst während des Wahlkampfes entwickelten. Doch auch für den vorangegangenen Zeitraum muss die Entwicklung der Asymmetrie im hessischen Parteiensystem zu einer nüchterneren Bewertung der sozialdemokratischen Position führen, die sich gemessen an den Wahlergebnissen im Gesamtbild alles andere als dominant darstellt.

Abbildung 2:   Symmetrie/ Asymmetrie des hessischen Parteiensystems

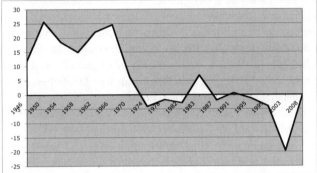

Quelle: Eigene Berechnungen. Positive Werte zeigen eine Asymmetrie zu Gunsten der SPD, negative eine Asymmetrie zu Gunsten der CDU an.

Abbildung 3:   Ergebnisse der Landtagswahlen in Hessen 1946 bis 2008

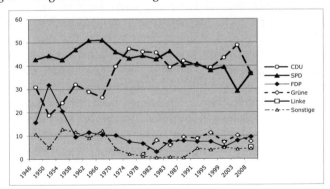

Quelle: Eigene Zusammenstellung.

Die Abfolge der Landtagswahlen zeigt, dass der elektorale Niedergang der Sozialdemokratie in Hessen von einem nahezu spiegelbildlichen Aufstieg der Union begleitet wird. Bemerkenswert ist auch die gleichmäßige Stimmenentwicklung der kleineren Parteien. Von einer zunächst starken Stellung der FDP und der Vertretung sonstiger Parteien im Parlament – mit dem kurzfristigen Sonderfall der NPD 1966 – abgesehen, lesen sich die Wahlergebnisse von FDP und Grünen sehr ähnlich. Allerdings weist die Betrachtung der kleineren Parteien auch auf einen historischen Einschnitt hin. Bei der Landtagswahl 1982 verfehlte die FDP den Sprung über die Fünf-Prozent-Hürde, während den Grünen zum zweiten Mal nach Baden-Württemberg der Einzug in ein westdeutsches Landesparlament gelang. Das schlechte Abschneiden der FDP ist vor allem durch die Bonner Wende im September 1982 zu erklären, die zum Ausscheiden der Partei aus der sozial-liberalen Bundesregierung führte. Viele Wähler straften das Umfallen der FDP ab. Das Wahlergebnis ist aber auch deshalb erwähnenswert, weil die Grünen wenige Monate später erstmalig den Sprung in den Deutschen Bundestag und somit die Etablierung auf Bundesebene schafften.

Einen ähnlichen Fall stellt der kurzzeitige Wahlerfolg der NPD in Hessen dar. Bei der Landtagswahl im November 1966 erreichte die NPD 7,9 Prozent der Stimmen und zog erstmals in ein Landesparlament ein. Für die nachfolgenden Landtagswahlen stellte dieses Ergebnis eine Art Präzedenzfall dar. Zwischen 1966 und 1968 konnte die NPD in sechs weitere Landtage einziehen, bevor sie bei den Bundestagswahlen 1969 nur knapp an der Fünf-Prozent-Hürde scheiterte (Jesse 2007). Beide Fälle sind in zweifacher Hinsicht interessant. Zum einen weisen sie auf den Kompensationseffekt hessischer Landtagswahlen hin, der in diesen Fällen vor allem die kleineren Parteien gestärkt hat. Zum anderen wurden in beiden Fällen bundespolitische Entwicklungen vorweggenommen, allerdings in unterschiedlicher Weise. Die Landtagswahlen 1966 fanden drei Jahre vor den nächsten Bundestagswahlen statt, sodass eine Klassifizierung als unmittelbare Testwahl nicht in Frage kommt. Dennoch ist es wahrscheinlich, dass der Wahlsieg der NPD deren Ausgangssituation bei den folgenden Landtagswahlen begünstigte. Auf der anderen Seite spielt Hessen auch für die bundespolitische Entwicklung der Grünen eine wichtige Rolle. Nicht nur, dass die „Öko-Partei" 1982 anstelle der FDP in das Landesparlament einzog; sie bildete zusammen mit der SPD 1985 auch die erste rot-grüne Landesregierung, womit sich die Gewichte innerhalb der Partei zu Gunsten des von Joschka Fischer angeführten „Realoflügels" verschoben.

Auch in der Gesamtbetrachtung wird deutlich, dass das hessische Parteiensystem Ähnlichkeiten zu Entwicklungen auf bundespolitischer Ebene aufweist.

Ein Indikator dafür ist die – an der Zahl der effektiven Parteien gemessene – Fragmentierung, die für Hessen und den Bund bzw. die Gesamtheit der westdeutschen Bundesländer fast deckungsgleiche Werte aufweist.[4]

Abbildung 4:   Effektive Parteien in Hessen und auf Bundesebene im Vergleich
                   1946 bis 2008

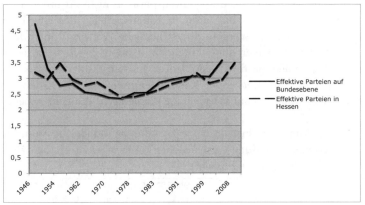

Quelle: Eigene Berechnungen. Einbezogen sind nur in den Parlamenten vertretene Parteien. Ab 1990 wurden die westdeutschen Wahlergebnisse zugrunde gelegt.

4.2 Hessische Landtagswahlen als Referendumswahlen

Den entscheidenden Indikator für das strategische Wahlverhalten – ob im Bewusstsein der Bedeutung des eigenen Landes für die politischen Entscheidungen im Bundesrat oder als intuitives Handeln – stellt die Bedeutung der Landespolitik im Empfinden der Wähler dar. Es ist also zunächst zu prüfen, welchen Stellenwert die Landes- gegenüber der Bundespolitik bei der Wahlentscheidung genießt (Rudi 2007).

Es wurde bereits vorangestellt, dass die strukturellen Faktoren in Hessen eine höhere Bedeutung der Bundespolitik suggerieren. Fraglich ist aber, in welchem Maße bundespolitische Einflüsse auf der Wählerebene antizipiert werden. Es muss also untersucht werden, welchen Stellenwert die Landespolitik für die

---

[4] Ein Vergleich mit den gesamtdeutschen Wahlergebnissen macht wegen der grundlegenden Differenz des west- und ostdeutschen Parteiensystems für die Zeit nach 1990 keinen Sinn.

Wahlentscheidung hat und wie hoch der Einfluss bundespolitischer Überlegungen ausfällt. Um diese Frage zu beantworten, soll betrachtet werden, wie sich die positive oder negative Einstellung zur Bundesregierung auf die Wahlentscheidung bei der Landtagswahl auswirkt. Somit sollen von der konkreten Wahlentscheidung Rückschlüsse auf den Stellenwert der Bundespolitik gezogen werden. Dabei ist die entscheidende Frage, ob die Unzufriedenheit mit der Bundesregierung zum einen dazu führt, die Regierungsparteien nicht zu unterstützen und zum anderen zum Ergebnis hat, die Oppositionsparteien des jeweils anderen Lagers zu wählen. Hierzu werden unterschiedliche Wählergruppen dargestellt, als da sind: Erstens Personen ohne Parteiidentifikation, zweitens Parteianhänger ohne Kandidatenpräferenz für das Amt des Ministerpräsidenten sowie drittens Parteianhänger mit entsprechender Kandidatenpräferenz. Die Parteizugehörigkeit der Wählergruppen ist auf die jeweilige Wahlentscheidung zu beziehen.

Tabelle 3: Wirkung der Einstellung zur Leistung der Bundesregierung auf die Wahlentscheidung verschiedener Wählertypen in Hessen, 1991 bis 2003 (Angaben in Prozent).

		Wahl SPD-Grüne		Wahl CDU-FDP	
		Unzufrie-denheit mit BReg	Zufrieden-heit mit BReg	Unzufrie-denheit mit BReg	Zufrieden-heit mit BReg
1991	Unabhängige	53	28	8	42
	Parteianhänger	88	77	39	82
	Parteianhänger mit gleicher Ministerpräsidentenpräferenz	98	96	66	94
1995	Unabhängige	63	15	1	71
	Parteianhänger	93	69	17	97
	Parteianhänger mit gleicher Ministerpräsidentenpräferenz	100	90	64	100
1999	Unabhängige	26	66	55	26
	Parteianhänger	61	90	88	85
	Parteianhänger mit gleicher Ministerpräsidentenpräferenz	79	96	90	83
2003	Unabhängige	21	71	64	21
	Parteianhänger	64	94	77	54
	Parteianhänger mit gleicher Ministerpräsidentenpräferenz	87	98	94	87

Quelle: Rudi 2007: 564.

Die Darstellung zeigt einen deutlichen Zusammenhang zwischen der Bewertung der Bundesregierung und der Wahlentscheidung auf Landesebene. Für die beiden Fälle 1991 und 1995, in denen Union und FDP die Bundesregierung stellten, lässt sich insbesondere im Lager der Unabhängigen (also der Wähler ohne Parteipräferenz) eine deutliche Neigung ausmachen, bei den Landtagswahlen nicht die Parteien der Bundesregierung zu unterstützen. Der niedrigste Wert für diese Gruppe liegt bei nur noch einem Prozent Unterstützung für die schwarz-gelbe Bundesregierung im Jahr 1995. Zum selben Zeitpunkt summiert sich die Unterstützung der Unabhängigen für das rot-grüne Lager auf 63 Prozent. Der Abstand zwischen den beiden Punkten fällt für die Regierungszeit von SPD und Grünen auf Bundesebene etwas geringer aus. 2003 haben 21 Prozent derjenigen, die mit der Bundesregierung unzufrieden waren, ihre Stimme dennoch den Regierungsparteien gegeben, während 64 Prozent CDU und FDP wählten.

Für alle untersuchten Zeitpunkte wird deutlich, dass jeweils gut die Hälfte der Wähler ohne Parteipräferenz im Falle der Unzufriedenheit mit der Bundesregierung bei der Landtagswahl die Oppositionsparteien unterstützten. Die Daten gewinnen für die Belegung der Referendumshypothese an Bedeutung, wenn man den Anstieg derjenigen Wähler hinzuzieht, die generell keine Parteipräferenz mehr angeben, also klassische Wechselwähler darstellen. Lag deren Anteil 1991 noch bei 26 Prozent, so war er 2003 bereits auf 33 Prozent gestiegen (Rudi 2007: 560). Allerdings sind nicht nur die Wechselwähler, sondern auch die Parteianhänger eine ausschlaggebende Gruppierung. Die Intensität des Sanktionswahleffekts bemisst sich ja wie oben angedeutet auch daran, inwiefern Parteianhänger bereit sind, entgegen ihrer eigentlichen Präferenz zu votieren.

Wie zu erwarten, fällt die Unterstützung der präferierten Parteien bei Zufriedenheit mit der jeweiligen Bundesregierung hoch aus. Demgegenüber nimmt die Wahlentscheidung für die bevorzugte Parteienkonstellation ab, wenn diese die Regierung auf Bundesebene stellt und die Anhänger gleichzeitig mit deren Arbeit unzufrieden sind. Für Union und FDP lag dieser Wert 1991 bei 39, 1995 nur noch bei 17 Prozent. Etwas loyaler erscheinen die Anhänger von SPD und Grünen: Trotz Unzufriedenheit mit der Bundesregierung gaben 1999 61 Prozent von ihnen an, sich für die Regierungsparteien zu entscheiden. Bei der Landtagswahl 2003 waren es sogar 64 Prozent. Noch höher fallen die Werte bei den parteigebundenen Wählern aus, die auch eine gleichgerichtete Ministerpräsidentenpräferenz angeben. Trotz Unzufriedenheit mit der Regierung gaben 1991 66 und 1995 64 Prozent an, ihre Parteien zu unterstützen. Noch stärker ist diese Tendenz bei Anhängern von Sozialdemokraten und Grünen ausgeprägt. 1999 wollten 79 Prozent der Unzufriedenen auf Landesebene die Regierungsparteien unterstützen, 2003 waren es sogar 87 Prozent.

Die nach Gruppen aufgeschlüsselte Zufriedenheit und Unzufriedenheit mit der Bundesregierung und die danach bemessene Wahlentscheidung erlaubt aber noch keine Aussage über das wirkliche Ausmaß des Sanktionswahleffektes. Aufschlussreicher ist es daher, die summierten Gewinne und Verluste von Regierungsparteien und größter Oppositionspartei auf Bundesebene bei hessischen Landtagswahlen miteinander zu vergleichen.

Abbildung 5:   Summierte Gewinne und Verluste von Regierungsparteien und größter Oppositionspartei bei Landtagswahlen in Hessen 1970 bis 2003

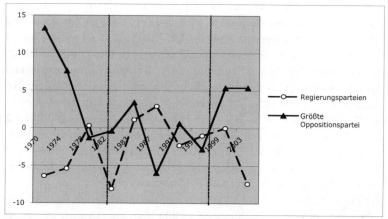

Quelle: Eigene Berechnungen. Die vertikalen Linien markieren die Regierungswechsel auf Bundesebene 1982 und 1998

Insgesamt wird deutlich, dass die Gewinne und Verluste von Regierungsparteien und größter Oppositionspartei an vielen Stellen nahezu spiegelbildlich ausfallen: Dort, wo die Regierung massiv verliert, hat die Opposition weniger Verluste oder gar Gewinne zu verzeichnen, was den Schluss nahe legt, dass die Verluste der Regierung wie erwartet vor allem durch die Wahl der größten Oppositionspartei kompensiert werden. Dies entspricht dem bei Landtagswahlen in diesem Zeitraum gängigen Muster (Decker 2005: 265)[5] – wenn auch nicht durchgängig: So

---

[5] Die Landtagswahl 1982 kann nicht als Zwischenwahl betrachtet werden, da sie zwischen dem Bruch der sozial-liberalen Koalition und der Bildung der CDU/ CSU/ FDP-Regierung im Bund stattfand. Ihr Aussagewert ist daher mit Blick auf die Referendumshypothese stark eingeschränkt.

haben die Regierungsparteien 1987 Zugewinne zu verzeichnen, während die SPD als Oppositionspartei deutliche Einbußen beklagen muss. Auch 1995 fallen die Verluste von CDU und FDP geringer aus als die der Sozialdemokraten. Anschließend an die zweite Hypothese wird im Folgenden untersucht, ob dies mit dem Zeitpunkt der Landtagswahlen erklärt werden kann.

4.3 Zusammenhang zwischen Zeitpunkt und Ergebnis der Wahl

Hessen stellt, wie oben angedeutet, in dieser Hinsicht einen besonders interessanten Fall dar. Für den Zeitraum von 1970 bis 2008 fanden vier der insgesamt elf Wahlen (1987, 1991, 1995 und 1999) im unmittelbaren Nachklang (also innerhalb der sprichwörtlichen 100-Tage-Schonfrist) zur Bundestagswahl statt. Es ist also zu erwarten, dass die Bundesregierung aus diesen Wahlen stärker hervorgeht als bei den echten Zwischenwahlen. Das ist allerdings nicht so zu verstehen, dass die Regierungsparteien deutliche Gewinne einfahren müssten. Ausschlaggebend ist vielmehr, ob sich eine Tendenz zur Angleichung von Bundestagswahl- und Landtagswahlergebnissen erkennen lässt, wobei bei der Interpretation der Aggregatdaten berücksichtigt werden muss, ob der Stellenwert der Wahl eher bundes- oder landespolitischer Natur war.

Auffallend ist, dass die Ergebnisse bei Bundestags- und Landtagswahlen auf Seiten der Union teilweise stark divergieren, und zwar insbesondere dann, wenn die hessischen Wahlen in der Mitte der Legislaturperiode stattfinden. Bis auf die Ausnahme 1972 fällt das Ergebnis für die Christdemokraten hier fast immer positiver aus als bei Wahlen im unmittelbaren zeitlichen Nachgang einer Bundestagswahl. Das lässt im Rückgriff auf die obigen Ausführungen den Schluss zu, dass die Union sich in dieser Zeit als Alternative zur SPD-geführten Regierung auf Bundesebene profilieren konnte. In den Jahren 1987, 1991 und 1995, in denen die CDU auf Bundesebene die Regierung anführte, liegt ihr Wahlergebnis auf Landesebene in etwa gleichauf oder höher als das Ergebnis bei der kurz vorher stattgefundenen Bundestagswahl. 1987 konnte die CDU gemeinsam mit der FDP erstmals die Landesregierung stellen, nachdem beide Parteien im Vergleich zur drei Monate vorher stattgefundenen Bundestagswahl 2,7 bzw. 0,2 Prozentpunkte hinzu gewannen (Decker/ Blumenthal 2002: 151). Dies legt die Interpretation nahe, dass insbesondere die Union auch auf Landesebene von der regierungsfreundlichen Stimmung profitiert hatte, mit der sie drei Monate zuvor auch ihren Wahlsieg im Bund hatte sichern können.

Abbildung 6: Ergebnisse von CDU und SPD bei Bundestagswahlen und Landtagswahlen in Hessen 1969 bis 2008

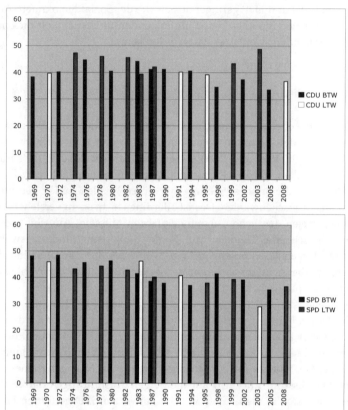

Quelle: Eigene Berechnungen

Ein ähnliches Bild ergibt sich für die SPD. In den siebziger Jahren, als sie mit der FDP auf Bundesebene die Regierung stellten, mussten die Sozialdemokaten bei Landtagswahlen in der Mitte der Legislaturperiode zum Teil herbe Verluste einstecken. 1999, also nur wenige Monate nach dem rot-grünen Wahlsieg bei der Bundestagswahl, fielen ihre Stimmeneinbußen deutlich geringer aus als bei den darauf folgenden Wahlen. Dennoch stand die Landtagswahl ganz unter dem Eindruck bundespolitischer Ereignisse. CDU-Spitzenkandidat Roland Koch nutzte geschickt ein aktuelles Thema der Bundespolitik, die von der rot-grünen Koalition geplante Regeleinführung einer doppelten Staatsbürgerschaft, um die Landtagswahl zu einem Plebiszit gegen die Bundesregierung zu stilisieren. Mit dem für sie zugkräftigen Ausländerthema im Rücken, konnte die Union die Wahl knapp für sich entscheiden und einen Regierungswechsel in Hessen herbeiführen. Als eine ungleich stärkere Denkzettelwahl sollte sich der Urnengang 2003 entpuppen. Hier profitierte die CDU erneut vom schwachen Erscheinungsbild der rot-grünen Bundesregierung, die ihren Wahlsieger-Bonus durch einen noch chaotischeren Start als 1998/ 99 in Rekordzeit aufgebraucht hatte. Allein diese Wahl weicht durch das Ausmaß des Zwischenwahleffekts vom erwarteten Ausgang einer im unmittelbaren Nachgang zur Bundestagswahl stattgefundenen Landtagswahl deutlich ab.

Bei der Landtagswahl 2008 lagen beide Großparteien schließlich nahezu gleichauf mit ihrem vorangegangenen Bundestagswahlergebnis. Die Union hatte dabei im Vergleich zur vorangegangenen Landtagswahl einen dramatischen Stimmeneinbruch zu verkraften, während die SPD Zugewinne verbuchte. Gemessen an der Ausgangslage, die der CDU unter Ministerpräsident Koch einen sicheren Wahlsieg verheißen hatte, kam das Ergebnis einer Sensation gleich. Die Ursachen dafür sind sowohl im bundespolitischen als auch im landespolitischen Bereich zu suchen. Dank der Regierungskonstellation im Bund wurden landespolitische Themen in ihrer Wichtigkeit für die Wahlentscheidung vom Wähler höher eingeschätzt als 2003 oder 1999. Dies galt insbesondere für die Schulpolitik, wo sich die Landesregierung manche Versäumnisse zu schulden hatte kommen lassen, die von den Oppositionsparteien dankbar aufgegriffen wurden. Für die hohen Stimmenverluste der Union waren aber auch bundespolitische Faktoren verantwortlich. Zum einen gelang es der SPD, mit ihrem Eintreten für einen allgemeinen gesetzlichen Mindestlohn ein in der Bevölkerung populäres Thema auf der Wahlkampfagenda ganz oben zu platzieren. Zum anderen erwies sich der Versuch Roland Kochs, dem eine Kampagne zum Thema Jugend- bzw. Ausländerkriminalität entgegenzusetzen, als kontraproduktiv. Nicht nur, dass die Wähler dies als rein taktisches Wahlkampfmanöver durchschauten. Der Ministerpräsident hatte zugleich das Ausmaß unterschätzt, in welchem ihm das selbst gesetzte bundespolitische Thema landespolitisch auf die Füße fallen würde, weil die Bilanz der Landesregierung auch auf diesem Gebiet eher schwach war. So musste die Union am Ende froh sein, dass sie sich mit einem hauchdünnen Vorsprung vor der SPD und ihrer Spitzenkandidatin Andrea Ypsilanti als stärkste Partei durchs Ziel retten konnte.

4.4 Kompensation durch die kleineren Parteien

Der Blick auf die kleineren Parteien muss zweierlei Typen der Kleinen in Betracht
ziehen. Zum einen ist nach den Ergebnissen des kleinen Koalitionspartners zu
fragen. Zum anderen steht im Raum, ob der Sanktionseffekt gegen die Regierung
kleinen Oppositionsparteien bzw. radikalen Gruppierungen zugute kommt.

Abbildung 7:   Gewinne und Verluste des großen und kleinen
                   Koalitionspartners auf Bundesebene bei hessischen
                   Landtagswahlen 1970 bis 2003

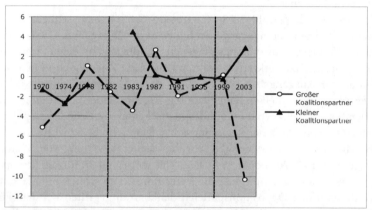

Quelle: Eigene Berechnungen. Für 1982 entfällt der Wert des kleinen Koalitionspartners
aufgrund des Ausscheidens der FDP aus der Regierung.

Abweichend zu dem für alle Landtagswahlen ermittelten Muster haben die kleineren Koalitionspartner in Hessen nicht unbedingt besser abgeschnitten als die
großen. Es zeigt sich ein eher wechselhaftes Bild. Dies ist allerdings in Beziehung
zum Zeitpunkt der Wahl zu setzen. Bei relativer Nähe zur Bundestagswahl kann
der kleine Koalitionspartner tendenziell zulegen. Darüber hinaus zeichnet sich in
diesen Zeiträumen eine relative Angleichung der Wahlergebnisse ab, sodass die
geringere Schwächung der Regierungsparteien unmittelbar nach der Bundestagswahl offensichtlich beiden Parteien zugute kommt.

In der Mitte der Legislaturperiode erfährt der kleine Koalitionspartner dagegen in der Regel höhere Verluste bzw. geringere Gewinne als die größere Regierungspartei. Für das Jahr 1987 ist dies durch die bereits angedeutete regie-
rungsfreundliche Stimmung zu erklären, die vor allem der Kanzlerpartei zugute

kam. Nimmt man die Wahlergebnisse der CDU für die Jahre 1991 und 1995 hinzu, wird deutlich, dass das gute Abschneiden der Regierung vor allem auf die stabilen Wahlergebnisse der FDP zurückgeht. 1999 und 2003 stellten SPD und Grüne die Regierung auf Bundesebene. 1999 erlitten beide gleichermaßen Verluste, während die Hessen-Wahl 2003 dem allgemeinen Trend entsprach, wonach die Grünen sich als Alternative in der Regierung profilieren konnten und die Sozialdemokraten gleichzeitig massiv Stimmen verloren. Ein klares Muster lässt sich für den Zeitraum von 1970 bis 2008 aber nicht ablesen. Welcher der beiden Koalitionspartner bei der Landtagswahl besser abschneidet oder weniger verliert, kann nur unter Berücksichtigung der jeweiligen situativen Faktoren beantwortet werden. Neben dem Wahlzeitpunkt spielen hier insbesondere der Stellenwert der Landespolitik sowie die Strategien der Akteure eine Rolle.

Abbildung 8: Summierte Gewinne und Verluste des kleinen Koalitionspartners und der kleinen Oppositionsparteien bei hessischen Landtagswahlen 1970 bis 2008

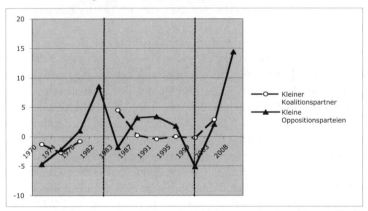

Quelle: Eigene Berechnungen. Die kleinen Oppositionsparteien bezeichnen alle kleineren Parteien auf Landesebene einschließlich der unter „Sonstige" aufgeführten Gruppierungen. Für 1982 entfällt der Wert des kleinen Koalitionspartners aufgrund des Ausscheidens der FDP aus der Regierung, für 2008 aufgrund der Großen Koalition im Bund.

Was die Wirkungsrichtung der Kompensation betrifft, lässt sich feststellen, dass die kleineren Oppositionsparteien im Ganzen eher vom Zwischenwahleneffekt profitieren als der kleinere Koalitionspartner. Der Ausschlag nach unten im Jahr 1999 kann vor allem durch den bundespolitisch geführten Wahlkampf erklärt werden, der zuvörderst der CDU zugute kam, während weder die FDP noch die

radikale Rechte die Unzufriedenheit mit der Regierung in ähnlich erfolgreichem
Maße aufgreifen konnten. Die Strategie der Union ging insofern auf, als Roland
Koch es schaffte, den Protest gegen die doppelte Staatsbürgerschaft zu Gunsten
seiner Partei zu kanalisieren und von den kleineren – auch radikalen – Parteien
abzuziehen. Umso stärker fallen die Zugewinne der kleinen Oppositionsparteien
bei der Landtagswahl 2003 ins Gewicht.

Sieht man von der Wahl 1983 ab, schnitten die kleinen Oppositionsparteien
im Zeitraum 1978 bis 1995 im Vergleich zu den Koalitionsparteien besonders gut
ab. Der Grund dafür liegt nicht zuletzt im Auftauchen der Grünen. Mit ihnen
stand während der Regierungszeit der CDU/ CSU/ FDP-Koalition auf Bundesebene beständig eine wählbare Alternative zur großen Oppositionspartei zur
Verfügung. Diese Strategie konnte die FDP 1999 und 2003 offenbar nicht auf sich
selbst anwenden: 1999 gewann – aus den bereits genannten Gründen – vor allem
die CDU. Radikale Oppositionsparteien, etwa auf dem rechten Rand, sind in
Hessen bisher chancenlos geblieben, womit sich Hessen in das Gesamtbild West-
deutschlands einreiht (Decker/ Miliopoulos 2007). So erhielten die Republikaner
1999 gerade einmal 2,7 Prozent der Stimmen, die sich bei der Landtagswahl 2003
nochmals halbierten.

Die seit 2005 im Bund regierende Große Koalition hat den Korridor für Protestparteien am rechten und linken Rand verbreitert. So wie bei der zeitgleich
stattfindenden Wahl in Niedersachsen, so gelang der zur gesamtdeutschen Linken fusionierten PDS und WASG auch in Hessen der Einzug in das Landesparlament. Dabei fiel ihr Ergebnis mit 5,1 Prozent freilich relativ schwach aus, was
auf den hohen landespolitischen Stellenwert der Wahl und die damit verbundene
Stärkung der SPD gegenüber der CDU zurückzuführen ist. In der Gesamtbetrachtung muss die Etablierung der – im Lande bis dahin ja noch gar nicht in Erscheinung getretenen – Linken dennoch unter bundespolitischen Gesichtspunkten
abgebucht werden, versteht sich die Nachfolgepartei der SED doch ausdrücklich
als Fundamentalopposition, die insbesondere in der Sozial- und Wirtschaftspolitik gegen das vermeintlich neoliberale Kartell der übrigen Parteien zu Felde zieht
(Decker 2006).

4.5 Stabilisierung der Regierungsparteien

Zuletzt muss überprüft werden, ob die Regierungsparteien des Bundes durch die
Existenz der Zwischenwahlen eine Stabilisierung bei den jeweils folgenden Bun-

destagswahlen erfahren. Dabei sind allerdings nur die Ergebnisse der echten Zwischenwahlen in der Mitte der Legislaturperiode in Betracht zu nehmen. Ohne die These sicher beweisen zu können, liefern die Gewinne und Verluste von SPD und CDU zumindest Indizien für den unterstellten Effekt. So fielen während der Regierungszeit der Sozialdemokraten im Bund zwischen 1970 und 1982 die Bundestagswahlergebnisse der SPD in Hessen durchweg besser aus als ihre Resultate bei den Landtagswahlen. Dieselbe Entwicklung ließ sich nach 1999 beobachten: Während die SPD bei Landtagswahlen teilweise hart abgestraft wurde, konnte sie bei den Bundestagswahlen klare Zugewinne verzeichnen. Für die CDU lässt sich der Effekt weniger gut belegen, da sämtliche Landtagswahlen, die sie während ihrer Bonner Regierungszeit in Hessen zu bestreiten hatte, in unmittelbarem Nachklang zur Bundestagswahl stattfanden, sodass Landes- und Bundesergebnisse hier entsprechend enger beieinander lagen.

5   Fazit

Die vorangegangene Analyse hat versucht, die eingangs entwickelten Hypothesen für die hessischen Landtagswahlen zu überprüfen. Die Ergebnisse lassen sich wie folgt zusammenfassen:

1. Sowohl die summierten Gewinne und Verluste der größten Oppositionspartei und der Regierungspartei als auch die Entscheidungsfaktoren der einzelnen Wählergruppen bei Landtagswahlen belegen, dass bundespolitische Faktoren bei der Wahlentscheidung eine große Rolle spielen.[6] Hessische Landtagswahlen stellen sich also in der Tat als Referendumswahlen dar, die von den Wählern genutzt werden, um Unzufriedenheit mit der Regierungspolitik auf der Bundesebene kundzutun. Dieser Befund wird umso akuter, je höher der Anteil derjenigen Wählergruppen ist, die keine feste Parteipräferenz mehr erkennen lassen.

2. Der Zeitpunkt der Landtagswahl in Hessen hat für deren Ausgang offenbar eine hohe Bedeutung. Wie in der Hypothese vermutet, verlieren die Regierungsparteien am meisten, wenn die Wahlen in der Mitte der Legislaturperiode des Bundes anberaumt sind. Finden sie hingegen kurz nach der Bundestagswahl statt, gleichen sich die Ergebnisse in etwa an oder können sogar leichte Gewinne

---

[6] Zu diesem Schluss kommt auch Rudi (2007: 566).

erzielt werden. Eine Ausnahme bildet die auf bundespolitische Themen zugespitzte Wahl von 1999.

3. Dass Verluste der Regierungsparteien durch Gewinne der kleinen Parteien
kompensiert werden, trifft für Hessen in zweifacher Hinsicht zu. Erstens schneidet der kleinere gegenüber dem größeren Koalitionspartner oftmals besser ab,
was aber vor allem auf das Geschick der kleineren Partei zurückzuführen ist, sich
als „Alternative in der Regierung" darzustellen, und so eher von situativen Faktoren abhängt. Zweitens schaffen es in Hessen in besonderem Maße die kleineren
Oppositionsparteien, vom Sanktionseffekt zu profitieren. Das betrifft jedoch vor
allem FDP und Grüne und in nur sehr geringem Maße rechtspopulistische oder -
extremistische Gruppierungen. Ob sich die Linke als fünfte Kraft im deutschen
Parteiensystem dauerhaft wird etablieren können, ist auch nach den Landtags-
wahlerfolgen im Frühjahr 2008 noch nicht sicher ausgemacht. Dass sie als Oppositionspartei von der Großen Koalition im Bund profitiert, steht außer Frage.

4. Für einen Stabilisierungseffekt der Zwischenwahlen, nach dem die Regierungsparteien bei Bundestagswahlen tendenziell wieder gestärkt werden, liefern
auch die hessischen Landtagswahlen Indizien.

Literatur

Anderson, Christopher/ Ward, Daniel (1996): Barometer Elections in Comparative Perspec-
tive. In Electoral Studies 15, S.447-460.
Burkhart, Simone (2005): Parteipolitikverflechtung. Der Einfluss der Bundespolitik auf
Landtagswahlentscheidungen von 1976 bis 2002. In: Politische Vierteljahresschrift 46,
S.14-38.
Darnstädt, Thomas (2006): Konsens ist Nonsens. Wie die Republik wieder regierbar wird,
München.
Decker, Frank/ Blumenthal, Julia von (2002): Die bundespolitische Durchdringung der
Landtagswahlen. Eine empirische Analyse von 1970 bis 2001. In: Zeitschrift für Par-
lamentsfragen 33, S.144-164.
Decker, Frank (2003): Zwischen Wahlen. Vorschläge für eine Reform des deutschen Bun-
desstaates an Haupt und Gliedern. In: Frankfurter Allgemeine Zeitung vom 7. Februar
2003, S.11.
Decker, Frank (2005): Höhere Volatilität bei Landtagswahlen? Zur Bedeutung bundespolitischer „Zwischenwahlen". In: Eckhard Jesse/ Roland Sturm (Hrsg.), Bilanz der Bundestagswahl 2005, Wiesbaden, S.259-279.

Decker, Frank (2006): Die Renaissance der Sozialisten. In: Neue Gesellschaft/ Frankfurter Hefte, 54, H. 5, S.33.

Decker, Frank/ Miliopoulos, Lazaros (2007): Rechtsextremismus und Rechtspopulismus in der Bundesrepublik. Eine Bestandsaufnahme. In: Martin H. W. Möllers/ Robert van Ooyen (Hrsg.): Politischer Extremismus 1. Formen und aktuelle Entwicklungen, Frankfurt a.M., S.182-233.

Erikson, Robert (1988): The Puzzle of Midterm Loss. In: Journal of Politics 50, S.1011-1029.

Franz, Gerhard/ Danziger, Robert/ Wiegand, Jürgen (1982): Die hessische Landtagswahl vom 26. September 1982: Unberechenbarkeit der Wählerpsyche oder neue Mehrheiten?. In: Zeitschrift für Parlamentsfragen, 14, S.62-80.

Gabriel, Oscar/ Holtmann, Everhard (2007): Ober sticht Unter? Zum Einfluss der Bundespolitik auf Landtagswahlen: Kontext, theoretischer Rahmen und Analysemodelle. In: Zeitschrift für Parlamentsfragen 38, S.445-462.

Hainmüller, Jens/ Kern, Holger Lutz (2006): Electoral Balancing, Divided Government and Midterm Loss in German Elections. In: Journal of Legislative Studies 12, S.127-149.

Jeffery, Charlie/ Hough, Daniel (2001): The Electoral Cycle and Multi-Level Voting in Germany. In: German Politics 10, S.73-98.

Jeffery, Charlie/ Hough, Daniel (2003): Landtagswahlen: Bundestestwahlen oder Regionalwahlen?. In: Zeitschrift für Parlamentswahlen 34, S.79-94.

Jesse, Eckhard (2007): Nationaldemokratische Partei Deutschlands. In: Frank Decker/ Viola Neu (Hrsg.): Handbuch der deutschen Parteien, Wiesbaden 2007, S.337–342.

Lohmann, Susanne/ Brady, David/ Rivers, Douglas (1997): Party Identification, Retrospective Voting, and Moderating Elections in a Federal System. In: Comparative Political Studies 30, S.420-449.

Mughan, Anthony (1986): Toward a Political Explanation of Government Vote Losses in Midterm By-elections. In: American Political Science Review 80, S.761-775.

Schnapp, Kai-Uwe (2007): Landtagswahlen und Bundespolitik: immer noch eine offene Frage? Neue Antworten im Ländervergleich auf Aggregatdatenbasis. In: Zeitschrift für Parlamentsfragen 38, S.463-480.

Rudi, Tatjana (2007): Landtagswahlen in Hessen 1991 bis 2003: bundespolitische Einflüsse vor allem bei unabhängigen Wählern. In: Zeitschrift für Parlamentsfragen, 38, S.559-566.

Völkl, Kerstin u.a. (Hrsg.) (2007): Wähler und Landtagswahlen in der Bundesrepublik Deutschland, Baden-Baden.

Stephan Klecha, Bettina Munimus, Nico Weinmann

Hessens Ministerpräsidenten im Profil

Die Ministerpräsidenten der Bundesländer nehmen im föderalen System der Bundesrepublik eine starke Stellung ein. Sie regieren in ihrem Land, agieren als Parteipolitiker auf der Bundesebene und sollen zugleich ihr Bundesland überparteilich-präsidial nach Außen vertreten. Es ist diese Doppelfunktion aus Regierungschef und Staatsoberhaupt im Kleinen, welche Winfried Steffani veranlasste festzuhalten: „In allen Ländern stehen die Ministerpräsidenten – die republikanische Version der ‚Landesfürsten' – im Zentrum des Verbundes parteilicher, parlamentarischer, staatsleitender und bürokratischer Wirkungs- und Kompetenzebenen" (Steffani 1983: 198). Aufgrund ihres Doppelstatus umfasst ihr Handeln vielseitige Aufgabenbereiche. In der Funktion als Staatsoberhaupt eines Bundeslandes agieren Ministerpräsidenten als eine Art „Ersatzmonarch" (ebd.: 229): In ihrer Person sollen sich als bindendes Identifikationspotential die politische Stabilität und die parteipolitische Neutralität vereinen. Der Wortstamm „Präsident" und die burschikose Titulierung „Landesvater" (ebd.: 246) verweisen auf die Attribute des Vorbildes, der Volksnähe und der Volkstümlichkeit. Der sorgende Landesvater ergänzt sich mit dem Typus des integrativen Kommunikators, der unterschiedliche Interessen und Überzeugungen miteinander verbindet und einen Konsens mit einer Mehrheit der Wähler anstrebt. Der Präsident muss also in irgendeiner Art und Weise die Mentalitäten eines Landes verkörpern, er muss über den Tagesauseinandersetzungen stehen und das Gefühl vermitteln, dass er einen Ausgleich herbeiführt. Gleichzeitig impliziert die Rolle des Landeschefs auch die eines Managers, der einen problemlösungsorientierten, rationalsachlichen und auf Effizienz bedachten Führungsstil aufweist. Der Landeschef muss auch in der Lage sein zu polarisieren, zu entscheiden, Konflikte zu suchen und zu bestehen. Als Manager kann er zwar nach einem Kompromiss streben, er muss aber bereit sein, den Dissens durchzustehen.

Zum Rollenverständnis von Ministerpräsidenten führt Herbert Schneider an: „Man/ frau braucht eine Mischung aus Nähe (Verstehen, Zum-Anfassen-Sein) und Distanz (managen, Aufgaben erledigen)" (Schneider 2001: 199). Der Manager führt sein Land wie ein Wirtschaftsunternehmen und sorgt sich um eine möglichst exakte Zielerfüllung. Als Staatsrepräsentanten des Landes und des Bundes stehen die Ministerpräsidenten im Fokus des öffentlichen Interesses. Gegen diesen Amtsbonus in der medialen Präsenz hat es die Landesopposition verhältnismäßig schwer, sich entsprechend zu profilieren.

Diese Doppelfunktion als Manager und als Landesvater setzt unterschiedliche Ressourcen voraus. Diese könnten bereits in der Landesverfassung angelegt sein. Doch die hessische Landesverfassung bindet den Ministerpräsidenten eng an die Mehrheiten im Landtag. Zu seiner Wahl braucht er die Mehrheit der Mitglieder des Landtags. Die von ihm ernannten Ministerinnen und Minister bedürfen für die Übernahme der Regierungsgeschäfte stets noch eines besonderen Parlamentsbeschlusses.[1] Diese Regelung stärkt allerdings unter bestimmten Umständen die Stellung des Ministerpräsidenten im Falle des Verlusts der Regierungsmehrheit. Holger Börner konnte so 1982 geschäftsführend bis 1984 amtieren, da es weder eine Mehrheit für noch eine konstruktive Mehrheit gegen ihn gab. Der Landtag kann nämlich einer ohnehin nur noch geschäftsführenden Landesregierung das Vertrauen nicht entziehen, da er es ihr nie erteilt hat.[2] Dafür bietet die Verfassung die Möglichkeit, dem Ministerpräsidenten das einmal ausgesprochene Vertrauen auch ohne konstruktives Misstrauensvotum in offener Abstimmung zu entziehen. Der Landtag läuft in diesem Falle allerdings Gefahr, aufgelöst zu werden, wenn er keinen Nachfolger präsentiert.[3] Die Artikel 82 und 83 der Verfassung Hessens regeln zudem den Zusammentritt eines neu gewählten Landtags so, dass eine neue Mehrheit immer warten muss, bis die alte Wahlperiode abgelaufen ist, ehe sie einen neuen Ministerpräsidenten wählen kann. Dieses hat zur Folge, dass die Regierungen Wallmann und Eichel nach ihren Abwahlen 1991 und 1999 im Bundesrat noch volle drei Monate handlungsfähig blieben.

Die Landesverfassung setzt also auf ein starkes Parlament und ermöglicht zugleich dem Ministerpräsidenten im Falle fehlender oder unklarer Mehrheiten im Landtag eine starke Stellung. Diese Notstandssituation hat sich allerdings in der hessischen Landesgeschichte nur selten ergeben. Im Regelfall müssen die

---

[1] Artikel 101 Verfassung des Landes Hessen.
[2] Artikel 114 Verfassung des Landes Hessen.
[3] Ebd.

Ministerpräsidenten also andere Ressourcen mitbringen als die reine konstitutionelle Macht, da ihnen das Parlament schnell die Mehrheit entziehen kann. Wir werden im folgenden Aufsatz dem Leben und Wirken der hessischen Ministerpräsidenten nachgehen. Wir werden ihre Herkunft, Prägungen und Politikstile vorstellen. Dabei wollen wir den Versuch unternehmen, „den" Typus des hessischen Ministerpräsidenten ausfindig zu machen. Wir beginnen unsere Darstellung mit Christian Stock, der als frei gewählter Ministerpräsident 1947 die Amtsgeschäfte vom parteilosen Jura-Professor Karl Geiler übernahm, der noch von der amerikanischen Besatzungsmacht eingesetzt worden war.

1   Christian Stock 1947-1950

Der erste frei gewählte Ministerpräsident Hessens nach dem Zweiten Weltkrieg, Christian Stock, geboren 1884 in Darmstadt, entstammte einer sozialdemokratischen Familie. Bereits im Kaiserreich trat er in die SPD ein. Engagiert in der Krankenkasse, wie viele Sozialdemokraten jener Zeit, gehörte er zu den pragmatischen Funktionären, denen die Organisation und ihr unmittelbares Wirken viel bedeutete, ihr pseudo-revolutionärer Pathos jedoch fremd war (Mühlhausen 1999: 86f.). Stock machte im Tabakarbeiterverband Karriere, wurde deren Gauleiter im badischen Heidelberg, wo er in der Zwischenkriegszeit dem Gemeinderat angehörte. In der Weimarer Nationalversammlung und als Unterstaatssekretär im Reichswehrministerium gab er ein kurzes Gastspiel auf der Reichsebene, ansonsten engagierte er sich in Baden. Er arbeitete als Sekretär beim ADGB, war Landtagsabgeordneter und schließlich Direktor der AOK, ehe er 1932 Direktor der hessischen Krankenkassen in Frankfurt wurde. Nachdem Hitler Reichskanzler geworden war, saß Stock zunächst im Konzentrationslager, kam im März 1934 jedoch frei und eröffnete ein Tabakgeschäft im heimatlichen Darmstadt. Am Ende der nationalsozialistischen Gewaltherrschaft ernannten die Alliierten ihn zum AOK-Direktor von Frankfurt und setzten ihn anschließend als Leiter der Landesversicherungsanstalt ein.

Bei den Landtagswahlen 1946 bestätigte sich die starke Stellung der hessischen SPD, welche schon in der Zwischenkriegszeit eine dominierende Rolle in ganz Hessen gespielt hatte (Beier 1989: 7). Entsprechend erhoben die Sozialdemokraten, die zuvor schon im Kabinett Geiler stark vertreten waren, nun den Führungsanspruch in der neuen Regierung Hessens. Der bis dahin eher unauffällige Abgeordnete Stock verfügte gegenüber seinem Mitkonkurrenten, dem früheren DDP-Mitglied und Vorsitzenden der SPD-Fraktion in der verfassungsgebenden Landesverfassung, Ludwig Bergsträsser, über den Vorteil, dass er der Sozialdemokratie schon sehr lange angehörte. Im Unterschied zum anderen Kandidaten, dem bisherigen Chef der Staatskanzlei, Hermann Brill, war Stock gebürtiger Hesse. An die Spitze des neu geschaffenen Landes Hessen den Thüringer Brill treten zu lassen, erschien vielen Sozialdemokraten unvorstellbar. Ausschlaggebend war letztlich die Landtagsfraktion, in der Stock sich gegen den vom Landesvorstand favorisierten Brill durchsetzte (Mühlhausen 1999: 101f.; Schmidt 1997: 234).

Stock versprühte weder Charisma noch war er sonderlich darauf erpicht, als Landesvater wahrgenommen zu werden. Er hatte auch nicht den Ehrgeiz, das Land grundlegend neu zu gestalten. Stock stellte sich vielmehr erfolgreich den Tagesaufgaben, wie dem unmittelbaren Wiederaufbau, Wohnungsbau, Flüchtlingsintegration oder dem Aufbau einer handlungsfähigen Landesverwaltung (Schmidt 1997). Die SPD des Kaiserreichs hatte ihn geprägt. Diese tüchtige, einsatzfreudige, fleißige, aber in sich erstarrte Bewegung (Walter 2002: 40ff.) förderte Funktionärtypen, die ihrem Herkunftsmilieu verbunden waren und die Veränderungen, Umstürze und radikale Umbrüche scheuten, die zugleich aber willens waren, die Lebens- und Arbeitsbedingungen durch konkrete Maßnahmen zu verbessern. Im Interesse des politischen Fortschritts lehnten sie somit auch die entschiedene Abgrenzung zum politischen Gegner ab. Stock wollte kooperieren, einbinden, vermitteln, ausgleichen, um das Notwendige zu tun. Kurt Schumacher, der politisch vor allem in der Weimarer Zeit sozialisierte SPD-Vorsitzende, bestand dagegen auf klarer Abgrenzung und forderte eine grundlegende Umwälzung der sozialen und politischen Verhältnisse im Nachkriegsdeutschland.

Stocks wesentliche Ressourcen, um an die Macht zu gelangen, waren die Arbeiterbewegung, die Geschlossenheit des Milieus und die Bereitschaft, der Bewegung vieles unterzuordnen. Stock bemühte sich aber nicht um eine innerparteiliche Hausmacht. Er amtierte nicht als Bezirks- oder Landesvorsitzender. Selten besuchte er einen Parteitag oder stellte sich den Gewerkschaften. Wenn doch, dann sah er sich heftiger Kritik ausgesetzt und musste Rücktrittsforderungen abwehren (Seier 1996: 157; Mühlhausen 1999: 110; Beier 1989: 82). Freilich setzten sich in jenen Jahren andere Ministerpräsidenten auch gerne über die Befindlichkeiten ihrer Partei hinweg, allerdings kompensierten sie dies mit Charisma, Pathos, schmeichelnder Rhetorik oder mit landesväterlicher Jovialität. Stock hatte von alledem nichts (Schmidt 1997: 433). Er stand über den Parteien, präsidierte aber nicht unantastbar über dem Land. Überdies erfüllte seine Politik nicht die Erwartungen seiner Partei, die sich aus dem Wahlsieg bei der Landtagswahl 1946 ergeben hatten. Beim Betriebsrätegesetz nahm die Landesregierung auf die

Interventionen der Besatzungsmacht Rücksicht (Mühlhausen 2005: 56f.). Einem Gesetz zur Sozialisierung von Betrieben fehlte es an der Mehrheit im Landtag. Die Schulreform wurde mit Rücksicht auf die Befindlichkeiten der CDU gar nicht erst begonnen (Mühlhausen 1999: 119). Eine Neugliederung der Grenzen zu Rheinland-Pfalz scheiterte an der dortigen Landesregierung (Schmidt 1997: 335). Die Erwartungen der SPD auf grundlegende Neuordnung der Gesellschaft konnte Stock nicht erfüllen.

Stock war weder Macher noch Landesvater. Er konzentrierte sich auf das Machbare, verwaltete Hessen solide, aber er vermittelte nicht den Eindruck, dass es ihm gelänge, etwas wirklich Neues zu schaffen. Um Landesvater zu sein, fehlten ihm die Zugänge zum bürgerlichen Milieu. Er bemühte sich zwar, über den Parteien zu stehen, war gleichzeitig aber abhängig von seiner Partei.

2   Georg August Zinn 1950-1969

Kaum ein Ministerpräsident in der Geschichte der Bundesrepublik hat länger regiert als Georg August Zinn. So einmalig wie seine Amtszeit war auch der Weg ins Amt. Mit Ministerpräsident Christian Stock als Spitzenkandidaten hatte die SPD die absolute Mehrheit der Mandate im hessischen Landtag gewonnen. Doch Stocks Wiederwahl hintertrieb der SPD-Parteivorsitzende Kurt Schumacher von Hannover aus. Ihm missfielen das Alter des Ministerpräsidenten, seine Bereitschaft, auch weiterhin mit der CDU kooperieren zu wollen und die Tatsache, dass Stock sich zuvor gerne gegenüber der Bundesparteizentrale abgegrenzt hatte (Sternburg 1983: 266; Mühlhausen 1999: 140ff; Schmidt 1997: 414).

Georg August Zinn war wohl auch deswegen Schumachers Favorit, weil die Biographie des in Nordhessen lebenden gebürtigen Südhessen Schumachers eigener ähnelte. Geboren um die Wende zum 20. Jahrhundert, entstammten beide bürgerlichen Familien und wandten sich als Abiturienten der SPD zu. Beide mussten als studierte Juristen der Milieupartei SPD beweisen, dass sie „dazugehörten". Zinn trat dazu aus der Kirche aus und engagierte sich im Reichsbanner (Sternburg 1983: 259; Merseburger 1996: 30; Osswald o.J.: 67). Beide erlebten den Aufstieg der Nationalsozialisten hautnah, Schumacher als Abgeordneter, Zinn als Stadtverordneter. Schumacher wie Zinn gehörten zu denjenigen, die nach 1933 früh interniert wurden. Während der erbitterte Nazi-Gegner Schumacher über zehn Jahre im Konzentrationslager verbrachte, endete Zinns „Schutzhaft" frühzeitig (Merseburger 1996: 166ff.; Wittkop 1962: 8).

Zinn wirkte nach 1945 als hessischer Justizminister unter Karl Geiler und Christian Stock zunächst an der Ausarbeitung der hessischen Landesverfassung mit und sorgte im Parlamentarischen Rat für die redaktionelle Überarbeitung des Grundgesetzes (Feldkamp 1998: 43 und 137). Nach 1949 hatte Zinn sich bereits darauf eingerichtet, im Bundestag aktiv zu sein. Doch Schumachers Plan durchkreuzte diese Absicht. Zinns Mehrheit gegen Stock war letztlich auch der Tatsache geschuldet, dass dem nordhessischen SPD-Bezirksvorsitzenden Zinn eher zugetraut wurde, die Differenzen zwischen den beiden Landesteilen zu überwinden (Mühlhausen 1999: 141).

Seine Regierungsarbeit besaß dazu mit dem Hessenplan ein einmaliges Infrastrukturprogramm, das die regionalen Disparitäten zwischen den Landesteilen verminderte und dazu beitrug, dass die Flüchtlinge „organisch" in der bisherigen Bevölkerung aufgingen (Wolfrum 2007: 147). Besonders in Nordhessen wirkten Industrieansiedlungen den Standortnachteilen entgegen. Der Ministerpräsident war die Integrations- und Symbolfigur für diese Entwicklung. Er entschärfte die bestehenden Gegensätze und vermittelte das Gefühl, dass „Hessen vorn" lag (Grebing 2007: 159; Osswald o. J. 91).

Dieses würde man heute als „endogene Regionalpolitik" bezeichnen, bei der das „Wir-Gefühl" vor Ort als Voraussetzung von Wachstum angesehen wird (zur Konzeption beispielhaft Schön 1997). Zinn stärkte zuvorderst die Gemeinschaft in den Dörfern und Städten. Dazu zählten vor allem die Entwicklung des ländlichen Raumes und seine Stabilisierung als Wirtschaftsraum und Wohngebiet. Hessen förderte den Landarbeitereigenheimbau, führte eine Flurbereinigung durch und baute das landwirtschaftliche Ausbildungswesen aus und entwickelte sich zu einem „agrarsozialen Musterländchen" (Wittkop 1962: 21), zu dem auch der Aufbau von Dorfgemeinschaftshäusern gehörte. All dieses fasste Zinn zusammen als die „soziale Aufrüstung des Dorfes" (Sternburg 1983: 268), und es trug nicht unwesentlich dazu bei, dass die Landbevölkerung das Gefühl bekam, sie nehme am wirtschaftlichen Wachstum tatsächlich teil. Zinn hatte den Vorteil, dass die unübersehbaren Notwendigkeiten des Wiederaufbaus und eine ungeteilte Wachstumseuphorie, eine Politik der wirtschaftlichen Modernisierungen begünstigten. Die SPD-Bürgermeister und Magistrate setzten Zinns Politik vor Ort um, lösten die damit zusammenhängenden lokalen Probleme und warben mit ihrem guten Draht zur Landesregierung für ihre Wiederwahl. Die SPD erzielte so mit Ausnahme der Kommunalwahl 1952 bei allen Kommunalwahlen in der Ära Zinn um 50 Prozent der Stimmen.[4] Mit dem Hessentag erfand Zinn 1961 zudem ein geeignetes Forum, bei der ganz Hessen stolz seine Tradition und seine Modernität feiern konnte, was dazu beitrug, dem Land eine Identität zu vermitteln. Dieses trug nachhaltig zur Einheit des Landes bei, welches noch im 18. und 19. Jahrhundert jedem Versuch einer Einigung widerstanden hatte (Pletsch 2003: 27).

Zinn war als Regierungschef darauf bedacht, zwar die großen Linien zu bestimmen, Detailarbeit war ihm indessen weitgehend zuwider. Dies überließ er seinen Ministern, die sich mit dem politischen Gegner im Landtag auseinanderzusetzen hatten und in Bürgersprechstunden anlässlich der Kreisbereisungen Rede und Antwort stehen mussten, wenn wieder einmal Unterricht ausfiel, Straßenbauprojekte nicht umgesetzt wurden und Infrastrukturen darauf warteten, aufgebaut zu werden (Osswald o.J.: 60). Zinn achtete deswegen bei der Personalauswahl darauf, dass er Politiker in seine Regierung holte, die über die nötige administrative Kompetenz verfügten.

Ohne in die Details involviert zu sein, konnte Zinn so die Erfolge auf seine Richtungsentscheidungen zurückführen. Interessenausgleich, Verständigung mit widerstreitenden Interessen und Kompensationen für notwendige Veränderungen prägten die Arbeit seiner Landesregierungen. Zinn wäre im Zusammenhang mit dem Hessenplan nie so weit gegangen, zur Umsetzung solcher planerischen Möglichkeiten Reformen zu entwerfen, die schwerlich Akzeptanz vor Ort gefunden hätten. Eine Kreis- oder Gebietsreform etwa vermied der hessische Regierungschef, obgleich sie notwendig wurde. Eine Reform des Bildungswesens erfolgte in kleinen Schritten. Die besonders konfliktreichen Reformvorhaben packte er behutsam an. Zinn wollte nicht die fundamentale Opposition der bürgerlichen Parteien provozieren. Dieser Anspruch kam in seiner ersten Regierungserklärung 1951 bereits zum Ausdruck, als er formulierte: „Wir beabsichtigen keine Experimente. Wir sind weder Dogmatiker noch Utopisten. Die Politik der Regierung wird maßvoll sein. Sie wird sich Ziele setzen, die bei ernstem Wollen und einigermaßen günstigen Umständen erreichbar sind" (zit. nach Wittkop 1962: 13). Zinn war Macher und schob Reformen ab, er war Kommunikator, der sich zu der Identifikationsfigur der Hessen stilisierte und er war Landesvater im Sinne eines den alltäglichen kleinen und großen politischen Streitigkeiten distanziert gegenüber stehenden Integrators. Diese Kombination wirkte sich günstig bei den Wahlen aus und ermöglichte ein Bündnis mit dem Bund der Heimatvertriebenen und Entrechteten (BHE), als die absolute SPD-Mehrheit der Mandate 1954 verloren

---

[4] Vgl. http:/ / www.statistik-hessen.de/ themenauswahl/ wahlen/ daten/ kw01/ ergebnisse-1946-2001/ index.html (28.11.2007).

gegangen war. Diese Koalition hatte noch nach der gewonnenen absoluten Mehrheit 1962 Bestand. Als der BHE aus dem Landtag 1966 ausschied, bildete Zinn zwar eine Alleinregierung, holte aber die FDP-Politikerin Hildegard Hamm-Brücher als Staatssekretärin ins Kultusministerium.

Zinns Amtszeit endete, nachdem er 1969 einen leichten Schlaganfall erlitten hatte (Sternburg 1983: 270). Seine Amtszeit hinterließ markante Spuren in Hessen. Die wirtschaftliche Entwicklung der 1950er und 1960er Jahre ist eng mit dem Hessenplan und mit dem Macher Georg August Zinn verbunden. Die kulturelle Einheit des Landes hat der Landesvater durch gezielte Symbolik gefördert. Die ausgebaute örtliche Gemeinschaft schuf Zuwanderern und Einheimischen ein Gefühl von Sicherheit und Heimat. Der Hessentag signalisierte, dass Hessen eine gemeinsame, aber zugleich tolerante Identität besaß.

3 Albert Osswald 1969-1976

Unter dem Wahlmotto „Hessen bleibt vorn!" wollte die hessische SPD 1970 mit Albert Osswald ihre Politik fortschreiben. Der Nachfolger Zinns musste jedoch während der 1970er Jahre unter erschwerten Bedingungen regieren. Als Sohn eines sozialdemokratischen Maurers und Plattenlegers, der zwischenzeitlich den SPD-Parteivorsitz in Gießen-Wieseck innehatte, erhielt Osswald bereits in den Kinderjahren einen Einblick in die praktische Parteiarbeit. Trotz des engen Familienbudgets ermöglichten ihm seine Eltern den Besuch einer weiterführenden Handelsschule. Nach den Kriegsjahren als Soldat setzte Osswald in seinem Heimatort seine kaufmännische Ausbildung fort und behauptete sich als Selbstständiger. Stets waren seine Kinder- und Jugendjahre von folgenreichen Entscheidungsnotwendigkeiten geprägt (Osswald o. J: 4ff.). Osswald lernte sie mit Pragmatismus und Fleiß zu meistern – beides persönliche Qualitäten, die auch seine Handschrift als Politiker prägen sollten.

Der Kommunalpolitiker Osswald durchlief eine politische Musterlaufbahn: 1949 wurde er Stadtverordneter in Gießen, bereits 1952 hatte er den Vorsitz der Stadtverordnetenversammlung inne, 1954 wurde er Bürgermeister und Kämmerer, bis er schließlich 1957 zum Oberbürgermeister gewählt wurde. Der Wiederaufbau Gießens vollzog sich maßgeblich unter seiner Federführung. Hierbei bewies er Planungs- und Organisationsfähigkeit sowohl in der Bauplanung und Verkehrserschließung als auch bei der Modernisierung der Verwaltungsstrukturen (ebd.: 46). Als Oberbürgermeister erwarb sich Osswald die Eigenschaften eines Machers, dessen Handeln sich an den Gegebenheiten ausrichtete und wenig ideologisch gefärbt war. „Demokratie lebt (...) nicht nur vom Vor- und Austragen unterschiedlicher Auffassungen, sondern vom Handeln und Entscheiden", beschrieb Osswald die Maxime seiner Politik (ebd.: 24). Die kommunalpolitische Erdung, die Sensibilität für die Probleme vor Ort durchzogen seine gesamte Laufbahn, sodass er auch als Ministerpräsident Bürgersprechstunden ohne Voranmeldung praktizierte (ebd.: 52).

Nach neun Jahren Mitgliedschaft im hessischen Landtag wurde Osswald 1963 zum Minister für Wirtschaft und Verkehr in das Kabinett Zinn berufen, wo er im darauf folgenden Jahr als Finanzminister wirkte (ebd.: 3f.). Der Pragmatiker Osswald erfüllte das Ideal-Profil eines Ministers unter Zinn, der in der Lage sein musste, Zielvorgaben des Landesvaters im Detail umzusetzen und gegebenenfalls vor Ort zu verteidigen. Das tat Osswald sowohl als Verkehrsplaner im Zuge des „Großen Hessenplans" als auch bei der Bildung der Hessischen Zentrale für Datenverarbeitung oder der Umsetzung der Verwaltungsreform. (Osswald: 69ff.) Mit einer „bienenfleißigen Betriebsamkeit" empfahl er sich als Zinn-Nachfolger (Der Spiegel 1969; Der Spiegel 1970).

Am Ende der 1960er Jahre waren etliche kulturelle, soziale und politische Umbrüche offenkundig. Massenmedien und Werbeindustrie setzten sich durch. Die Pille veränderte das Sexualverhalten. Tabus in der Alltagswelt fielen, als die studentische Bewegung mit Nachdruck die bürgerlichen Werte und Ordnungsvorstellungen der Adenauerzeit in Frage stellte und einen Partizipationsanspruch geltend machte (Walter 2006: 183f.; Berg-Schlosser 1997: 417). Dieses wirkte in die SPD hinein und bestimmte und ideologisierte gleichermaßen die Bildungsdebatte, welche Osswalds Amtszeit stets begleiten sollte (Kroll 2006: 101f.). Zudem hinterließ Zinn etliche unerledigte Aufgaben, die nun aufgearbeitet werden mussten. Mit der sozialliberalen Koalition im Bund wurde aus dem „hessischen Gegenmodell zu Bonn" ein loyaler Partner der Bundesregierung (Hohmann 1996: 168f.), wohingegen der neue CDU-Landesvorsitzende Alfred Dregger einen klaren Konfrontationskurs zur SPD im Bund und im Land gleichermaßen einschlug. Die FDP hingegen bekam unter Heinz Herbert Karry eine sozialliberale Prägung, womit sie sich als Koalitionspartner für den neuen Ministerpräsidenten anbot (Galonska 1999: 175f.; Sütterin 1994: 123f.; Steinseifer 1996: 256f.)

Mit dem Landesentwicklungsprogramm „Hessen 80" sollte die Kontinuität des neuen Ministerpräsidenten zur Politik Zinns verfolgt werden, wobei nun das Bildungssystem im Mittelpunkt der Planung stand. Die Debatte eskalierte und Reformbefürworter und -gegner lieferten sich heftige Auseinandersetzungen (Osswald: 133 f.; Frenz 1989: 199ff.). Die Wirtschaftskrise verengte zusätzlich den finanziellen Spielraum für das Reformvorhaben. Die Kultusministerkonferenz, die Bundesregierung und letztlich der Verfassungsgerichtshof stoppten die Reformvorhaben. Osswald reagierte, indem er 1974 den umstrittenen Kultusminister Ludwig von Friedeburg durch Hans Krollmann austauschte und einen Teil der Reformen zurückzog (Frenz 1989: 205f.).

Arg waren die Rückschläge bei der Verwaltungs- und Gebietsreform. Ausgerechnet die Fusion von Osswalds Heimatstadt Gießen mit Wetzlar zur Stadt „Lahn" entzündete den Zorn vieler Bürger (Kroll 2006: 100f.). Seine Tugend, ein Auge für das Machbare zu haben, schien Osswald unter den Gegebenheiten der konfliktträchtigen 1970er Jahre nicht nur verloren zu haben, vielmehr wirkte sein Handeln nun übereifrig. Es gelang ihm zu keinem Zeitpunkt, die Reformen offensiv zu vertreten und straff zu exekutieren (Rupp 1994: 90). Dafür besaß Osswald auch nicht den nötigen Rückhalt im SPD-Landesverband. Seine Entscheidungen polarisierten innerhalb wie außerhalb der eigenen Partei und verhalfen letztlich der CDU durch Abgrenzung zur Politik der Landesregierung, die eigenen Reihen zu stärken und gegen die vermeintlichen „sozialistischen Experimente" zu mobilisieren. Die Regierung Osswalds wurde zur Schreckensfigur des Bürgertums stilisiert.

Parteiintern erreichte Osswald nie die Autorität Zinns. Ihm fehlte das signifikante Profil als Parteipolitiker, um die SPD zu begeistern und zu integrieren. Vielmehr gewann er innerparteiliche Wahlen in der Regel nur, weil er für die verschiedenen Lager den kleinsten gemeinsamen Nenner repräsentierte. Seine Ablösung als Bezirksvorsitzender Hessen-Süd durch seinen Kontrahenten Rudi Arndt verdeutlicht dies (Beier 1989: 356f.; Der Spiegel 1976a; Der Spiegel 1976b). So war es die logische Konsequenz, dass Osswald 1976, nachdem seine Person mit Milliardenverlusten bei Immobilienspekulationen der Hessischen Landesbank (Helaba) in Verbindung gebracht wurde, dem Druck aus den eigenen Reihen weichen musste. Ihm wurde eine Interessenkollision als Ministerpräsident und Vorsitzender des Verwaltungsrates der Landesbank vorgeworfen (Beier 1989: 349). Osswald stolperte am Ende seiner Laufbahn ausgerechnet in einem Bereich, in dem er zu Beginn seiner Laufbahn seine größte Stärke zu haben schien: Seine Integrität und Verlässlichkeit, vor allem im Bereich der Finanzen, wurden in Frage gestellt.

4   Holger Börner 1976-1987

Kurz nach Schließung der Wahllokale bei der Bundestagswahl 1976 war Albert Osswald nach einer langwierigen parteiinternen Demontage und nach der fortwährenden Debatte um den Helaba-Skandal zurückgetreten. Nach langem Werben von Landtagsfraktion und Parteiführung trat der nordhessische Bundestagsabgeordnete und SPD-Bundesgeschäftsführer Holger Börner die Nachfolge an (Beier 1989: 367f.).

Börners Herkunft aus einer sozialdemokratischen Familie, sein Beruf als gelernter Betonfacharbeiter, sein weiterer Werdegang als Betriebsratsvorsitzender und als Bundesvorsitzender der Jungsozialisten kennzeichneten den typischen Verlauf einer sozialdemokratischen Funktionärskarriere. Doch so sehr Börner das traditionelle Arbeitermilieu der SPD verkörperte, er war in den späten 1970er Jahren zunehmend ein Exot geworden. Die Öffnung der SPD von Godesberg entproletarisierte die Partei auch in Hessen.

Börners Regierungsstil nahm Anleihen an der Politik seiner Vorgänger Stock und Zinn, brach aber mit dem Osswaldschen Reformeifer. Von Stock übernahm Börner dafür das Pragmatische: Das „Ende der Fahnenstange" bei den Reformen sei erreicht worden.[5] Politik wurde auf das Machbare reduziert. Wo Osswalds Politik nicht akzeptiert wurde, wie bei der Gemeindereform, wurden die besonders missliebigen Schritte schließlich korrigiert, nachdem die SPD bei der Kommunalwahl 1977 eine herbe Niederlage kassierte und ihr damit das kommunale Standbein wegbrach. Börner profilierte sich dafür umso schneller als Landesvater, der für die Sorgen und Nöte seiner Mitbürger offen war und der sie, wie Zinn, nicht überfordern wollte.

Demonstrativ distanzierte sich Börner von der alten Landesregierung und plakatierte im erfolgreichen Landtagswahlkampf 1978 den Slogan: „In Hessen gibt es wieder einen guten Grund SPD zu wählen: Holger Börner" (Siehe die dokumentierten Wahlplakate bei Heidenreich/ Schacht 1996: 53). Börner erklärte sich zum legitimen Erben Zinns und stellte seine eigenen Fähigkeiten heraus, nämlich als Landesvater zu repräsentieren und als Regierungschef zu gestalten. Als früherer parlamentarischer Staatssekretär im Bundesverkehrsministerium war er vertraut mit der Infrastrukturpolitik und wollte, wie Zinn, dort Impulse für die wirtschaftliche Entwicklung Hessens setzen. Unverzichtbar waren ihm hierbei der Ausbau des Frankfurter Flughafens und der Atomindustrie im Land.

Am Ende der 1970er Jahre stand ein nennenswerter Anteil der Bevölkerung, vornehmlich der jüngeren und besser gebildeten Schichten, einem solchen Kurs kritisch gegenüber, spätestens nachdem der Club of Rome auf die ökologischen Folgen hingewiesen hatte (Meadows 1972). Zwar verpassten die wachstumskritischen Grünen bei den Landtagswahlen 1978 noch den Einzug in den Landtag

---

[5] Siehe den Beitrag von Schacht in diesem Band.

(Steinseifer 1996: 266), doch der Regierung Börners drohte auch von seinen eigenen Genossen Widerstand. Nicht wenige unterstützten die Demonstrationen gegen die Startbahn West, zeigten Sympathie für die Hausbesetzerszene, solidarisierten sich für den Ausstieg aus der Kernenergie oder riefen dazu auf, die Friedensbewegung aktiv zu unterstützen, die zeitgleich der Regierung Schmidt in Bonn zusetzte. Diese gesellschaftlichen Debatten trugen dazu bei, dass bei den Kommunalwahlen 1981 die SPD abermals schmerzhafte Verluste hinnehmen musste. Der liberale Koalitionspartner gab für die Landtagswahl 1982 schließlich eine Koalitionsaussage zugunsten der CDU ab, die ihrerseits den Umfragen zufolge auf eine absolute Mehrheit hoffen konnte (Heidenreich/ Wolff 1996: 233). Doch wegen des Bruches der sozialliberalen Koalition in Bonn verfehlte die CDU die absolute Mehrheit, wohingegen die SPD nur geringfügig verlor. Die FDP schied aus dem Landtag aus. Die Grünen zogen dafür dort ein. Damit trat eine Konstellation ein, die Willy Brandt veranlasste, noch am Wahlabend von einer „Mehrheit diesseits der Union" (Klein/ Falter 2003: 42) zu sprechen. Börner praktizierte zunächst eine Politik wechselnder Mehrheiten, ehe er 1983 den Ausweg in Neuwahlen suchte. Erstmals seit der Landtagswahl 1970 wurde die SPD wieder stärkste Kraft. Die CDU verlor stark, und sowohl FDP als auch Grüne übersprangen die Sperrklausel. Nachdem die FDP zu einer Koalition mit der SPD nicht bereit war (Beier 1989: 424), tolerierten die Grünen faktisch die weiterhin geschäftsführende Regierung Börners. 1984 schlossen beide Seiten ein formelles Tolerierungsabkommen für eine neue SPD-Minderheitsregierung, ehe sie nach den Kommunalwahlen 1985, gestützt auf zahlreiche kommunale Bündnisse von SPD und Grünen, eine formelle Koalition eingingen,[6] deren Sollbruchstelle die Atompolitik war. Das Genehmigungsverfahren für eine Plutoniumfabrik führte zum Bruch der Koalition und zu vorgezogenen Landtagswahlen. Börner verzichtete – gesundheitlich angeschlagen – auf eine weitere Kandidatur. Hessens SPD musste nach dieser Wahl erstmals in die Opposition.

Börner kopierte wesentliche Elemente, die bei Zinn einst Erfolg gebracht hatten. Allerdings gelang es ihm nicht, hierfür eine stabile politische Mehrheit mit den Grünen zu schaffen. Für das rot-grüne Projekt, das in den 1990er Jahren solide Mehrheiten in mehreren Bundesländern – einschließlich Hessens – und im Bund bildete, waren in der Mitte der 1980er Jahre die Voraussetzungen noch nicht geschaffen.

---

[6] Siehe den Beitrag von Kleinert in diesem Band.

5   Walter Wallmann 1987-1991

„Rang und Ritterlichkeit" (Felsch 1981: 173) – das hatte der frühere hessische
Landesvater Georg August Zinn seinem späteren Nachfolger Walter Wallmann
attestiert. Tatsächlich war der 1932 geborene Christdemokrat in vieler Hinsicht
eine Ausnahmeerscheinung in der politischen Arena Hessens. Dem gebürtigen
Niedersachsen gelang das, woran viele hessische CDU-Politiker scheiterten: 1987
wurde Walter Wallmann erster Ministerpräsident seiner Partei in Hessen. Er übte
dieses Amt in einer Zeit aus, die durch eine hoch politisierte Auseinandersetzung
um die friedliche Nutzung von Atomenergie geprägt war, in der die Grünen sich
kurz zuvor erstmalig als Regierungspartei hatten beweisen müssen[7] und Fragen
des Umweltschutzes die politische und gesellschaftliche Öffentlichkeit dominierten. Ein weiteres Ereignis fiel in die Regierungszeit von Walter Wallmann: der
Fall der Mauer. Als Ministerpräsident von Hessen setzte er die „deutsche Frage"
auf seine politische Agenda. Bedeutsame Themen fielen in die Amtszeit von
Wallmann, die die hessische Gesellschaft maßgeblich beeinflussten und kollektiv
berührten. Diese Themenzusammensetzung verlangte besondere Handlungsfä-
higkeiten vom Landesoberhaupt. Doch scheint die Wahl des Marburger Richters
zum hessischen Ministerpräsidenten eher in der politischen Lage jener Zeit begründet als in der klaren Fürsprache für Wallmann. Bei der Landtagswahl am 5.
April 1987 gewannen CDU und FDP mit einem knappen Vorsprung von 1.700
Stimmen (Müller 1995: 114), was nun die erste gemeinsame Koalition mit Walter
Wallmann als Ministerpräsidenten ermöglichte.

   Der Sohn eines christlich-konservativen Lehrers studierte in Marburg Jura,
promovierte und begann seine Tätigkeit als Jugend- und Strafrichter. Bereits in
seiner Jugend interessierte sich Wallmann für Politik, wobei sein Elternhaus „seinen politischen Standort bestimmt hat" (Felsch 1981: 164). Seine ersten politischen Schritte begann Wallmann in der Marburger Kommunalpolitik. Dort war
er Stadtverordnetenvorsteher und wurde im Alter von 34 Jahren zum Kreisvor-
sitzenden der CDU, kurz danach zum Vorsitzenden des Bezirkverbands Mittelhessen gewählt. 1966 gelangte der CDU-Politiker in den hessischen Landtag,
nachdem die Junge Union ihm zu einem sicheren Platz auf der Landesliste verholfen hatte. Nach der Bundestagswahl 1972 wechselte er als Abgeordnete nach
Bonn. Dort wurde er 1973 stellvertretender Vorsitzender der CDU/ CSU-
Bundestagsfraktion. Ab 1974 machte er sich als Vorsitzender des Guillaume-
Untersuchungsausschusses bundesweit einen Namen.

---

[7] Siehe den Beitrag von Kleinert in diesem Band.

Nach einem kontinuierlichen Aufstieg in der Politik gelang am 15. Juni 1977 seine erste Sensation: Wallmann wurde Nachfolger von Rudi Arndt als erster Oberbürgermeister der CDU in Frankfurt am Main. Bei der Kommunalwahl erhielt die CDU in Frankfurt mit 51,3 Prozent der Stimmen die absolute Mehrheit (Müller 1995: 98). Dass der Christdemokrat mit überwältigender Mehrheit in den Frankfurter Römer einziehen konnte, wurde von vielen Beobachtern als politische Überraschung empfunden; viele hatten den abschätzig betitelten „Strahlemann Wallmann" (Leinemann 2004: 206) als Herausforderer unterschätzt. Obgleich seine politische Karriere bis zum Zeitpunkt seiner Kandidatur und Wahl in Frankfurt bundesweite Ambitionen aufwies, widmete sich der neue OB Wallmann nun der kommunalen Stadtplanung, um der von vielen als „Krankfurt" geschmähten Metropole am Main zu neuem Glanz zu verhelfen. In seiner zehnjährigen Amtszeit als Oberbürgermeister wurden unter anderem die im Krieg zerstörte Alte Oper saniert, zahlreiche Museen am Mainufer errichtet und die historischen Gebäude auf dem Römerberg wieder aufgebaut. Zweifelsohne stärkte Wallmann Frankfurts Bedeutung als Zentrum für Kunst und Kultur.

1982 wurde Wallmann Nachfolger des CDU-Landesvorsitzenden Alfred Dregger, dessen Stellvertreter er seit 1967 bereits war. Der Frankfurter Oberbürgermeister wurde zum neuen Hoffnungsträger der hessischen CDU. Dabei agierte Wallmann als hessischer CDU-Chef nicht mit dem rechts-konservativen Konfrontationskurs, wie er für Dregger charakteristisch war. Nach hessischen Maßstäben galt der oft besonnen wirkende, überaus korrekte und bisweilen steife Wallmann im Vergleich zu Dregger als Liberaler: „Der Schöngeist Wallmann passte kulturell gar nicht so richtig dazu, er war eher ein Zeitgeist-Phänomen" (Schumacher 2004: 119). Der Christdemokrat konnte die hessische CDU zur Geschlossenheit einigen, vor allem, weil er ein ganzes Potpourri von konservativbürgerlichen Werten verkörperte: Die Rolle des Staatsmannes verinnerlichte er ebenso wie die des Vertreters der saturierten Leistungs- und Macherwelt, die ein „Erfolgsmodell der technokratischen Fortschrittsgesellschaft" (Leinemann 2004: 207) darstellte. Gleichzeitig gehörten die konservativen Tugenden und Moralvorstellungen zu seinem Rollenrepertoire. Jürgen Leinemann sieht hierfür den Grund in seiner frühen Prägung: Wallmann klammerte sich „hartnäckig an das deutschnationale Traditionserbe aus dem bürgerlichen Elternhaus" (ebd.). Diese Komponenten prädestinierten Wallmann zur Galionsfigur der hessischen CDU in den 1980er Jahren, um sich mit einem scharfen bürgerlichen Profil von den linken, zum Teil radikalen Strömungen des politischen Spektrums abzugrenzen.

Bei der vorgezogenen hessischen Landtagswahl 1983 verfehlten CDU und FDP abermals ihr Wahlziel. Der neue CDU-Spitzenkandidat Wallmann räumte seine Niederlage ein, blieb jedoch weiterhin Vorsitzender seiner Partei. Ein Ereignis, welches die damals intensiv geführte Diskussion um den friedlichen Umgang mit der Kernenergie weiter forcierte, war das Reaktorunglück in Tschernobyl. Als Reaktion auf den öffentlichen Schock dieser Tragödie und die darauf folgende hoch emotionalisierte Stimmung berief Bundeskanzler Helmut Kohl seinen Parteifreund Wallmann 1986 zum ersten Bundesminister für Umwelt, Naturschutz und Reaktorsicherheit. Für viele galt die Berufung des bis dahin amtierenden Frankfurter Oberbürgermeisters als eine Überraschung, war dieser in der Vergangenheit nicht gerade als energischer Umweltschützer in Erscheinung getreten. Mit seiner neuen bundesweiten Aufgabe wirkte Wallmann auch auf die in der rot-grünen Koalition besonders umstrittene Atompolitik ein.

Im Lauf seines Aufstiegs hatte Wallmann ein unterschiedliches Repertoire an politischen Rollen verinnerlicht. Als Kommunalpolitiker in Marburg, Landtags- und Bundesabgeordneter in Wiesbaden und Bonn oder als Bundesumweltminister und nun eben als hessischer Ministerpräsident sah er sich als „Diener des Ganzen" (Leinemann 2004: 206). Er hatte etwas Gefälliges, das sich ein Jeder nach Belieben auswählen konnte. Wallmann wollte sachlich-rationaler Macher und volksnaher Landesvater zugleich sein. Letzteres gelang ihm weniger. „Überdurchschnittliche Durchschnittlichkeit" (ebd.) zeichnete Wallmann in seiner Rolle des Amtsinhabers aus. Amtsinhaber meint in der Definition von Guy Kirsch und Klaus Mackscheidt nicht nur die politische Führung einer Regierung oder eines Ministeriums; der Amtsinhaber ist auch ein bestimmter Typ von Politiker. Dieser bietet seinen Wählern „in seiner politischen Analyse ein Bild der Realität an, in dem alle beunruhigenden und Angst machenden Elemente fehlen" (Kirsch, Mackscheidt 1985: 84). Der Regierungschef legte vornehmlich wert auf Etikette, regierte gar majestätisch. Obgleich er kein Freund des Aktenstudiums war, entwarf er mit seinem Küchenkabinett – allen voran seinem Büroleiter Alexander Gauland – „hochfliegende Pläne" (Schumacher 2004: 102).

Trotz seines staatsmännischen Auftretens konnte Wallmanns politischer Stil nicht darüber hinweg täuschen, dass es seiner Regierungsmannschaft zu Beginn an Schwung fehlte und die Koalition sich während der vierjährigen Amtszeit mit einer Reihe von Affären abmühte: Die verschwiegene Panne im Atomkraftwerk Biblis, die „Abhöraffäre" um Innenminister Gottfried Milde sowie die Ablösung des Kirchenbeauftragten der Landesregierung Rudolf Wirtz. Im Zug der so genannten „Blumenzwiebelaffäre", in der Wallmann bezichtigt wurde, seinen Garten auf Staatskosten gepflegt zu haben, waren es vor allem die oppositionellen Grünen, die eine regelrechte Kampagne gegen Wallmann lostraten und ihn zusehends in Bedrängnis brachten. Ein Grund für diese politischen Pannen scheint die

Tatsache zu sein, dass sich sein Machtzentrum, die Staatskanzlei, zu deren Aufgabe es gehört, solche Affären zu verhindern bzw. einzudämmen, durch häufigen Personalwechsel nie richtig festigen konnte. Nichtsdestotrotz hat sein Regierungshandeln in Hessen Spuren hinterlassen: Vor allem die Verankerung des Umweltschutzes in der hessischen Landesverfassung sowie die Reform zur Direktwahl der Bürgermeister/ Landräte auf kommunaler Ebene sind politische Hinterlassenschaften Wallmanns.

So kometenhaft der Aufstieg Wallmanns zum ersten christdemokratischen Ministerpräsidenten Hessens war, so abrupt endete seine Karriere: Kurz zuvor war der erste Irak-Krieg ausgebrochen und bestimmte auch maßgeblich den hessischen Landtagwahlkampf. Bei der Landtagswahl 1991 erhielten CDU und FDP nicht mehr die erforderliche Mehrheit, Wallmann trat als Landesvorsitzender seiner Partei zurück. Die Niederlage ist einerseits darin zu sehen, dass die CDU auf öffentliche Wahlkundgebungen nach Kriegsbeginn verzichtete, während die SPD ihre Wahlveranstaltungen kurzerhand zu Friedensdemonstrationen umwandelte. Andererseits straften die Hessen den Pragmatiker Wallmann ab, da er als Ministerpräsident doch eher den rationalen Macher mit herrschaftlichen Zügen verkörperte, der die Ängste und Befürchtungen der Bevölkerung nicht ernst genug nahm. Die Rolle des fürsorglichen Landesvaters hatte er nur unzureichend in seinem Repertoire.

6 Hans Eichel 1991 - 1999

Hans Eichel war in mancher Hinsicht Pionier: Bereits Anfang der 1980er Jahre führte er eine Koalition mit den Grünen im Kasseler Kommunalparlament an, und unter seiner Regie bestand ein rot-grünes Regierungsbündnis auf Landesebene zum ersten Mal über mehrere Legislaturperioden.

Die Laufbahn als Politiker wurde Hans Eichel nicht in die Wiege gelegt: Bereits in der fünften Generation waren die Eichels Architekten, als sich der junge Hans entgegen der Familientradition für ein Politik- und Deutschstudium entschied. In jener Zeit startete er sein politisches Engagement, trat mit 22 Jahren in die SPD ein und nach der Linkswende 1969 wurde er in den Juso-Bundesvorstand gewählt. Über sein kommunalpolitisches Wirken, das mit der Wahl zum Stadtverordneten 1968 begann, vermochte es Eichel schnell Mehrheiten für seine Wahl in Parteigremien zu organisieren. Für den linken Flügel der Kasseler SPD war Eichel progressiv genug und den rechten Flügel überzeugte er durch Kompetenz in Sachfragen (Heptner 1981; Hessische Allgemeine 1975; Hes-

sische Allgemeine 1981). Mit nur 33 Jahren trat Eichel 1975 das Amt des Oberbürgermeisters in Kassel an, in das er vier Mal gewählt wurde. Nach dem Verlust
der dortigen absoluten SPD-Mehrheit koalierte er 1981 mit den Grünen und erwarb sich einen Ruf als sozial-ökologischer Oberbürgermeister, der für Frauen-
gleichstellung, Atomausstieg und eine ökologische Verkehrspolitik eintrat (HNA
1983; Rupp 1994: 96f.), womit er prädestiniert war, das rot-grüne Koalitionsmodell auch auf nächst höherer Ebene zu etablieren. Während der 1980er Jahre wirkte Eichel in den Parteivorständen in Stadt, Land und Bund. Als Oberbürgermeister erwarb Eichel sich zwar den Ruf als wenig charismatischer, aber sachkompetenter und solider Politiker, der zudem 1989 mit der Kasseler SPD wieder die
absolute Mehrheit in der Stadtverordnetenversammlung zurück gewann (Rossbach 1991).

Diese Qualitäten empfahlen Eichel 1991 für das Anforderungsprofil des
SPD-Landesvorsitzenden und Spitzenkandidaten und damit für ein Wirken über
seine Heimatstadt Kassel hinaus. Um die Altlasten der Börner-Regierung abzu-
streifen, forderten breite Kreise innerhalb des SPD-Landesverbandes eine inhaltliche und personelle Erneuerung. Um den Landesvorsitzenden Hans Krollmann
und die Vorsitzende des Bezirks Hessen-Süd, Heidemarie Wiezorek-Zeul, entstand ein Netzwerk von prominenten Eichel-Unterstützern, dem auch der Landesvorstand mehrheitlich angehörte. Mit dieser innerparteilichen Machtbasis
konnte er sich gegen den Vorsitzenden des Bezirks Hessen-Nord, Herbert Günther, den Wiesbadener Oberbürgermeister Achim Exner und die frühere Lan-
desministerin Vera Rüdiger bis zum Landesparteitag 1989 in Alsfeld durchsetzen
(HNA 1989a; HNA 1989b; HNA 1990).

Mit Eichel als Spitzenkandidaten musste die SPD das erste Mal in der Geschichte Hessens einen Landtagswahlkampf aus der Opposition bestreiten. Unter
dem Titel „Verantwortung `91: Soziale Gerechtigkeit – Ökologische Erneuerung –
Wirtschaftliche Stärke" wurde ein Wahlprogramm verabschiedet, das inhaltlich
eine rot-grüne Koalitionsaussage enthielt. Die Grünen formulierten – gemäß ihrer
realpolitischen Wende – eine ähnlich klare Willensbekundung, womit die zukünftige Frontenstellung zwischen Rot-Grün und Schwarz-Gelb feststand
(Steinseifer 1996: 279f.). Der Wallmann-CDU gelang es nicht, im Trend der Bundestagswahl von 1990 eine zweite Legislaturperiode zu regieren. SPD und Grüne
präsentierten sich anlässlich des zweiten Golfkrieges als aktiver Teil der Friedensbewegung, was sich auch im Wahlergebnis niederschlagen sollte (Steinseifer
1996: 279f; Rupp 1994: 97f.).[8]

---

[8] Siehe den Beitrag von Schroeder in diesem Band.

Der neue Ministerpräsident bewies Fingerspitzengefühl und Integrationsfähigkeit im Umgang mit dem grünen Partner. Joschka Fischer wurde stellvertretender Ministerpräsident, Umweltminister und Beauftragter für den Bundesrat. Letzteres sollte dem Juniorpartner eine Möglichkeit geben, sich eigenständig zu profilieren (Meng 1996: 297; Wagner/ Heppner 1992; HNA 1992). Eine Reihe von gegenseitigen Zugeständnissen in strittigen Sachfragen führte dazu, dass es Eichel gelang, ein stabiles, regierungsfähiges und sozial-ökologisches Koalitionsmodell zu entwerfen.

Unruhen in der Koalition lösten in der ersten Wahlperiode eine Reihe von Affären aus, in welche die von Eichel ins Kabinett berufenen SPD-Ministerinnen Heide Pfarr, Annette Fugmann-Heesing und Evelies Mayer verwickelt wurden. Vor allem die so genannte Lotto-Affäre drohte auch Eichel zu erfassen, der mit einer umfassenden Kabinettsumbildung Entscheidungsstärke zu beweisen suchte (Der Spiegel 1994, HNA. 1994; Meng 1996: 297). Das schlechte Abschneiden der hessischen SPD bei Kommunal- und Europawahlen 1993/ 94 sowie das mäßige Landesergebnis bei der Bundestagswahl 1994 verschlechtere die Stimmung innerhalb der Koalition (Galonska 1999: 265f.). Ein Erfolg von Eichels Gegenkandidaten bei der Landtagswahl 1995, Bundesinnenminister Manfred Kanther, schien durchaus möglich.

Doch die rot-grüne Koalition konnte im Laufe ihrer ersten Regierungsperiode auf ambitionierte Wohnungsbauprogramme und Umweltprojekte verweisen. Somit war es Eichels SPD möglich, einen an Sachthemen orientierten Wahlkampf zu führen, bei dem Eichel seine Kompetenz ausspielen konnte (Steinseifer 1996: 281f.). So kehrte sich das Blatt in der heißen Wahlkampfphase um, und Rot-Grün konnte dank eines guten Abschneidens der Grünen weitere vier Jahre regieren.

Nach dem Wahlerfolg 1995 sah sich Eichel zunehmend damit konfrontiert, dass wichtige Stützen seiner Regierung wegbrachen. Ernst Welteke wurde bereits 1994 Präsident der Landesbank, Joschka Fischer wechselte im gleichen Jahr in die Bundespolitik. Wirtschaftsminister Jordan und Wissenschaftsministerin Mayer verzichteten im Lauf der Koalitionsverhandlungen auf eine weitere Ministeramtszeit, Hartmut Holzapfel kündigte 1999 seinen Rückzug aus der Politik an, Christine Hohmann-Dennhardt war an einem Richteramt im Bundesverfassungsgericht interessiert. Vorwürfe der Vetternwirtschaft gegen die grünen Ministerinnen Margarethe Nimsch und Iris Blaul boten der Opposition einiges an Angriffsfläche.

Nachdem Roland Koch zur Landtagswahl 1999 mit den Themen Innere Sicherheit und Bildungspolitik keine Trendwende bei den Meinungsumfragen zu seinen Gunsten erreichte, manövrierte er sich mit der Doppelpasskampagne in den Fokus der breiten öffentlichen Debatte, polarisierte und war letztlich erfolgreich. Eichel hatte dem nie mehr als Empörung entgegenzusetzen (Schumacher 2004: S.147f.; HNA 1999). Eichels knappe Abwahl hatte seinem Ruf als solider und sachkompetenter Politiker nicht geschadet, so dass er schließlich als Bundesfinanzministers ins Kabinett Schröder eintrat (Der Spiegel 1996; Der Spiegel 1999).

Der Nordhesse erreichte in seiner Amtszeit als Ministerpräsident zu keinem Zeitpunkt die Aura eines jovialen Landesvaters. Er stellt insofern eine Ausnahme dar, als dass er eine solche Rolle auch nie für sich beanspruchte. Anstelle eines markanten Auftretens pflegte Eichel stets Sachrhetorik. Selbst als Ministerpräsident blieb er der sachkompetente Oberbürgermeister, der „kontinuierlich an einer Sache" arbeiten wollte (HNA 1991). Eichel verkörperte vor allem Eigenschaften eines Machers, der sich dabei aber nicht im Reformeifer verlor. Sein Anspruch war es stets Reformpolitik „mit Augenmaß" zu betreiben, solide und ohne Hektik und „ohne falsche Versprechen" (Eichel 1991). Eichels Integrationsfähigkeit, seine Offenheit gegenüber den Grünen und schließlich sein geringes Maß an Eitelkeit sind Eigenschaften des Kommunikators, die zum ersten Mal eine stabile rot-grüne Landesregierung möglich machten.

7   Roland Koch 1999 – 2008

Das Image von Roland Koch ist alles andere als schmeichelhaft. Die Liste unangenehmer Etiketten, die ihn als berechnenden „Machtmathematiker" (Schumacher 2004b) charakterisieren, ist lang. Umso erstaunlicher ist sein Erfolg: Der 1958 geborene Christdemokrat ist der erste Ministerpräsident seiner Partei, der zweimal in Folge das höchste Amt in Hessen bekleidete. Als charismatischer Sympathieträger, der einen Großteil der hessischen Bürgerinnen und Bürger begeistert, galt der Polarisier Koch allerdings kaum. Aber welche Gründe sprechen für seinen Erfolg als hessischer Ministerpräsident?

Wenige Wochen vor der hessischen Landtagswahl 1999 entschied sich der damals noch weitgehend unbekannte Koch für die umstrittene Unterschriften-Aktion gegen den rot-grünen Gesetzesentwurf für eine doppelte Staatsbürgerschaft und entschied damit die Wahl für sich und löste den favorisierten Hans Eichel als Ministerpräsidenten ab. Koch polarisierte gewollt in dieser Frage, was ihm den Vorwurf der Ausländerfeindlichkeit einbrachte. Sein Biograph Hajo Schumacher sieht die Beweggründe für einen derart risikofreudigen Coup darin, dass Koch Themen strategisch besetze, die für seinen Machtzuwachs und Machterhalt taugen (Schumacher 2004a: 13).

Der gebürtige Frankfurter machte nie einen großen Hehl daraus, dass er Karriere in der Politik machen und dabei weit aufsteigen möchte. Sein Weg in die politische Machtarena zeichnete sich bereits früh ab: Der Sohn des ehemaligen hessischen Justizministers Karl-Heinz Koch trat im Alter von 14 Jahren in seinem Heimatort Eschborn in die CDU ein und gründete dort einen Ortsverband der Jungen Union. Parallel zu seinem Jura-Studium und der späteren Tätigkeit als Anwalt engagierte er sich intensiv in der Kommunalpolitik: 1979 wurde er jüngster Vorsitzender eines CDU-Kreisverbandes in Hessen. Mit 29 Jahren zog Koch als Abgeordneter in den hessischen Landtag ein, übernahm 1990 kurzzeitig und dann ab 1993 den Vorsitz der CDU-Landtagsfraktion. In Eschborn war er Mitglied der Stadtverordnetenversammlung und saß der dortigen CDU-Fraktion vor. Von 1983 bis 1987 war er stellvertretender Bundesvorsitzender der Jungen Union und gehörte seit 1979 dem so genannten „Andenpakt"[9] an. Seit 1998 ist Koch unangefochtener Vorsitzender der hessischen CDU und seit November 2006 stellvertretender Bundesvorsitzender der Union. Die christdemokratische Galionsfigur Koch entspricht der Genese seiner Landespartei: Als junger, wilder Nachwuchspolitiker wurde er von den alten Parteigranden gefördert, unterstützt, aber auch unterschätzt. Er eignete sich früh die Kompetenzen der politischen Machtprinzipien an und wusste, dass er dafür stabile Seilschaften brauchte, die er schließlich in der so genannten „Tankstellen-Connection"[10] fand. Zu seinen politischen Lehrjahren gehörte ebenso das Sammeln von Erfahrungen aus Niederlagen wie das Genießen von Erfolgen, ohne dabei zu lange zu verharren.

Roland Koch gilt als schillerndster und zugleich umstrittenster CDU-Ministerpräsident der Enkel-Generation Helmut Kohls, der wie kein zweiter ein weit gefächertes Spektrum in seinem politischen Stil demonstriert. Kritiker sehen im politischen Stil des Pragmatikers Koch einen gewissen inneren Opportunismus mit dem strategischen Ziel des Machtgewinns, das sich durch „das arglose Hüpfen durch Stile, Haltungen und Rollen" (Schumacher 2004b) äußere. Je nach Situation spiele Koch die ganze programmatische Bandbreite der Union aus –

---

[9] Der „Andenpakt" ist ein nichtoffizielles Netzwerk führender CDU-Politiker, welches 1979 auf dem Flug nach Südamerika der Jungen Union gegründet wurde. Die Mitglieder dieser Seilschaft haben sich zur gegenseitigen Loyalität verpflichtet. Neben Roland Koch zählen unter anderem auch Günter Oettinger und Christian Wulff in diesen Kreis.

[10] Zur „Tankstellen-Connection" zählen neben Roland Koch Volker Bouffier, Franz-Josef Jung, Karl-Heinz Weimar, Karin Wolff, Bernd Siebert, Jürgen Banzer, Volker Hoff, Clemens Reif.

vom konservativen Traditionsbewahrer über den liberalen Ökonomen bis hin zum sozialen Gutmenschen.

Als Ministerpräsident erhielt Koch stets mehr Respekt als Zuneigung, gerade weil er die Probleme glaubwürdig ansprach, sie anpackte und damit letztlich Führungsstärke bewies. Als Regierungschef führte er sein Kabinett straff, wollte über sämtliche Geschehnisse seiner Minister im Bilde sein, um gegebenenfalls zu korrigieren, zu ergänzen oder das jeweilige Thema zu seiner Chefsache zu machen. Besonders bei wirtschaftspolitischen Fragen übte er über die Staatskanzlei Druck auf die einzelnen Ministerien aus (Schumacher 2004a: 221).

Er stand zu seinen bürgerlichen Wurzeln, zu seinem katholischen Glauben, zu Helmut Kohl und zu Fleiß und Ordnung. Der Wähler solle wissen, was er für seine Stimme bekomme, so die Leitlinie seines politischen Verständnisses. Der rationale Pragmatiker verkörperte den politischen Typ des Landesmanagers, der die „Mentalität eines Chefingenieurs" (ebd.: 12) besaß und Hessen schneller, leistungsfähiger und erfolgreicher machen wollte. Koch förderte massiv die Wirtschaft, reformierte die hessische Bürokratie, privatisierte Universitätskliniken und setzte insbesondere in der traditionell umkämpften Bildungspolitik neue Maßstäbe. Die Hessen belohnten ihn mit der absoluten Mehrheit, die die CDU bei der Landtagswahl 2003 zum einzigen Mal erlangte.

Dieses ist umso erstaunlicher, weil im Zuge der Spendenaffäre der Bundes-CDU auch der hessische Parteispendenskandal Anfang 2000 ans Licht kam. Während hessische Politiker wie der ehemalige CDU-Landesvorsitzende Manfred Kanther und der frühere CDU-Landesschatzmeister Casimir Prinz zu Sayn-Wittgenstein tief in den Spendenskandal verstrickt waren, konnte Koch die Öffentlichkeit davon überzeugen, dass er über die illegalen Spenden vor dem öffentlichen Bekannt werden im Jahr 2000 nichts wusste. SPD und Grüne forderten die Annullierung der Landtagswahl 1999, was jedoch aufgrund der Mehrheit von CDU und FDP fehlschlug. Als Folge der Spendenaffäre musste Kochs damaliger Chef der Staatskanzlei Franz Josef Jung gehen. Das Image des hessischen Ministerpräsidenten blieb im Großen und Ganzen auch deshalb unbeschadet, weil er sich in der Öffentlichkeit als kompromissloser Aufklärer darzustellen vermochte.

Spätestens seit diesem politischen Skandal arbeitete Koch an der Korrektur seiner öffentlichen Wahrnehmung. Neben seinem Nimbus als skrupelloser und unerschütterlicher Politiker und rationaler Landesmanager nahm Koch seit geraumer Zeit Elemente eines bodenständigen Landesvaters in sein Rollenrepertoire auf. Während des jüngsten Landtagswahlkampfes zeigte sich der hessische Ministerpräsident auf seiner „Koch-Tour" durch Hessen als volksnaher Landesvater. Ebenso sollte seine öffentlich bekundete Freundschaft zum Dalai Lama

Koch Sympathien im linksliberalen Spektrum verschaffen. Der Machtpolitiker oszillierte jedoch auch weiterhin durch die wohl dekorierte Fassade: Konnte Koch während der Landtagswahlen 1999 und 2003 gegen die rot-grüne Bundesregierung zu Felde ziehen, musste er sich 2008 auf genuin landespolitische Themen konzentrieren. Vor allem die Abwehr der Rückkehr des „roten Hessens" hatte er sich auf die Fahne geschrieben, dazu zog er wie 1999 schon alle Register und polemisierte beim Thema Jugendkriminalität. Seine verbalen Angriffe machten einmal mehr deutlich, dass er machtpolitisch alles daran setzte, eine dritte Amtszeit als Ministerpräsident amtieren zu können.

8 Fazit

Hessens Ministerpräsidenten zeichnet seit jeher aus, dass sie als Landesväter auftreten wollten und als Macher agierten. Sie versuchten also die Funktionen des Staatsoberhaupts nutzbringend für ihr Amt als Regierungschef einzusetzen. Dieses traf besonders präzise auf Georg August Zinn zu. Seine Nachfolger interpretierten diese Rolle alle in ähnlicher Manier, allerdings mit unterschiedlichem Erfolg. Die Maxime bestand darin, Hessen gut zu regieren und gut zu repräsentieren. „Hessen vorn" hieß dieses bei Zinn und es beschrieb den Anspruch, Hessen zu einem Musterland zu machen und trotz Aufschwung und Veränderung eine „heimelige" Atmosphäre zu bewahren. Hessens Ministerpräsidenten schienen in besonderer Hinsicht auf ihre Verankerung in Hessen zu achten: Über den Bundesrat wirkten sie selbstredend in der Bundespolitik mit. Niemals wurde allerdings ein hessischer Ministerpräsident Kanzlerkandidat. Keiner führte jemals seine Bundespartei. Lediglich der zu diesem Zeitpunkt bereits abgewählte Hans Eichel wechselte als Minister in die Bundespolitik.

Die hessischen Ministerpräsidenten waren in der Regel gezwungen, sich auf eine Koalitionsregierung zu stützen und suchten selbst bei absoluten Mehrheiten den Kontakt zu einem politischen Partner. Während für die CSU die absolute Mehrheit in Bayern Grundvoraussetzung für bundespolitische Vorstöße ist und während die Ministerpräsidenten der SPD in den 1980er und 1990er Jahren aus ihren absoluten Mehrheiten ihren bundespolitischen Einfluss bis hin zur Kanzlerkandidatur ableiteten (Rau, Lafontaine, Schröder), scheinen Hessens Ministerpräsidenten in ihren Ambitionen ganz bescheiden zu sein, und das, obwohl die hessische Verfassung dem Ministerpräsidenten eine starke Stellung gewährt.

Die hessischen Ministerpräsidenten von 1947 bis 2008

Minister-präsident	Partei	geboren	Beruf	Regierungs-zeit	Regierungs-parteien
Christian Stock	SPD	1884 in Darmstadt	Zigarrenmacher	6.1.1947-9.1.1951	SPD/ CDU
Georg August Zinn	SPD	1901 in Frankfurt/ Main	Jurist	10.1.1951-2.10.1969	SPD SPD/ BHE SPD
Albert Osswald	SPD	1919 in Gießen	Kaufmannsgehilfe	3.10.1969-19.10.1976	SPD SPD/ FDP
Holger Börner	SPD	1931 in Kassel	Betonfacharbeiter	19.10.1976-24.4.1987	SPD/ FDP SPD SPD/ Grüne
Walter Wallmann	CDU	1932 in Uelzen	Jurist	24.4.1987-4.4.1991	CDU/ FDP
Hans Eichel	SPD	1941 in Kassel	Lehrer	5.4.1991-7.4.1999	SPD/ Grüne
Roland Koch	CDU	1958 in Frankfurt/ Main	Jurist	7.4.1999-	CDU/ FDP CDU

Die Kommunen bilden für hessische Ministerpräsidenten eine wichtige Ressource ihres Regierungshandelns. In den Biographien aller hessischen Ministerpräsidenten zeigen sich Erfahrungen in der kommunalpolitischen Arbeit. Drei waren Oberbürgermeister (Osswald in Gießen, Wallmann in Frankfurt, Eichel in Kassel), einer fungierte als Stadtverordnetenvorsteher (Wallmann in Marburg), zwei führten ihre Fraktionen in der Stadtverordnetenversammlung (Börner in Kassel, Koch in Eschborn), zwei waren ohne herausgehobene Funktion in der Kommunalpolitik aktiv (Stock in Heidelberg, Zinn in Kassel). Möglicherweise trägt dieses auch zum landesväterlichen Stil bei, wie ihn insbesondere Zinn, aber auch Börner und mit Abstrichen Wallmann und Eichel praktizierten. Die kommunalen Probleme sind meistens nicht so ideologisch aufgeladen wie die Landes- oder Bundespolitik. Die hessische Magistratsverfassung mit dem (Ober-) Bürgermeister als „primus inter pares" fördert in besonderer Weise einen kooperativen Stil.

Kommunalpolitische Verankerung ist eine durchaus wichtige Eigenschaft für einen Landesvater. Die Niedersachsen Hinrich Wilhelm Kopf, Gerhard Glogowski und Sigmar Gabriel, die Württemberger Lothar Späth und Erwin Teufel, der Bayer Franz Josef Strauß, der Niederrheiner Johannes Rau, der Brandenburger Matthias Platzeck, der Saarländer Oskar Lafontaine, aber auch der Pfälzer Helmut Kohl brachten diese Erfahrungen ebenfalls in ihre Zeit als Ministerpräsidenten ein. Fast kein Ministerpräsident konnte ohne diese Erfahrung ins Amt gelangen. Wichtige Ausnahmen sind Gerhard Schröder in Niedersachsen, Kurt Biedenkopf in Sachsen, Kurt Georg Kiesinger in Baden-Württemberg oder Wolfgang Clement in Nordrhein-Westfalen.

Abbildung 1: Typologie hessischer Ministerpräsidenten

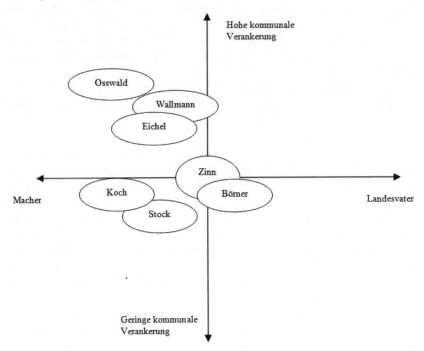

Die Kommunalpolitik stellt in Hessen eine besonders wichtige Ressource bei der Umsetzung von Politik dar. Zinns Politikstil basierte im Wesentlichen darauf, Dinge anzuschieben, die konkrete Ausgestaltung aber den Fachleuten in den Ministerien beziehungsweise auch den Verantwortlichen in den Kommunen zu überlassen. Dieses konnte nur dann als Politik aus einem Guss wahrgenommen

werden, wenn die einzelnen Ebenen miteinander bestenfalls parteipolitisch ver-
zahnt waren. Ferner setzte dieser Stil voraus, dass die örtliche Gemeinschaft
funktionierte. Zinn erkannte dieses. Ausgerechnet der frühere Oberbürgermeister
Osswald unterschätzte aber letztlich die Bedeutung der lokalen Besonderheiten,
als er dem Land eine umstrittene Gemeindereform aufzwang. Börner verstand
sich besser darauf, die Kommune als Machtressource im Land zu verstehen. Die
rot-grünen Bündnisse in den Kommunen nach den erfolgreichen Landtagswahlen 1985 erleichterten es Börner, eine solche Machtkonstellation auch für das
Land zu nutzen. Bei Wallmann, Eichel und Koch hingegen sind die Befunde nicht
mehr so eindeutig. Alle drei mussten im Verlauf ihrer Amtszeit schmerzhafte
Niederlagen bei Kommunalwahlen hinnehmen, konnten im Falle Kochs zugleich
allerdings auch wichtige Teilerfolge zum Beispiel bei den Direktwahlen verbuchen. Möglicherweise versiegt die Kommunalpolitik als Quelle der Landespolitik.
In diesem Maße könnte auch die Rolle des Landesvaters mehr und mehr der
Rolle des Machers weichen.

Neben der Kommunalpolitik ist die parteipolitische Verankerung der Regierungschefs wichtige Ressource in der hessischen Landespolitik. Außer Holger
Börner 1987 zogen alle amtierenden Ministerpräsidenten Hessens als Spitzenkandidaten ihrer Partei in die Landtagswahl. Abgesehen von Christian Stock kam
es durchgängig zu einer Ämterverbindung von Ministerpräsidentenamt und
Landesvorsitz der Partei. Stock selbst wäre ohne seine Bindung an das sozialdemokratische Milieu wohl niemals Ministerpräsident geworden. Sein Sturz aber
zeigte, dass es mehr bedurfte als dieser bloßen Zugehörigkeit. Mehrheiten müssen beherrscht werden, auch innerparteiliche. Dieses vermochte Zinn weitaus
besser. Auch Börner, Wallmann, Eichel und Koch konnten sich weitgehend auf
ihre parteipolitische Macht verlassen. Osswald hingegen entglitt erst der Bezirks-
vorsitz in Hessen-Süd und anschließend die Macht in Hessen. Anscheinend
kommt es für die Machtausübung darauf an, die eigene Partei zu disziplinieren
oder ihre Befindlichkeiten aufzugreifen. Dieses führte bei Holger Börner zum
Abschluss der ersten rot-grünen Koalition. Ein geschickter Parteiführer kann also
die Ressource Partei selbst dann einsetzen, wenn sie seinen eigenen Grundüber-
zeugungen nicht unbedingt entspricht. Nicht in allen Bundesländern besteht eine
derartig enge Verknüpfung zwischen Parteiamt und Regierungsfunktion, aber
durchaus in einigen.[11]

---

[11] In den Stadtstaaten sind der Parteivorsitz und die Führung der Regierungsgeschäfte
immer getrennt. In Niedersachsen, Bayern und Mecklenburg-Vorpommern amtierten die
Ministerpräsidenten oftmals ohne zugleich den Parteivorsitz inne zu haben. In Schleswig-

Hessens Ministerpräsidenten sind in besonderem Maße geerdet. Sie sind mit Ausnahme von Walter Wallmann Landeskinder. Sie haben alle kommunalpolitische Erfahrung. Sie sind parteipolitisch gut vernetzt und verankert, anderenfalls drohen ihnen schwere Rückschläge bis hin zum Verlust der Regierung. Gleichzeitig beschränken sie sich in ihrem Engagement sichtbar auf Hessen. Sie versuchen, den Anforderungen als Landesoberhaupt und als Regierungschef gleichermaßen gerecht zu werden. Die mahnenden Beispiele, in denen der Versuch unternommen wurde, ausschließlich als Macher wahrgenommen zu werden, scheiterten oder führten zu sichtbaren Verwerfungen.

Literatur

Beier, Gerhard (1989): SPD Hessen, Chronik 1945 bis 1988, Bonn.

Berg-Schlosser, Dirk (1997): Verfassungspatriotismus und Bürgergesellschaft. In: Heidenreich, Bernd/ Böhme, Klaus: Hessen – Verfassung und Politik, Stuttgart/ Berlin/ Köln, S.414-426.

Der Spiegel. (1969): Echter Räubersmann. In: Der Spiegel, Nr. 37/ 69.

Der Spiegel. (1970): Auf dem First. In: Der Spiegel, Nr. 29/ 70.

Der Spiegel (1976a): Am Sensestein. In: Der Spiegel, Nr. 41/ 76.

Der Spiegel (1976b): Hessen: Ein neuer Mann, die alten Affären. In: Der Spiegel, Nr. 42/ 1976.

Der Spiegel (1994): Volles Vertrauen. In: Der Spiegel, Nr. 4/ 94.

Der Spiegel (1996): Dämlich sind wir nicht. In: Der Spiegel, Nr. 28/ 96.

Der Spiegel (1999): Oskars blasser Bruder. In: Der Spiegel, Nr. 11/ 99.

Eichel, Hans (1991): Regierungserklärung vom 16. April 1991, Landesprotokoll

Feldkamp, Michael F. (1998): Der Parlamentarische Rat 1948-1949, Göttingen

Felsch, Margot (1981): Walter Wallmann. In: Dies.: Aus der Chef-Etage des Römers. Frankfurt a. Main, S. 161-186.

Frenz, Wilhelm (1989): Bildungspolitik und politische Bildung in Hessen im Zeichen der Reform. In: Michael Th. Greven, Hans-Gerd Schumann (Hrsg.): 40 Jahre hessische Verfassung – 40 Jahre Politik in Hessen. S.187-209, Opladen.

Holstein und Sachsen-Anhalt gibt es einen sichtbaren Unterschied, ob die SPD oder die CDU die Regierung führt. Bei der SPD ist dort die Ämtertrennung üblich, wohingegen die CDU die Personalunion bevorzugt. In den Ländern Baden-Württemberg, Rheinland-Pfalz, Nordrhein-Westfalen, Sachsen und Thüringen bestand stets ein hohes Maß an Personenkongruenz bei den Funktionen der Parteivorsitzenden der größten Regierungspartei und dem Ministerpräsidentenamt. Der Versuch einer Trennung der Funktionen 1988 trug in Rheinland-Pfalz sogar mit zum Machtverlust der CDU bei.

Galonska, Andreas (1999): Landesparteiensysteme im Föderalismus – Rheinland-Pfalz und Hessen 1945-1996, Wiesbaden.

Grebing, Helga (2007): Geschichte der deutschen Arbeiterbewegung, Von der Revolution 1848 bis ins 21. Jahrhundert, Berlin.

Heidenreich, Bernd/ Schacht, Konrad (Hrsg.) (1996): Hessen, Wahlen und Politik, Stuttgart/ Berlin/ Köln.

Heidenreich, Bernd/ Wolf, Werner (1996): Die strategische Planung von Landtagswahlkämpfen am Beispiel des Wahlkampfes der hessischen CDU 1982. In: Heidenreich, Bernd/ Schacht, Konrad (Hrsg.), Hessen, Wahlen und Politik, Stuttgart/ Berlin/ Köln, S. 219-243.

Heptner, Bernd-Erich (1981): Oberbürgermeister von grünen Gnaden. In: Frankfurter Allgemeine, 20.6.1981.

Heptner, Bernd (1992): Sehnsucht nach einer Prise Chaos. In: Frankfurter Allgemeine, 4.4.1992.

Hessische Allgemeine (1981): Hans Eichel bleibt Vorsitzender der Kasseler SPD – Unterbezirksparteitag begann. In: Hessische Allgemeine, 16.5.1981.

Hessische Allgemeine (1975): „Gesamthochschule muß in Zukunft Vorrang haben" – HNA-Gespräch mit dem Oberbürgermeister-Kandidaten der SPD: Hans Eichel – Vier Schwerpunkte gesetzt. In: Hessische Allgemeine, 1.2.1975.

HNA (1983): Kasseler Manifest verabschiedet – „Keine neuen Atomraketen in Europa stationieren. In: Hessisch Niedersächsische Allgemeine, 17.10.1983.

HNA (1989a): SPD-Bezirksvorstand und –ausschuß tagten – Günther steht nicht für Spitzenämter bereit. In: Hessisch Niedersächsische Allgemeine, 18.3.1989.

HNA (1989b): Nominierung von Vera Rüdiger löste in Wiesbaden Überraschung aus – Doppelte Konkurrenz für Hans Eichel. In: Hessisch Niedersächsische Allgemeine, 20.4.1989.

HNA (1990): Sozialdemokraten stellen Listen für Landtags- und Bundestagswahl auf – SPD-Chef Eichel hatte Grund zum Strahlen. In: Hessisch Niedersächsischer Allgemeine, 25.6.1990.

HNA (1991): Jeder hat seine Talente. In: Der Spiegel, Nr. 5/ 91.

HNA (1992): Eichel-Fischer: ein Gespann. In: Hessisch Niedersächsische Allgemeine, 4.1.1992.

HNA (1994): Kabinettsumbildung – Rochade auf rot-grünem Schachbrett. In: Hessisch Niedersächsische Allgemeine, 22.1.1994.

HNA (1999): Eichel: Härte allein hilft nicht – Innere Sicherheit. In: Hessisch Niedersächsische Allgemeine, 5.2.1999.

Hohmann, Eckhard/ Schacht, Konrad (1996): Landtagswahlen in Hessen. In: Heidenreich, Bernd/ Schacht, Konrad (Hrsg.), Hessen, Wahlen und Politik, Stuttgart/ Berlin/ Köln. S. 164-194.

Holl, Thomas (2007): Der Macher. In: Frankfurter Allgemeine Sonntagszeitung, 16.09.2007.

Jasper, Bernd (1970): Linke waren schon immer ein Alptraum für Osswald – In Wiesbaden muß nun mancher selbsternannter Anwärter auf ein Ministeramt verzichten. In: Frankfurter Rundschau, 10.11.1970.

Kirsch, Guy/ Mackscheidt, Klaus (1985): Staatsmann, Demagoge, Amtsinhaber. Eine psychologische Ergänzung der ökonomischen Theorie der Politik. Göttingen.

Klein, Markus/ Falter, Jürgen W. (2003): Der lange Weg der Grünen, Eine Partei zwischen Protest und Regierung, München.

Kneier, Gerhard (2007): Das Porträt: Der CDU-Politiker Walter Wallmann ist 75 Jahre alt. In: General-Anzeiger, 25.09.2007.

Kroll, Frank-Lothar (2006): Geschichte Hessens, München.

Leinemann, Jürgen (2004): Höhenrausch. Die wirklichkeitsleere Welt der Politiker, München.

Meadows, Dennis L./ Meadows, Donella/ Zahn, Erich/ Milling, Peter (1972): Die Grenzen des Wachstums: Bericht des Club of Rome zur Lage der Menschheit, Stuttgart.

Meng, Richard (1996): Abgekoppelt, aber doch stabil. Parteieliten, Mitglieder und Wähler in Hessen. In: Heidenreich/ Schacht (Hrsg.): Hessen – Wahlen und Politik, Stuttgart/ Berlin/ Köln S. 290-312.

Merseburger, Peter (1996): Der schwierige Deutsche, Kurt Schumacher, Eine Biographie, Stuttgart, 3. Auflage.

Mühlhausen, Walter (1999): Karl Geiler und Christian Stock, Hessische Ministerpräsidenten im Wiederaufbau, Marburg.

Mühlhausen, Walter (2005): Demokratischer Neubeginn in Hessen 1945-1949, Lehren aus der Vergangenheit für die Gestaltung der Zukunft, Wiesbaden.

Müller, Helmut (1995): Von der Opposition in die Regierungsverantwortung. Die CDU Hessen unter Walter Wallmann. In: Heidenreich, Bernd/ Wolf, Werner (Hrsg.): Der Weg zur stärksten Partei 1945-1995, Köln.

Noack, Hans-Joachim (1970): Wo bleibt die Gerechtigkeit? – Ministerpräsident Osswalds öffentliche Sprechstunden. In: Die Zeit, 11/ 1970.

Osswald, Walter (o.J.): Eine Zeit vergeht, Lebenserinnerungen des ehemaligen hessischen Ministerpräsidenten, Gießen.

Pletsch, Alfred (2003): Bausteine der hessischen Identität, Heidenreich, Bernd/ Böhme, Klaus: Hessen, Land und Politik, Stuttgart, S. 11-41.

Rijkhoek, Guido (2002): Hessens ehemaliger Ministerpräsident Wall wird 70. In: Focus, 23.09.2002.

Rupp, Hans Karl (1994): Die SPD – Staatspartei und demokratische Bewegungspartei. In: Berg-Schlosser, Dirk/ Noetzel, Thomas: Parteien und Wahlen in Hessen 1949-1994, Marburg, S.79-106.

Rossbach, Wolfgang (1991): Oberbürgermeister a. D., Hans Eichel – Gradlinig, berechenbar, beharrlich. In: Hessisch Niedersächsische Allgemeine, 5.2.1991.

Schmidt, Frank (1997): Christian Stock (1884-1967), Eine Biographie, Darmstadt.

Schneider, Herbert (2001): Ministerpräsidenten. Profil eines politischen Amtes im deutschen Föderalismus, Opladen.

Schön, Helmut (1997): Regionalpolitische Konzepte und Strukturwandel ländlicher Räume, Eine Analyse am Beispiel des oberen Altmühltals, Berlin.

Schumacher, Hajo (2004a): Roland Koch. Verehrt und verachtet, Frankfurt am Main.

Schumacher, Hajo (2004b): Roland Koch und die Generation Golf. In: Frankfurter Allgemeine, 20.11.2004.

Seier, Hellmut (1996): Parteien und Landespolitik in Hessen 1946-1950. In: Heidenreich, Bernd/ Schacht, Konrad (Hrsg.): Hessen, Wahlen und Politik, Stuttgart/ Berlin/ Köln, S. 147-163.

Steffani, Winfried (1983): Die Republik der Landesfürsten. In: Gerhard A. Ritter (Hrsg.): Regierung, Bürokratie und Parlament in Preußen und Deutschland von 1848 bis zur Gegenwart, Düsseldorf, S. 198.

Steinseifer, Anita (1996): „Ohne mich? Nein! Mit mir!" – Wahlkämpfe und Wahlkampfthemen in Hessen. In: Heidenreich, Bernd/ Schacht, Konrad (Hrsg.), Hessen, Wahlen und Politik, Stuttgart/ Berlin/ Köln, 244-289.

Sternburg, Wilhelm v. (1983): August Zinn. In: Castorff, Claus Hinrich (Hrsg.), Demokraten, Profile unserer Republik, Königstein/ Ts., S. 257-271.

Sütterin, Sabine/ Wolf, Werner (1994): Die Christlich-Demokratische Union in Hessen 1945-1991. In: Berg-Schlosser, Dirk/ Noetzel, Thomas (Hrsg.): Parteien und Wahlen in Hessen 1949-1994, Marburg, S. 109-166.

Wagner, René (1992): Nicht auffallen beim Regieren, FAZ, 19.5.1992.

Wallmann, Walter (2002): Im Licht der Paulskirche. Memoiren eines Politischen, Potsdam.

Walter, Franz (2002): Die SPD, Vom Proletariat zur Neuen Mitte, Berlin.

Walter, Franz (2006): Träume von Jamaika, Wie Politik funktioniert und was die Gesellschaft verändert, Köln.

Wittkop, Justus Franz (1962): Georg-August Zinn, Ein Staatsmann unserer Zeit, München/ Wien/ Basel.

Wolfrum, Edgar (2007): Die geglückte Demokratie, Geschichte der Bundesrepublik von ihren Anfängen bis zur Gegenwart, Bonn.

Dr. Konrad Schacht[1]

Alte Regierungskunst im politischen Umbruch. Die Ära Börner

Hessen war in der Regierungszeit Holger Börners (1976 bis 1987) der Schauplatz zentraler politischer Auseinandersetzungen um die zukünftige Entwicklung der deutschen Gesellschaft.[2] Bis an den Rand des Bürgerkriegs wurde der Konflikt um den Ausbau des Frankfurter Flughafens ausgetragen, der heftige Streit um die Atomenergie führte zum Scheitern der ersten rot-grünen Landesregierung. Die Bildung dieser Regierung selbst, die relativ schnell scheinbar unversöhnliche Konfliktgegner zusammengeführt hatte, war eine internationale Sensation. Hessen war in dieser Ära Börner wirtschaftlich stark, politisch unruhig bis zur Krisenhaftigkeit und ein Experimentierfeld mit breiter Resonanz in den Medien.

Holger Börner hat die hessische Politik in dieser Zeit als Ministerpräsident wesentlich geprägt. Für seine große politische Handlungskompetenz spricht, dass er in dieser dramatischen Umbruchsphase der deutschen und hessischen Politik das Amt des hessischen Ministerpräsidenten über einen relativ langen Zeitraum halten konnte. Die Analyse seiner Regierungszeit verdeutlicht aber auch, wie stark der Erfolg in der Landespolitik von den Konstellationen und Veränderungen auf der bundespolitischen Bühne abhängt. An seinem politischen Schicksal zeigt sich mit einer gewissen Tragik, wie Machtbewusstsein und Pflichtgefühl den Amtserhalt gegen vielfältige Widerstände und Zumutungen zu einer Art Opfergang werden lassen können.

---

[1] Der Verfasser war in der Regierungszeit Holger Börners Mitarbeiter in der hessischen Staatskanzlei und u.a. für sozialwissenschaftliche Analysen zuständig. Als teilnehmender Beobachter des politischen Prozesses hat er vielfältige Informationen in diesen Text einbringen können. Auf Fußnoten wurde bewusst verzichtet. Für alle zitierten Umfragen finden sich Belege in den Publikationen, die im Literaturverzeichnis aufgeführt sind.

[2] Dr. Hans Zinnkann danke ich für kritische Durchsicht und Anregungen

1 Politische Biografie und Profil Holger Börners

Holger Börner wurde am 7. Februar 1931 in Kassel geboren und wuchs in einer sozialdemokratischen Familie auf. Die Erfahrungen der NS-Zeit hatten ihn noch persönlich tief geprägt. Sein Vater war im KZ gewesen und im Krieg umgekommen. Holger Börner wäre gerne Journalist geworden, arbeitete aber auf dem Bau, um seine Mutter unterstützen zu können. Nach der Mittelschule wurde Holger Börner Betonfacharbeiter und war Betriebsratsvorsitzender in einem Kasseler Bauunternehmen. 1948 bis 1956 war Börner Vorsitzender der Kasseler „Falken", 1948 trat er in die SPD ein. Er sammelte reichhaltige Erfahrungen in der Kasseler Kommunalpolitik, wo er von 1956 bis 1972 Mitglied der Stadtverordnetenversammlung war, von 1960 bis 1969 als Vorsitzender der SPD–Fraktion.

Holger Börner war früh bundespolitisch aktiv. 1961 bis 1963 war er Bundesvorsitzender der Jungsozialisten und schon 1957 wurde er Bundestagsabgeordneter. Dem Deutschen Bundestag gehörte er dann ohne Unterbrechung bis 1976 an. In Bonn war Börner u.a. von 1967 bis 1972 Parlamentarischer Staatssekretär im Bundesverkehrsministerium und von 1972 bis 1976 Bundesgeschäftsführer der SPD. In dieser Funktion hatte er wesentlichen Anteil an den Wahlsiegen der SPD-Bundeskanzler Willy Brandt und Helmut Schmidt. Dabei sammelte er Erfahrungen, die für sein politisches Überleben im schwierigen Hessen wichtig werden sollten.

Am 12. Oktober 1976[3] wurde Holger Börner als Nachfolger von Albert Osswald vom Hessischen Landtag zum Hessischen Ministerpräsidenten gewählt und nach der Landtagswahl vom 8. Oktober 1978 in diesem Amt bestätigt. Nach der Landtagswahl vom 26. September 1982 führte er gemäß der Hessischen Verfassung die Geschäfte weiter, da sich im Landtag keine Mehrheit für eine neue Landesregierung finden ließ. Nach der Selbstauflösung des Landtags kam es am 25. September 1983 zur Neuwahl, bei der die SPD stärkste Partei wurde. Am 7. Juni 1984 wurde Börner mit den Stimmen von SPD und Grünen wieder zum Hessischen Ministerpräsidenten gewählt. Nachdem die Grünen die SPD-Regierung 1984 toleriert hatten, kam es im Oktober 1985 zu einer Koalition von SPD und Grünen, die Anfang 1987 zerbrach. Es folgte am 5. April 1987 eine vorgezogene Landtagswahl bei der Börner nach dem Rücktritt vom Landesvorsitz der SPD nicht mehr antrat und die zur Bildung der ersten CDU-Regierung in Hessen führ-

---

[3] Das Archiv der Frankfurter Rundschau hat hierfür die Artikel verschiedener Zeitungen für den analysierten Zeitraum zur Verfügung gestellt.

te. Von 1987 bis 2003 war Holger Börner dann Vorsitzender der Friedrich- Ebert-Stiftung. Er starb am 2. August 2006 in Kassel.

Die biografischen Daten machen die feste Verankerung Börners in der sozialdemokratischen Arbeiterbewegung deutlich. Hinzukommt seine starke Bindung an die Basis in Kassel und seine hessische Prägung durch die Politik des langjährigen SPD-Ministerpräsidenten Georg-August Zinn. Börner bekannte sich immer stolz zu seinem Arbeiterberuf und zu seinen Erfahrungen mit Arbeitslosigkeit und politischer Unterdrückung in der NS-Zeit. Er war einer der wenigen deutschen Politiker, der glaubwürdig „den Mann aus dem Volke" vertreten und seine Interessen aus eigener Lebenserfahrung artikulieren konnte. Dabei hatte er im Lauf seines früh begonnenen politischen Lebens eine große Professionalität im Umgang mit organisatorischen und strategischen Fragen entwickelt. Sein politisches Bewusstsein war geprägt von der SPD des Godesberger Programms. Ein handlungsfähiger starker Staat und technischer Fortschritt (wie z.b. die friedliche Nutzung der Kernenergie) waren für ihn wichtige Elemente zur Erreichung gesellschaftlicher Fortschritte. Bildung - besonders für die unteren Schichten -, die die Lebenslage der Benachteiligten durch sozialen Aufstieg bessern sollte, war ein zentrales Anliegen seiner Politik.

2   Herausforderung Landtagswahl 1978

Am Abend der Bundestagswahl 1976 trat Albert Osswald vom Amt des Hessischen Ministerpräsidenten zurück. Er war Nachfolger des populären und erfolgreichen Ministerpräsidenten Zinn, der Hessen von 1950 bis 1969 geprägt und zu einem Gegenmodell zu dem CDU-Staat Adenauers in Bonn entwickelt hatte. Osswald schlug einen offensiven Modernisierungskurs ein, der zu heftigen Kontroversen und Turbulenzen führte (z.B. die Rahmenrichtlinien und Gesamtschulen in der Kulturpolitik oder die kommunale Gebietsreform). Eine heftige Skandalisierung von Problemen um die Hessische Landesbank zerstörte seine Reputation. In Albert Osswalds Regierungszeit fiel weitgehend der Aufstieg der hessischen CDU unter Alfred Dregger von 26,4 Prozent 1966 auf 47,3 Prozent 1974, als die CDU erstmals stärkste politische Partei im Landtag wurde. Entscheidend für diese Entwicklung waren jedoch nicht allein die hessischen Auseinandersetzungen und Skandale. Hinzu kam der Machtwechsel 1969 in Bonn von der Großen Koalition zu einer SPD/ FDP-Regierung unter Brandt/ Scheel, der es der Hessen-CDU erlaubte, das immer schon sehr starke rechte politische Lager in Hessen gegen das „rote Bonn" zu ihren Gunsten zu mobilisieren.

Nach seiner Wahl zum Ministerpräsidenten im Oktober 1976 begann Börners sozialliberales Kabinett mit einer Politik, die bewusst an die Ära Georg-August Zinns anknüpfte und das aufgewühlte und zum Teil schon fast hysterisierte politische Leben im Land beruhigen sollte. Die neue Orientierung der Landespolitik brachte Holger Börner auf die griffige Formel vom „Ende der Fahnenstange", womit der Abschied von ideologisierten Konzepten in der Politik gemeint war. Im Mittelpunkt der sozialdemokratischen Regierungsarbeit sollten eine pragmatische Bildungspolitik und ein Strukturprogramm für Mittelhessen stehen. Korrekturen der Osswaldschen Modernisierungspolitik (wie z.b. die Auflösung der Stadt Lahn) führten zur Beruhigung des politischen Klimas und zum Abbau von Angriffsflächen für die CDU. Eine enge Verknüpfung mit der Politik der SPD/ FDP-Bundesregierung sollte es ermöglichen, den Kanzlerbonus bei der Landtagswahl 1978 positiv zu nutzen.

Ein großer Rückschlag für Holger Börner war die Kommunalwahl vom 20. März 1977, als erstmals bei einer Kommunalwahl in Hessen die CDU vor der SPD lag. Die CDU steigerte sich z.b. bei den Gemeindewahlen von 33,3 Prozent auf 44,8 Prozent, die SPD fiel von 49,5 Prozent auf 42,1 Prozent zurück. Auch dieses Wahlergebnis war sehr stark darauf zurückzuführen, dass die Kanzlerpartei bei den sogenannten „Zwischenwahlen" schlechter mobilisieren kann wie die Opposition auf Bundesebene. Lokale und hessische Besonderheiten (wie z.B. die Gebietsreform und ein Spendenskandal der SPD in Frankfurt) hatten diese „Dialektik der Machtebenen" noch massiv verstärkt. Die CDU bekam mit Walter Wallmann erstmals nach 1945 in der alten SPD-Hochburg Frankfurt die absolute Mehrheit. Die Kommunalwahl 1977 war für die Entwicklung der SPD insgesamt von großer Bedeutung, weil sie deutlich machte, dass die wachsenden modernen Mittelschichten des Rhein-Main-Ballungsraums verstärkt zur CDU abwanderten und die Mehrheiten der SPD dadurch gefährdeten.

Der Landtagswahlkampf 1978 wurde von der SPD mit dem Slogan „Hessen bleibt sozial und frei" geführt. Das große Ansehen Holger Börners in der Wählerschaft führte zu einer starken Konzentration des Wahlkampfs auf seine Person. Holger Börners Bild mit der Plakataufschrift „In Hessen gibt es wieder einen guten Grund SPD zu wählen" machte deutlich, dass nach Albert Osswald ein neuer Anfang in der Landespolitik der SPD gefunden worden war. Der große Popularitätsvorsprung Börners vor dem Spitzenkandidaten der CDU Alfred Dregger, Korrekturen an der Gebietsreform, die neue Akzentuierung der Bildungspolitik und die Betonung „sauberer Westen" in der Landespolitik sollten das Vertrauen in die SPD in Hessen wieder stabilisieren. Hinzu kam die Betonung bundespolitischer Themen und die Bedeutung der Sicherung der Hessen-

Stimmen im Bundesrat für Bundeskanzler Helmut Schmidt. Mit der Erzeugung einer „Bundestagswahlstimmung" sollte verhindert werden, dass es zu den bei Zwischenwahlen üblichen Mobilisierungsproblemen der Kanzlerpartei SPD kommen würde.

Holger Börner konnte Hessen für das sozialliberale Lager halten. SPD und FDP bekamen zusammen 50,9 Prozent, die CDU sank von 47,3 Prozent auf 46 Prozent ab. Die wachsende Zustimmung zu den Themen und Protesten der alternativ-grünen Bewegung konnte bei der Landtagswahl noch nicht voll in Stimmen zum Ausdruck kommen, weil die organisatorische Zersplitterung der Grünen viele Sympathisanten von ihrer Wahl abhielt, da ihnen das Risiko einer „verlorenen Stimme" zu groß war. Dieser Erfolg bei der sehr schwierigen Landtagswahl hatte Holger Börner eine sehr starke Position in der Hessen-SPD gegeben, die er dann benutzte, um seine Vorstellungen einer modernen Landespolitik umzusetzen, für die der Ausbau des Frankfurter Flughafens und die Nutzung der Atomenergie von großer Bedeutung waren. Sie waren für ihn unverzichtbare Elemente einer wirtschaftlichen Modernisierungsstrategie, ohne die die Bürger des von ihm geführten Landes ihre materielle Wohlfahrt nicht würden halten oder ausbauen können.

3   Herausforderung Atompolitik und Flughafenausbau

Für Ministerpräsident Holger Börner und seinen von der FDP gestellten Wirtschaftsminister Heinz-Herbert Karry waren sowohl der Ausbau des Flughafens wie auch die weitere Entwicklung der Kernenergienutzung in Hessen zentrale Aufgaben der neuen Legislaturperiode. Konkret ging es um den seit Jahren geplanten und umstrittenen Bau der Startbahn West und um die Genehmigung eines dritten Reaktorblocks Biblis C. Hinzu kam die Bereitschaft Hessens, die Errichtung einer Wiederaufbereitungsanlage für atomare Abfälle (WAA) zu prüfen, nachdem der niedersächsische Ministerpräsident Albrecht (CDU) eine solche Anlage als nicht durchsetzbar bezeichnet hatte. Für Holger Börner war das WAA-Projekt nicht nur eine wirtschaftliche Entwicklungschance für Nordhessen, sondern vor allem auch eine Unterstützung für die atompolitischen Planungen der Bundesregierung unter Helmut Schmidt. In Hessen gab es nach den vorliegenden Umfragen für all diese Projekte klare Mehrheiten.

Börner und Karry setzten diese Politik in einer Zeit durch, in der sich in den reichen Industriegesellschaften des Westens eine „stille Revolution" vollzog. Gerade bei den jüngeren und gut gebildeten Generationen gewannen politische

Themen wie Umweltschutz und Frieden immer mehr an Gewicht, ein „postmaterieller Wertwandel" begann die politischen Prioritäten bei einem Teil der Mittelschichten zu verändern. Börner und Karry dagegen waren überzeugte „Materialisten", deren Nachkriegserfahrungen ihnen die wirtschaftliche und technologische Modernisierung zum selbstverständlichen Imperativ verantwortlichen politischen Handelns werden ließ. Die jungen und gut gebildeten „Postmaterialisten" waren vom Gegenteil überzeugt und sahen gerade in den geplanten hessischen Großprojekten eine existenzielle Bedrohung. Von besonderer politischer Bedeutung war, dass dieser Wertwandel bei den gebildeten jüngeren Schichten mit einer hohen Bereitschaft zu politischer Beteiligung und politischem Protest verbunden war. Sie waren in der Lage, ihren politischen Zielen eine höhere moralische Legitimität und durch unkonventionelle Protestformen eine besondere öffentliche Resonanz zu verleihen. Bündnispartner in Medien, Kirchen und Parteien verliehen dieser aktiven Minderheit auch gegenüber den Mehrheitsströmungen in der Gesellschaft ein erhebliches Durchsetzungspotenzial.

Unter den sozialdemokratisch geführten Regierungen hatte sich Hessen zu einem modernen und wirtschaftlich starken Land entwickelt, das durch zwei ganz unterschiedliche politische Kulturen geprägt worden ist. Im eher ländlich geprägten Norden beherrschten die traditionellen Werte der Arbeiterschaft das politische Leben der SPD, im postindustriellen reichen Ballungsraum Rhein-Main dominierten die modernen Mittelschichten. Während Holger Börner die eher klassisch-materiellen Werte der nordhessischen SPD vertrat, geriet die südhessische Partei mehr und mehr unter den Einfluss der im Rhein-Main-Ballungsraum besonders meinungsstarken postmaterialistischen Gruppen. So ging die südhessische SPD bald nach der gewonnenen Landtagswahl immer mehr auf Konfrontationskurs zur „Atom- und Betonpolitik" der Landesregierung, wie die Politik Holger Börners von seinen Gegnern charakterisiert wurde. Börner war bewusst, dass die hessische CDU und der Frankfurter Oberbürgermeister Wallmann diese Anpassung der SPD an die postmaterialistischen Positionen für sich nutzen konnten. Die Mittelschichten des Dienstleistungszentrums Rhein-Main waren und sind nur zum Teil (und zwar vor allem bei den sozialen Dienstleistungsberufen) Träger dieses neuartigen Wertwandels. Ihre Medienresonanz und ihr Aktionsgeschick suggerierten größere Potenziale, als sie wirklich hatten und haben.

Die Kommunalwahl vom 22. März 1981 hatte gezeigt, dass sich die SPD auf der Ebene der Städte und Gemeinden nach den schweren Verlusten bei der Kommunalwahl 1977 nicht stabilisiert hatte, sondern sie verlor weiter. In Frankfurt bekam die CDU mit Oberbürgermeister Walter Wallmann 54,2 Prozent und konnte so ihre absolute Mehrheit ausbauen. Bei den Gemeindewahlen ging die

SPD landesweit von 42,1 Prozent auf 39,9 Prozent zurück, nachdem sie 1972 noch 49,5 Prozent erhalten hatte. Eine persönliche Tragödie verschärfte die politische Lage für Holger Börner wesentlich, als am 11. Mai 1981 sein Stellvertreter und Wirtschaftsminister Karry (FDP) in Frankfurt ermordet wurde. Sein Nachfolger wurde der FDP-Politiker Klaus-Jürgen Hoffie, dem schon früh Wende-Absichten zur CDU unterstellt wurden. Stellvertretender Ministerpräsident wurde der Innenminister Ekkhard Gries (FDP). In Bonn und in Wiesbaden begannen taktische Wendemanöver der FDP, die in der Wirtschafts- und Sozialpolitik immer mehr auf Konfrontationskurs zur SPD ging.

Börner musste das Anwachsen der CDU im Ballungsraum und das Koalitionsverhalten der FDP im Auge behalten, wenn er politisch überleben wollte. Seine Situation wurde dadurch besonders schwierig, als die Generation der jüngeren und eher aus den gebildeten Mittelschichten stammenden Parteimitglieder immer mehr zum Anwalt postmaterieller Werte und Ziele wurde und die materiellen sozialen Interessen breiter Wählerschichten der SPD für immer weniger wichtig erachtete. Um die wachsende innerparteiliche Kritik einer sich in Südhessen etablierenden Gegenelite in der SPD auffangen und demokratisch delegitimieren zu können, setzte er für den 21. Juni 1981 einen außerordentlichen SPD-Parteitag durch, der ihm für seine Politik Rückendeckung geben sollte.

Innerparteilich sollte den Kritikern aus Südhessen demonstriert werden, wie die wirklichen Mehrheiten in der Hessen-SPD sind. Börner bekam breite Unterstützung (rund 80 Prozent) für seine Politik. Diese breite Mehrheit war auch deshalb möglich geworden, weil in dem zur Abstimmung gestellten Gesamtkonzept deutlich gemacht werden konnte, was ein Scheitern der SPD in Hessen wegen der Atom- und Flughafenprojekte z.B. für die Bildungspolitik (Förderstufe und Gesamtschule) bedeuten würde. Börner war es gelungen, gegen den Meinungsdruck der kritischen Wortführer in der SPD, eine innerparteiliche Mehrheitsentscheidung durchzusetzen, auch weil er die Kosten eines Regierungsverlusts für wichtige SPD-Themen und die breiten Wählerschichten der Partei deutlich machen konnte.

Im Winter 1981/ 1982 kam es zu Massenprotesten und bürgerkriegsähnlichen Auseinandersetzungen um die Startbahn West. So demonstrierten 150 000 Menschen am 14. November 1981 in Wiesbaden gegen den Ausbau des Flughafens, der in ganz Deutschland zum Symbolthema des Kampfes gegen Wachstum und Umweltzerstörung wurde. Vielfältige Protestformen (wie z.B. ein Hüttendorf) und ein am Hessischen Staatsgerichtshof gescheitertes Volksbegehren potenzierten den Widerstand. Börner wurde von seinen grünen Gegnern zu einer Art „Beton-Monster" hochstilisiert und der Hessen-Löwe zu einem prügelnden

Staatssymbol deformiert. Gegen diesen Meinungsdruck wurde nach einem Moratorium und einem Landtags-Hearing der Bau der Startbahn West durchgesetzt, der von allen Fraktionen des Hessischen Landtags unterstützt wurde.

Der Startbahnkonflikt führte zu massiven Großeinsätzen der Polizei und der Staat kam an die Grenzen seiner Handlungsfähigkeit. Der Protestbewegung gelang es immer wieder, neue Aktionsformen und fantasiereiche Protestsymbole zu erfinden. Besonders Börner war ein beliebtes Objekt von Karikaturen und Stigmatisierungen. Richard Meng hat in seinem Nachruf auf Holger Börner in der Frankfurter Rundschau vom 3. August 2006 auf die Medienkarriere des berühmten „Dachlattenzitats" hingewiesen, das nie so gefallen war, wie es zitiert wurde. Börner hatte nie gesagt, dass er die Grünen mit der Dachlatte verhauen wollte. Er hatte gar nicht von den Grünen gesprochen, sondern von „gewalttätigen Störern", denen man auf dem Bau „eins auf die Fresse" gegeben hätte. Mit dem falschen Zitat wurde suggeriert, Börner wolle sich mit dem politischen Gegner gewalttätig auseinandersetzen und stellte damit seine demokratische Reputation in Frage.

Der Bau der Startbahn West musste früh vor der Landtagswahl (im Herbst 1982) durchgesetzt werden, um die zerstrittene SPD nach dem Konflikt wieder für den Wahlkampf einigen zu können. Das Jahr 1982 entwickelte sich dann jedoch ganz unabhängig von den Planungen in Hessen zu einem dramatischen Politikthriller in Land und Bund.

Um die Hessen-SPD als soziale Kraft nach dem Startbahnwinter neu zu motivieren, legte Börner für den Münchner Parteitag der SPD im April 1982 eine Denkschrift vor, die Vorschläge zu aktiver staatlicher Arbeitsmarktpolitik enthielt. Seine veröffentlichten Konzepte riefen massive Proteste der FDP hervor, die im Juni 1982 auf einem Landesparteitag eine Koalitionsaussage für die CDU in Hessen machte.

Börner konnte jetzt unbelastet vom liberalen Koalitionspartner inhaltliche Positionen beziehen, hatte es jedoch schwer, ohne die FDP eine reale Machtperspektive zu vermitteln, was für die Mobilisierung der SPD-Anhänger von großer Bedeutung gewesen wäre. Besonders erschwerend kam hinzu, dass jetzt (nach den Umfragen) die großen Themen Atompolitik und Flughafenausbau in der SPD-Wählerschaft polarisierten. Bei den CDU-Anhängern überwogen die Befürworter dieser Projekte die Gegner deutlich, bei den Anhängern der Grünen lag das Gegnerpotenzial bei rund 90 Prozent. Die SPD ging also mit einer Landespolitik in die Wahl, die bei den beiden zentralen Themen ihre Anhängerschaft spaltete und damit für den Wahlkampf zu lähmen drohte. CDU und Grüne dagegen hatten aus ganz unterschiedlichen Positionen sehr gute landespolitische Ausgangspunkte für die Mobilisierung bei den anstehenden Landtagswahlen in Hessen.

Das politische Klima in Hessen (und im Bund insgesamt) wandelte sich während des Wahljahres 1982 dramatisch gegen die SPD und zu Gunsten von CDU und Grünen. Anfang September lag die hessische CDU bei den Umfragen über 50 Prozent und die Grünen an der 10 Prozent-Marke. Die FDP lag eher unter 5 Prozent, die SPD erreichte keine 35 Prozent bei den demoskopischen Messungen. Während Börner bei der Frage nach der Direktwahl des Ministerpräsidenten vor der Landtagswahl 1978 deutlich vor Dregger lag, hatte dieser im August 1982 einen Vorsprung vor Börner. Allgemein wurde für Hessen 1982 ein Regierungswechsel erwartet mit einer absoluten Mehrheit für die CDU.

In Hessen fanden Ende August und Anfang September massive Mobilisierungsbemühungen der gesamten deutschen SPD statt. Willy Brandt und Bundeskanzler Helmut Schmidt engagierten sich in Hessen. Am 28. August 1982 fand in Wiesbaden ein großes „Hessen-Treffen" mit 50.000 Teilnehmern statt, bei dem die gesamte deutsche Parteiführung der SPD und internationale Gäste anwesend waren und ihre Solidarität mit Holger Börner und der Hessen-SPD deutlich machten. In Bonn kam es wegen der wirtschafts- und sozialpolitischen Thesen des Wirtschaftsministers Graf Lambsdorff zum Koalitionsbruch. Bundeskanzler Schmidt inszenierte diesen Vorgang geschickt zu einem Loyalitätsbruch der Liberalen und gab damit dem hessischen Landtagswahlkampf eine dramatische Wende. Die SPD führte kurz vor der Landtagswahl eine massive Plakatkampagne „Verrat in Bonn" durch. Das Wahlergebnis am 26. September führte nicht zu der erwarteten absoluten Mehrheit der CDU. Sie erreichte 45,6 Prozent und die FDP scheiterte mit 3,1 Prozent an der 5 Prozent-Marke. Die SPD erhielt 42,8 Prozent und die Grünen 8 Prozent. Noch am Wahlabend stellte Alfred Dregger sein Amt als Landesvorsitzender und Spitzenkandidat zur Verfügung und machte damit den Weg für Walter Wallmann frei.

Die Landtagswahl vom Herbst 1982 in Hessen zeigte den starken Einfluss der Bundespolitik auf Landtagswahlen. Die Krise der hessischen SPD, wie sie die Umfragen zeigten, war auch ein Reflex auf die Probleme der SPD-geführten Regierung in Bonn. Mit der Wende in Bonn fiel dieser Faktor als Mobilisierungsbremse in Hessen aus, und die SPD konnte in Hessen die großen Sympathien für Helmut Schmidt in der Bevölkerung für sich nutzen. Eine Bestätigung für seine Landespolitik hätte Holger Börner ohne diese Vorgänge in Bonn nicht gefunden. Auch machte das Wahlergebnis deutlich, dass er eine neue Mehrheit suchen musste, wenn er weiter regieren wollte. Das Wendemanöver der Hessen-FDP war zwar in Hessen gescheitert, in der FDP-Anhängerschaft hatte sich aber eine radikale Veränderung der Koalitionspräferenzen vollzogen. 1978 waren 85 Prozent der FDP-Anhänger in Hessen für eine SPD/ FDP-Koalition, 1983 dagegen waren 81 Prozent für eine Koalition mit der CDU. Die FDP hatte einen grundsätzlichen Positionswechsel im parteipolitischen Spektrum vollzogen und war für die SPD nicht mehr koalitionsfähig.

Während der Ausbau des Frankfurter Flughafens als zentrales Projekt der letzten SPD/ FDP-Regierung in Hessen durchgesetzt werden konnte, fanden bei der Atompolitik deutliche Korrekturen statt. Die Suche nach einem Standort für die WAA hatte in Nordhessen zu erheblichen Protesten geführt, was Holger Börner dazu brachte, auf dieses Projekt zu verzichten. Auch die Planung für den Reaktorblock Biblis C wurde schließlich aufgegeben. Holger Börner hatte erfahren müssen, welche Widerstandspotenziale die von ihm und Heinz-Herbert Karry gewollten Großprojekte mobilisieren konnten. Der Konflikt um den Ausbau des Flughafens hatte so große „Regierungsenergien" verbraucht, dass der Verzicht auf diese Atomprojekte realpolitisch geboten war.

4   Herausforderung neue Regierungsmehrheit

Nach der Wahl wurden die Schwierigkeiten deutlich, eine regierungsfähige Mehrheit in Hessen zu finden. Holger Börner wurde geschäftsführender Ministerpräsident einer SPD-Alleinregierung, nachdem die FDP-Minister das Kabinett verlassen hatten. In Bonn regierte jetzt eine CDU/ FDP-Regierung unter Helmut Kohl, gegen die Börner Hessen als Gegengewicht profilieren konnte. Damit war ein Anknüpfen an die politische Strategie Zinns möglich, Hessen als Gegenmodell zum Bonner CDU-Staat zu gestalten. Bei allen taktischen Manövern und Winkelzügen der Parteien war klar, dass es auch deshalb nicht zu einer Großen Koalition kommen würde.

Einer Zusammenarbeit von SPD und Grünen standen in beiden Parteien wichtige Gruppen im Wege. Die Auseinandersetzungen um die Startbahn West und die Atompolitik hatten tiefe Wunden geschlagen und die gegenseitigen Diffamierungen waren sehr weit gegangen. Die Anhänger der SPD waren in Bezug auf die Zusammenarbeit mit den Grünen in der Landespolitik gespalten. Insbesondere ihre Stammwähler aus der Arbeiterschaft zogen eine Große Koalition der Zusammenarbeit mit den Grünen vor, während die besser gebildeten Mittelschichtangehörigen mit SPD-Präferenz die Koalition mit den Grünen befürworteten. 1983 war nach den Umfragen fast jeder zweite SPD-Anhänger für eine CDU/ SPD-Regierung, nur ein Viertel für eine Koalition mit den Grünen. Für die Wähler von CDU, FDP und Grünen waren die Optionen eindeutiger, sie votierten jeweils zu rund 80 Prozent für eine CDU/ FDP- bzw. SPD/ Grünen-Koalition. Zu den erstaunlichsten Phänomenen der deutschen Politikgeschichte gehört, wie schnell sich nach all den erbitterten und verletzenden Konfrontationen SPD und Grüne auf einen komplizierten Kommunikations- und Konsensfindungsprozess einließen, der allerdings durch dauernde Rückschläge unterbrochen wurde. Schon im Januar 1983 verabschiedeten SPD und Grüne zusammen im hessischen Landtag einen Teilhaushalt mit beschäftigungsrelevanten Maßnahmen. Im März scheiterte dann der Gesamthaushalt für 1983 an den Stimmen von CDU und Grünen, womit der Weg zu Neuwahlen sich als unvermeidlich abzeichnete.

Holger Börner versuchte gegen alle Bedenken den Befreiungsschlag. Viele Kommentatoren hatten darauf hingewiesen, dass die neuen Mehrheiten in Hessen wahrscheinlich nicht zu korrigieren seien, da die Grünen die Folge tiefgreifender gesellschaftlicher Veränderungen seien, die gerade in einem so modernen und säkularisierten Land wie Hessen die neue Partei zu einem langfristig existierenden politischen Faktor machen würde. Um die klassische Anhängerschaft wieder voll an die SPD zu binden, thematisierte Börner (auch im Bundestag „gegen Bonn") offensiv die Notwendigkeit staatlicher Arbeitsmarktpolitik und die Sicherung des Sozialstaats. In diesen Fragen sollte Hessen ein Bollwerk gegen die Politik der CDU/ FDP-Regierung in Bonn werden. Ein hessisches Programm des Umweltministeriums für „Arbeit und Umwelt" sollte die Anhänger aus den ökologisch orientierten Mittelschichten an die SPD binden oder sie wieder von den Grünen zurückholen. In Bezug auf die Atompolitik hatte es Korrekturen gegeben, insoweit Biblis C nicht mehr genehmigt und der Bau einer Wiederaufarbeitungsanlage für atomare Brennstäbe in Nordhessen nicht mehr weiterverfolgt wurde.

Am 4. August 1983 legte Börner in einer Regierungserklärung im Landtag eine Bilanz seiner Arbeit vor und begründete die Notwendigkeit von Neuwahlen. Der Auflösungsantrag fand mit den Stimmen von SPD und CDU eine Mehrheit, die Grünen stimmten dagegen. In dem SPD-Wahlslogan „Schafft klare Verhältnisse - Hessen wieder vorn" kam die Erwartung zum Ausdruck, unter den veränderten Machtverhältnissen in Bonn, wieder an Georg-August Zinns Zeiten („Hessen vorn") mit einer absoluten Mehrheit anknüpfen zu können. Die Hoffnung war, damit den quälerischen Prozess einer Koalitionsbildung mit einer der anderen Parteien im Landtag vermeiden zu können.

Die Hoffnung erfüllte sich nicht, auch wenn die SPD mit 46,2 Prozent ein sehr gutes Ergebnis erzielen konnte und nach neun Jahren wieder stärkste Partei im Landtag wurde. Die Grünen kehrten mit 5,9 Prozent deutlich reduziert in den

Landtag zurück. Die FDP konnte mit 7,6 Prozent wieder ein gutes Ergebnis erzielen, nicht zuletzt weil der neue Spitzenkandidat der CDU Walter Wallmann sie mit einer Leihstimmenaktion gestützt hatte (und für die CDU deshalb nur 39,4 Prozent holen konnte). Damit war klar, dass die FDP nicht in der Lage sein würde, mit Holger Börner wieder eine Regierung zu bilden, auch wenn er dies vielleicht gerne gewollt hätte. Die FDP hatte sich nach der Wende in Bonn als eine rechtsbürgerliche Kraft im Umfeld der CDU positioniert und konnte von ihrer Wählerbasis her nicht mehr zu sozialliberalen Koalitionen zurückkehren.

Holger Börner, der die Gabe besaß, Sachverhalte klar und zugespitzt zu formulieren, hatte sich mehrfach gegen eine Koalition mit den Grünen ausgesprochen. Als Repräsentant der Arbeiterwähler der SPD unterschieden sich seine Grundwerte grundsätzlich von denen der Grünen. Seine Strategie, einen Landtag ohne die Grünen durch Wahlen herbeizuführen, war auch nur sehr knapp gescheitert. Von dem Bezirk Hessen-Süd der SPD aus begann der Druck zu wachsen, eine Regierung mit den Grünen zu bilden. In der hessischen SPD war klar, dass dies nur mit Holger Börner gehen würde, andernfalls wäre es zu einem Riss in der Partei und der eigenen Wählerschaft gekommen. Er konnte nicht geopfert werden, sondern sollte sein Vertrauenskapital bei den Stammwählern aus der Arbeiterschaft in die neue Koalition einbringen. Wichtig für Börner war wohl auch, dass der SPD-Vorsitzende Willy Brandt schon früh nach dem Aufkommen der Grünen davon gesprochen hatte, dass es „eine Mehrheit links von der Union" gäbe. Holger Börner beugte sich diesen Zwängen und nahm den für ihn sehr bitteren persönlichen Glaubwürdigkeitsverlust in Kauf, an den seine Gegner durch permanentes Zitieren seiner sehr griffig formulierten Koalitionsabsagen in Richtung Grüne immer wieder erinnerten. Holger Börner stellte dieses persönliche Problem hinter die Notwendigkeit zurück, seiner Partei eine neue Machtperspektive für linke Reformpolitik zu geben.

Schon relativ kurz nach der Wahl begannen sich die Verhältnisse bei SPD und Grünen zu klären. Eine Landesmitgliederversammlung der Grünen stimmte am 1. Oktober 1983 in Marbach mit großer Mehrheit dafür, Verhandlungen über eine parlamentarische Zusammenarbeit aufzunehmen. Am 5. November 1983 ebnete Holger Börner mit einer programmatischen Rede auf dem SPD-Parteitag in Baunatal den Weg für die Verhandlungen mit den Grünen: „Es wäre von großer Bedeutung für unsere Demokratie, wenn sich die Grünen von einer Aktionsbewegung zu einer berechenbaren politischen Partei entwickelten." Börner sah den Vorteil der Zusammenarbeit mit den Grünen darin, dass man mit ihnen ein Gegengewicht gegen die Bonner Politik von CDU und FDP bilden könne und Arbeitsplätze durch ein Investitionsprogramm mit ökologischen Schwerpunkten schaffen könne. Börner machte seine Skepsis deutlich, wieweit die Grünen mit ihren besonderen innerparteilichen Strukturen zuverlässige und kompromissfähige Partner sein könnten. Er betonte jedoch auch, wie wichtig es sei, die bei den Grünen vertretenen politisch aktiven Teile der jungen Generation für die Mitarbeit im demokratischen Staat zu gewinnen und sie nicht in die Fundamentalopposition abdriften zu lassen.

Die Bildung der eigentlichen rot-grünen Koalition mit Joschka Fischer als Minister für Umwelt und Energie erfolgte erst am 12. Dezember 1985. In den zwei Jahren bis dahin war in Wiesbaden das faszinierende Schauspiel zu beobachten, wie zwei ganz unterschiedlich geprägte und erfahrene Parteieliten versuchten, eine Vertrauens- und Arbeitsbasis herzustellen. So gab es weitgehend öffentliche und für den etablierten Politikbetrieb durchaus „exotische" Verhandlungen über die Zusammenarbeit von SPD und Grünen, die von den Medien kritisch begleitet wurden. Der altgediente konservative SPD-Finanzminister Reitz stellte sich öffentlich gegen die Zusammenarbeit mit den Grünen und schied aus dem Kabinett aus. Es gab dann sehr breite Mehrheiten in beiden Parteien für eine längerfristige parlamentarische Zusammenarbeit von SPD und Grünen, die „beide ihre Identität (hätten) wahren können" (SPD-Beschluss vom 2. Juni 1984). Die Grünen erklärten sich bereit, das Kabinett Börner zu tolerieren und wählten ihn nach mehr als 18 Monaten geschäftsführender Regierung am 7. Juni 1984 mit zum Ministerpräsidenten.

Schon bald danach begannen die typischen Probleme dieser rot-grünen Zusammenarbeit, die sich aus der engen basisdemokratischen Rückkopplung landespolitischer Entscheidungen bei den Grünen ergaben. Eine Schlüsselrolle spielte dabei die Zukunft der Hanauer Atombetriebe, für deren Genehmigung der im Bundesauftrag handelnde hessische Wirtschaftsminister Steger (SPD) zuständig war. Schon im Oktober 1984 beschloss die grüne Landesversammlung, die Unterstützung der SPD-Regierung abzubrechen, wenn die Hanauer Atomfirmen Alkem und Nukem nicht stillgelegt würden. Diesen Beschluss bestätigte ihre Landesversammlung am 1. Dezember 1984 und machte die Zustimmung zum Landeshaushalt 1985 von der Zustimmung der SPD zu ihren atompolitischen Forderungen abhängig.

Holger Börner lehnte die Forderungen der Grünen ab und forderte sie auf, ihm im Landtag das Misstrauen auszusprechen. Als Börner Ende Dezember 1984 schwer erkrankte, übernahm der Stellvertretende Ministerpräsident Hans Krollmann (SPD) die Führung der Verhandlungen mit den anderen Parteien. Nach der zweiten Verhandlungsrunde Mitte Januar 1985 bezeichnete Krollmann die derzeitige Phase der Landespolitik als „offen" und rechnete vor der Kommunalwahl

im März des Jahres nicht mehr mit einer Einigung. Die eng an die CDU gebundene FDP stieg nach dieser Runde aus den Verhandlungen aus, während Walter
Wallmann mit Hans Krollmann eine gemeinsame Pressekonferenz gab, die den
Spekulationen über eine Große Koalition in Hessen Auftrieb gab. Die CDU forderte von der SPD eine „Richtungsentscheidung", wie es in der Landespolitik
nach dem „Gewürge" mit den Grünen weitergehen sollte.

Der durch die Verhandlungen auf die Grünen ausgeübte Druck begann
schnell zu wirken. Schon am 31. Januar 1985 stimmten sie mit der SPD für ein
Teilhaushaltsgesetz, das Finanzminister Krollmann vorgelegt hatte, während die
CDU sich enthielt und die FDP dagegen stimmte. Für die weitere Entwicklung
von Rot-Grün in Hessen war dann sehr wichtig, dass die Kommunalwahlen vom
10. März 1985 der CDU eine Niederlage bereiteten und die SPD wieder zur stärksten Kommunalpartei machten. In vielen Kreisen und kreisfreien Städten waren
jetzt rot-grüne Koalitionen möglich und wurden von Holger Börner öffentlich
unterstützt. Damit hatte die Zusammenarbeit auf der Landesebene eine neue
Stabilisierung erfahren.

Um die rot-grüne Zusammenarbeit wetterfest zu machen, arbeitete eine rotgrüne Expertenkommission eine Einigung zur Atompolitik aus, die auch konkrete Schritte zu den komplexen Problemen der Hanauer Atombetriebe enthielt. Mit
den Grünen beschloss die SPD im Landtag fortschrittliche Gesetze zum Energiesparen, zur Förderstufe und zur getrennten Sammlung und Wiederverwertung
von Hausmüll. Diese gelungenen Kooperationen in der Sache zeigten, dass eine
weitere politische Zusammenarbeit sinnvoll wäre. Um sie zu stabilisieren und die
Grünen in die Verantwortung fest einzubinden, wurde dann die Koalition vereinbart, in der Fischer der erste grüne Minister in Deutschland werden konnte.
Holger Börner sagte in einem Rundfunkgespräch, dass er der rot-grünen Koalition eine Perspektive über die laufende Legislaturperiode hinaus gebe. Damit war
bei ihm ein schwieriger Lernprozess abgeschlossen und die „sozialökologische
Koalition" für ihn von einer taktischen Machtsicherungsfrage zu einer inhaltlichen Überzeugungssache geworden.

Umso erstaunlicher war es, dass die rot-grüne Koalition nur ein Jahr später
zerbrochen ist. Die Atompolitik in Hessen hatte durch die Reaktorkatastrophe
von Tschernobyl Ende April 1986 eine neue Politisierung erfahren. Holger Börner
gab eine Regierungserklärung im Landtag ab und bekannte sich zur friedlichen
Nutzung der Atomenergie, sprach sich aber wegen der ungeklärten Entsorgungsprobleme gegen eine Ausweitung der Kernenergienutzung aus. Die Grünen forderten eine Stilllegung aller Atomanlagen in Hessen. Im November 1986
gab Börner eine Bestandsgarantie für die Arbeitsplätze in den Hanauer Atomfir-

men in einer Regierungserklärung ab. Er wies darauf hin, dass die Betriebe auf legaler Grundlage arbeiteten und dass die Genehmigungsverfahren kein Einstieg in eine bessere Energiepolitik sein könnten. In der Landtagsdebatte zeigten sich SPD und Grüne einig, aus der Kernenergie auszusteigen, es blieben aber Differenzen in der Einschätzung zeitlicher und rechtlicher Möglichkeiten. Am 16. Dezember 1986 erklärte Holger Börner im Landtag, dass „Fischer sein Vertrauen habe und er …diese Koalition hier in Hessen gewollt habe".

Am 25. Januar 1987 waren Bundestagswahlen. Im Wahlkampf kämpfte Johannes Rau (SPD) für eine eigene Mehrheit und machte mit der SPD Stimmung gegen Rot-Grün. CDU und FDP bekamen eine Mehrheit in Bonn, die SPD erhielt 37 Prozent und die Grünen 8,3 Prozent (in Hessen 9,4 Prozent).

Anfang Januar wurde in Wiesbaden ein Genehmigungsschreiben von Wirtschaftsminister Steger (SPD) an Bundesumweltminister Wallmann bekannt, in dem Steger eine begrenzte Teilgenehmigung über 460 Kilogramm Plutonium für Alkem in Hanau ankündigte, während die von Alkem gewünschten sechs Tonnen nicht genehmigt werden sollten. Während die SPD-Fraktion im Landtag Stegers Schreiben begrüßte, drohten die Grünen wieder mit dem Ende der Koalition. Nach der Bundestagswahl spitzte sich die Diskussion über die Genehmigung der Plutoniumproduktion bei Alkem zu. Eine Konsenslösung in der rotgrünen Koalition zeichnete sich nicht ab. Holger Börner erlitt am 28. Januar im Landtag einen Schwächeanfall und musste den Amtsgeschäften fernbleiben. Sein Stellvertreter Hans Krollmann erklärte am 2. Februar öffentlich, bis zum Ende der laufenden Legislaturperiode werde es keine Genehmigung für Alkem in Hanau geben.

Diese Äußerung, die die Koalitionskrise hätte beilegen können, führte zu heftigen Turbulenzen. Die Opposition konstruierte daraus eine Demontage des Wirtschaftsministers Steger. Eine komplizierte Diskussion über Föderalismus, Bundesauftragsverwaltung und Plutoniumverarbeitung ließ vergessen, dass mit der Steger-Ankündigung der Alkem-Antrag abgelehnt worden war und Krollmann sich mit seiner Äußerung nur auf Steger bezog. Am 4. Februar erklärte Krollmann dann auch im Wirtschaftsausschuss des Landtags, dass die Position Stegers (zeitlich, qualitativ und quantitativ eingeschränkte Genehmigung für Alkem) nach wie vor gelte. Stegers Staatssekretär bestätigte diese Position in einem Schreiben an das Bundesumweltministerium, nachdem Walter Wallmann ultimativ eine Erklärung zu den Äußerungen von Hans Krollmann gefordert hatte. Börners Regierungssprecher erklärte dazu, dies sei vor der Landesversammlung der Grünen geschehen, um den Verdacht zu begegnen, die SPD habe darauf Rücksicht genommen.

Am 8. Februar 1987 stellte die Landesversammlung der Grünen in Langgöns der SPD ein Ultimatum, nach dem diese verbindlich erklären sollte, auf eine begrenzte Genehmigung der Atomfabrik in Hanau zu verzichten. Sonst würden sie die Koalition in der nächsten Landtagssitzung beenden und Neuwahlen herbeiführen. Fischer bezichtigte Börner „der Loyalität zum Plutoniumstaat". Fischer erklärte, dies wäre sein „letzter Rechenschaftsbericht als Minister". Börner interpretierte dies als Rücktrittsangebot, das er annähme. Damit war die Koalition zu Ende. Am 17. Februar 1987 löste sich der Landtag auf und beschloss Neuwahlen für den 5. April 1987. Börner verkündete am 10. Februar 1987 seinen Rückzug aus der Politik und schlug Hans Krollmann als Nachfolger vor, der dann als Spitzenkandidat der SPD gegen Walter Wallmann eine Niederlage hinnehmen musste. Für die Stabilität des rot-grünen Lagers in Hessen sprach, dass trotz der zum Teil chaotischen Prozesse in Wiesbaden CDU und FDP (49,9 Prozent) nur einen hauchdünnen Vorsprung vor SPD und Grünen (49,6 Prozent) bekamen.

Warum die rot-grüne Koalition an der Frage der Alkem-Genehmigung gescheitert ist, lässt sich nur schwer nachvollziehen. Der Zeitpunkt für die Neuwahl, den die Grünen damit provozierten, war denkbar ungünstig, weil die Landtagswahl dann im noch anhaltenden CDU/ FDP-Stimmungshoch der für diese Parteien erfolgreichen Bundestagswahl vom 25. Januar 1987 stattfinden musste. Bei der regulären Wahl im September 1987 hätte Rot-Grün wahrscheinlich eine klare Mehrheit bekommen, weil dann die für Zwischenwahlen typischen Enttäuschungsmechanismen die Mobilisierung der CDU/ FDP-Anhänger erschwert hätten. Hinzu kam, dass sich der SPD-Kanzlerkandidat Rau im Bundestagswahlkampf 1987 klar gegen Rot-Grün ausgesprochen und für eine eigene Mehrheit gekämpft hatte. In dieser Situation war es für die Hessen-SPD außerordentlich schwierig einen Wahlkampf, für das in Hessen gerade gescheiterte rotgrüne Koalitionsmodell, zu führen.

Börner selbst erklärte den Bruch damit, dass die Grünen durch ihr gutes Ergebnis bei der Bundestagswahl vom Januar 1987 glaubten, sie könnten jetzt „die SPD jucken. Und das geht mit mir nicht." Er hätte in seiner Regierungserklärung vom 5. November 1986 die zeitlichen und rechtlichen Rahmenbedingungen für den Umgang mit den Hanauer Nuklearbetrieben verdeutlicht. Damals hätten die Grünen bei aller Unzufriedenheit keine öffentliche Kritik geäußert. Erst die Alkem-Genehmigung, nach der für die Grünen so erfolgreichen Bundestagswahl, hätte sie zu dem öffentlichen Ultimatum gebracht, das dann den Bruch der Koalition provozierte.

Das alles hätte nicht zum Ende der Regierung Börner/ Fischer führen müssen, wenn die Kommunikations- und Vertrauensbeziehungen innerhalb der Führung der Koalition besser funktioniert hätten. Dann hätte man dem landespoliti-schen Gegenspieler Wallmann nicht erlaubt, als zuständiger Bundesminister über die Hanauer Atomfrage Spannungen und Konflikte in die Hessen-Koalition zu tragen. Außerdem war Holger Börner in einer prekären Rolle während der Bun-destagswahl, als seine Partei „in Bonn" gegen die Regierungsfähigkeit der Grü-nen polemisierte, mit denen er in Wiesbaden eine Regierung bildete. Ausge-schlossen war es für Börner, seinen Wirtschaftsminister den Grünen zu opfern, weil er dann den Rückhalt in Teilen der SPD verloren und eine massive Kampag-ne der Opposition bis zur Landtagswahl im Herbst 1987 bekommen hätte.

Entscheidend war wohl, dass die Grünen auf keinen Fall damit leben woll-ten, irgendetwas mit der Genehmigung der Plutoniumverarbeitung in Hanau zu tun zu haben. Die komplizierte Diskussion über Bundesauftragsverwaltung, Genehmigungstaktik und Föderalismus konnte nicht dazu beitragen, die Emotio-nen über Stegers „Teilgenehmigung" zu dämpfen, die die Landesversammlung dazu brachte, für Holger Börner und die SPD ein unakzeptables Ultimatum zu formulieren. Für diese Artikulation von Antiplutonium-Stimmung auf ihrer Lan-desversammlung haben Fischer und die Grünen das Scheitern des ersten rot-grünen Regierungsbündnisses hingenommen.

5   Zur Bedeutung Holger Börners als Ministerpräsident

Die politische Entwicklung in Hessen war während der Regierungszeit Holger Börners durch eine rapide Veränderung des hessischen Parteiensystems geprägt. Der rasante Anstieg der kampfstarken rechten hessischen CDU unter Alfred Dregger und das Entstehen der neuen Partei der Grünen am linken Rand des politischen Spektrums hatten die Bedingungen für die hessische Landespolitik grundsätzlich geändert. Zwar war das „rote Hessen" von den Wählermehrheiten her immer nur ein Mythos gewesen, aber über einen sehr langen Zeitraum war die Führungsrolle der SPD in Hessen unbestritten und stabil. Seitdem die CDU mit Alfred Dregger bei der Landtagswahl 1974 mit 47,3 Prozent stärkste Partei vor der SPD (43,2 Prozent) geworden war, hing die Regierungsfähigkeit der hes-sischen SPD an der Bereitschaft der FDP, mit ihr eine Koalition zu bilden. Nur weil der FDP-Politiker Heinz-Herbert Karry der sozialliberalen Koalition in Hes-sen die Treue hielt, konnte die SPD die Regierung in Hessen halten. Nach der Ermordung Karrys und den Wendeabsichten der Bonner FDP-Führung stand auch in Hessen die sozialliberale Koalition zur Disposition.

Holger Börner musste in Hessen Landespolitik unter immer wieder gefährdeten Mehrheitsverhältnissen machen, was für die hessische SPD in dieser Form
eine neue Erfahrung war. Hinzu kamen starke Veränderungen in der SPD selbst,
die Anfang der siebziger Jahre viele neue Mitglieder aus den akademischen jüngeren Mittelschichten integrieren musste, die die Politik der alten Arbeiterpartei
verändern wollten und später in Richtung der postmaterialistischen Werte auch
veränderten. Auf diesem Hintergrund hatte die Landesregierung unter Holger
Börner mehrere Großprojekte durchzusetzen, deren Konflikt- und Protestpoten-
zial erheblich war.

Börners politische Bedeutung lag einmal darin, dass er den Ausbau des für
das Land Hessen wirtschaftlich sehr wichtigen Frankfurter Flughafens gegen eine
massive Protestbewegung durchgesetzt hat und dabei auch mit starken Gegnern
in der eigenen Partei zu kämpfen hatte. Alle Versuche, den Protest durch Aufklä-
rungsmaßnahmen oder ein Moratorium zu mildern, waren fehlgeschlagen. Börner hatte sich auch von den bürgerkriegsähnlichen Konflikten nicht beirren lassen. Das war nicht nur wirtschaftlich notwendig, sondern auch demokratiepolitisch sehr bedeutsam, weil Holger Börner damit eine rechtsstaatlich und parlamentarisch abgesicherte Entscheidung gegen eine Minderheit realisierte, die ihre
politische Position mit Protest und Gewalt durchsetzen wollte. Gegen die laut-
starken Postmaterialisten der neuen Mittelschichten hat er damit auch den Interessen der schweigenden Mehrheit zu ihrem Recht verholfen.

Börners politische Bedeutung lag zum anderen darin, dass er die Entschei-
dungen der hessischen Wähler respektierte und in Politik umsetzte. Er hatte die
Grünen abgelehnt, weil deren Ziele und Grundwerte mit vielen seiner politischen
Vorstellungen nicht vereinbar waren. In einem demokratischen Kampf um die
Wählerstimmen wäre es ihm 1983 fast gelungen, die Grünen aus dem Hessischen
Landtag zu drängen, um unbelastet von deren Forderungen weiterregieren zu
können. Als dies nicht gelang, hat er sich bereit erklärt, mit der neuen und noch
nicht stabilen Partei politisch zusammenzuarbeiten und zu regieren, obwohl
seine persönliche Reputation dadurch beschädigt wurde. Er hat damit die neue
Partei regierungsfähig gemacht und ihr mit den Weg in den demokratischen
Staat geebnet. Er hat auf die Differenzierung des Parteiensystems nicht mit einer
Großen Koalition und mit Ausgrenzung der ihm zunächst feindlich gesonnenen
neuen Partei geantwortet, sondern mit einem für die Stabilität der Demokratie
wichtigen Kooperationsangebot.

Börners besondere Bedeutung lag schließlich darin, dass er als selbstbewusster Repräsentant der Arbeiterschaft deren Interessen auch unter sich wandelnden
gesellschaftlichen Bedingungen artikulierte und vertrat. Er war ein Angehöriger

der politischen Klasse, der die Lebenswelt, Nöte und Hoffnungen der unteren Schichten kannte und sich für sie nach seinen politischen Möglichkeiten einsetzte. Dass er die rot-grüne Koalition wegen der damit möglichen linken Reformpolitik versuchte, ist wohl ebenso von hier aus zu erklären wie die Tatsache, dass er sie beendete.

Literatur

Barnes, Samuel H./ Kaase Max u.a. (1979): Political Action, Beverly Hills: Sage.

Beier, Gerhard (1989): SPD Hessen. Chronik 1945 bis 1988, Bonn.

Bürklin, Wilhelm P./ Franz, Gerhard/ Schmitt, Rüdiger (1984): Die hessische LTW vom 25. September 1983: Politische Neuordnung nach der Wende? In: ZParl S.237-253.

Fischer, Joschka (1987): Regieren geht über Studieren. Ein politisches Tagebuch, Frankfurt.

Franz, Gerhard/ Danziger, Robert/ Wiegand, Jürgen (1983): Die hessische LTW vom 26. September 1982: Unberechenbarkeit der Wählerpsyche oder neue Mehrheiten? In: ZParl S.62-81.

Führer, Jochen/ Noetzel, Thomas (1995): Die Hessen als Wähler. In: K. Böhme/ W. Mühlhausen: Hessische Streiflichter, Frankfurt S.133-150.

Heidenreich, Bernd/ Schacht, Konrad Hg. (1996): Hessen. Wahlen und Politik. Stuttgart.

Inglehart, Ronald (1977): The Silent Revolution, Princeton University Press.

Meng, Richard (1985): Die sozialdemokratische Wende: Außenbild und innerer Prozeß der SPD 1981-1984, Gießen.

Meng, Richard (1987): Modell Rot-Grün?, Hamburg.

Schacht, Konrad (1986): Wahlentscheidung im Dienstleistungszentrum, Opladen.

Schissler, Jakob Hg. (1981): Politische Kultur und politisches System in Hessen, Frankfurt.

Schmitt, Rüdiger (1987): Die hessische LTW vom 5. April 1987: SPD in der „Modernisierungskrise". In: ZParl S.343-361.

Rönsch, Horst-Dieter (1979): Die hessische LTW vom 8.10.1978: Beginn eines neuen Trends? In: ZParl S.34-49.

Wilfried Rudloff

Schulpolitik und Schulkämpfe in Hessen

1 Einleitung

Das Bildungswesen gehört zu den Herzstücken des bundesdeutschen Föderalismus. Für alle Bundesländer gilt deshalb, dass die Auseinandersetzung um die Bildungspolitik zu den zentralen landespolitischen Konfliktarenen zählt. Nirgends trifft dies so sehr zu wie in Hessen: Hier lässt sich neben endlosen kleineren Scharmützeln auf eine stattliche Reihe bildungspolitischer Großschlachten zurückschauen – Konfrontationen von bisweilen solcher Vehemenz, dass Hessen als der exponierteste Schauplatz bundesdeutscher Schulkämpfe gelten kann. Wer den Weg Hessens vom Vorzeigeland sozialdemokratischer Reformpolitik zu einem Bundesland mit tendenziell im Dekadenrhythmus wechselnden Regierungsmehrheiten untersuchen will, kommt deshalb an der Schulpolitik kaum vorbei. Im folgenden wird zunächst grob das historische Unterfutter skizziert, auf dem die jüngere Schulpolitik aufruht, ehe dann der neue Politikzyklus analysiert wird, der durch den Regierungswechsel 1999 eingeleitet und durch den PISA-Schock forciert worden ist. Schließlich werden die aktuellen schulpolitischen Programmpositionen von CDU und SPD zueinander in Beziehung gesetzt.[1] Im Ganzen wird so der Versuch unternommen, die Mechanismen und Dynamiken zu ergründen, die der besonderen Polarisierungskraft der hessischen Schulkämpfe zugrunde lagen.

Systematisch betrachtet sind es vor allem drei Gründe, die für die maßgebliche Bedeutung der Bildungspolitik ausschlaggebend sind. Nicht nur, dass das Bildungswesen zu den konstitutiven Elementen föderaler Eigenstaatlichkeit ge-

---

[1] Die Schulpolitik der Länder kann trotz ihrer beträchtlichen Bedeutung nach wie vor als ein von der Politikwissenschaft eher stiefmütterlich behandeltes Untersuchungsfeld angesehen werden (vgl. in dieser Hinsicht noch immer Hepp 1996).

hört[2] und das Schulwesen – wenigstens nominell – einen der wenigen Reservat-
bereiche gesetzgeberischer Autonomie auf Länderebene darstellt. Bildungspolitik
berührt auch in eminenter Weise die Interessen und Lebenschancen großer Teile
der Bevölkerung – die von Eltern, Schülern und Studenten, aber auch die einer
solch bedeutenden Berufsgruppe wie der Lehrer und Lehrerinnen. Und schließlich: Bildungspolitik ist in hohem Maße wertbeladen, in den Diskussionen um
Schule und Hochschule werden zentrale Wertgesichtspunkte der gesellschaftlichen Ordnung verhandelt. Immer dann, wenn – wie in jüngerer Zeit – die Bildungspolitik in eine Phase aktiver Politik eintritt und an politikstrategische Weg-
gabelungen gelangt, rückt sie auf der landespolitischen Bühne ins Rampenlicht.

Der Stellenwert, den Bildungspolitik und Bildungswesen in der Landespolitik besitzen, lässt sich besonders augenscheinlich an den Anteilen ablesen, welche
die entsprechenden Sachposten in den Landesetats beanspruchen. Unter den
Landesressorts ist den Kultusministerien regelmäßig die stattlichste Scheibe vorbehalten, erst recht, wenn sie nicht nur für das Schulwesen, sondern auch für
Wissenschaft und Forschung (und damit für die Hochschulen) zuständig sind. In
Hessen wurde der Posten für das Bildungswesen in den Jahren des Bildungs-
booms auf über 30 Prozent der Gesamtausgaben Mitte der Siebziger hochgehievt.
Mit dem Abkühlen der bildungspolitischen Hochkonjunktur pendelte er sich
anschließend auf etwa einem Viertel ein, um dann in den rot-grünen Sparjahren
Ende der neunziger Jahre auf unter 20 Prozent abzusacken (Hessisches Statistisches Landesamt 2006: 189f).[3] Unter Roland Koch stieg er anschließend wieder
auf rund 27 Prozent an (Hessisches Finanzministerium 2007). Dieser Kurvenver-
lauf dürfte nicht untypisch für die Entwicklung der Bildungsausgaben auch in
den anderen Bundesländern gewesen sein. Im Durchschnitt stieg der Anteil der
Bildungsausgaben an den Länderetats von 1992 bis 2004 von 20,1 Prozent auf 25,4
Prozent an, also um immerhin ein Viertel. Hessen lag mit seinem Anteilswert
2004 in der Mitte der Bundesländer, während es beim Anteil der Bildungsausgaben am Bruttoinlandsprodukt mit Bayern und Hamburg das Schlusslicht bildete.
(Konsortium Bildungsberichterstattung 2006: 208).[4]

---

[2] Das Bundesverfassungsgericht hat bereits 1957 bestätigt, dass „die Kulturhoheit, besonders aber die Hoheit auf dem Gebiet des Schulwesens, das Kernstück der Eigenständigkeit
der Länder ist" (zit. nach Hepp 2006: 241).

[3] Im Übrigen ist gut ein Drittel der im Landesdienst Beschäftigten im Bereich der Schulen
tätig.

[4] Wie häufig bei statistischen Angaben dieser Art divergieren aufgrund unterschiedlicher
Zuordnung von Einzelposten und aufgrund unterschiedlicher Berechnungsgrundlagen die
Daten in den verfügbaren Quellen.

Schon die im Zeitlauf wechselnden Etatanteile deuten an, dass die politische Hochrangigkeit der Bildungspolitik nicht als eine gleich bleibende historische Konstante anzusehen, sondern zyklischen Schwankungen unterworfen ist. Der Vergleich der demoskopischen Befunde zeigt, dass auch die Wähler der Bildungspolitik zu unterschiedlichen Zeiten wechselnde Wichtigkeit beimaßen – in den Wahlkämpfen der achtziger und neunziger Jahren eher eine geringere, seit dem PISA-Schock wieder eine deutlich höhere (Wolf 2006: 244). Für Hessen gilt allerdings, dass das politische Gewicht der Bildungspolitik schon 1999, der letzten Wahl vor PISA, beträchtlich gestiegen war (Schmitt-Beck 2000: 9; Wolf 2006: 245), ja man wird insgesamt wohl kaum falsch liegen, wenn man in der hohen politischen Aufladung der Bildungspolitik geradezu ein Charakteristikum der hessischen Landespolitik erblickt.

Wenn die Bildungspolitik seit den sechziger Jahren vielen hessischen Wahlkämpfen den Stempel aufgedrückt hat, so fiel auch der Wahlkampf 2007/ 08 nicht aus diesem Muster. Das besondere Gewicht, das die Wähler der Bildungspolitik beimaßen, wurde bereits aus einer Umfrage von Infratest vom März 2007 deutlich: Danach rangierte die Bildungspolitik knapp hinter der Arbeitsmarktpolitik an zweiter Stelle jener Probleme, welche die Landesregierung aus Sicht der Wähler vordringlich zu bewältigen hatte. Eine spätere Umfrage nahe am Wahltermin machte in der Bildungs- und Schulpolitik dann gar das Wahlkampfthema Nummer eins aus (Infratest Januar 2008).

2   Historische Dimensionen des hessischen Schulkampfs

Es hat in Hessen Tradition, bildungspolitische Streitfragen in den Rang kulturkämpferischer Fundamentalkonflikte zu heben. In kaum einem zweiten Bundesland ist in der Vergangenheit – und zu Wahlkampfzeiten ganz besonders – mit solcher Hingabe über schulpolitische Konzepte und Optionen gestritten worden wie hier (vgl. Hepp 2003; Führ 1997; Lingelbach 1995; Müller-Kinet 1995). Vor allem in den siebziger Jahren beherrschte kein Thema die Landtagsdebatten so sehr wie die Bildungspolitik. Ein erster Höhepunkt des hessischen Schulkampfes wurde im Vorfeld der Wahlen von 1974 erreicht, als die CDU die für sie noch neue Erfahrung machen konnte, dass sich aus einem scharfen Gegenkurs zur sozialdemokratischen Schulpolitik beträchtliches Kapital schlagen ließ. Im Mittelpunkt des politischen Streits stand zum einen die Integrierte Gesamtschule, die von den Sozialdemokraten zur Schule der Zukunft erklärt worden war, standen zum anderen die sogenannten Rahmenrichtlinien für die Sekundarstufe I in den

Fächern Deutsch und Gesellschaftslehre. Der Geist einer gesellschaftskritischen Emanzipationspädagogik, der dem lernzielorientierten Lehrplangerüst eingehaucht worden war, hatte massive Proteste auf Seiten derer herausgefordert, die dies nicht als eine akzeptable Basis für die curriculare Gestaltung des schulischen Unterrichts anzusehen bereit waren (Nipperdey 1973; Köhler 1974; Schreiber 2005). Kultusminister Ludwig von Friedeburg (1970-1974), als Soziologe und Hochschullehrer der Frankfurter Schule zugerechnet, wurde durch sein gesellschaftspolitisch motiviertes Drängen auf einen tiefgreifenden Umbau des gesamten Schul- und Hochschulsystems zur – je nach Perspektive – Galions- oder auch Reizfigur sozialdemokratischer Bildungspolitik. Die von Alfred Dregger geführte CDU jedenfalls machte ihn zu einer Hauptzielscheibe ihrer Oppositionsarbeit und vermochte zu diesem Zweck nun auch erstmals beträchtliche außerparlamentarische Widerstände zu mobilisieren.

Der schulpolitische Gegenwind, der zu den empfindlichen Stimmeinbußen bei den Wahlen von 1974 beigetragen hatte, bewog die SPD, in der Folgezeit auf einen bildungspolitischen Konsolidierungskurs einzuschwenken. Hierzu trug neben den wachsenden Finanznöten maßgeblich auch der massive Druck des Koalitionspartners FDP bei. Von Friedeburg wurde durch den konzilianteren Hans Krollmann ersetzt, die Strukturfrage weitgehend auf dem Stand des Statuts Quo eingefroren (Dröger 1989), die Rahmenrichtlinien wurden sukzessiv entschärft. Die Bildungspolitik mündete eine Zeitlang in etwas weniger turbulente Gewässer. Dennoch kam das Konfliktpotential, das ihr innewohnte, auch künftig immer wieder zum Vorschein. Als es 1987 nach vierzigjähriger Regierungszeit der SPD in Hessen erstmals zu einem Regierungswechsel kam, hatte die Schulpolitik ihre Mobilisierungs- und Polarisierungskraft zuvor unter Beweis gestellt. Diesmal drehte sich der Streit um die Förderstufe, die 1985 gesetzlich zum künftig einzigen Schulangebot in den Klassen 5 und 6 erhoben worden war. Die CDU startete dagegen die „Bürgeraktion Freie Schulwahl" und zog zugleich vor den Staatsgerichtshof, wo ihre Klage indes abgewiesen wurde. Dennoch dürfte die christdemokratische Gegenkampagne ihre Wirkung auf die Wähler kaum ganz verfehlt haben. Die neue Regierung unter Walter Wallmann (CDU) beeilte sich dann, das Förderstufengesetz ihrer Vorgängerin wieder zurückzunehmen.

Auf solche Weise hatte nahezu jeder Wahlkampf sein schulpolitisches Thema. Hans Eichel konnte 1991 gegen Walter Wallmann auch damit punkten, dass er 3000 neue Lehrerstellen versprach, während Wallmann den politischen Fehler beging, den Lehrern die tariflich vereinbarte Arbeitszeitverkürzung im öffentlichen Dienst zu verweigern (freilich nur, um fünf Tage vor der Wahl doch noch einzuknicken). Deutlich mehr Gewicht erlangte das Thema Schule jedoch erst wieder 1999, als es Roland Koch gelang, einen stark bildungspolitisch akzentuierten Wahlkampf in Szene zu setzen. Mit dem Versprechen, 3000 neue Lehrer einzustellen, wusste Koch an den Wahlurnen erheblichen Nutzen daraus zu ziehen, dass die rot-grüne Landesregierung im Zeichen einer verschärften personalpolitischen Sparpolitik inzwischen wieder erhebliche Unterrichtsausfälle zu verantworten hatte.

Wichtig sind beim Rückblick auf die Schulkämpfe der Vergangenheit vor allem vier Aspekte:

1. Seit der ersten Hochphase eines ideologisch überhöhten Streits um die Grundsatzpositionen der Schulpolitik hat sich eine Kampfsemantik aufgebaut, die jederzeit mühelos abgerufen werden kann und die es erlaubt, Reminiszenzen an Zeiten hohen schulpolitischen Schlachtenlärms zu wecken. Die wechselseitigen Vorhaltungen und Kampfbegriffe sind in etwa die gleichen geblieben: hier sozialistische (Zwangs-)Einheitsschule, dort sozial ungerechte Ausleseideologie, hier leistungsindifferente Gleichmacherei, dort antiquierte Begabungstheorie, hier Kuschelpädagogik, dort Privilegierung der Eliten. CDU-Politiker bezeichnen die schulpolitischen SPD-Pläne als „pädagogisches Verbrechen", die Gegenseite erklärt die Bilanz der CDU-Schulpolitik zu einem „sozialen Skandal" (Plenarprotokolle Hessischer Landtag 11.12.2007, 10517).

2. Es gibt historische Konfliktlinien, die ihre Virulenz nahezu vollständig eingebüßt haben, ja heute kaum noch verständlich wirken. Über vergangene Streitanlässe bundesdeutscher Schulpolitik wie Koedukation und Konfessionsschule, in Hessen ohnehin nie von gleicher Bedeutung wie in anderen Bundesländern, mag sich heute keiner mehr aufregen. Hingegen bleibt die Schulstrukturfrage ein zuverlässiger Brennpunkt parteipolitischer Konflikterhitzung. Phasen schulpolitischer Polarisierung sind Phasen der Renaissance der Struktur- und Systemfrage.

3. Damit verbunden ist regelmäßig eine Debatte über die Wertprämissen schulpolitischer Optionen. Gegen die Gesamtschule wird grundrechtlich das Elternrecht und anthropologisch die Vielfalt der Begabungsformen und – unterschiede ins Feld geführt, gegen das gegliederte Schulsystem gesellschaftspolitisch das Postulat der Chancengleichheit und der soziale Integrationsauftrag der Schule. Die Sozialdemokraten heben mehr auf den Chancenausgleich ab, die Christdemokraten mehr auf Leistungsgerechtigkeit. Man kann es etwas zugespitzt auch wie Hans-Jürgen Irmer, der bildungspolitische Sprecher der CDU-Landtagsfraktion, ausdrücken, der 2004 im Landtag die Unterscheidung traf: Die Sozialdemokraten haben „im Grunde genommen mehr einen gesellschaftspolitischen als einen bildungspolitischen Ansatz gewählt. Wir wählen sehr bewusst

einen bildungspolitischen Ansatz" (Plenarprotokolle Hessischer Landtag 16.6.2004: 2587). 4. Die lange Zeit der sozialdemokratischen Vorherrschaft hatte Hessen besonders seit den sechziger Jahren (damals gemeinsam mit dem politisch ähnlich, als Stadtstaat strukturell aber anders gelagerten Berlin) zum konsequentesten Vorreiter und zum wichtigsten Experimentierfeld sozialdemokratischer Bildungsreform werden lassen. Landschulreform und Bildungsexpansion gaben den hessischen Sozialdemokraten den Anstrich zupackender schulpolitischer Modernisierer (Zilien 2006). Als an die Stelle des werbewirksamen Ausbaus der ungleich strittigere Umbau des Schulwesens (obligatorische Förderstufe, Integrierte Gesamtschule) trat (und alsbald auch an die Stelle des prallen Staatssäckels die leeren Kassen der siebziger Jahre), verlor die SPD-Bildungspolitik einen Teil ihrer Integrationskraft. Unterdessen schaltete die CDU in den frühen siebziger Jahren bildungspolitisch von einer Politik des reformpolitischen Nachhinkens auf einen schnittigen Gegenkurs um – und profilierte sich als Verteidiger des gegliederten Schulwesens. Seitdem aber Hessen aufgehört hat, eine rote Bastion zu bilden, und an die Stelle des sozialdemokratischen Modellstaats parteipolitischer Wechsellagen getreten sind, werden die Ausschläge und Gegenausschläge des schulpolitischen Pendels nur um so deutlicher. Aus all dem haben die hessischen Schulkonflikte in der Vergangenheit ihren besonderen Polarisierungsschub gewonnen, erkennbar auch daran, dass die Parteien in schulpolitischen Streitfragen immer wieder bis vor den hessischen Staatsgerichtshof und das Bundesverfassungsgericht gezogen sind (Richter 1997).

3 Die hessischen Schulen und Schüler im Lichte der PISA-Befunde

Zwischen den neunziger Jahren und dem nachfolgenden Jahrzehnt liegt als bildungspolitische Wendemarke PISA. Mit dem Bekanntwerden der Ergebnisse aus dem internationalen Vergleichstest wurde in der Bildungspolitik ein neuer politischer Aufmerksamkeitszyklus in Gang gesetzt. Mit einem Mal fand sich die bildungspolitische Bühne wieder in ein grelles Licht getaucht – ungewohnt dauerhaft und bis heute weiter wirkend. Die Ergebnisse des PISA-Tests aus dem Jahr 2000 waren nur ein Teil des Gesamtbildes, das durch die seit Mitte der neunziger Jahre dicht aufeinander folgenden internationalen Vergleichsstudien entstand. Schon zuvor hatte TIMSS einen ersten Schatten auf das deutsche Bildungssystem fallen lassen, es folgten IGLU, DESI und im Dreijahresabstand die PISA-

Nachfolgeuntersuchungen, mit im Trend inzwischen erkennbar verbesserten Ergebnissen für das deutsche Schulwesen. Im engeren Kontext der landespolitischen Szenerie waren vor allem die Befunde von PISA-E 2003 interessant (Prenzel u.a. 2003). Erstaunlich genug hatten die Bundesländer schon bei PISA 2000 darin eingewilligt, den PISA-Test auf Länderebene zu vertiefen (Baumert 2000). Die Ergebnisse des zweiten föderalen Leistungsrankings lagen 2005 vor und fielen für Hessen, ungeachtet leichter Positionsgewinne, nicht allzu schmeichelhaft aus. Das Bundesland belegte im Hinblick auf die mathematische Kompetenz der befragten 15jährigen im bundesdeutschen wie im internationalen Vergleich einen Mittelplatz etwas unterhalb des OECD-Durchschnittswerts. Bei der Lesekompetenz lag Hessen am unteren Ende jener Bundesländer und ausländischen Vergleichsstaaten, die sich im Korridor der Durchschnittswerte bewegten. Knapp 25 Prozent der hessischen Schüler wurden der untersten von fünf Stufen der Lesekompetenz zugeordnet oder erreichten noch nicht einmal dieses Minimalniveau, ein deutlich schlechterer Befund als im OECD-Durchschnitt oder gar als in deutlich erfolgreicher abschneidenden Bundesländern wie Bayern und Sachsen. In den Naturwissenschaften rangierten die hessischen Schüler auf dem fünfletzten Platz, die hessischen Gymnasiasten auf dem drittletzten Platz. Hier wie auch bei der Lesekompetenz wurde die erzielte Steigerung der Mittelwerte gegenüber der PISA-Studie drei Jahre zuvor vom PISA-Konsortium als statistisch nicht signifikant eingestuft. Schließlich bestätigten die Befunde von PISA-E erneut, dass die Kopplung zwischen sozialer Herkunft und erreichtem Kompetenzniveau auffallend straff war. Die relative Wahrscheinlichkeit, dass ein Kind von höherer sozialer Herkunft auf ein Gymnasium ging, war auch dann, wenn die bei PISA gemessene Lese- und Mathematikkompetenz statistisch kontrolliert wurde, ungleich höher als bei niedriger sozialer Herkunft. In Bayern lag sie bei Kindern aus dem obersten Viertel gegenüber dem zweituntersten Viertel bei 6,7 zu 1, in Hessen, das hier einmal deutlich günstiger abschnitt, bei 2,7 zu 1. Gleichwohl war der Beitrag des aggregierten Indexfaktors der soziokulturellen Herkunft (ein im Rahmen der Befragungen von PISA aus empirischen Angaben ermitteltes Maß für den sozialen und kulturellen Hintergrund der einzelnen Schüler) für die Varianzaufklärung bei der mathematischen Kompetenz in Bayern und Sachsen nicht etwa höher, sondern niedriger als in Hessen, wo sich die eher ungünstige Konstellation ergab, dass das erreichte Kompetenzniveau eher unterdurchschnittlich, die Durchschlagswirkung der sozialen Herkunft auf das Leistungsniveau eher hoch war (vgl. Konsortium Bildungsberichterstattung 2006: 70f).

PISA-E rief in Hessen die zu erwartenden politischen Reaktionen hervor: Die regierende CDU betonte die immerhin gegenüber drei Jahren zuvor erreichten Verbesserungen im Länderranking, lastete die insgesamt aber wenig zu Euphorie Anlass gebenden Ergebnisse der Schulpolitik ihrer sozialdemokratischen Vorgängerregierungen an. Die Sozialdemokraten hinwieder sahen den Beweis erbracht, dass die bisherigen Reformmaßnahmen der CDU-Kultusministerin den erhofften Effekt nicht erzielt hatten und Hessen weit davon entfernt war, auch nur entfernt in die Reichweite des hochgemut verkündeten Ziels zu gelangen, Bildungsland Nr. 1 zu werden (Plenarprotokolle Hessischer Landtag 14.7.2005: 5209ff).

4 Die Schulpolitik der Regierung Koch und ihre Resonanz

PISA hat landauf, landab in Deutschland einen insgesamt bemerkenswerten Reform-Aktivismus geweckt, eine neue bildungspolitische Geschäftigkeit, die manchem Beobachter bereits an der Kippe zu hektischem Reform-Aktivismus zu stehen schien. Hessen bildete hier keine Ausnahme. Dass nicht alles schon ausgereift war, was das Wiesbadener Kultusministerium den Schulen zur Umsetzung vorlegte, machte vor allem die für Kultusministerin Wolff zunehmend heikle Diskussion deutlich, die bei der Verkürzung der Dauer des gymnasialen Bildungsgangs um ein Jahr (G8) auftraten. Sie führten im November 2007 dazu, dass die Ministerin eine Arbeitsgruppe einsetzen musste, um das Konzept nachzubessern (ohne dass an der Maßnahme selbst gerüttelt werden sollte) (Presseinformation des Hessischen Kultusministeriums vom 21.11.2007). Hinter ihre vormalige selbstgewisse Versicherung im Landtag, dass „Angst vor G8 bei den Eltern offenkundig nicht vorhanden" und die Schulzeitverkürzung „außerordentlich professionell vorbereitet" (Plenarprotokolle Hessischer Landtag 20.9.2005: 5266), ja „die sensibelstmögliche Art der Einführung gewählt" (Plenarprotokolle Hessischer Landtag 23.11.2004: 3362) sei, war inzwischen so manches Fragezeichen getreten. Man darf dabei aber auch nicht übersehen, dass sich selbst in einem Land wie Bayern, das für seine Bildungspolitik wesentlich bessere Umfragewerte erntet, anhaltend beträchtlicher Unmut über G8 artikulierte. Einschneidende Veränderungen in der Schulpolitik erzeugen für gewöhnlich eine Reibungshitze, die sich schnell gegen die Regierungen wenden kann und dies gilt erst recht, wenn das Kommunikationsmanagement des Kultusministeriums nicht auf der Höhe des Geschehens steht.

Einen Anhaltspunkt dafür, wie die hessische Bevölkerung die Bildungspolitik der Landesregierung bewertete, boten demoskopische Umfragewerte, insbesondere die im Zeitlauf wiederkehrenden Erhebungen von Infratest. Nach einem,

wie auch Kritiker eingestanden, „vergleichsweise guten Start" der CDU-
Bildungspolitik (Erziehung und Wissenschaft 2005), und nachdem die Christdemokraten auch bei den Landtagswahlen 2003 noch davon profitiert hatten, dass
ihnen im Vergleich zu allen anderen Parteien bildungspolitisch die höchste Kompetenz zugesprochen worden war (Infratest Januar II 2003; Schmitt-Beck 2003:
679), kehrten sich die Vorzeichen im Jahr vor der Wahl 2008 augenfällig um. Eine
Umfrage vom März 2007 ließ bereits deutlich erkennen, dass die hessische CDU
für die Bildungspolitik ihrer zweiten Regierungsamtszeit keinen hohen Kredit
mehr würde einfahren können: Spiegelbildlich zur Wirtschafts- und Arbeitsmarktpolitik waren 40 Prozent der Befragten der Auffassung, dass sich in der
Schul- und Bildungspolitik die Lage eher verschlechtert hatte, nur 17 Prozent
glaubten, sie habe sich verbessert. Im Gegensatz zu einer Umfrage aus dem Vor-
jahr, als die CDU noch einen leichten Bonus erhalten hatte, traute im Frühjahr
2007 eine leichte Mehrheit nunmehr eher der SPD zu, eine gute Schul- und Bildungspolitik zu betreiben.[5] Im Januar 2008, kurz vor der Wahl, hatten die Sozialdemokraten dann bereits einen deutlichen Vorsprung bei der Kompetenzzuschreibung erlangt (Infratest Januar 2008). Nur noch ein Viertel der Befragten
hatte sich im Frühjahr 2007 im Übrigen der Aussage anschließen wollen, Roland
Koch mache eine gute Bildungspolitik, 61 Prozent waren gegenteiliger Auffassung. Ergebnisse einer Umfrage des Forsa-Instituts, die im Dezember 2007 bekannt wurden, lagen auf derselben Linie: Danach waren 60 Prozent der Befragten
weniger oder gar nicht zufrieden mit der Schulpolitik von Kultusministerin Karin
Wolff.[6] Auch die Presseberichterstattung hatte in der Schulpolitik inzwischen die
Achillesferse der Landesregierung ausgemacht.[7] Der Umstand freilich, dass auch
die ansonsten mit deutlich komfortableren Umfragewerten ausgestattete CDU-

---

[5] Diese Befunde waren umso bemerkenswerter, als der SPD insgesamt indes keine höhere
Problemlösungsfähigkeit im Hinblick auf die drängenden Aufgaben des Landes zugetraut
wurde (Infratest März 2007).

[6] Im Wahlmonat Januar 2008 waren einer Forsa-Umfrage zufolge 63 Prozent der Befragten
mit Wolffs Schulpolitik unzufrieden. Selbst unter den CDU-Anhängern fanden nur noch 27
Prozent Wolffs Politik gut. Vgl. Umfrage. Ypsilanti vor Koch (fr-online vom 22.1.2008).

[7] Vgl. z.B. Jaqueline Vogt: Vorwärts, wieder zurück. In: Frankfurter Allgemeine Sonntagszeitung (Rhein-Main) vom 25.11.2007; Koch vor dem Machtverlust. In: Tagesspiegel vom
28.12.2007; Nur einer will freiwillig Abschied nehmen. In: Frankfurter Allgemeine (Rhein-
Main) vom 29.12.2007; Thomas Holl: Hessischer Schulkampf. In: Frankfurter Allgemeine
vom 18.1.2008; Christian Geyer: Kinder an die Macht! Im Erziehungscamp: Roland Koch als
Schulversager. In: Frankfurter Allgemeine 19.1.2008; Kochs offene Flanke bei der Landtagswahl. In: FR-online vom 14.1.2008.

Landesregierung in Niedersachen (die ebenfalls Landtagswahlen zu bestreiten hatte) in der Bildungspolitik das am wenigsten wohlwollende Votum der Befragten hatte hinnehmen müssen, deutet an, dass es in der Nach-PISA-Ära gerade für Länder, die dort nur mäßig abgeschnitten hatten, nicht leicht war, schulpolitisch eine gute Figur zu machen (Infratest (Niedersachsen) Januar 2008).

Was waren die schulpolitischen Aushängeschilder der Ära Koch/ Wolff, welche die zentralen Bestandteile des Erneuerungsprogramms, das die CDU-Regierung den Schulen verschrieben hatte? Fünf Punkte seien herausgegriffen, auch auf die Gefahr hin, nicht allen Elementen jenes dichten Maßnahmenbündels gerecht werden zu können, das die Regierung in den beiden Legislaturperioden zwischen 1999 und 2008 geschnürt hatte (Hessische Landesregierung 2002: 11f; Hessische Landesregierung 2005: 13f; Hessisches Kultusministerium 2007; CDU-Fraktion im Hessischen Landtag 2006: 15f; CDU Hessen 2007) – eines Maßnahmenbündels, das an Gewicht und Reichweite deutlich über alles hinaus ging, was in der Schulpolitik seit dem Ende der Bildungsreformära, also seit Mitte der siebziger Jahre auf der Tagesordnung gestanden hatte.

1. Die beliebteste der neuen Reformvokabeln, die seit PISA zirkuliert, lautete Qualitätssicherung. Die drei großen Gesetzesänderungen, welche die Landesregierung im Schulwesen 1999, 2002 und 2004 vornahm, trugen jeweils den Namen „Gesetz zur Qualitätssicherung in hessischen Schulen". Unter solcher und ähnlicher Flagge segelten inzwischen so gut wie alle Kultusministerien: Dass im Schulwesen mehr darauf geachtet werden musste, die Qualität des Unterrichts zu sichern, war die Hauptlehre, die überall – und zu Recht – aus PISA gezogen worden war (Ertl 2006). Und ebenso glichen sich prima vista auch die Instrumente, die zu diesem Zweck in den Bundesländern installiert wurden. Im Jargon des New Public Management gesprochen, sollte das Steuerungsmodell des Schulwesens von einer Input- auf eine Output-Orientierung hin umgepolt werden (Koch/ Gräsel 2004). Die KMK beschloss gemeinsame Bildungsstandards, als deren notwendige Kehrseite die verschiedenen Möglichkeiten der Evaluation angesehen wurden, die allenthalben nun Einzug hielten (vgl. Wolff 2006). Bei genauerem Hinsehen zeigten sich jedoch nicht unbedeutende Unterschiede in der Vorgehensweise, die besonders am Beispiel des SPD-regierten Rheinland Pfalz und des CSU-Landes Bayern greifbar werden. Während in Rheinland-Pfalz eher zurückhaltend evaluiert wird und es nach der 4. Klasse nur noch schulinterne Parallelarbeiten gibt, werden in Bayern Evaluationsinstrumente in großer Dichte angewandt, hier besonders in Gestalt landesweiter Vergleichsarbeiten (Hovestadt/ Kiefer 2004: 38ff; Erhard 2006). In Hessen, das dem bayerischen Modell nacheiferte, wurden sowohl landesweite Vergleichsarbeiten wie auch landesweite Ab-

schlussarbeiten in Haupt- und Realschule eingeführt, 2006/ 2007 dann ebenso das Zentralabitur. Schul-Inspektoren, deren Vorgehen in einer Pilotphase erprobt wurde, evaluieren seit dem Schuljahr 2006/ 2007 die Qualität der hessischen Schulen. Ein neu errichtetes Landesinstitut für Qualitätsentwicklung ist beauftragt, ein qualitätsbezogenes Bildungsmonitoring aufzubauen, Vergleichsarbeiten zu entwickeln und Fortbildungsveranstaltungen für Lehrer zu akkreditieren.[8] Die Qualität des Unterrichts zu heben war zudem Ziel der 2004 verabschiedeten Reform der Lehrerbildung. Durch sie sollten Praxisbezug und Praxisnähe der Ausbildung vermehrt, die erziehungswissenschaftlichen und fachdidaktischen Elemente gestärkt und der Lehrerbildung im Rahmen der Universitäten insgesamt eine weniger beiläufige Stellung verschafft werden. Im Übrigen besteht für Lehrer nunmehr eine Fortbildungspflicht, die in einem eigenen Portfolio nachgewiesen werden muss.[9]

2. Die zweite Leitlinie der CDU-Schulpolitik lag in der Befestigung der einzelnen Schulformen und ihrer inneren Reform, damit aber auch in der Absicht, das gegliederte Schulsystem insgesamt zu stärken. So wie auf der einen Seite des Schulsystems das Gymnasium durch G8 und Zentralabitur reformiert werden sollte, sollte auf der anderen Seite, gegen den allgemeinen Trend und gegen die Empfehlung einer eigenen Arbeitsgruppe des Kultusministeriums, Real- und Hauptschulzweige bis zum Ende der Klasse 7 gemeinsam zu unterrichten (Frankfurter Rundschau 02.03.2007; Kultusministerium 02.03.2007), auch die Hauptschule wieder in ihrer Attraktivität aufgewertet werden. Dem diente die Einrichtung von so genannten (Plenarprotokoll Hessische Landtag 08.03.2007; 8749ff) SchuB-Klassen für abschlussgefährdete Schüler, bei denen sich der schulische Unterricht mit Tagen im Betrieb ablöste und so eine größere Nähe zur Berufspraxis gewinnen sollte, ferner die Aufwertung der Arbeitslehre und Einführung von Projekt- sowie landesweiten Abschlussprüfungen (unter bestimmten Voraussetzungen mit „qualifizierendem" Charakter). (Plenarprotokoll Hessische Landesregierung 08.03.2007; 8749ff) Die Förderstufe hingegen wurde geschwächt und büßte auch quantitativ in der Ära Wolff spürbar an Bedeutung ein.[10] Das zweite

---

[8] Vgl. Hessischer Landtag Drucks 16/ 6701: Antwort der Kultusministerin auf die Kleine Anfrage des Abg. Riege (SPD) vom 6.12.2006 betreffend Schulinspektion und Evaluierung an Hessens Schulen.

[9] Vgl. die erste und dritte Lesung zum Dritten Gesetz zur Qualitätssicherung in hessischen Schulen, Plenarprotokolle Hessischer Landtag 16. Wahlperiode, 39. und 50. Sitzung vom 16.6. und 23.11.2004, S. 2573-2599 und 3350-3371.

[10] Die Zahl der Schüler an Förderstufen (ohne Förderstufen an Gesamtschulen) hat sich von 1999 bis 2006 fast halbiert; vgl. die Daten des Hessischen Landesamtes für Statistik: Förder-

Qualitätssicherungsgesetz machte es jedem Schulträgerbereich zur Pflicht, schulformbezogene Eingangsklassen bei den weiterführenden Schulen einzurichten. Die Förderstufe kann nur noch dann zum Gymnasium führen, wenn auf drei Leistungsniveaus im Kursunterricht differenziert unterrichtet wird. Die Möglichkeit der Querversetzung bis einschließlich Klasse 7 steigerte die Selektivität der weiterführenden Schulgänge und schwächte den ansonsten hoch gehaltenen Elternwillen. An die Stelle der bisherigen Lehrpläne schulformübergreifenden Charakters traten wieder solche von schulformbezogenem Zuschnitt. Die Grundschule wurde wieder mehr auf ihre Verteilerfunktion für die weiterführenden Schulen hin ausgerichtet. Eine Hauptkritik der Opposition an der CDU-Schulpolitik lautete deshalb, diese stütze und steigere dadurch, dass sie das gegliederte System befestige und die Bildungsgänge voneinander isoliere, den sozialen Auslesecharakter des Schulwesens, damit aber auch dessen soziale Schieflage.[11] Im Schulgesetz war 2004 konsequenterweise der Begriff der Durchlässigkeit gestrichen und durch den der Anschlussfähigkeit ersetzt worden.

3. Ein drittes Stichwort von hohem Kurswert in der bildungspolitischen Reformdebatte lautete „Eigenständigkeit der Schule". Auch hier handelte es sich nicht um einen parteipolitischen Domänenbegriff. Die Entwicklung hin zu einer Schule von größerer Selbständigkeit in der inneren Gestaltung und von eigenständigerem Profilbildungsauftrag reicht ebenso wie der Übergang zu stärker dezentralisierten Steuerungsformen im Bildungswesen vor die Ära Koch/ Wolff zurück und steht im übrigen in vielem auch erst in den Anfängen (Lange 1999; Hepp/ Weinacht 1996; Schnell 2006: 121f; Frommelt 2001; Frommelt/ Steffens 1998). Sie ist Bestandteil des seit den neunziger Jahren sich ankündigenden Para-

---

stufen in Hessen (http:www.statistik-hessen.de/ themenwauswahl/ bildung-kultur-rechtspfege/ landesdaten/ bildung/ allg-bild-schulen/ foerderstufen/ index-html). Die Zahl der Schüler an Gesamtschulen ist in diesem Zeitraum indes gleich geblieben; vgl. Schulformbezogene und schulformübergreifende Gesamtschulen in Hessen (http:www.statistik-hessen.de/ themenwauswahl/ bildung-kultur-rechtspfege/ landesdaten/ bildung/ allgbild-schulen/ gesamtschulen/ index-html). Berichtet wird vielfach freilich auch, dass der Andrang an den Integrierten Gesamtschulen – aus Sicht der Regierung gewiss unbeabsichtigt – gestiegen ist, da Eltern vermehrt nach Alternativen zu G8 suchen; vgl. (Siemon/ Baetz (06.02.2008)

[11] Vgl. auch die Kritik der Bochumer Erziehungswissenschaftlerin Gabriele Bellenberg in der Anhörung zum dritten Qualitätssicherungsgesetz, Protokoll der öffentlichen Anhörung des Kulturpolitischen Ausschusses und des Ausschusses für Wissenschaft und Kunst am 23.9.2008, S.7

digmenwechsels weg von makro- und hin zu mikropolitischen Reformansätzen.[12]
Künftig werden den hessischen Schulen eigene Teilbudgets für Fortbildungs-
maßnahmen und Vertretungsunterricht zur Verfügung stehen und selbständige
Entscheidungsmöglichkeiten bei der Personalauswahl gewährt werden. Jahres-
anstelle von Wochenstundentafeln sollen mehr Spielraum für die eigenständige
Gestaltung des Stundenplans eröffnen als bisher. Die CDU-Regierung erklärte,
dem damit eingeschlagenen Reformpfad weiter folgen zu wollen,[13] muss sich
aber auch die Kritik anhören, im Widerspruch zu diesen Zukunftsversprechen
selbst noch in „Kontrollsucht" und „Gängelei" befangen zu sein.[14] Auch hier ist
jedenfalls als das komplementäre Gegenstück zur größeren Selbständigkeit die
regelmäßige Evaluation durch externe „Qualitätsagenturen" zu begreifen.

Für zwei weitere Komplexe muss es an dieser Stelle genügen, nur kurz auf
sie hinzuweisen, was nicht heißen soll, dass sie von geringer Bedeutung sind.
Denn 4. war die CDU-Regierung 1999 vor allem auch angetreten, den vorher
beträchtlichen Unterrichtsausfall aus der Welt zu schaffen und Stundenplansoll
wieder in Einklang mit verfügbaren Lehrerstellen und tatsächlich gehaltenen
Stunden zu bringen. Der Leitslogan, der hierfür gefunden wurde, lautete „ver-
lässliche Schule". Zu diesem Zweck wurde eine beträchtliche Zahl neuer Lehrerstellen geschaffen und auch der Posten für die zur Verfügung stehenden Vertre-
tungsmittel erheblich erhöht. Das personelle Vertretungsmodell freilich („Unterrichtsgarantie plus"), das auch das Einspringen von Nicht-Pädagogen als Vertre-
tungskräfte vorsah, blieb, einmal abgesehen von dem beträchtlichen Verwal-
tungsaufwand, innerhalb und außerhalb des Landtags höchst umstritten.

5. Ansätze zu einer Kurskorrektur in schulstrukturellen Fragen zeigten sich
insofern, als die CDU ihre frühere Skepsis gegenüber Ganztagsangeboten über-
wand und damit ihrerseits nun ein von den sozialdemokratischen Vorgängerregierungen sträflich vernachlässigtes Feld zu besetzen suchte. Allerdings sind

---

[12] Bedeutsame Unterschiede zwischen CDU und SPD wurden etwa in der unterschiedlichen
Rolle erkennbar, die den Schulkonferenzen als gemeinsames Organ von Eltern, Lehrern
und Schülern zugedacht wurde. Die CDU-geführte Regierung hat die Kompetenzen der
durch das Schulgesetz von 1992 neu geschaffenen Gremien deutlich zurückgefahren; vgl.
die Landtagsdebatte in der ersten Lesung zum ersten „Qualitätssicherungsgesetz" (Plenarprotokolle Hessischer Landtag 26.5.1999: 288ff; Köller 2001).

[13] Vgl. etwa die Rede von Ministerpräsident Koch auf dem Bildungskongress der CDU-
Landtagsfraktion am 18.9.2007: 13f (http:/ / www.cdu-fraktion-hessen.de/ fraktion_home/
details.cfm?nr=6055).

[14] So die bildungspolitische Sprecherin der FDP-Fraktion im Landtag Dorothea Henzler,
(Plenarprotokolle Hessischer Landtag 4.7.2007: 9532).

diese Angebote im weitaus meisten Teil der Fälle auf eine pädagogische Nachmittagsbetreuung beschränkt, so daß Kritiker bezweifeln, ob hier der Name Ganztagsschule in einem pädagogisch schlüssigen Sinn überhaupt am Platz ist (Bönsch 2005: 43).

Die FDP hatte als Koalitionspartner die Reformen bis 2003 mitgetragen, schlug dann aber, auf die Bänke der Opposition gewechselt, naturgemäß andere Töne an. Tenor der liberalen Stellungnahmen war, vieles, was die CDU-Landesregierung an schulischen Reformen seit 2003 in Angriff genommen habe, sei gut gedacht, aber schlecht gemacht gewesen.[15] Unter allen Parteien war die FDP diejenige, die nun am stärksten auf Eigenständigkeit und personelle, finanzielle und pädagogische Eigenverantwortung der Schulen drängte sowie auf einen komplementären Rückzug des Staates aus seiner bisherigen Steuerungsgewalt (und die umgekehrt die Kultusministerin des Bürokratismus und der Kontrollmanie zieh) (FDP Programm zur Landtagswahl 2008: 69ff).[16] Auch darin, dass die bildungspolitische Sprecherin der Liberalen nun stärker den Wert der Gesamtschule im Rahmen eines möglichst vielfältigen Schulwesens unterstrich, setzte sich die FDP dezidiert von der CDU-Linie ab – das Nebeneinander von gegliederten und integrierten Schulangeboten stellte aus liberaler Sicht ein zu verteidigendes Markenzeichen der hessischen Bildungslandschaft dar.[17] Freilich, von einer Äquidistanz zur CDU wie zur SPD konnte, ungeachtet partieller Verwandtschaften mit den Sozialdemokraten in einzelnen Punkten (der verpflichtenden Vorschule für die Fünfjährigen etwa), keine Rede sein, und dies um so weniger, je mehr die SPD wieder der äußeren Schulreform die Priorität zuwies.[18]

---

[15] Vgl. die Reden der bildungspolitischen Sprecherin Dorothea Henzler (Plenarprotokolle Hessischer Landtag 23.11.2004:3359ff)

[16] Was G8 anging, wollte die FDP, wie sie nun erklärte, statt in der Sekundarstufe I in der Sekundarstufe II kürzen, was die „Unterrichtsgarantie plus" anbelangte, statt des von Kultusministerin Wolff eingeführten Konzepts eine schulbezogene Lehrerzuweisung von 105 Prozent in Form eines Personalbudgets durchsetzen (von dem zum Teil als Finanzmittel verwendbaren Budget würden die Schulen dann auch ein eigenes Vertretungskonzept erarbeiten können).

[17] Vgl. Rede Dorothea Henzlers (Plenarprotokolle Hessischer Landtag 25.3.2004: 2205ff)

[18] Plenarprotokolle Hessischer Landtag 16. Wahlperiode, 128. Sitzung vom 28.3.2007, S. 8877ff.

5 Das verbandspolitische Kräftefeld

Die Bildungspolitik der Regierung Koch hat viele Hebel angesetzt, sich damit aber nicht nur Anerkennung verdient, sondern auch zahlreiche Gegner geschaffen. Welche Stolpersteine auf dem seit jeher unwegigen Reformgelände der Bildungspolitik machten ihr zu schaffen? Was waren die Anheizer des anhaltenden Schulstreits? Die lebhaftesten, beileibe aber nicht die einzigen Kontoversen der letzten Legislaturperiode riefen, nimmt man einmal das Presseecho zum Maßstab, die „Unterrichtsgarantie plus" und das G8 hervor. Sie standen im Mittelpunkt jener Auseinandersetzung, die sich im Kräftefeld der Verbandsakteure abspielte. Einige Schlaglichter müssen als Andeutung genügen.

Schon vor den Beratungen des dritten Qualitätssicherungsgesetzes hatten in einer nicht ganz selbstverständlichen Allianz Landeselternbeirat, Hessischer Philologenverband und Landesschulsprecher stärkste Bedenken gegen die Form geäußert, in der in Hessen die Verkürzung der gymnasialen Schulzeit geplant sein sollte (FAZ 10.09.2004). Im Juli 2007 kam es erneut zum Schulterschluss von Eltern-, Lehrer- und Schülervertretung, als diesmal der Landeselternbeirat, die Landesschülervertretung und der Hauptpersonalrat der Lehrerinnen und Lehrer auf einer gemeinsamen Pressekonferenz ihren Standpunkt zur hessischen Schulpolitik darlegten. Weder an der „Unterrichtsgarantie plus" noch an G8 wurde dabei ein gutes Haar gelassen und auch der Weg, der beim Ausbau der Ganztagsangebote eingeschlagen worden war, als unzulänglich – weil auf eine pädagogische Mittagsbetreuung beschränkt – abgetan.[19]

Wenn sich der Ton des Landeselternbeirats, in Hessen mit vergleichsweise weitgehenden Mitspracherechten ausgestattet, seit dem Sommer 2006 deutlich verschärft hatte (Landeselternbeirat Hessen 09.12.2006 und 07.07.2007), war dies allerdings schon insofern nicht allzu überraschend, als zur neuen Vorsitzenden Kerstin Geis gewählt worden war (HR-online 15.07.2006). Geis stammt aus den Reihen des SPD-nahen hessischen Elternbundes, dessen Programmatik sich im Allgemeinen in parallelen Bahnen zu denen der Sozialdemokraten bewegte (Wiesbadener Tagblatt 29.7.2006). Immerhin, an der kritischen Haltung des Landeselternbeirats zu der Form, in der in Hessen die verkürzte Gymnasialschulzeit in Angriff genommen worden war, hatte auch unter der parteipolitisch neutralen Vorgängerin wenig Zweifel sein können, selbst wenn der Beirat unter Sybille

---

[19] HPRLL, LEB und LSV: Pressemappe zur Landespressekonferenz am 2.7.2007 (http:// www.leb-hessen.de/ fileadmin/ user_upload/ pdf/ downloads/ presse/ pressematerial/ 070702/ _pmap_landespressekonf.pdf).

Goldacker viele schulpolitische Initiativen der CDU-Landesregierung mitgetragen hatte.[20]

Dass bei der Gewerkschaft Erziehung und Wissenschaft nicht viel Lob zu holen sein würde, war zu erwarten gewesen. Hier war man sich einig im Ziel der „Einen Schule für alle" und stritt höchstens noch darüber, ob ein zweigliedriges Schulsystem als plausibler und akzeptabler Zwischenschritt dorthin angesehen werden konnte (Erziehung und Wissenschaft 2006: 27ff). Ob G8, „Unterrichtsgarantie plus", Schulinspektion, die Fährnisse der „selbständigen Schule" oder das hessische Konzept der Ganztagsschule – die GEW stand in Opposition zur CDU-Bildungspolitik (Nagel 2007; Storn 2007; Baumann 2006; Seelmann-Eggebert 2004; Freiling 2004). Weit bemerkenswerter war, dass auch der Hessische Philologenverband, gewiss kein natürlicher Verbündeter der SPD, in substantiellen Punkten mit der Schulpolitik von Kultusministerin Wolff hart ins Gericht ging.[21] G8 wurde unter dem Gesichtspunkt eines drohenden Substanzverlustes in aller Schärfe kritisiert,[22] woran sich auch dann nichts änderte, als die Ministerin im November 2007 Umsetzungsprobleme eingestand und Nachbesserungen in Aussicht stellte – dem Verband erschien auch dies nicht mehr als ein „punktuelles Herumdoktern".[23] Der „Unterrichtsgarantie plus" vermochte der Philologenverband nach anfänglich wohlwollender Beurteilung[24] im Frühjahr 2006 ebenfalls nur noch wenig abzugewinnen, man fürchtete auf diesem Weg auf die schiefe Ebene der Deprofessionalisierung und Qualitätsminderung abzugleiten.[25] Selbst, was die „eigenverantwortlichen Schule" anging, ließ der Hessische Philologenverband ein gerütteltes Maß an Skepsis erkennen. Der HPhV war „der Ansicht, dass sich

---

[20] Vgl. den offenen Brief der Vorsitzenden des Landeselternbeirats vom 29.9.2004 (http://www.kreb-dadi.de/ themen/ g8/ Buendnis-Goldacker.pdf). Der Landeselternbeirat war lange Zeit nicht SPD-dominiert gewesen.

[21] Frappierend in seiner Schärfe etwa das Editorial des Vorsitzenden, Dr. Knud Dittmann (2007: 3), das sich auch über „die rüde und ruppige Art des Umgangs dieser Administration mit den Beschäftigten in ihrem Verantwortungsbereich" beklagte.

[22] Vgl. die Stellungnahme des Hessischen Philologenverbandes zum Entwurf des 3. Gesetzes zur Qualitätssicherung in hessischen Schulen vom 29.3.2004 anlässlich der öffentlichen mündlichen Anhörung zum Gesetzentwurf vom 23.9.2004, Ausschussvorlagen, Teil 2, S. 262-266. (http:// starweb.hessen.de/ starweb/ LIS/ servlet.starweb?path=LIS/ PdPi_FLMore16.web& search=WP Prozent3d16+an).

[23] Pressemitteilung des Hessischen Philologenverbandes vom 22.11.2007.

[24] Pressemitteilung des Hessischen Philologenverbandes vom 14.10.2005.

[25] Pressemitteilung des Hessischen Philologenverbandes vom 5.4.2006.

der Staat mit der Propagierung der Eigenverantwortlichkeit ganz oder teilweise
der Verantwortung für die Bereitstellung der Ressourcen für das staatliche
Schulwesen entledigen möchte."[26] Dass sich aus all dem im Umkehrschluss noch
keine Annäherung an die SPD ableiten ließ, war nur zu offenkundig[27] und fand,
hätte es einer solchen überhaupt bedurft, eine weitere Bestätigung darin, dass der
Philologenverband im Dezember 2007 unter Verweis auf die Ergebnisse einer
vom Dachverband der Philologen selbst in Auftrag gegebenen Umfrage des Mei-
nungsforschungsinstituts Forsa sein striktes Nein zu dem beteuerte, was er als
sozialdemokratische „Einheitsschulpläne" bezeichnet wurde (und der Umfrage
zufolge bei der Mehrheit der bundesdeutschen Bevölkerung auf Ablehnung
stieß).[28]

Auf einer moderat kritischen Linie zwischen den Lagern bewegte sich
schließlich der Verband Bildung und Erziehung, der sich als parteipolitisch neut-
rale Gewerkschaft der Lehrer und Lehrerinnen aller Schultypen versteht. Einerseits bewertete der Verband Reformansätze wie die Neuordnung der Lehrerbildung und die Einführung der SchuB-Klassen in den Hauptschule (wie überhaupt
deren Erhalt) durchaus positiv, andererseits war sein Urteil über G8 und die
„Unterrichtsgarantie plus" im Wesentlichen negativ. Einerseits lehnte der Verband eine Strukturdebatte ab, trat andererseits aber in seinem Programm doch
für ein gemeinsames Lernen von nicht-gymnasialen Schülern in den Klassen 5
und 6 ein. Die anfängliche Zufriedenheit mit der Schulpolitik der CDU/ FDP-
Regierung war zum Ende der christdemokratischen Alleinregierung hin einer
deutlich ambivalenteren Haltung gewichen.[29] So verblieben der Kultusministerin

---

[26] Positionspapier des Hessischen Philologenverbandes zur „eigenverantwortlichen Schule"
vom Juni 2006 (http:/ / www.hphv.de/ extra_content/ Eigenverantwortliche Pro-
zent20Schule Prozent20- Prozent20HPhV-Position Prozent2006.pdf). Darin war man nicht
allzu weit von der Haltung der lehrergewerkschaftlichen Antipode GEW entfernt, die „ihr
Hauptaugenmerk regelmäßig auf die Risiken größerer Eigenverantwortlichkeit" legte, vgl.
Freiling (10.6.2006).
[27] Vgl. die Pressemitteilungen des Hessischen Philologenverbandes vom 4. und 6.11.2007 zu
den schulpolitischen Beschlüssen des Hamburger Parteitags der SPD.
[28] Vgl. auch die Resolution des Hessischen Philologenverbandes zur Vollversammlung 2007
sowie die Pressemitteilungen vom 4 und 5.11.2007.
[29] Stellungnahme des VEB-Bundesvorsitzenden zum dritten Qualitätssicherungsgesetz vom
8.6.2004 (http:// starweb.hessen.de/ cache/ AV/ 16/ KPA/ KPA-AV-019-T2.pdf); VBE nimmt
Stellung zu SchuB-Klassen. In: Lehrer und Schule 31 (2007), S.83f.; VBE sieht „G8-
Reparaturen" verhalten kritisch. In: ibid. 31 (2007), S.83; VEB lehnt erneut geplante Umsetzung der „Unterrichtsgarantie PLUS" ab. In: ibid. 30 (2006), S.19; VBE Hessen: Gewerk-

im Kräfteparallelogramm der schulpolitischen Verbandsakteure nicht mehr allzu viele Fürsprecher, die sie als treue Verbündete hätte ansehen können und die in der Öffentlichkeit auch als solche wahrgenommen worden wären. Dass wenigstens der traditionell CDU-nahe Hessische Elternverein der Ministerin die Stange hielt, konnte da nur ein schwacher Trost sein.[30]

6 Schulpolitische Programmentwicklung der hessischen SPD in der Opposition

Auf der anderen Seite der bislang für die Regierungsseite beschriebenen Entwicklung stand die Weiterentwicklung der bildungspolitischen Programmatik der SPD, die hier vornehmlich unter dem Gesichtspunkt des Verhältnisses von innerer und äußerer Schulreform skizziert werden soll. Im Regierungsprogramm der hessischen Sozialdemokraten für die Zeit nach der Wahl 1999, vom Landesparteitag im November 1998 noch aus der Perspektive einer Fortsetzung der bisherigen Regierungsarbeit verabschiedet, spielte die Systemfrage noch keine erkennbare Rolle (SPD Hessen Regierungsprogramm 1999). Die sozialdemokratische Programmatik knüpfte besonders auch darin an die Reformansätze der vorangegangenen Legislaturperioden an, dass den Schulen mehr Raum zu selbständiger Entscheidung und Gestaltung in Aussicht gestellt wurde. Bei der Auswahl der Lehrerinnen und Lehrer sollten sie ein gewichtigeres Wort als bisher mitzureden haben, ihre Mittel sollten stärker budgetiert werden und auch die Entwicklung individueller Schulprogramme durch die einzelnen Schulen sollte weiter gefördert werden. Was das Dauerthema einer Reform der Lehrerausbildung anging, war daran gedacht worden, das Studium durch eingeschobene Praxissemester näher an die Berufsrealität heranzuführen. Die Lehrerinnen und Lehrer sollten künftig übergreifend auch in anderen Schularten ausgebildet und flexibler als bisher stufen- und schulformübergreifend eingesetzt werden. Unterm Strich verhieß das Programm, gemessen an den Reformkonzepten der nachfolgenden

---

schaftstag 2007. In: ibid. 31 (2007), S.67-68; Grundsatzprogramm des VEB Hessen, in. ibid. 31 (2007), S.71-74; zum Gesamtbild der verbandspolitischen Akteure vgl. für die vorgelagerte Zeitperiode (Sandvoß/ Weinacht 2003).

[30] Elternverein: Wolff bekam gerade noch die Kurve (rhein-main.net 22.11.2007); vgl. Hessischer Elternverein: Standpunkte (http:/ / www.hessischer-elternverein.de/ deutsch/ 10/ 10/ 61001/ liste9.html). Der Elternverein war 1972 zur Formierung des Protests und Widerstandes gegen die sozialdemokratische Schulpolitik gegründet worden.

Periode, mehr Kontinuität als Aufbruch. Bei aller Kritik am ersten Qualitätssicherungsgesetz der neuen schwarz-gelben Landesregierung bemerkte der SPD-Bildungssprecher Lothar Quanz anlässlich der ersten großen Schuldebatte der Ära Koch/ Wolff 1999, man wolle „die Einzelschule in den Mittelpunkt rücken und nicht Debatten führen, die in den Siebziger- und Achtzigerjahren die Schulentwicklung gelähmt haben." Wie damals wieder eine Schulformdebatte zu führen, „wäre wahrlich kein Beitrag zu einer Qualitätssicherung an hessischen Schulen im Jahre 1999" (Plenarprotokolle Hesssicher Landtag 26.05.1999: 292).

Vier Jahre später, als im Februar 2003 die nächsten Landtagswahlen anstanden, hatte sich die Perspektive, aus der die hessische SPD ihre Programmaussagen traf, drastisch verschoben. Nicht nur, dass sie nun aus der Opposition heraus agieren musste – jetzt drehte es sich auch darum, den eigenen Standpunkt in jenem Aktions- und Maßnahmenfeld neu zu markieren, das sich auszuprägen begonnen hatte, seitdem der PISA-Schock Bewegung in die deutsche Schulpolitik gebracht hatte. Das vom Landesparteitag im Oktober 2002 verabschiedete Programm griff, was die zentralen PISA-Befunde anging, besonders den Aspekt der ungleichen Bildungschancen auf, warf der Landesregierung deshalb vor, zusätzliche Barrieren im Bildungssystem zu errichten, und unterstrich wieder stärker den alten sozialdemokratischen Leitbegriff der Chancengleichheit. Vor diesem Hintergrund sollten die Gesamtschulen besondere Förderung genießen, sozial Benachteiligte stärkere Unterstützung erfahren, Vorschulen für die Fünfjährigen eingerichtet und die Jahrgangsstufen I und II der Grundschule als Eingangsstufe neu konzipiert werden. Die Ganztagsschulen und Ganztagsangebote sollten ausgebaut und neue Anstrengungen im Bereich der Integration von Kindern mit Migrationshintergrund unternommen werden. Anders als im zweiten Qualitätssicherungsgesetz der CDU/ FDP-Landesregierung vorgesehen, sollte letzteres freilich nicht dadurch geschehen, dass die Aufnahme in die Grundschule von einem Mindestmaß an Beherrschung der deutschen Sprache abhängig gemacht wurde, und ebenfalls im Unterschied zum Integrationskonzept der Landesregierung sollte neben die Unterstützung beim Erlernen des Deutschen auch der Ausbau des muttersprachlichen Unterrichts treten.[31] Was die Aspekte der Qualität und der Erfolgskontrolle auf dem Feld von Schule, Unterricht und Lernleistungen anging – seit PISA zentrale Schlüsselbegriffe der deutschen Bildungspolitik – bekannte sich die hessische SPD zum Instrument verbindlicher Standards und auch zum Leistungsvergleich auf verschiedenen Ebenen, übernahm die Werk-

---

[31] Vgl. zu diesem Dissens auch die Debatte über einen entsprechenden SPD-Antrag (Plenarprotokolle Hessischer Landtag 25.9.2002: 8098ff).

zeuge der schulinternen Vergleichsarbeiten und der Evaluation als Hebel der Qualitätskontrolle, lehnte im Unterschied zur Landesregierung jedoch zentral gesteuerte Prüfungen ab.

Nachdem die SPD auch bei der Landtagswahl 2003 eine schwere Niederlage hatte hinnehmen müssen, war alsbald zu erkennen, wie sich die Partei darum bemühte, die schulpolitische Kontrastschärfe ihrer Programmaussagen gegenüber der nunmehr allein regierenden CDU weiter zu erhöhen. Noch im März 2003 verabschiedete ein außerordentlicher Parteitag Beschlüsse, die von diesem Bestreben um Gegensatzprofilierung und scharfer Unterscheidbarkeit zeugten. Der Regierungspartei wurde vorgehalten, sie verstärke die „Vernichtung von Bildungschancen" und perfektioniere Auslese und Diskriminierung im Bildungswesen. In Ergänzung zu schon bekannten Bausteinen des SPD-Schulprogramms wie Vorschule, Schuleingangsstufe, Ganztagsschule und eigenverantwortliche Schule konnte man jetzt auch lesen, dass sich im Lichte von PISA und aufgrund des Vergleichs mit den dort erfolgreichen Staaten die Schulstrukturfrage neu stelle. Das konnte als Vorgeschmack auf eine anstehende Neuakzentuierung der sozialdemokratischen Bildungspolitik verstanden werden. Tatsächlich verabschiedeten Landesvorstand und Landtagsfraktion im Juli 2004 das Papier „Bildung für die Zukunft: Eine gemeinsame Schule für alle", das mit dem Siegel einer Grundsatzentscheidung in Sachen Systemwechsel versehen worden war. Das gegliederte Schulsystem wurde nun wieder als Anachronismus beschrieben. Künftig sollten stattdessen alle Kinder bis zum Ende der zehnten Klasse gemeinsam lernen. Die Weg zum Systemwechsel wurde als eine Konsequenz aus wissenschaftlichen Erkenntnissen und internationalen Vergleichsuntersuchungen ausgeschildert: „Alle Untersuchungen zeigen, dass die frühzeitige Entscheidung über eine Bildungsweg und für oder gegen eine Schulform in Deutschland für die Kinder zu oft in eine Sackgasse führt. Dagegen haben integrierte Schulsysteme wie in den meisten unserer europäischen Nachbarländer bessere Leistungsergebnisse und eine breitere Leistungsspitze. Alle Kinder werden im gemeinsamen Unterricht besser gefördert und erreichen ein höheres Leistungsniveau." Die organisatorischen und finanziellen Umsetzungsschritte zu präzisieren sollte Aufgabe der weiteren Programmentwicklung sein. Der Landesparteitag im Oktober 2004 beschloss eine entsprechende Neuausrichtung.

Das Feilen an neuen Antworten auf die alte Frage der äußeren Schulstruktur fand einen vorläufigen Abschluss, als die SPD-Landtagsfraktion im September 2007 ihr bildungspolitisches Konzept vorstellte, ausgearbeitet durch die Fraktionsprojektgruppe „Bildung" (namentlich die beiden Bildungsexperten Heike Habermann und Lothar Quanz). Inzwischen war auch ein Name für jenen Schul-

typus gefunden, den durchzusetzen sich die SPD auf die Fahnen geschrieben
hatte: Im Mittelpunkt der neuen Schularchitektur sollte das „Haus der Bildung"
stehen, ein Terminus, der zwiespältige Assoziationen an vergangene Schulkämpfe dämpfen und der wohl auch einer vorschnellen Gleichsetzung mit der Gesamtschule vorbeugen sollte.[32] Beim Umbau des Schulsystems setzte sich die SPD
ehrgeizige Ziele. Schon zur Halbzeit der neuen Legislaturperiode sollte im Se-
kundarbereich I wohnortnah mindestens eine Schule nach den neuen Prinzipien
arbeiten, was offenkundig voraussetzte, dass sich die Integrierten Gesamtschulen
in „Häuser der Bildung" verwandeln würden (dafür wurde es als erforderlich
erachtet, dass sie vom Prinzip der Fachleistungsdifferenzierung abgehen würden[33]). Der voraussehbaren Kritik von Seiten des parteipolitischen Gegenlagers,
hier würde die Zwangseinheitsschule unseligen Gedenkens neu aufleben, versuchte die SPD zwar dadurch die Spitze abzubrechen, dass sie immer wieder das
Prinzip der Freiwilligkeit beteuerte, auf dem der geplante Umbauprozess beruhen sollte. Zugleich sprach Andrea Ypsilanti aber auch die mutige Erwartung
aus, dass bis 2012, also dem Ende der anstehenden Legislaturperiode, bereits jede
dritte Schule diesen Weg eingeschlagen haben würde (Frankfurter Rundschau
02.09.2007). Es blieb so genügend Spielraum für die bildungsprogrammatisch
nahestehenden Grünen, sich neben der SPD als die Partei zu präsentieren, die
stärker auf Wahlfreiheit und Freiwilligkeit bedacht war.[34] So vorsichtig man gemeinhin mit solchen Umfragewerten umzugehen hat: Dass der Umfrage von
Infratest zufolge zwei von fünf hessischen SPD-Anhänger im Januar 2007 dem
Festhalten an der Dreigliedrigkeit den Vorzug gegenüber einer Einführung der
Gemeinschaftsschule gaben, ließ erkennen, wie ambivalent die Systemfrage im
eigenen Einzugsbereich beurteilt wurde (wozu man freilich auch hinzuzufügen

---

[32] Diese galt offenbar noch immer als durch die Erinnerung an vergangene Schulschlachten
belastet; Ludwig von Friedeburg, der 2006 in einem Gespräch mit der Vorsitzenden des
Landeselternbeirats bekannt hatte, er ärgere sich über seine eigene Partei, da die SPD „das
Wort Gesamtschule vor lauter Angst schon gar nicht mehr in den Mund nimmt", musste
sich neuerlich bestätigt fühlen.

[33] Vgl. auch die Absetzung der SPD-Vorstellungen von dem in Hessen bestehenden Modell
der Integrierten Gesamtschule in den Reden der SPD-Abg. Heike Habermann und Gerhard
Bökel (Plenarprotokolle Hessischer Landtag 15.12.2004: 3822 u. 3827).

[34] Vgl. den Änderungsantrag der Fraktion Bündnis 90/ Die Grünen zu einem Antrag der
SPD-Fraktion zum „gemeinsamen Lernen" in der Sekundarstufe I vom 4.9.2007, Hessischer
Landtag Drucks. 16/ 7722; vgl. auch die Pressemitteilung der Grünen „Grüne bringen SPD-
Antrag auf Domisch-Kurs" vom 5.9.2007 und die Plenarprotokolle (Hessischen Landtags
5.9.2007: 9793ff).

muss, dass umgekehrt jeder vierte CDU-Anhänger sich für die Einführung der Gemeinschaftsschule erwärmen konnte).

Das neue Schulmodell der hessischen SPD war dem des PISA-Siegerlandes Finnland nachempfunden und sollte deshalb im Falle eines Wahlsiegs auch durch einen in der finnischen Schulverwaltung tätigen Deutschen, Rainer Domisch, umgesetzt werden (weshalb im Landtag mit einem Mal auch über das finnische Schulsystem gestritten wurde (Plenarprotokolle Hessischer 05.09.2007: 9804f. u. 9816 f).

Geplant war eine gemeinsame Sekundarstufe I bis zur Klasse 10, die ohne Grundschulempfehlungen, Sitzenbleiben und Querversetzungen auskommen sollte und die statt auf homogenen Lerngruppen auf zieldifferenziertem Lernen und innerer Differenzierung beruhen würde. Die in allen Bundesländern einge-führten Bildungsstandards sollten nicht grundsätzlich abgeschafft, aber anders, als von der KMK beschlossen, durch schulformunabhängige ersetzt werden, die schulformbezogenen Lehrpläne und Stundentafeln gegen Kernlehrpläne und Jahrestundentafeln ausgetauscht werden. Ebenso wurde angekündigt, dass bei einer Übernahme der Regierungsverantwortung durch die SPD der Zankapfel G8 ebenso wie die zentralen Prüfungen in ihrer bisherigen Form der Vergangenheit angehören würden.

Vergleicht man das hessische Konzept mit dem in etwa zeitgleich entwickel-ten SPD-Modell im benachbarten Rheinland-Pfalz, einem Bundesland, indem die Sozialdemokraten die Kultusministerin stellten, stößt man auf beträchtliche Un-terschiede. In Mainz wird beabsichtigt – ähnlich wie im CDU-regierten Stadtstaat Hamburg oder wie im großkoalitionären Schleswig-Holstein – eine Form der Zweigliedrigkeit des Schulsystems zu schaffen, bei der die Hauptschule entweder unter dem Dach einer kooperativen Realschule Unterschlupf findet und damit – nach gemeinsamer Orientierungsstufe – als Bildungsgang fortbesteht oder aber im Rahmen einer Regionalen Schule in integrative oder teilintegrative Bildungs-gänge überführt wird. Gymnasium und Integrierte Gesamtschule bleiben von diesen Umbauplänen unberührt.[35] Das ist verwandt auch mit dem, was in den Ostländern Sachsen, Thüringen und Brandenburg länger schon Realität ist. Bisher lag der Ehrgeiz der rheinland-pfälzischen Schulreform eher darin, auf dem Feld der Ganztagsschule eine Spitzenposition zu erlangen als auf dem der Integrierten Gesamtschule. Unterm Strich ist das parteipolitisch weniger unverwechselbar als das Programm der hessischen SPD und bleibt, was das gemeinsame Lernen aller

---

[35] Vgl. das Rundschreiben von Kultusministerin Doris Ahnen an die rheinland-pfälzischen Schulen vom 13.11.2007.

Schüler angeht, auch ersichtlich hinter den Forderungen zurück, die das im Oktober 2007 verabschiedete „Hamburger Programm" (SPD 2007: 62f.) enthält. Aber es ist doch auch immer noch etwas anderes als das, was in den meisten CDU-regierten Westländern propagiert wird, wo weiterhin die Losung gilt, die Hauptschule zu stärken und dadurch – auch gegen die statistischen Trends – zu bewahren. Ein deutlich höheres Maß an Übereinstimmung besteht auf der anderen Seite zwischen dem hessischen „Haus der Bildung" und den ebenfalls aus der Oppositionsrolle heraus formulierten Schulprogrammen in Nordrhein-Westfalen[36] und Niedersachsen[37]. Aufgrund des Parteiwettbewerbs, so kann daraus geschlossen werden, trägt der Profilierungsdruck und Abgrenzungsbedarf gegenüber den unter Federführung der CDU durchgeführten Reformen – schulpolitischen Neuerungen, die den nach PISA dominant gewordenen Politikmustern folgten – dazu bei, die SPD aus der Opposition heraus zu grundsätzlicheren Gegenpositionen und zu einer schärferen Konturierung ihrer Alternativangebote anzutreiben.

7   Fazit

Wie lässt sich nun das Gesamtbild der hessischen Bildungspolitik unter dem Gesichtspunkt der Parteienkonkurrenz interpretieren? Eine erste These könnte lauten – und wurde so auch in der Diskussion der Nach-PISA-Periode verfochten: CDU und SPD liegen gar nicht so weit auseinander, wie es scheinen mag. Schwarz und Rot haben unter den Bedingungen des auf PISA folgenden Reformklimas mehr gemein, als die gelegentliche Konfliktrhetorik erkennen lässt. Sie modernisieren weitgehend nach gleichen Rezepten (Spiewak 14.07.2005). Was könnte für diese These sprechen? Einige durchaus bedenkenswerte Argumente lassen sich zusammentragen. Die Eigenverantwortlichkeit der Schule zu stärken, kann inzwischen als programmatischer Allgemeinbesitz aller Parteien gelten, zur Kontrastbildung trägt dieses Vorhaben nicht allzu viel bei. Ihre Durchsetzung

---

[36] Die beste Bildung für alle. Beschluss des a.o. Landesparteitages der NRW-SPD am 25. August 2007 (www.bestebildung.de/ db/ docs/ doc_15848_2007925163413.pdf). Die nordrhein-westfälische SPD will die „Gemeinschaftsschule" freilich flächendeckend und verbindlich einführen, ab Klasse 7 hingegen unter ihrem Dach – und je nach Entscheidung von Schule, Schulträger und Eltern – entweder vollständig integrierten Unterricht oder aber Differenzierung (bspw. in Hauptschul-, Realschul- und Gymnasialklassen) ermöglichen.
[37] Gerechtigkeit kommt wieder. Regierungsprogramm der SPD Niedersachsen 2008-2013, S. 35f, www.spdnds.de/ imperia/ md/ content/ landesverbandniedersachsen/ ltw2008/ regierungsprogrammweb.pdf.

hatte sich in Hessen schon Kultusminister Holzapfel vorgenommen, und auch im Wahlkampfprogramm der SPD von 2003 war sie neuerlich enthalten. Den Ausbau der Ganztagsangebote voranzutreiben, ist ein Anliegen, das ebenfalls alle Parteien teilen, wenngleich sich gewisse Differenzen in der Frage ergeben, wie die Ganztagsschule auszusehen hat (Christdemokraten tendieren stärker zu offenen, freiwilligen Formen, Sozialdemokraten verfechten demgegenüber etwas stärker gebundene oder teilweise gebundene Modelle).[38] Die flexiblere Einschulung ist genauso wenig die Programmdomäne eines bestimmten Parteilagers wie die Verbesserung der frühkindlichen Bildung. Dass bei der Reform der Lehrerbildung eine größere Praxisnähe und eine Stärkung der didaktischen Elemente zentrale Bedeutung besitzt, ist in allen Lagern unbestritten. Auch die dem New Public Management entlehnte Losung des Übergangs von der Input- zur Output-Steuerung kann nicht als Alleinbesitz einer parteipolitischen Gruppierung angesehen werden. Bildungsstandards, Qualitätssicherung durch interne und externe Evaluation, neue Wege der Schulinspektion und Qualitätsentwicklung – Maßnahmen wie diese sind kein Programmmonopol von CDU oder FDP, sondern bildungspolitisches Allgemeingut.

Und schaut man sich bundesweit noch etwas genauer um: Von der Einführung des Zentralabiturs und von G8 schreckt unter den amtierenden Länderregierungen nur noch das SPD-Land Rheinland-Pfalz zurück (wo sich gleichwohl die Dauer der Schulzeit im gymnasialen Bildungsgang auf nur noch 12½ Jahre beläuft). In Nordrhein-Westfalen war das Abitur nach zwölf Jahren ebenso ein Anliegen der – 2005 abgewählten – rot-grünen Landesregierung wie die Einführung zentraler Abschlussprüfungen. Auch Kopfnoten sind, wie der Bremer Bildungssenator Willy Lemke bewiesen hat, kein Tabu mehr für Sozialdemokraten. In Schleswig-Holstein hat eine Regierung der Großen Koalition zu einem Schulkompromiss von CDU und SPD gefunden, der nebeneinander sowohl die Errichtung von Regionalschulen ermöglicht, die Haupt- und Realschulen vereinen (bei gemeinsamer Orientierungsstufe), wie auch alle drei Bildungsgänge integrierende Gemeinschaftsschulen, zu der sich die Schulträger entschließen können (Merkelbach 2007). Im CDU-regierten Hamburg sollen ebenso wie im SPD-Land Rheinland-Pfalz Hauptschule und Realschule zusammengelegt werden, was

---

[38] Einen Unterschied dürfte hier aber auch machen, ob die Sozialdemokraten in der Regierungsverantwortung stehen oder nicht. Die SPD-Kultusministerin von Schleswig-Holstein Ute Erdsiek-Rave antwortete 2004 auf die Frage, ob sie mehr für die offene oder die verbindliche Form der Ganztagsschule plädiere, es gehe sehr stark in Richtung offene Ganztagsschule, die verbindliche Form sei teuer und derzeit nicht zu finanzieren; vgl. Erziehung und Wissenschaft 2004/ 2: 21).

Hessen aber – ebenso wie andere westliche CDU-Länder – kategorisch aus-
schließt.

Schon der letzte Punkt deutet freilich an, was auch der Durchgang durch die
schulpolitische Programmentwicklung vor Augen geführt hat: Die Konvergenz-
these hat ihre Grenzen, gegenläufige Entwicklungen, die mehr für die Gegenthe-
se einer wachsenden Differenz sprechen, werden zunehmend sichtbar. Die Debatten gerade im hessischen Landtag waren meilenweit davon entfernt, den Eindruck großkoalitionärer Eintracht zu erwecken. Vorschulische Sprachtests und –
kurse ja, sagte die SPD, aber keine diskriminierende Rückstellung von der Einschulung. Ganztagsschule mit ganzheitlichem pädagogischen Konzept unbedingt, nicht aber nur als bloße Mittagsbetreuung. Bildungsstandards sind notwendig, aber nur in schulformübergreifender Gestalt. G8 muss nicht von vornherein Unfug sein, ist es aber, wenn man den alten Lernstoff geballt in die Sekundarstufe I presst. Die Reihe der scharf markierten Differenzpunkte ließe sich
mühelos fortsetzen.

Hinzu kommt nun aber: Die eine Zeitlang für tot erklärte Strukturfrage erlebt eine Wiedergeburt. Aus den Grautönen des Nach-PISA-common-sense treten
wieder schärfer die Kontraste der parteipolitischen Präferenzen und Optionen
hervor. Die politische Farbenlehre, hier schwarz und gelb, dort rot und grün,
erzeugt in jüngerer Zeit prägnante Systemalternativen. Nach einer Periode des
elanvollen Reformpragmatismus, in der sich vielerorts die Parteiunterschiede zu
verwischen schienen, könnte auf solche Weise nun neuerlich eine Periode der ins
Grundsätzliche gewendeten Zuspitzung von Differenzen heraufziehen – auf den
Vorrang der inneren die Frage der äußeren Schulreform folgen. Weit über die
normale Dialektik von Regierung und Opposition hinaus werden programmatische Antagonismen wieder zum diskursbestimmenden Bewegungsgesetz. Die
bildungspolitische Programmentwicklung der SPD, zumal und gerade in Hessen,
liefert bereits einen Vorgeschmack. Man muss nicht prophetisch begabt sein, um
als Folge – weit über den Landtag hinaus – neue Schulkämpfe von vergleichbarer
Hitze und Verbissenheit vorherzusagen wie in den siebziger Jahren.

Literatur

Christoph Baumann (2006): Wie selbständig werden Hessens Schulen. In: ibid
Baumert, Jürgen u.a. (PISA-Konsortium Deutschland) (2000): PISA 2000 – Die Länder der
    Bundesrepublik im Vergleich, Opladen.
Bönsch, Manfred (2005): Die Inflation des Begriffs „Ganztagsschule". In: Lehrer und Schule
    29.

CDU Hessen (2007): Hessen 2008-2013. Mutig. Modern. Menschlich. Regierungsprogramm 2008 bis 2013. Beschlossen auf dem 99. Landesparteitag der CDU Hessen am 03.11.2007.

CDU-Fraktion im Hessischen Landtag (2006): Rechenschaftsbericht 2004-2006.

Dittmann, Knud (2007/ 2) Wie das Traumschiff mit der Realität kollidiert. In: Blickpunkt Schule (Verbandszeitschrift Hessischer Philologenverband).

Dröger, Ursula (1989): „Schülerströme" in Hessen 1950 bis 1988: Die Schule der Sekundarstufe I hat sich verändert. In: Karl-Heinz Braun/ Klaus Müller/ Reinhard Odey (Hrsg.): Subjektivität, Vernunft, Demokratie. Analysen und Alternativen zur konservativen Schulpolitik, Weinheim/ Basel, S.53-72.

Erhard, Josef (2006): Qualitätssicherung an Bayerns Schulen. In: Bayerisches Staatsministerium für Unterricht und Kultus (Hrsg.): Qualitätssicherung an Bayerns Schulen. Dokumentation zum Fachkongress am 25./ 26. November 2005 in Eichstätt, München.

Ertl, Hubert (2006): Educational Standards and the Changing Discourse on Education: the Reception and Consequences of the PISA Study in Germany. In: Oxford Review of Education 32, S.619-634.

Erziehung und Wissenschaft (2004/ 2) Es wird keinen Big Bang geben, S.21.

Erziehung und Wissenschaft (2005/ 2): Kein Wolf(f) im Schafspelz mehr. S.24-26.

Erziehung und Wissenschaft (2006/ 3): Einig im Ziel – uneins über den Weg, S.27-31.

FAZ (10.09.2004): Verbände von Eltern, Lehrern und Schülern gegen „Turbo"-Abitur.

FAZ (29.12.2007): Nur einer will freiwillig Abschied nehmen.

FDP Hessen (2007): Programm zur Landtagswahl 2008 „Hessen stärker machen". Beschluss Landesparteitag der FDP Hessen 27./ 28.10.2007, www.fdp-hessen.de/ files/ 274/ Landtagswahlprogramm_2008_lange_Version.pdf.

Frankfurter Rundschau (02.09.2007) SPD will neue Schulpolitik.

Freiling, Harald (1.9.2004): Schulzeitverkürzung statt Bildungsreform. In: ibid.

Freiling, Harald (10.6.2006): Mehr Selbständigkeit für Schulen. In: Hessische Lehrerzeitung.

Frommelt, Bernd (2001): Schulautonomie – auf dem Weg zu einem neuen Verständnis von Schulgestaltung, in Hans Döbert / Christian Ernst (Hg.): Flexibilisierung von Bildungsgängen, Hohengehren, S.8-39.

Frommelt, Bernd/ Steffens, Ulrich (1998): Schulautonomie – auf dem Weg zu einem neuen Verständnis von Schulgestaltung. In: Hessisches Landesinstitut für Pädagogik (Hrsg.): Schule zwischen Autonomie und Aufsicht. Wiesbaden, S.25-35.

Koch, Stefan / Gräsel, Cornelia (2004): Schulreformen und Neue Steuerung – erziehungs- und verwaltungswissenschaftliche Perspektiven. In: Stefan Koch/ Rudolf Fisch (Hrsg.): Schulen für die Zukunft. Neue Steuerung im Bildungswesen, Hohengehren, S.3-24.

Köller, Franz (2001): Die Entwicklung des Schulrechts in Hessen von 1996 bis 2000. In: Recht der Jugend und des Bildungswesens 49, S.106-111

Landeselternbeirat von Hessen (09.12.2006): Resolution zu Unterrichtsgarantie Plus.

Landeselternbeirat von Hessen (07.07.2007): Versprochen – Gehalten? Eine Bilanz des Schuljahres 2006/ 2007 aus Elternsicht.

Lange, Hermann (1999): Schulautonomie und Neues Steuerungsmodell. In: Recht der Jugend und des Bildungswesens 47, S.423-438.

Frankfurter Rundschau (14.01.2008): Kochs offene Flanke bei der Landtagswahl.

Führ, Christoph (1997): Schulpolitik in Hessen (1945-1994). In: ders. (Hrsg.): Bildungsgeschichte und Bildungspolitik, Frankfurt a.M., S.219-236.

Geyer, Christian (19.01.2008): Kinder an die Macht! Im Erziehungscamp: Roland Koch als Schulversager. In: FAZ.

Hepp, Gerd/ Weinacht, Paul Ludwig (1996):Schulpolitik als Gegenstand der Sozialwissenschaften oder: Hat die Politikwissenschaft ein Thema verloren?. In: Zeitschrift für Politik 43, S.404-433.

Hepp, Gerd (2003): Schulpolitische Profile und Entwicklungstrends: Hessen von 1945-1991. In: ders./ Paul-Ludwig Weinacht: Wieviel Selbständigkeit brauchen Schulen. Schulpolitische Kontroversen und Entscheidungen in Hessen (1991-2000). München/ Neuwied, S.14-26.

Hepp, Gerd.(2006): Bildungspolitik als Länderpolitik. In: Herbert Schneider/ Hans-Georg Wehling (Hrsg.): Landespolitik in Deutschland. Grundlagen – Strukturen – Arbeitsfelder, Wiesbaden, S.240-269.

Hessischer Landtag: Plenarprotokolle, 15. Wahlperiode, 6. Sitzung vom 26.5.1999.

Hessischer Landtag: Plenarprotokolle, 15. Wahlperiode, 116. Sitzung vom 25.9.2002.

Hessischer Landtag: Plenarprotokolle, 16. Wahlperiode, 34. Sitzung vom 25.3.2004.

Hessischer Landtag: Plenarprotokolle, 16. Wahlperiode, 39. Sitzung vom 16.6.2004.

Hessischer Landtag: Plenarprotokolle, 16. Wahlperiode, 50. Sitzung vom 23.11.2004.

Hessischer Landtag: Plenarprotokolle, 16. Wahlperiode, 56. Sitzung vom 15.12.2004.

Hessischer Landtag: Plenarprotokolle, 16. Wahlperiode, 75. Sitzung vom 14.7.2005.

Hessischer Landtag: Plenarprotokolle, 16. Wahlperiode, 76. Sitzung vom 20.9.2005.

Hessischer Landtag: Plenarprotokolle, 16. Wahlperiode, 126. Sitzung vom 08.03.2007.

Hessischer Landtag: Plenarprotokolle, 16. Wahlperiode, 137. Sitzung vom 04.07.2007.

Hessischer Landtag: Plenarprotokolle, 16. Wahlperiode, 140. Sitzung vom 05.09.2007.

Hessischer Landtag: Plenarprotokolle, 16. Wahlperiode, 148. Sitzung vom 11.12.2007.

Hessische Landesregierung (2002): Hessen auf dem Weg an die Spitze – hier ist die Zukunft. Informationen der Hessischen Landesregierung über die Leistungen in der 15. Legislaturperiode, Wiesbaden, S.11ff.

Hessische Landesregierung (2005): Entschlossen die Zukunft gestalten – Erfolgreiche Politik für ein modernes Hessen. Informationen zur Halbzeit der 16. Legislaturperiode, Wiesbaden, S.13ff.;

Hessisches Kultusministerium (2007): Stark in der Schule – Stark für Ausbildung und Beruf. www.kultusministerium.hessen.de/irj/HKM_internet?cid=c4270453872a8f1be2961d57 3857def

Hessischen Kultusministeriums: Presseinformation vom 21.11.2007.

Hessischen Ministeriums der Finanzen (2007): Statistik „Ausgaben im Landeshaushalt nach Aufgabenbereichen". www.hmdf.hessen.de/irj/go/km/docs/HHP/2007/99_Statistischer Prozent20Anhang/03_2007_03_stat.aufgaben.pdf, Zugriff: 16.1.2007.

Hessisches Statistisches Landesamt (Hrsg.) (2006): Hessen im Wandel. Daten, Fakten und Analysen zur Entwicklung von Gesellschaft, Staat und Wirtschaft seit 1946, 3. überarbeitete Auflage, Wiesbaden 2006.

Thomas Holl (18.01.2008): Hessischer Schulkampf. In: FAZ.

Hovestadt, Gertrud/ Keifer, Nicole (2004): Weichenstellungen nach PISA, www.gew.de/ Publikationen_Bildung_politik.html.

HR-online (15.07.2006): Landeselternbeirat – Wachwechsel an der Spitze.

Infratest (Januar II 2003): LänderTREND Hessen.

Infratest (März 2007): LänderTREND Hessen.

Infratest (Januar 2008): LänderTREND Hessen.

Infratest (Januar 2008): LänderTREND Niedersachsen.

Köhler, Gerd (1974) (Hrsg.): Wem soll die Schule nützen? Rahmenrichtlinien und neue Lehrpläne: Soziales Lernen im Konflikt, Frankfurt a.M.

Konsortium Bildungsberichterstattung (Hrsg.) (2006): Bildung in Deutschland. Ein indikatorengestützter Bericht mit einer Analyse zu Bildung und Migration, Bielefeld.

Lingelbach, Karl Christoph (1995): Konsolidierung, Modernisierung oder Strukturreform? Zur Periodisierung einer Geschichte des öffentlichen Bildungswesens im Bundesland Hessen. In: Bodo Willmann (Hrsg.): Bildungsreform und Vergleichende Erziehungswissenschaft. Aktuelle Probleme – historische Perspektiven, Münster/ New York, S.30-45.

Müller-Kinet, Hartmut (1995): Der schulpolitische Beitrag zur Profilbildung der Union in Hessen. In: Bernd Heidenreich/ Werner Wolf (Hg.): Der Weg zur stärksten Partei 1945-1995. 50 Jahre CDU Hessen, Köln, S.177-201.

Nagel, Jochen (27.11.2007): Fünf Jahre CDU-Alleinregierung. In: Hessische Lehrerzeitung

Nipperdey, Thomas/ Lübbe, Hermann (1973): Gutachten im Auftrag des Hessischen Elternvereins zu den Rahmenrichtlinien Sekundarstufe I Gesellschaftslehre des Hessischen Kultusministers, Bad Homburg.

Prenzel, Manfred u.a. (PISA-Konsortium Deutschland) (2003): Pisa 2003. Der zweite Vergleich der Länder in Deutschland. Münster 2005.

Richter, Ingo (1997): Verfassungskämpfe um die Schule – ein Schwanengesang. In: Hans Eichel/ Klaus Peter Möller (Hg.): 50 Jahre Verfassung des Landes Hessen. Eine Festschrift, Wiesbaden, S.161-177.

Sandvoß, Ralph/ Weinacht, Paul-Ludwig (2003): Hessische Verbände als Akteure der Schulpolitik 1992-1999. In: Gerd F. Hepp/ Paul-Ludwig Weinacht: Wieviel Selbständigkeit brauchen Schulen. Schulpolitische Kontroversen und Entscheidungen in Hessen (1991-2000). München/ Neuwied, S.81-114.

Schmitt-Beck, Rüdiger (2000): Die hessischen Landtagswahlen vom 7. Februar 1999: Der Wechsel nach dem Wechsel. In: Zeitschrift für Parlamentsfragen 31, S.3-17.

Schmitt-Beck, Rüdiger (2003): Die hessischen Landtagswahlen vom 2. Februar 2003: Erstmals Wiederwahl einer CDU-Regierung. In: Zeitschrift für Parlamentsfragen 34, S.671-688.

Schnell, Herbert (2006): Entwicklung und Perspektiven der Schulaufsicht als Steuerungsinstrument in Hessen seit 1945, Kassel.

Schreiber, Waltraud (2005): Schulreform in Hessen zwischen 1967 und 1982. Die curriculare Reform der Sekundarstufe I. Schwerpunkt: Geschichte in der Gesellschaftslehre, Neuwied.

Seelmann-Eggebert, Guido (10.10.2005): Ganztagsschulen in Hessen. In: ibid.

Siemon, Thomas/ Baetz, Jan (06.02.2008): „Ist auch höchste Zeit". Reaktionen auf Ankündigung von Kultusministerin Wolff zu G8, in HNA-online.

SPD-Landesverband Hessen (1998): Volle Kraft für Hessen! Sozialdemokratisches Regierungsprogramm 1999 bis 2003. Verabschiedet vom Landesparteitag in Wiesbaden am 14. November 1998.

SPD (2007): Hamburger Programm. Grundsatzprogramm der Sozialdemokratischen Partei Deutschlands. Beschlossen auf dem Hamburger Bundesparteitag der SPD am 28. Oktober 2007.

Spiewak, Martin (14.7.2005): Vorwärts in Eintracht. Nach dreißig Jahren ist der Kulturkampf um die Bildung vorbei. In: Die Zeit.

Storn, Herbert (22.5.2007): Schulinspektionen sind Instrumente veränderter Steuerung. In: ibid.

Tagesspiegel (28.12.1007): Koch vor dem Machtverlust.

Vogt, Jaqueline (25.11.2007): Vorwärts, wieder zurück. In: Frankfurter Allgemeine Sonntagszeitung (Rhein-Main).

Wiesbadener Tagblatt (29.7.2006): Kerstin Geis – Vollzeit-Mutter mit Vollzeit-Job.

Wolf, Frieder (2006): Die Bildungsausgaben der Bundesländer im Vergleich. Welche Faktoren erklären ihre beträchtliche Variation? Berlin.

Wolff, Karin (2006): Bildungsstandards – Abschied von der Beliebigkeit im Bildungswesen. In: Jörg-Dieter Gauger (Hrsg.): Bildung der Persönlichkeit, Freiburg, S.101-117.

Zilien, Johann (2006): Schulreformen in Hessen 1945-1965. In: Helmut Berding/ Klaus Eiler (Hrsg.): Hessen: 60 Jahre Demokratie. Beiträge zum Landesjubiläum, Wiesbaden, S.298-323.

Dr. Konrad Schacht

Ist Frankfurt eine CDU-Hochburg?

Frankfurt ist nicht nur das wirtschaftliche Herz Hessens. In dieser Metropole zeichneten sich immer schon frühzeitig Trends und Konflikte ab, die später für die ganze Republik bedeutsam wurden. Nach 1945 hat die Frankfurter Stadtgesellschaft tief greifende Veränderungen erfahren: Expansion des Dienstleistungssektors, Zerfall der Arbeitermilieus, starke Zuwanderung von Ausländern und Veränderungen der religiösen Orientierungen sind Stichworte für diesen Prozess. Politisch war Frankfurt bis in die siebziger Jahre eine Hochburg der SPD, die für den Wiederaufbau und die zum Teil rabiate Modernisierung der Stadt nach 1945 die politische Verantwortung trug (Bick/ Schacht 1991). Die Studentenrevolte hatte eines ihrer Zentren in Frankfurt, das mit der Frankfurter Schule, der Buchmesse und dem Verlagswesens immer schon ein Ort wichtiger intellektueller und politischer Debatten war. Seit 2006 wird Frankfurt von einer schwarz-grünen Koalition regiert, an deren Spitze eine CDU-Oberbürgermeisterin steht, die mit breiter Mehrheit direkt gewählt wurde. Ist Frankfurt also jetzt eine konservative CDU-Stadt geworden? Und wenn nicht, wie lässt sich dann die politische Kultur in dieser Stadt heute charakterisieren?

1 Niedergang der Frankfurter SPD

Bei der Direktwahl der Oberbürgermeisterin 2007 siegte Petra Roth für die CDU mit 60,5 Prozent, der Kandidat der SPD bekam 27,5 Prozent. Roth siegte bei sehr niedriger Wahlbeteiligung; für sie stimmten rund 20 Prozent der Wahlberechtigten. Es war die Bestätigung einer attraktiven Amtsinhaberin, nicht aber der schwarz-grünen Römerkoalition. Dieser Sieg ist politisch und psychologisch nicht mit dem CDU-Erfolg von Walter Wallmann 1977 zu vergleichen, als die CDU erstmals in der alten SPD-Hochburg Frankfurt 51,3 Prozent der Stimmen bekam (bei der Kommunalwahl 1972 hatte sie nur 39,8 Prozent bekommen, die SPD 50,1 Prozent). Wallmanns Stadtpolitik, die Fehler der SPD und die bundespolitische Konstellation führten dazu, dass die CDU 1981 bei der KW ihren Stimmenanteil auf 54,2 Prozent ausbauen konnte, während die SPD auf 34 Prozent zurückfiel.

Diese dramatischen politischen Veränderungen veranlassten mich in den achtziger Jahren eine wahlsoziologische Studie zu schreiben, um die SPD-Verluste in einer bedeutenden alten Hochburg zu erklären. Die Untersuchung sollte auch abschätzen helfen, welche Chancen und Probleme die alte Arbeiter- und Sozialstaatspartei nicht nur in krisenhaften stagnierenden Industrieregionen, sondern gerade auch in einer besonders modernen und wirtschaftlich starken Zukunftsregion hat. Die Ergebnisse habe ich 1986 unter dem Titel „Wahlentscheidung im Dienstleistungszentrum" publiziert. Sie lösten eine breite Debatte über die Strategie der SPD in modernen Dienstleistungsstädten aus. Der damalige Frankfurter SPD-Vorsitzende Wentz machte sich die Analyse zum Teil zu eigen und publizierte 1986 die Thesen „Der soziale Wandel in der Dienstleistungsgesellschaft und seine Auswirkungen auf die Politik der Frankfurter SPD".

In Frankfurt kam es in Reaktion auf den von Martin Wentz eingeleiteten Politikwechsel zu heftigen Auseinandersetzungen zwischen „Modernisierern" und „Traditionalisten". Mit der Öffnung für die „neuen sozialen Schichten" gelang es der SPD mit Volker Hauff 1989 eine rot-grüne Mehrheit zu gewinnen. Die CDU fiel von 49,6 (1985) auf 36,6 Prozent zurück, die SPD kam auf 40,1 Prozent. Die Entwicklung zeigte die hohe Mobilität der Frankfurter Wähler, die keiner politischen Partei längerfristige Sicherheit geben konnte, die Mehrheit zu gewinnen. Die CDU fiel von 49,6 Prozent (1985) auf 36,6 Prozent zurück, die SPD kam auf 40,1 Prozent. Die Wahl von 1989 zeigte aber auch, dass die Konzentration der neuen Politik der SPD auf die Mittelschichten und die Abwendung von traditionellen Gewerkschaftsthemen Folgen für die Wählerbewegungen hatte, die vorher nicht gesehen wurden. Die Verluste der SPD in ihren Hochburgen und die Erfolge von NPD und REP dort, die auch eine Reaktion auf die Zuwanderungsdebatten unter einem CDU-Kanzler waren, waren auch ein Indikator für die unzureichende Berücksichtigung benachteiligter unterer Schichten durch die neue SPD-Politik, die sich zumindest oberflächlich an den Werten und Lebensstilen der prosperierenden Mittelschichten orientierte (hierzu besonders Hennig/ Kieserling 1991).

Meine Wähleruntersuchung von 1986 führte die Veränderungen in Frankfurt auf mehrere Faktoren zurück: die Tertiarisierung der Wirtschaft, die Erosion der Arbeitermilieus, die relative Stabilität des katholischen Milieus zur Sicherung der Stammwählerbasis der CDU und die Existenz eines großen Anteils politisch ungebundener Wähler der Mittelschichten, die keine ideologisch-parteilichen Loyalitäten kennen. Dies wiederum hatte zur Folge, dass die überzeugend kommunizierte Stadtpolitik Wallmanns mit starken kulturpolitischen Akzenten und für konsequente wirtschaftliche Modernisierung eine breite Unterstützung gerade bei diesen modernen Schichten finden konnte. Der Einbau kompetenter Sachpolitiker der SPD wie z.b. Hilmar Hoffmanns sicherte der CDU-Administration Vertrauen im SPD-Milieu und half bei der Neutralisierung der Oppositionsbemühungen.

Die große Beweglichkeit der Frankfurter Wähler hatte außerdem zur Folge, dass eine „Dialektik der Machtebenen" sich sehr stark auswirkte. Danach verliert die Kanzlerpartei bei den folgenden Regionalwahlen dadurch, dass sie nur wesentlich schlechter mobilisieren kann als die Opposition im Zentralstaat. Bei einer SPD-geführten Bundesregierung bedeutete dies bei der Kommunalwahl 1981, dass die SPD nur 71,9 Prozent, die CDU aber 112,6 Prozent ihres bei der Bundestagswahl erreichten Wählerpotentials ausschöpfen konnte. Diese Dialektik, die bei der Kommunalwahl und der Landtagswahl die bundespolitischen Oppositionsparteien durch bessere Mobilisierungschancen begünstigt, schwächt bei den Zwischenwahlen besonders die Kanzlerpartei; dies umso stärker, je mehr der Wahltermin in der Mitte der Bonner/ Berliner Legislaturperiode liegt. Dieser strukturelle Mechanismus der asymmetrischen Mobilisierungschancen kann von den landes- und kommunalpolitisch agierenden Eliten nicht außer Kraft gesetzt werden. Sie wundern sich immer wieder über große Verluste, obwohl sie doch eine so gute Politik in ihrem jeweiligen Bereich gemacht haben (hierzu z.B. Bick/ Schacht 1991: 330; Hohmann/ Schacht 1996: 169).

2 Pluralisierung des Parteiensystems

Für die Entwicklung der Volksparteien CDU und SPD in Frankfurt waren und sind nicht nur die ungebundenen Wähler und die Wahlenthaltungen von Bedeutung, sondern auch die Entwicklung neuer Parteien an den Rändern. Bedeutsam für Frankfurt ist die Entstehung eines alternativen Milieus im Zusammenhang mit der Bildungsexpansion und dem postmaterialistischen Wertewandel. Diese Faktoren führen zum Anstieg der Grünen-Wähleranteile und reduzieren die SPD-Wähleranteile. Die großen Verluste der CDU bei der Kommunalwahl 1989 sind u.a. auch durch den Machtwechsel im Bund zur CDU und durch das Erstarken der NPD zu erklären. Die starken Einbußen der SPD bei der Kommunalwahl 2006 (die Partei Walter Kolbs und Rudi Arndts kam nur noch auf 24 Prozent) sind wiederum u.a. eine Folge des Anwachsens der Linkspartei, die eine Reaktion auf die von Schröder geprägte SPD-Politik im Zentralstaat ist. Die Macht im Bund führt also nicht nur zu asymmetrischen Mobilisierungen bei Landtags- und Kommunalwahlen, sondern trägt auch zu Erosionen an den Rändern des politischen Spektrums bei, weil die Erwartungen besonders ideologisierter Anhängergruppen durch die Zwänge der Regierungsarbeit im Bund enttäuscht werden müssen.

3   Fehlanpassung bei der Mitgliederentwicklung

Ein wichtiger Faktor des Niedergangs der Frankfurter SPD ist natürlich auch ihre Organisations- und Mitgliederentwicklung. In Frankfurt stellte sich früh und besonders heftig die Frage, wie die alte Arbeiterpartei auf die neuen Schichten der Dienstleistungsgesellschaft reagieren soll. In den siebziger Jahren strömten Angehörige der akademischen Mittelschicht in die Partei ein, was zu Konflikten mit den „klassischen" Mitgliedern führte. Um eine „Fehlanpassung" an die Dienstleistungsgesellschaft handelte es sich insofern, als diese akademisch gebildeten und postmateriell orientierten Gruppen die Interessen der materialistisch orientierten Mehrheiten in den Mittelschichten falsch einschätzten. Wallmann konnte so mit seiner Politik der wirtschaftlichen Modernisierung (Flughafenausbau z.B.) bei diesen Gruppen große Erfolge erzielen. Die SPD dagegen war durch Konflikte gelähmt und bewegte sich durch ihre Ablehnung der politischen Großprojekte Wallmanns ins Abseits.

Der Niedergang der Frankfurter SPD bei Kommunalwahlen läuft parallel zum Rückgang ihrer Mitgliederzahlen. Waren am 31.12.1990 noch 7 902 Mitglieder in der SPD, sind es am 1.1.2007 nur noch 4 120. Dieser dramatische Schrumpfungsprozess (der sich ähnlich auch für die Bundespartei zeigt) macht deutlich, wie gering die Attraktivität dieser ehemals bedeutenden Parteiorganisation geworden ist. Eine empirische Fallstudie konnte zeigen, wie alteingesessene Funktionäre und Platzhalter langfristig ihre Statusinteressen und kleinkarierten Machtspiele auf Kosten neuer und interessanterer Mitglieder durchsetzten. Entsprechend blass und schwach waren dann auch die von ihnen unterstützten Kandidaten für Spitzenämter, die möglichst nicht in der Lage sein sollten, Veränderungen im verfilzten Machtgefüge der lokalen SPD durchzusetzen.

4 Von „rot-grün" zur Großkoalition

Volker Hauff ist mit seiner Politik der rot-grünen Neuorientierung der Stadtentwicklung an den innerparteilichen Widerständen gescheitert. Der Seiteneinsteiger und seine Mannschaft wurden von einem Teil der alteingesessenen SPD-Kader nicht akzeptiert und politisch folgenreich bekämpft. Das Vierparteienbündnis mit der direkt gewählten Petra Roth an der Spitze hat sein Stadtentwicklungskonzept zum Teil umgesetzt, darüber hinaus jedoch eher wenig konzeptionelle Dynamik entfaltet. Die Umfragen des Statistischen Amts der Stadt Frankfurt zeigen seit Anfang der neunziger Jahre eine wachsende Zufriedenheit der Frankfurter Bürger in wichtigen Lebensbereichen, für deren Gestaltung die Kommunalpolitik zuständig ist (Frankfurter Statistik aktuell 18/2007). Die stark gestiegene Arbeitslosigkeit und die soziale Polarisierung der Stadtgesellschaft stärkte und stärkt die Ränder des Parteienspektrums, ist aber von der Bundespolitik zu verantworten. Frankfurt ist nicht mehr die krisengeschüttelte Metropole und „unbewohnbar wie der Mond" (Zwerenz 1973), aber die sozialen Probleme der Massenarbeitslosigkeit, der Armut und der Abstiegsängste führen gerade in einer so reichen Stadt bei den davon Betroffenen zu besonders intensiven Deprivationen. Radikale politische Gruppierungen, die in einer Wachstumsgesellschaft ohne ausreichenden sozialen Ausgleich diesen Deprivationen Ausdruck verleihen, haben deshalb gerade in dieser reichen Stadt immer gute Chancen gehabt.

5 Rückgang der Wahlbeteiligung

Ein demokratiepolitisch gravierendes Problem der Frankfurter Wählerentwicklung ist der kontinuierliche Rückgang der Wahlbeteiligung bei den Kommunalwahlen. Die 33,6 Prozent Wahlbeteiligung bei der Oberbürgermeister-Wahl 2007 waren nur der bisherige Tiefpunkt einer längeren Entwicklung (Kommunale Wahlbeteiligung: 1948: 71 Prozent; 1977: 71,8 Prozent; 1997: 60,5 Prozent; 2006: 40,4 Prozent).

Zum Teil ist dies eine Reaktion auf den gesunkenen kommunalen Problemdruck im Vergleich mit den sechziger und siebziger Jahren. Es ist aber vor allem auch ein Zeichen dafür, dass große Teile der Bevölkerung sich von der Politik der Stadt und der Parteien nicht angesprochen und vertreten fühlen. Hier wird ein großes politisches Entfremdungspotenzial in der Stadt deutlich. Die „Politik" scheint für große Teile der Stadtgesellschaft unwichtig und problematisch geworden zu sein. Radikalisierungen könnten sich gerade aus diesem Potenzial speisen, wenn die immer virulenter werdenden sozialen Ungerechtigkeiten nicht abgebaut werden, die gerade in einer reichen Stadt von den Betroffenen als besonders schmerzhaft empfunden werden.

6 Probleme der schwarz-grünen Koalition

Zur politischen Entfremdung in der Stadt trägt mit Sicherheit die Bildung der schwarz-grünen Koalition bei. Die IPOS-Umfrage im Auftrag der FAZ (FAZ Rhein-Main vom 11.2.2006, S.65) vor der Kommunalwahl 2006 ergab, dass 4 Prozent der Wahlberechtigten in Frankfurt ein solches Bündnis wollten. 13 Prozent der Grünen-Wähler und 5 Prozent der CDU-Sympathisanten sprachen sich für eine schwarz-grüne Koalition aus. Die Oberbürgermeisterwahl bestätigte die Distanz der Grünen-Wähler zur CDU-Politik. Nur 24 Prozent von ihnen votierten für Petra Roth laut IPOS-Umfrage vor der Oberbürgermeisterwahl 2007 (FAZ Rhein-Main vom 20.1.2007, S.51). Diese Daten bestätigen nur die aus Umfragen bekannte Tatsache, dass die Grünen-Wähler sich deutlich weiter links einstufen als die SPD-Anhänger.

Die Grünen sind, gerade wenn es um politische Grundwerte geht, der eigentliche Gegenpol zur CDU (vgl. hierzu Görl 2007). Aus dieser Spannungslinie bezogen sie ihre besondere Mobilisierungskraft, die die Volkspartei SPD wegen ihrer Koalitions- und Integrationszwänge schon länger verloren hat. Wenn die Grünen eine Regierungskoalition mit ihrem dezidierten Gegner machen, wird die Abbildung von „Lagermehrheiten"(wie bei der Großen Koalition in Berlin) blockiert und die Wählervoten werden neutralisiert.

Die Folgen für den demokratischen Prozess sind absehbar. Die Wähler bleiben bei Wahlen mehr und mehr zuhause, weil sie ihre Erwartungen und Wertpositionen nicht mehr in den politischen Entscheidungen ihrer Eliten wiederfinden, die in exekutiven Zwängen agieren. Schwarz-grün wird in Frankfurt jedoch nicht nur die Wahlenthaltung begünstigen, sondern auch die Abwanderung zu Flügelparteien an ihren jeweiligen Rändern. Die Folge einer (regierungstechnisch begründbaren) Koalitionspolitik quer zu den politischen Lagern führt zu weiterer Zersplitterungen des Parteiensystems und zu einer Delegitimierung des Regierungshandelns.

7 Fehleinschätzungen der Dienstleistungsgesellschaft

Die von Wentz konzipierte und von Hauff als Kandidat und Oberbürgermeister repräsentierte Politik für die Dienstleistungsstadt Frankfurt hat sich auf eine Analyse der Stadtgesellschaft gestützt[1], die unzureichend war, was z.b. Hennig und Kieserling in ihrer Analyse der Frankfurter Kommunalwahl 1989 sehr differenziert kritisiert haben (Hennig/ Kieserling 1991).

Die Dienstleistungsgesellschaft ist keine klassenlose Individualistengesellschaft, deren Mitglieder nur von Nutzen-Kosten-Kalkülen und Lebensstilkonzepten gesteuert werden. Auch in ihr spielen die Arbeiterwähler besonders für die SPD noch eine zentrale Rolle und das gewerkschaftliche Kommunikationsnetz ist für die Mobilisierung bei Wahlen weiterhin zentral. Gerade die Angehörigen der Mittelschichten haben wachsende Angst vor dem Absturz in Armut und sind wie die Arbeiter Befürworter des sichernden Sozialstaats. Vor allem ist die Dienstleistungsklasse selbst in sehr heterogene Subgruppen differenziert, die ein unterschiedliches Wahlverhalten bedingen (vgl. Müller 1998 und Görl 2007). Weder die These von der abnehmenden Bedeutung des Klassenkonflikts bei Wahlen, noch die von der zunehmenden Bedeutung postmaterieller Werte für eine so genannte „Neue Politik" scheint von den empirischen Daten gedeckt zu sein, die heute vorliegen.

In Frankfurt hat die Modernisierung der Stadtpolitik sich an einem einseitig positiven und ökonomistischen Bild der Stadtgesellschaft orientiert. Frankfurt wurde als eine reiche Wachstumsmetropole ohne soziale Probleme mit flexiblen, konsumorientierten und leistungsstarken Mittelschichtlern gesehen[2]. Erst in den neunziger Jahren begann eine Debatte über die soziale Polarisierung der Stadtgesellschaft und über die Verteilung der Armutsrisiken in bestimmten städtischen Regionen und Gruppen. Empirische Studien machten deutlich, dass die Modernisierung gerade auch in der Wachstumsmetropole Frankfurt zu einem „gespaltenen Fortschritt" mit wachsenden sozialen Risiken führt (von Freyberg 1996).

---

[1] Die Analyse hat der Autor zum Teil mit zu verantworten.
[2] Siehe hierzu die Diskussion in der Neuen Gesellschaft vom April 1987 zur „Erosion in den großen Städten".

8   Frankfurt – eine postdemokratische Stadt ?

Der englische Sozialwissenschaftler Colin Crouch (2007) hat für den Niedergang und den Zerfall demokratischer Politik den Begriff der „Post-Demokratie" geprägt. Die Dominanz privater ökonomischer Macht über alle anderen Interessen im politischen Prozess höhlt die Demokratie aus. Mit dem Bedeutungsverlust der Arbeiterbewegung und ihrer Parteien ist ein entscheidender egalitärer demokratischer Faktor geschwächt worden, für den beispielsweise Bürgerinitiativen kein Ersatz sein können. Die Deligitimierung des Staates durch die Privatisierung öffentlicher Aufgaben verstärkt den Prozess der Abwendung der Bürger von der Politik, die auf die Alltagsprobleme der Bürger immer weniger Einfluss hat. Nur durch die Mobilisierung neuer Identitäten in den Wahlen und für linke Parteien hat egalitäre demokratische Politik wieder eine Chance: „Democratic politics therefore needs a vigorous, chaotic, noisy context of movements and groups. They are the seedbeds of future democratic vitality"(Crouch 2007: 120).

In Frankfurt zeichnet sich der Prozess zur kommunalen Postdemokratie sehr deutlich ab. Die Entwicklung der Stadt wird massiv durch ökonomische Interessen geprägt, gegenüber denen die Wohnbevölkerung kaum Gestaltungschancen hat. Rechtsradikale Wählerproteste ändern daran ebenso wenig, wie andere Splittergruppen oder die erstarkende Linkspartei.

Die Zeiten der großen Proteste gegen den Flughafenausbau oder die Zerstörung von bürgerlichem Wohnraum im Westend sind vorbei. Die schwarz-grüne Koalition hat sogar eine Schlüsselfrage Frankfurter Politik, nämlich den Ausbau des Flughafens, aus ihren Vereinbarungen ausgeklammert. Die Grünen schlossen gegen die eindeutigen Präferenzen ihrer Wähler eine Koalition mit der CDU, deren Anhänger diese Zusammenarbeit ebenfalls laut Umfragen klar ablehnten. Die SPD ist durch die Tertiarisierung ihrer klassischen Basis beraubt und hat es nicht geschafft, die für sie ansprechbaren Gruppen der Dienstleistungsgesellschaft für sich zu organisieren und zu politisieren. Jahrelang hat sie in einer Allparteienkoalition die Politik der Stadt mitbestimmt und dabei jedes Profil verloren.

Frankfurt ist deshalb jedoch keine Hochburg der CDU geworden. Die CDU bekam bei der Bundestagswahl 2005 bei einer Wahlbeteiligung von 75,8 Prozent gerade einmal 29,3 Prozent der Stimmen, bei der Kommunalwahl 2006 bei einer Wahlbeteiligung von 40,4 Prozent nur 36 Prozent. Dass die CDU in Frankfurt mit ihrer Oberbürgermeisterin aber so agieren kann, als wäre die Stadt eine CDU-Hochburg, ist nur möglich, weil sich die politischen Eliten eine weitgehende Abkopplung von der apathisierten Wahlbevölkerung der Stadt erlauben können.

Für diesen Verfall des demokratischen Prozesses ist insbesondere die SPD verantwortlich, die es nicht geschafft hat, in der veränderten Stadtgesellschaft egalitäre demokratische Politik zu verankern und für Wahlen zu mobilisieren. Die Post-Demokratie konnte so schon weitgehend in der Frankfurter Kommunalpolitik Wirklichkeit werden.

Die Ergebnisse der Landtagswahl 2008 bestätigen die Analyse. Der stark polarisierte Wahlkampf der Parteien hat die Bürger kaum stärker mobilisiert als bei der letzten Landtagswahl; die Wahlbeteiligung in Frankfurt stieg nur um 1,5 Prozent. Die „Dialektik der Machtebenen" führte dazu, dass die jetzige Kanzlerpartei CDU nicht mehr den „Anti-Schröder-Bonus" von 2003 hatte und schlechter mobilisieren konnte; sie verlor 2008 gegenüber 2003 16700 Stimmen. Die SPD wurde mit 33,5 Prozent knapp stärkste Partei vor der CDU mit 33,2 Prozent, weil sie durch den linken Wahlkampf der Spitzenkandidatin im Land sehr gut mobilisieren und vor allem auch den in der schwarz-grünen Koalition befindlichen Grünen Stimmen abnehmen konnte. Die Grünen in Frankfurt verloren mit minus 5,7 Prozent deutlich über dem Landesdurchschnitt von minus 2,6 Prozent. Die neue Partei Die Linke konnte erfolgreich die sozialen Probleme und Deprivationen in der Stadtgesellschaft in Stimmen umsetzen und kam auf 7,1 Prozent.

Die Landtagswahl 2008 bestätigt die Tendenz zu einem stark pluralisierten Parteiensystem mit einer sich stabilisierenden Linkspartei. Deutlich wurde auch, dass selbst ein massiv polarisierter Wahlkampf in den Medien die Bürger nur begrenzt politisiert, d.h. die post-demokratischen Tendenzen sind auch bei der Landtagswahl bestimmend geblieben.

Die SPD hat zwar die CDU überrundet und die These von der CDU-Hochburg Frankfurt nochmals eindeutig widerlegt. Aber sie ist weit davon entfernt, wieder die bestimmende Kraft in der Stadt zu sein. Dafür dürfte entscheidend sein, „ob es der SPD gelingt, bei den modernen Mittelschichten neue Koalitionspartner zu finden. Der Strukturwandel im tertiären Sektor, Angestelltenarbeitslosigkeit, Veränderungen der Büroarbeit und das gewerkschaftliche Organisationsverhalten dieser Schichten dürften dabei ebenso wichtig sein wie die Politik und das Personalangebot der SPD. Bildet sich eine solche neue „Koalition" heraus, würde der „soziale Konflikt" revitalisiert und seine Basis verbreitert, was den Stammwählersockel der SPD in diesen Ballungsräumen vergrößern würde."(Schacht 1986: 167)

Literatur

Bick, Wolfgang/ Schacht, Konrad (1991): Alte und neue Wachstumsregionen: Indikatoren zum Vergleich der politischen Entwicklung in Duisburg und Frankfurt. In: Oberndörfer, Dieter/ Schmitt, Karl: Parteien und regionale politische Traditionen in der Bundesrepublik Deutschland, Berlin S.315-332.

Crouch, Colin (2007): Post-Democracy, Cambridge.

Die Neue Gesellschaft/ Frankfurter Hefte (1987): Erosion in den großen Städten? Heft 4, Bonn S.336-362.

Freyberg, Thomas von (1996): Der gespaltene Fortschritt. Zur städtischen Modernisierung am Beispiel Frankfurt am Main, Frankfurt/ New York.

Görl, Tilo (2007): Klassengebundene Cleavage - Strukturen in Ost- und Westdeutschland, Baden-Baden.

Hennig, Eike/ Kieserling, Manfred (1991):Eine Stadt- viele Welten: Urbane Probleme im Brennpunkt der Frankfurter Kommunalwahl vom 12.3.1989. In: Oberndörfer, Dieter/ Schmitt, Karl: Parteien und regionale politische Traditionen in der Bundesrepublik Deutschland, Berlin S.333-370.

Hohmann, Eckart/ Schacht, Konrad (1996): Landtagswahlen in Hessen. In: Heidenreich, Bernd/ Schacht, Konrad: Hessen. Wahlen und Politik, Stuttgart S.164-194.

Müller, Walter (1998): Klassenstruktur und Parteiensystem, Kölner Zeitschrift für Soziologie, Jg.50, Heft 1, S.3-46.

Schacht, Konrad (1986): Wahlentscheidung im Dienstleistungszentrum, Opladen.

Wentz, Martin (1986): Der soziale Wandel in der Dienstleistungsgesellschaft und seine Auswirkungen auf die Politik der Frankfurter SPD, Frankfurt.

Zwerenz, Gerhard (1973): Die Erde ist unbewohnbar wie der Mond, Frankfurt.

Eike Hennig

Wahlverhalten und Parteiidentifikation in hessischen Städten

> *„Der Geschichtsunterricht muss auf getreue, unver-*
> *fälschte Darstellung der Vergangenheit gerichtet*
> *sein. Dabei sind in den Vordergrund zu stellen, die*
> *großen Wohltäter der Menschheit, die Entwicklung*
> *von Staat, Wirtschaft, Zivilisation und Kultur..."*
> *(Art. 56 (5), Hessische Verfassung vom 1. 12. 1946)*

Auf Grundlage von Aggregatdaten steht die Analyse der hessischen Landtagswahlen 2003 und 2008 sowie der Bundestagswahlergebnisse 2005 in den Städten
Hessens im Zentrum. Muster des Wandels und der Parteiunterstützung sollen
bezeichnet werden.

1 Alles fließt

Bei der Bundestagswahl 2005 hat sich ein Drittel der Wählerinnen und Wähler
anders entschieden als in der vorangegangenen Wahl 2002. Es pendelt sich ein,
dass ein Drittel die Wahl seines Kreuzes bis in die Wahlkabine mit sich herum-
trägt. Die Hälfte der Wähler entscheidet sich bei der Bundestagswahl 2005 erst
knapp vor dem Wahltag. 2008 treffen in Hessen 29 Prozent erst in den letzten
Tagen und Wochen ihre Wahlentscheidung, besonders früh legen sich die Wähler
der CDU fest, sehr spät entscheiden sich die der Linken. Gut ein Drittel der Wähler verfügen über keine gewachsene Parteibindung, derselbe Teil kann als Wechselwähler bezeichnet werden. Parteibindungen insgesamt gehen zurück, eine
Volatilität, die besonders den Kleinparteien schadet (oder nicht, wenn sich ihre
skurril-bewegten Gründergruppen verlaufen). Besonders eine affektive Parteibindung über längere Zeit – ebenso wie die Prägung durch eine politisierte Sozialstruktur – sichert ein stabiles Wahlverhalten. Abnehmende Identifikation bedeutet für Großparteien, dass ihre Stammwähleranteile sichtbar kleiner werden
und ihre Stimmenkonten von Ab- und Nichtwahl und Konkurrenz betroffen
werden. Der Stabilitätsfaktor Volkspartei schwindet ebenso, so wie sich beide

mehr und mehr in der Mitte treffen. Die Mitglieder dieser großen Parteien nehmen seit 1990 rapide ab (bei der SPD noch mehr als bei der Union), und die Konzentration, die addierten Stimmanteile von SPD und Unionsparteien, schrumpft bei den Bundestagswahlen auch in Hessen von maximal 90,5 Prozent (1976) bzw. von 79,3 Prozent (1990) auf 69,3 Prozent (2005) (s. hierzu den Beitrag von Schroeder/ Albert/ Neumann in diesem Band). – Irgendwie gerät viel in Fluss!

Sozialstrukturelle Determinanten, wie sie als Wegweiser am Anfang der modernen, empirischen Wahlforschung stehen („Ein Mensch denkt politisch entsprechend seinem sozialen Sein. Soziale Merkmale bestimmen die politischen Präferenzen" (Lazarsfeld u.a. 1969: 62)), solche Prägungen gelten, abgeschwächt, zwar immer noch, kommen aber mit anderen länger- und kurzfristigen Effekten in Kollision. Das Modell zur Erklärung des Wählens ist komplexer geworden. Es heißt, die Interaktion von Politik und Sozialstruktur schwäche sich ab, die politisierte Sozialstruktur (Brettschneider u.a. 2002) mit ihren lebensweltlichen Einbindungen in Milieus oder mindestens Netzwerke sei deutlich im Schwinden[1]. 1980 bis 1998 rekrutieren die traditionellen Cleavages der Gewerkschaftsmitgliedschaft für die SPD und der Kirchgangshäufigkeit für die Union rund 20 Prozent der Wahlabsicht (Hennig/ Lohde-Reiff 2002: 120 f.). Bezogen auf das reale Wahlverhalten sollen die Stammwähler entlang der Cleavages, d.h. der Formierungs- wie Bruchlinien politischer Organisationen wie Ideologien, den Volksparteien gerade noch über die Fünf-Prozent-Hürde verhelfen (Neu 2008: 27). Vor allem der Wegfall der prägenden Sozialmilieus bricht die als „rotes Hessen" bzw. „Ära Zinn" benannte Erfolgsgeschichte des Lernens und Qualifizierens auch der sozialdemokratischen politischen Klasse. Die bis zum Abschied Hans Eichels (1999) nachwirkende Garde der Oberbürgermeister und Landräte, die ministrabel werden und parteiintern verankert sind, schmilzt bis auf wenige nordhessische Ausnahmen. Newcomer, Quereinsteiger und Verlegenheitskandidaten kommen nach vorn, letzte „Lokalfürsten", früher eine sichere Bank der SPD, versagen sich. Die geringere Prägung durch die Sozialstruktur beeinflusst nicht nur die Wählermobilität, sondern auch das Parteileben und deren Aufstellung im sozialräumlichen Feld der Kandidaten und Themen seitens der Partei sowie der Orientierung durch die Wähler.

Von einer „neuen Unberechenbarkeit" des Wählers ist die Rede (Neu 2008: 27). Mit abnehmender Wirkung der Sozialstruktur nimmt das Problem der Mobilisierung ungebundener Wähler zu, damit wird eine sogenannte „Normalwahl"

---

[1] Gilt dies auch für die neue Partei, Die Linke im Westen? Gilt dies für alle Wählergruppen und Parteien gleichermaßen?

ohne bedeutendes Einwirken vielfältiger kurzfristiger Einflüsse unwahrscheinlicher (Pappi/ Shikano 2002). Wer in die Netzwerke einer politisierten Sozialstruktur nicht eingebunden ist, der dürfte für kurzfristige Faktoren empfänglicher sein. Es gibt ein vielfältiges Gemenge: Lang-, mittel- und kurzfristige Einstellungen der Sozialstruktur, Parteibindung und Kandidaten- wie Themenorientierung, Lernprozesse, Prozesse der Vertrauensbildung, des Bewahrens, der Vergabe und des Entzugs von Vertrauen, Medien und Massenkommunikation, Personalisierung, kommunikative Netzwerke, Wertorientierungen, Zukunftserwartungen wirken zusammen, um die Wahlabsicht und letztlich eine Wahlentscheidung herauszubilden. Dieses Zusammenspiel dürfte schon lange nicht mehr dem klassischen Kausalitätstrichter von der Sozialstruktur über die Parteibindung, die Orientierung an Themen und Kandidaten zum Wahlkreuz folgen, residuale Einflüsse gewinnen an Gewicht (Pappi/ Shikano 2007: 23, Falter/ Schoen 2005: 193, 195, 199 ff.). „In den letzten Jahren wird der Wähler immer undurchsichtiger" (Neu 2008: 25).

In dieser unklaren Situation ist Komplexitätsreduktion gefragt (Geschwend/ Norpoth 2005[2]). Es verwundert aber ebenso nicht, dass das Genre Wahlforschung Aufwind bekommt (vgl. Klein u.a. 2000, Oberreuter 2004, Falter u.a. 2005, Falter/ Schoen 2005, Pappi/ Shikano 2007, Rattinger u.a. 2007). Wieder einmal könnte die empirische Sozialforschung entscheidend durch Änderungen in der Sache, sozial bedingten Mustern des (Aus)Wählens, und durch diesbezügliche wahlsoziologische Impulse profitieren (Noelle-Neumann 2000, Pappi/ Shikano 2007). Vor allem kommt es darauf an, auch die Ebenen der Regionen und Länder in die Betrachtung einzuschließen. Ein Großteil der realen Vielfalt besagter Wandlungen würde sonst in nationalen, nur nach Ost und West ausdifferenzierten Mittelwerten und somit zu groß gefassten Trends verschwinden.

2 Forschung und Intention

Als Land wird Hessen, auf der Subebene werden seine kreisfreien Städte berücksichtigt. Hier müssen sich eine Probe und eine Darstellung der Eingangsbewegungen finden lassen. Dem unterliegt als methodisches Credo eine Aversion gegen empirieferne Abstraktionen zum Beispiel gegenüber räumlichen Modellen

---

[2] Direkt ist das Modell auf Landtagsebene nicht zu rechnen. Es müsste für jedes Land hinsichtlich der Gewichtungen und der Konstante in der einfachen Regressionsgleichung spezifiziert werden.

der Auswahl und des Parteienwettbewerbs, die sich allein mit dem Orientie-
rungs-, Präsentations- und Wahrnehmungsraum von Policy-Präferenzen beschäftigen (Pappi/ Shikano 2007: 111 ff.) und das Interagieren von Sozialraum, Schwel-
lenwerten und Wählen außen vor lassen. Selbstverständlich gibt es eine Fülle an
alter wie neuer, guter Literatur – Franz Pappi und Susumu Shikano (2007) verbinden beides, den Forschungsstand mit Modellen und neuen Fragen, aber die
Wahl der Position folgt eher (psychologisch und handwerklich) der Intention,
dem Einfall, der Eingabe, dem Gespür, als den Hypothesen gemäß der Theorie.
Wenn die Lage so im Fluss ist, wie es der Eingangstenor besagt, dann scheidet,
möchte ich meinen, der deduktive Weg einer Prüfung „fertiger" Theorien aus.
Als „Induktivist" wird nach Mustern in den Wahlergebnissen gespürt, um diesem beobachteten Befund in Verbindung mit alltäglichen Eindrücken Erklärun-
gen mittlerer Reichweite zuzuordnen (Behnke u.a. 2006: 27 ff.). Die Intention ist
ein merkwürdig besonderes Zusammentreffen von Wissenschaft, Methoden,
Beobachtung und Eindruck; Max Weber z.B. (in seinem Vortrag „Wissenschaft als
Beruf") beschreibt dies und fordert vom Wissenschaftler eine Arbeitsweise, um
ggf. über viele auch triviale Rechenexempel zum „Einfall" zu kommen.

Warum es am 17. Januar klar geworden ist, morgens um 5:40 Uhr, und a-
bends in „Hessen vor der Wahl: Schule, Hochschule und Familie" durch die TV-
Diskussionsrunde hessischer Bildungspolitikerinnen eine Bekräftigung erfuhr,
Koch verliert die Wahl, das entzieht sich der Berechnung. Es zeigt sich, die Bilanz
der Regierung Koch lässt sich zu diesem Zeitpunkt, nach Beginn der heißen Phase des Wahlkampfs am 2. Januar bzw. nach der neuerlichen Verschärfung am
13./14. Januar, gar nicht mehr aufmachen. Das Koch/ CDU-Eigengewächs „Negative Campaigning" bzw. der „Wahlkampfschlager Jugendschläger" (FGW Hessen
2008: 12 f.) überlagern alles, verhindern jede andere, ja überhaupt eine Argumen-
tation, stören jede Kommunikation im Respekt mit Anderen.[3] Ein Kompetenz-,
Leistungs- und Problemprofil darzustellen wird unmöglich, wird auch nicht
mehr versucht. Die Koch-CDU bleibt bis zum letzten Aufruf und zum beinahe
untergehenden Aufgebot gegen „Ypsilanti, Al-Wazir und die Kommunisten"
stecken (s. dazu den Beitrag von Neumann/ Schmid in diesem Band). Ein Schach-
zug der CDU-Opposition, um 1999 mit der Kampagne gegen die doppelte Staatsbürgerschaft in die Regierung gewählt zu werden (mit 4 Prozentpunkten vor der
SPD bzw. Hans Eichel), lässt sich nach zwei Legislaturperioden nicht wiederho-

---

[3] Diesbezüglich lassen sich andere Akteure implizit in den Kreis Kochs hineinziehen, obwohl die Umkehr bereits am 9. Januar mit dem Auftritt Kochs in der Talkshow „hart aber
fair", mit dem Eingeständnis hessischer Versäumnisse beginnt.

len, passt nicht zur Seriosität und zum gelassenen Kompetenzprofil, wie es die Mehrheit der hessischen Wählerinnen und Wähler gegen Koch von einer Landesregierung verlangen. Die Anti-Koch Einstellung verdeckt als ein bunter, bis in die FDP-Gewinne reichender Regenbogen, dass auch andere Politiker ausgrenzen und Wähler beschimpfen. Insgesamt ist der moralische Aufschrei laut und polarisiert, mobilisiert gegen Koch, verdeckt aber damit zugleich die politischen und kommunikativen Mängel der breiten Anti-Koch Fronde vom Nichtwähler über Die Linke bis zur FDP. Summa: 2008 verliert die CDU 12 Prozentpunkte, nur mit 3.595 Stimmen (0,08 Prozent der Wahlberechtigten) bleibt sie hauchzart vor der SPD (gegenüber einem Plus von mehr als 500.000 bzw. 12 Prozent der wahlberechtigten Wählern 2003). Laut Geschäftsordnung des Landtags bleibt die CDU damit, trotz der gleichen Sitzverteilung und der großen Verluste, die stärkste Fraktion im Landtag. Die SPD kann ihr zweitschlechtestes Ergebnis (nach 2003) als Triumph feiern. Als perfide „List der Vernunft" kommen die politischen Mängel des Wahlkampfs beim Aushandeln der Koalition und bei der Regierungsbildung hervor. Ferner rächen sich, die sich aus der abnehmenden Prägung der Sozialstruktur und der Milieus ergebenden Rekrutierungsmuster der Parteien im Anti-Koch-Bogen. Eine große Zahl an Newcomern steht einer enormen Aufgabe im diffizilen Fünf-Parteien-Parlament mit einer Linken neben der SPD gegenüber.

Der andere Einfall kommt am Wahlabend im Funkhaus des Hessischen Rundfunks: Nach einigem Hin und Her bei den Hochrechnungen – anfänglich platzieren Prognosen Die Linke bei 4,9 bzw. 4,8 Prozent - ist ab 19:36 bzw. 19:37 Uhr ein Ergebnis von 5 Prozent plus gesichert. Vor Mitternacht verkündet der Landeswahlleiter das vorläufige Endergebnis: 140.488 Hessen (3,2 Prozent der Wahlberechtigten und 5,1 Prozent der gültigen Stimmen) haben links von der SPD gewählt. Die SPD hat ihr, auch bundespolitisch bedeutendes zweites Ziel, „der aufstrebenden Linken... nicht allein das Feld [zu] überlassen", indem sie mit Begriffen wie „sozial" und „Gerechtigkeit" Position bezieht (FGW Hessen 2008: 13), nicht erreicht. Das ungeklärte Verhältnis zur neuen Situation in einem Fünf-Parteien-Parlament und gegenüber der im Wahlkampf verteufelten Linken meldet sich zurück, als es um die Politik der Machtverteilung und Koalitionsbildung geht. 2008 votieren 23 Prozent der hessischen Wahlberechtigten für CDU und SPD. Trotz eines hoch politisierten, zugespitzten, ja, feindlichen Wahlkampfes stagniert die Wahlbeteiligung bei 64,3 Prozent und bleibt 0,3 Prozentpunkte hinter 2003 zurück. Umfragen vor der Wahl haben ergeben, dass mit Ausnahme der 18- bis 24-Jährigen alle Bildungs- und Altersgruppen der Landtagswahl 2008 Bedeutung zumessen, dennoch bleibt die Beteiligung gleich und eher niedrig.

Zu zeigen ist also, welche Muster bilden sich ab in der Niederlage der CDU, dem Gewinn der SPD, dem (stark städtisch bestimmten) Landtagseinzug der Linken, den Gewinnen für die FDP (42.000 Stimmen) und den herben Verlusten der Grünen in den hessischen Städten (69.000 Stimmen).

3   Was tun – was nicht?

Bevor die Thematik am Beispiel der kreisfreien Städte Hessens, nämlich Darmstadt, Frankfurt, Kassel, Offenbach und Wiesbaden, und der Landtagswahlen 2003, 2008 und der Bundestagswahl 2005 angesprochen wird, muss auf Grenzen hingewiesen werden. Die Verbindung von Städten und Wählen erforderte eigentlich Daten, die sich den Makro- wie Mikrodimensionen und der Zeitebene systematisch zuordnen lassen (Hennig u.a. 1999). Solche Daten stehen hier nicht zur Verfügung. Grundlage sind lediglich aggregierte Wahldaten der amtlichen Statistik.[4] Damit kann die Makrodimension der Wahlmuster analysiert werden, eine Korrelation mit soziologischen Strukturdaten ist unmöglich, da die vergleichbar lokalisierte letzte Volkszählung 1987 (StatBer 1990) durchgeführt worden ist. Für die Individualdatenebene wird ergänzend die Berichterstattung der Forschungsgruppe Wahlen herangezogen.

In den hessischen Städten ist stabiles Wahlverhalten Vergangenheit, dies soll beschrieben und analysiert werden. Der Datenstand begrenzt hierbei die Erklärungstiefe. Hinsichtlich der Aggregatdaten ist es die differenzierteste Ebene. Dennoch, es bleibt bei der Phänomenologie der Muster von Zusammenhängen zwischen den nach Wahlbezirken aggregierten Parteianteilen und Nichtwählern auf derselben Ebene. Vor allem können Parteien nicht aus Sicht der Wähler "als Anbieter von politischen Lösungen für soziale Probleme" (Falter/ Schoen 2005: 281) betrachtet werden. Am Beispiel von Frankfurt a.M. und Kassel ist das strukturelle Zusammenspiel von sozialen städtischen Räumen mit Wahlmustern allgemein (Schiller/ Winter 1993: 125 ff., Hennig u.a. 1992) bzw. mit Blick auf Nichtwähler (Hennig u.a. 2001), am Beispiel der Erosion einer "roten" Stadt (Hennig u.a. 1999) und der Wahl rechter Parteien (Hennig u.a. 1991) bereits entwickelt worden. Auf solche Vor-Studien wird jedoch nur allgemein zugegriffen. Dies gilt

---

[4] Dem Hessischen Statistischen Landesamt sei für den Verkauf der Wahldaten gedankt. Die Excel-Dateien sind Ausgang der SPSS-Analysen. Das Statistische Landesamt bietet für Kommunal-, Landtags- und Bundestagswahlen seit 1946 gute Überblicke, http://www. statistik-hessen.de/themenauswahl/wahlen/daten.

umso mehr, als das kommunale Wahlverhalten ein "blinder Fleck" ist. Hierauf hat Konrad Schacht bezüglich Frankfurts 1986 hingewiesen, seine Klage gilt immer noch.

Es bleibt bei Aggregatdaten. Wie ausdifferenziert und klein die Raumeinheiten sein mögen (hier sind es die rund 6500 hessischen Wahlbezirke im Schnitt von gut 500 Stimmen bzw. die rund 1000 Wahlbezirke mit durchschnittlich 600 Wählern in den kreisfreien Städten), einer Aggregatdatenanalyse unterliegt stillschweigend die Annahme, die auffindbaren Muster und Bezüge zwischen den Parteien erhalten sich über eine gewisse Zeit. Angenommen wird ferner, dass diese Muster als Summe individueller Wahlentscheidungen eine Prägewirkung folgender Wahlen darstellen. Im Muster hebt sich die Varianz individuellen Entscheidens auf, bzw. in dieser Stabilität treffen sich die aggregierten Entscheidungen als Muster stabilerer Cluster und Faktoren. Hiervon darf nicht auf das subjektive Verhalten, auf die Mikroebene der Wähler gefolgert werden. Andererseits geben die Muster die Bedeutung der Parteien im Zusammenspiel mit sozialräumlichen Merkmalen wieder. Der Einbezug der Landtagswahl 2003 und des hessischen Bundestagswahlergebnisses von 2005 soll eine mittelfristige Entwicklung der Verankerung und Verflüssigung der Parteien bzw. Abstimmungsergebnisse abbilden (Geschwend/ Norpoth 2005: 682 f.). Ein besonderes Muster, nämlich das der von CDU, Grünen und SPD mit nahezu gleichen Anteilen um 20 Prozent in den umstrittenen südhessischen Stadtbezirken, erscheint als besonders modernes Ergebnis, das sich 2003 ankündigt, das die Grünen aber 2008 wieder verlieren. In einer Dreifrontenkonstellation mit SPD, Linken und Wahlbeteiligung bewahren sie ihren Anteil nicht, gerade in städtischen Hochburgen verlieren die Grünen 2008 überproportional (4,6 Prozentpunkte in den kreisfreien Städten gegen 2,6 in Hessen).

4 Wahlebenen und Wahlentwicklung: Vom Verlust der SPD-Dominanz in Hessen

Bei den Kommunalwahlen weist die SPD von 1956 bis 1972 ein hohes Niveau von 50 Prozent der gültigen Stimmen auf. Die CDU legt ab 1968 stark zu, 1977 gibt es bei der Kommunalwahl für die CDU spektakuläre, bis dato unmöglich gehaltene Siege z.B. in Frankfurt. Dieser Aufstieg setzt sich von Süden nach Norden fort und erreicht 1993 das bis dahin uneinnehmbar rote Rathaus von Kassel. Ab 1981 verliert die CDU, die SPD gewinnt, Nichtwählerquoten steigen, Grüne kommen dazu, die FDP erreicht gut 7 Prozent der Wähler. 1995 und 2003 erreichen Grüne und FDP etwa ein Fünftel der Wähler. Insgesamt zeichnen sich die 30 Jahre seit 1970 durch erhebliche Schwankungen aus. Bei Landtagswahlen stürzt die SPD von 46 bis 29 Prozent, die CDU steigt von 40 auf 49 Prozent, die FDP erzielt maximal 10 und minimal 3 Prozent. Die Grünen kommen 1982 erstmals mit 8 Prozent in den hessischen Landtag, schon 1983 erzielen sie ein schlechteres Ergebnis mit 6 Prozent, maximal gewinnen sie 11 Prozent 1995. Die Wahlbeteiligung sinkt von maximal 88 Prozent 1978 auf minimale 66 Prozent ab 1995. Diese Wechsel sind zwischen den Landesteilen ungleich verteilt, sie folgen der Verbreitung von Dienstleistungsindustrien und betreffen den Süden mehr als den Norden, "Hessisch Sibirien". Der Norden, vor allem seine Landkreise, bleibt eine Domäne der SPD.

Auf Landtagswahlebene liefern sich SPD und CDU ab 1970 ein Kopf-an-Kopf-Rennen, zunächst um 45 Prozent, dann (ab 1987) um 40 Prozent. Von 1946 bis 1970 liegt die SPD immer deutlich (bis zu 25 Prozentpunkte) vor der lange chancenlos erscheinenden CDU. Auch Bundestagswahlen weisen seit 1987 das Bild nahezu gleich starker Großparteien auf. Diese Ausgangslage zeigt ab 1966 auf Landtagsebene und ab 1972 bei Kommunalwahlen und den Wahlen zum Bundestag eine SPD, die ihre Spitzenposition verliert und seit Mitte der 70er Jahre in einen angeglichenen Wettstreit mit der CDU eintritt. Alfred Dreggers spektakuläres Landtagswahlplakat "Wir kommen" (1970) mit ihm als "Frontman" im Keil vor seiner Gang ist, ex post, das Abbild eines Trends (s. dazu den Beitrag von Neumann/ Schmid in diesem Band). Ab 1995 startet die CDU bei Landtagswahlen durch: Ist sie von 1974 (47,3 Prozent) stetig gefallen (auf 39,2 Prozent 1995), gewinnt sie 1999 43,4 Prozent (4 Prozentpunkte vor der SPD), 2003 erzielt die CDU (bzw. Koch gegen Bökel) mit 48,8 Prozent ihr bestes Ergebnis und überflügelt die SPD um 19,7 Prozent. 2008 kehrt sich dies wieder um: Die CDU verliert 12 Prozentpunkte, schrumpft mit 36,8 Prozent vor ihr Ergebnis von 1970 zurück; die SPD gewinnt 7,6 Prozentpunkte, erzielt mit 36,7 Prozent dennoch nur ihr zweitschlechtestes Landtagsergebnis.

1999 erzielt die CDU ungewöhnlich hohe Gewinne bei jüngeren Wählern, Arbeitern und Arbeitslosen, während sie bei Angestellten eher schwach abschneidet. 34 Prozent der Arbeitslosen wählen die CDU (gegenüber 43 Prozent für die SPD), wie die Nachwahlbefragung zeigt. 2003 wählen 45 Prozent der Arbeitslosen CDU (gegenüber 32 Prozent für die SPD). Die Forschungsgruppe Wahlen kommentiert, "dass es bei den Volksparteien kaum mehr geschützte Räume gibt, in die die andere große Partei nicht auch eindringen kann" (FGW Hessen 1999: 63). 2008 wählen 36 Prozent der Arbeitslosen die SPD, 25 Prozent die CDU und 15 Prozent die Linke. Auch bei Arbeitern wird die SPD (40 Prozent) wieder zur stärksten Partei (CDU 35 Prozent).

Fazit: Auf allen Wahlebenen verliert die SPD diejenige Dominanz, die einst (außer 1954, als die SPD mit dem BHE koaliert) den Ruf "Rotes Hessen" geprägt hat. Auf der Kommunalwahlebene beginnt der enge Wettstreit von CDU und SPD 1977, bei Landtagswahlen bereits 1974, 1976 bei Bundestagswahlen. Seit 1987 (LT) bzw. 1989 (KW) und 1994 (BT) schwanken die Grünen um die 10 Prozent-Marke, teilweise erleiden sie erhebliche Einbrüche (LT 1999). Die Grünen werden drittstärkste Partei vor der FDP, deren Ergebnisse ebenfalls erheblich schwanken.

Tabelle 1: Die Landtagswahlen 2003 und 2008 in Hessen und seinen kreisfreien Städten (in Prozent)

	Hessen		Kreisfreie Städte	
	Landtagswahl 2003	Landtagswahl 2008	Landtagswahl 2003	Landtagswahl 2008
Wahlbeteiligung	64,6	64,3	61,1	61,6
CDU	48,8	36,8	42,9	32,3
SPD	29,1	36,7	28,1	35,9
Grüne	10,1	7,5	15,9	11,3
FDP	7,9	9,4	8,5	9,9
Linke (DKP)	(0,2)	5,1	(0,3)	6,7

Es bilden sich bis 2003 bzw. 2005 folgende Muster und 2008 folgende Änderungen heraus:

Die SPD verliert die Dominanz. Sie ist keine städtische Partei mehr. Ihre Stärke liegt in den ländlichen Wahlkreisen von Nordhessen. Nur ein Kasseler Wahlkreis (Kassel 1) bringt landesweit noch ein Spitzenergebnis, nur in einem weiteren städtischen Wahlkreis (Darmstadt 2) überhaupt liegt 1999 die SPD noch vor der CDU. 2003 gewinnt die CDU alle Wahlkreise der kreisfreien Städte. 2008 ändert sich dies. Von diesen 13 städtischen Wahlkreisen gewinnt die SPD 8, die CDU 5, die 6 Frankfurter Wahlkreise verteilen sich zu je 3 auf beide Parteien.

Die CDU erzielt in den meisten Städten und städtischen Wahlkreisen unterdurchschnittliche Ergebnisse. Die SPD überragt sie meist außer in Darmstadt und in Kassel (was sich 2008 ändert). Verankert ist die Union in katholischen Zentren wie Fulda und Limburg und in jenen südhessischen Wahlkreisen (z.B. im Odenwald), die nicht zum Einzugsgebiet von Frankfurt, von „Postsuburbia" um Eschborn, Bad Soden, Sulzbach und des „Urban Sprawl" von Frankfurt, Offenbach, Darmstadt, Hanau und Wiesbaden gehören.

Die Grünen (wie SPD und FDP) weisen ein erhebliches Stadt-Land-Gefälle auf. Sie sind eine städtische Partei mit Schwerpunkten in dicht besiedelten und heterogenen ("multikulturellen") und gentrifizierten Gebieten der Innenstadtperipherie. Bevorzugt sind sie eine südhessische Partei. 2003 bilden sich städtische Zentren heraus, in denen die Grünen mit SPD und CDU um den Gewinn stark tertiarisierter Stadtzonen streitet.

Schwerpunkte der FDP sind Städte, besonders Frankfurt a.M., Wiesbaden, Darmstadt und Gießen. Wichtig ist das auch tertiarisierte und „reiche" Frankfurter Umland am Rande des "urban sprawl" in den Kreisen Main-Taunus, Hochtaunus und Rheingau-Taunus.

Die Linke ist (in der Bundestagswahl 2005) eine ausgeprägt städtische Partei mit Hochburgen in den südhessischen Städten Darmstadt, Frankfurt a.M., Offenbach und Wiesbaden. Ihre besten Ergebnisse erzielt sie in Frankfurt im Gallus und in Sachsenhausen. In Vergleichen mit der DKP 1995 und 1999 ergeben sich ähnliche Muster, die DKP erreicht aber nie auch nur annähernd so hohe Ergebnisse und scheidet wahlanalytisch als Linksvorläufer aus. Bereits die Kommunalwahl 2006 kündet eine Änderung (keinen Durchbruch wie 2008) an, nicht nur in einigen größeren Städten (Darmstadt, Offenbach, Hanau, Gießen), sondern auch in Mittelgemeinden wie u.a. Gelnhausen, Bad Hersfeld, Fuldabrück, Bad Wildungen wird die Linke in die Gemeindevertretungen gewählt. Der städtische Schwerpunkt von 2008 zeichnet sich noch nicht ab, aber ein „Standing" in der Fläche wirft erste Schatten.

Rechte Parteien haben bei der Bundestagswahl 2005 einen eher ländlichen und kleinstädtischen Hintergrund. Schlüchtern, Haiger und Gersfeld sind solche Gemeinden.

Bei der Bundestagswahl 2005 häufen sich Wahlbezirke mit schwacher Wahlbeteiligung in größeren Städten wie Frankfurt a.M., Offenbach und Kassel und ebenso in mittleren Städten wie Hanau, Gießen und Marburg a. d. L..

Auffällig – als Beleg für eine besondere Varianz in den Städten – sind bedeutende Unterschiede zwischen besten und schlechteren Ergebnissen. Dies betrifft sowohl das Abschneiden der Parteien und die Wahlbeteiligung, die in den Städten ebenfalls erheblich schwankt. Hieraus ergeben sich für die kleinräumlich angelegte Wahlanalyse innerstädtischer Muster Fragen nach Diversifikation oder Realignment der Parteien. Die dreigeteilten Wahlkreise beanspruchen besondere Aufmerksamkeit. Solche Wahlkreise sind 2003 das jüngste, modernste Muster für zunehmende Freiheitsgrade bzw. abnehmende traditionelle Identifikationen in südhessischen Dienstleitungsstädten, vor allem in Frankfurt und Darmstadt.

5 Die Bundestagswahl vom 18. September 2005, die Landtagswahlen vom 2. Februar 2003 und vom 27. Januar 2008 (eine Analyse der Aggregatdaten)

Grundlage sind alle Wahlbezirke der Wahlen und, als Untergruppe, die Bezirke der kreisfreien Städte Darmstadt, Frankfurt a.M., Kassel, Offenbach und Wiesbaden. Es sind Städte mit mehr als 100.000 Einwohnern. Frankfurt ist mit rund 650.000 Bewohnern die größte, Offenbach mit 120.000 die kleinste Stadt. Insgesamt zählen die Städte rund 1,3 Mill. Einwohner, knapp 30 Prozent aller Hessen bzw. rund 20 Prozent der hessischen Wähler (i.s. rund 880 Wahlberechtigte). Schon die Nichtwähler zeigen, dass erhebliche Varianzen vorliegen. Die Wahlbeteiligung in den Städten ist 2003 und 2005 bei den Wahlen höher und schwankt weniger. 2008 ändert sich dies.

Tabelle 2: Wahlbezirke und Nichtwähler 2003, 2005, 2008 (% Wahlberechtigte)[5]

	Landtagswahl 2003 NIW %WB				Bundestagswahl 2005 NIW %WB				Landtagswahl 2008 NIW %WB			
	W Bez	BW Bez	Mittelw	St Abw	W Bez	BW Bez	Mittelw	St Abw	W Bez	BW Bez	Mittelw	St Abw
Hessen	5505	857	42,6	8,2	5489	914	33,7	7,2	5471	870	57,8	8,6
kr.fr. Städte	950	202	48,8	8,0	802	180	40,0	5,8	1168	209	52,5	8,5

Die kreisfreien Städte stellen 20 Prozent (Landtagswahl 2003), 17 Prozent (Bundestagswahl 2005) bzw. wiederum 20 Prozent (Landtagswahl 2008) der Wahlberechtigten. Hiervon weichen 2003 und 2008 vor allem die Grünen sowie 2005 unterdurchschnittlich und 2008 überdurchschnittlich ab. Die Grünen gewinnen 30 Prozent ihrer Stimmen in den großen Städten. 2008 gewinnt Die Linke in diesen kreisfreien Städten 25,5 Prozent ihrer Wähler, wenn größere mittlere Städte

---

[5] Alle folgenden Angaben zu den LT- und BT-Wahlen (L03, L08, B05) beziehen sich auf Prozente der Wahlberechtigten (nicht, wie üblich, der gültigen Stimmen) (%WB). "Die" Nichtwähler (NIW) werden einbezogen. Bezug sind Wahlbezirke (WBez) und Briefwahlbezirke (BWBez), die unterste räumliche Einheit der Wahlorganisation. Insofern die letzte Volksbefragung 1987 veraltet ist, liegen nur wenige Strukturdaten vor (vgl. die Publikationen des Bürgeramts Statistik und Wahlen der Stadt Frankfurt). Die Wahldateien des Hessischen Statistischen Landesamtes verzeichnen nur Wahldaten.

wie Marburg, Hanau und Gießen mitberücksichtigt werden, wird deutlich wie sehr Die Linke eine städtische Partei, besonders in Kassel und dem Frankfurter Ostend ist. SPD und CDU erzielen schlechtere Ergebnisse in den großen Städten, 2008 schneidet die SPD gerade durchschnittlich ab. Die Großparteien sind also im Vergleich mit den Grünen und der Linken 2008 weniger urbane Parteien. Bei der Landtagswahl 2003 verzeichnet die SPD keine städtischen Mehrheitsbezirke; 2005 und 2008 gewinnt sie Terrain zurück. Ihre Mehrheiten findet sie bevorzugt in Nordhessen, in Kassel, vor allem aber in Orten wie Baunatal und Heringen. Bemerkenswert ist, die Grünen verlieren ihren außerordentlich städtischen Schwerpunkt von 2003 auf 2005, bei der Bundestagswahl erzielen sie ausgeglichenere Ergebnisse, ihre städtischen Hochburgen sind besonders volatil und wechseln. 2008 wiederum kommen überdurchschnittliche 29 Prozent der Grünen Wähler aus Städten.

Über das gesamte Bundesland Hessen sowie in den kreisfreien Städten gibt es 2003 zwischen Parteien und Wahlbeteiligung keine herausragend determinierenden Beziehungen.[6] Auf Landesebene erzielt die CDU dort bessere Ergebnisse, wo die Wahlbeteiligung höher ist (r = -.62), abgeschwächt gilt dies auch für SPD und FDP. Zwischen den Parteien grenzen sich lediglich CDU und Grüne sowie CDU und SPD etwas deutlicher ab. In den Städten ändert sich dieses wenig konturierte Bild nicht, FDP und CDU ebenso Grüne weisen leicht positive Zusammenhänge auf. Eine Abgrenzung von SPD und CDU gibt es in den Städten ebenso wenig wie gegenüber den Grünen. Einen schwächeren Gegensatz gibt es lediglich zwischen den Stimmenanteilen von SPD und FDP. Über eine wechselseitige Determination von 44 Prozent geht keine dieser Beziehungen hinaus. Ihre Erklärung ist insofern eher gering. Die Korrelationen ergeben für die Landtagswahl 2003 keine schroffen Konturen, mehr gilt dies für 2005 vor allem für die kreisfreien Städte.

---

[6] Betrachtet werden Pearson'sche Korrelationskoeffizienten (r). Diese schwanken von 0 bis ± 1 und messen den Zusammenhang zweier Parteistimmenanteile. r = 0 bedeutet, die Änderung der Merkmale erfolgen unabhängig, 1 meint die genaue Entsprechung jeweils um ein und dieselbe Einheit + (gleichläufig) oder − (gegenläufig). Die eine Partei nimmt um einen Prozentpunkt zu, die andere ebenso (r = 1) bzw. die eine wächst, die andere fällt um einen Prozentpunkt (r = - 1). Diese standardisierten Eckpunkte 0, ± 1 kommen empirisch „nicht" vor. Quadriert man r (= R), so erhält man Auskunft über den Prozent-Grad wechselweiser Determination. Dies darf nicht als Kausalität missverstanden werden. Die bivariate Korrelationsmatrix ist Ausgang der Faktoranalysen, die den latenten Zusammenhang mehrerer Merkmale, der sog. Faktoren, ermitteln.

An Hauptkomponenten ergeben sich für Hessen 2003 drei Faktoren (F1-F3)[7]:

F1 = hohe CDU-Anteile gegen NIW   = 1805 Wahlbezirke
F2 = niedrige Anteile von Grünen und FDP   = 1559 Bezirke
F 3 = schwache SPD-Ergebnisse/ hohe NIW Anteile = 2141 Bezirke

Tabelle 3:   Die Verteilung der entsprechenden Stimmenanteile ergibt über die
                 hessischen Wahlkreise deutlich unterschiedliche Wahlcluster

In Prozent der Wahlberechtigten	Hessen Land-tagswahl 2003	F1: "CDU"	F2: "Grüne und FDP schwach"	F3: "NIW hoch"
NIW	42,6	38,1	37,6	50,1
SPD	16,6	13,1	23,8	14,5
CDU	27,4	34,0	26,1	22,9
Grüne	5,3	5,7	4,3	5,6
FDP	4,2	5,7	3,8	3,3

Betrachtet man die Wahlbezirke der kreisfreien Städte, so ergibt sich ebenfalls ein
dreigegliedertes Muster. Eine Gruppe von 227 städtischen Wahlbezirken zeichnet
sich dadurch aus, dass SPD, CDU und Grüne dort vergleichsweise ähnlich stark
sind (bei einer besseren Wahlbeteiligung und einem leichten Übergewicht der
CDU). Diese dreigeteilten Stadträume finden sich – außer in Offenbach, der
strukturschwächsten Großstadt im Süden, und in Kassel – in den südhessischen
Großstädten insbesondere in Bockenheim, in Sachsenhausen und im Nordend,
also in deutlich tertiarisiert, studentisch und/ oder multikulturell geprägten
Stadtteilen Frankfurts. Im Schnitt erzielen in diesen dreifach umkämpften Stadt-
gebieten (SPD, CDU und Grüne in Prozent der Wahlberechtigten):

SPD   = 15,1 Prozent
CDU   = 15,3 Prozent
Grüne   = 15,7 Prozent

---

[7] Dem unterliegt die Kopplung von Faktor-, Cluster- und Diskriminanzanalyse. Die Hauptkomponenten werden als Regressoren fallweise gespeichert, clusteranalytisch betrachtet,
sodass jeder Wahlbezirk einem Faktor bzw. Cluster zugeordnet wird. Die Diskriminanzanalyse beurteilt die Stimmigkeit der Zuordnungen. NIW = Nichtwähler.

Diese Gebiete mit der Präsentation eines für die Bundesrepublik neuen Wähler-
bildes, eines Realignments gegenüber allen eingangs skizzierten Flüssen zwischen Wählern und Parteien, folgen der "Tertiarisierung" und zwar sowohl hinsichtlich städtischer "Gewinner" (Sachsenhausen) und "Verlierer" (Nordend), wie
auch starker studentischer Bevölkerungsanteile in einer "Passage" (Bockenheim),
die auch die Bezirke in Darmstadt bestimmt. Die „neue Ordnung" „dreigeteilter
Wahlbezirke" findet sich bei der insgesamt von starkem Wechsel bestimmten
Landtagswahl 2003 klarer, die Bundestagswahl 2005 wird von der älteren Moderne des Lagerwählens um dominante, wenngleich bröckelnde Volksparteien
noch viel stärker bestimmt. Wieder einmal bestätigt sich, Zwischenwahlen sind
innovativ und kennen mehr Abweichungen von den Stabilitäten einer „Normalwahl".

Die Bundestagswahl 2005 zeigt landes- wie stadtweit höhere Korrelationskoeffizienten als die sich "experimenteller" bzw. "offener" präsentierende Landtagswahl 2003. Auf Landesebene sind die Gegensätze zwischen SPD und CDU (r
= -.71) sowie SPD und FDP (r = -.57), derjenigen der CDU gegenüber der Linken
und der von rechten Wählern der Republikaner und NPD zu den Grünen deutlicher. Bei einem Durchschnitt von 9,5 Prozent der Wahlberechtigten bei einer
Standardabweichung von 4,9 Prozent der Wahlberechtigten schwanken vor allem
die Anteile der Grünen. 2008 schwächen die Verluste bei den Grünen diese Varianz ab, gerade in früheren Hochburgen nähern sie sich dem allgemeinen Niveau
an. In den 982 Wahlbezirken der kreisfreien Städte ist diese Variation geringer
ausgeprägt. Erhebliche Schwankungen weisen landesweit vor allem die Anteile
rechter Parteien auf.

Das Faktorenmodell für Hessen hebt 2005 bezüglich der Zusammenhänge
ebenfalls drei Muster, aber andere hervor. Auffällig ist, die gegenüber 2003 nicht
vertretene Linke taucht mit schwächeren Faktorladungen in allen Mustern auf:
2005 gibt es hinsichtlich linker Wählerstimmen ein Zusammenspiel mit SPD,
Grünen und Nichtwähleranteilen im Gegensatz zu Bezirken, in denen CDU und
FDP besser abschneiden. Dies ändert sich 2008, als die Linke eher als städtische
Partei erscheint.

F1 = SPD, Rechte, Linke gegenüber der FDP   = 126 Wahlbezirke
F2 = Grüne, Linke gegen CDU   = 335 Bezirke
F3 = Nichtwähler, Linke   = 341 Bezirke

Anders als bei der Landtagswahl 2003 gibt es bei der Bundestagswahl 2005 kein
Cluster, das eine annähernde Gleichverteilung von SPD, CDU und Grünen auf-

weist. Selbst in "ihren" Wahlbezirken (F2) bleiben die Grünen im Schnitt mit 18,8 Prozent der Wahlberechtigten hinter SPD (32,6 Prozent) und CDU (26,2 Prozent Wahlberechtigte) klar zurück (bei 15,5 Prozent Wahlberechtigten in allen kreisfreien Städten). Nur in diesem Raum findet sich (selbst in der von "konservativer", „normaler" Wahl geprägten Bundestagsebene) eine Untergliederung von 144 städtischen Wahlbezirken mit dem Wettstreit von Grünen und SPD bei ebenfalls starken CDU-Anteilen. Diese 144 Wahlbezirke in kreisfreien Städten zeigen (in Prozent der Wahlberechtigten) im Durchschnitt:

SPD	= 29,7 Prozent
Grüne	= 26,2 Prozent
CDU	= 21,0 Prozent.

Diese Bezirke befinden sich wiederum alle in Südhessen, in Darmstadt, Frankfurt und Wiesbaden. In Frankfurt (Wahlanalyse 42 – 2008) ist es der Landtagswahlkreis 38, den diese Dreiteilung prägt. Er ist eine Hochburg der Grünen, dicht bewohnt, mit einem hohen Anteil mittlerer Altersjahrgänge, hohen Anteilen von Personen mit kurzer Wohndauer, geringer Arbeitslosigkeit, ausgeprägten Baumassnahmen (Hanauer Landstraße), hoher Tertiarisierung auch durch das neue EZB-Gelände (Frankfurter Statistik aktuell 29/2007). Kleinräumlich betrachtet sind es vor allem Frankfurter Wahlbezirke im Nordend, in Sachsenhausen und Rödelheim und herausragende Hochburgen der Grünen in Nordend und Bornheim und Bockenheim, um diesen politisch-kulturell dreigeteilten Stadtraum zu verorten. Auffällig ist, bei der Bundestagswahl 2005 (gegenüber der Landtagswahl 2003) wird dieser Raum eher von Grünen-"Pionieren" in gentrifizierten Räumen (Nordend, Bornheim) geprägt; die Anteile der „Tertiarisierungs-Gewinner" (z.B. von Sachsenhausen) sind 2005 geringer. (Vermutlich entscheiden sich diese Wähler bei einer Bundestagswahl stärker für eine Großpartei, was eher die SPD sein dürfte).

Am Rande der dominanten Wandlungstendenzen zeigt sich somit vor allem bei der Landtagswahl 2003 mit den bedeutenden Verlusten für die SPD bei Erfolgen für CDU und Grüne und einer schwachen Wahlbeteiligung ein neues, städtisches, der Tertiarisierung folgendes Realignment in Form eines dreigeteilten Wählerraumes. Allerdings: Selbst 2003 stellen diese Wahlbezirke, alle sind in Südhessen gelegen, in hochgradig von Dienstleistungsindustrie und Wissensgesellschaft geprägten Stadträumen, knapp 5 Prozent aller hessischen Wahlberechtigten. In den kreisfreien Städten jedoch machen diese neuen Räume der Konkurrenz von SPD, CDU und Grünen ein Viertel der Wahlberechtigten aus. Landesweit ist diese Entwicklung vernachlässigbar, in Städten besonders wie Frankfurt und Darmstadt setzen sie dagegen Akzente. Öffentlich dürfte diesen Räumen, denn die Bezirke arrondieren sich zu urbanen Sozialräumen, ein größeres Gewicht zukommen, als es ihrer Bedeutung hinsichtlich der Wähleranteile etc. zukommt. Insbesondere für die Grünen ist es wichtig, diesem Raum Augenmerk zu schenken, ihn „richtig" anzusprechen, was hier nicht betrachtet werden kann.

Für die Strategien der Parteien und für die Muster der Wähler ergeben sich aus diesen Raummustern mit ihrer bedeutenden Volatilität jedenfalls erhebliche Spannungen und Anforderungen bei der Vermittlung ihrer Teil- und Gesamtstrategien, z.b. bei der Setzung der hier besonders wichtigen mittel- und kurzfristigen Akzente bezüglich der Themen und Kandidaten und Politikstile bzw. Politiksemantik. 2008 dürfte die CDU nicht zuletzt an den Problemen dieser Vermittlung gescheitert sein, weil sie dieser Pluralität nicht entsprochen hat.

2008 fällt hinter die Differenziertheit der Wahlmuster von 2003 und selbst noch von 2005 zurück. Dieser Rückschritt im Sinne einer Re-Traditionalisierung trifft vor allem die Grünen in ihren städtischen Hochburgen.

Tabelle 4:   Ausgewählte städtische Wahlkreise – L08 (in Prozent der gültigen Stimmen)

	Kassel 2	Darmstadt 2	Frankfurt 5	Frankfurt 6
Wahlbeteiligung	52,0	69,3	66,9	63,0
CDU	26,0	30,9	25,5	36,4
SPD	45,5	39,4	35,5	33,0
FDP	6,2	10,1	11,0	9,8
Grüne	9,0	11,1,	17,0	9,8
Linke	9,3	5,0	8,3	6,4
Direktmandat	SPD	SPD	SPD	SPD

2008 fallen hessenweit und in den Städten die Korrelationen niedrig aus. Selbst die Beziehung von CDU und SPD ist moderat (r = -.31). Auffällig sind allein die Zusammenhänge der Parteien, besonders der großen, mit der Wahlbeteiligung. SPD, CDU und FDP schneiden dort gut ab, wo die Wahlbeteiligung hoch ist. Grünen und Linke koppeln von der Wahlentwicklung ab. Für Hessen ergeben sich Faktoren aus dem Abschneiden von FDP und CDU, von SPD und Linken sowie Grünen (und auch der FDP) abgegrenzt von den bedeutungslosen Rechten. Gegenüber 2003 handelt es sich um deutlich schwächer profilierte Muster. In den kreisfreien Städten wird an Faktoren der Gegensatz von SPD und CDU mit FDP, die hohe Bindung der SPD an eine gute Wahlbeteiligung und der dem städtischen Bild wenig entsprechende Gegensatz von Grünen zu der 2008 unbedeutenden Rechten ersichtlich. Dieser letztgenannte Faktor kennzeichnet auch die Gemengelage der Grünen zur SPD und den Linken, er bestimmt aber nur unerheblich die Dynamik der Wahlen 2008. Die Rechte hat in Hessen und den hessischen Städten keine Rolle gespielt. In die Positionierung der bestimmenden Muster sind die Grünen 2008 nicht einbezogen.

Tabelle 5: L08: Parteien in kreisfreien Städten (Scatterplot der Korrelationsmatrix)

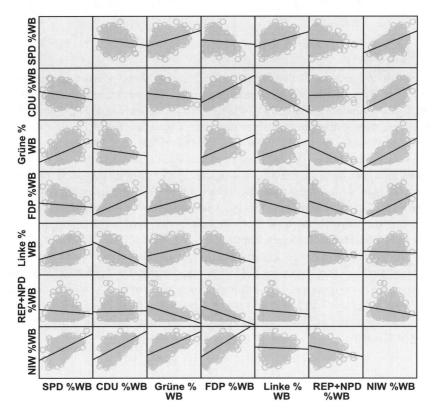

Die räumlichen Cluster, die sich aus diesen Faktoren ermitteln lassen, zeigen für 2008 noch 102 Wahlbezirke, diesmal neben den bekannten südhessischen Städten auch in Offenbach und im Vorderen Westen Kassels und in Kassel-Kirchditmold, einem langweilig-reicheren Vorort der Peripherie zum Habichtswald. Diese Reste des Musters von 2003 spiegeln aus Sicht der Grünen ein Durchgangsmuster moderner Volatilität ab. Die verbliebenen 102 Wahlbezirke machen 7,5 Prozent der städtischen Wahlberechtigten aus, für den gesamthessischen Wählermarkt ist dies unbedeutend. Für die Grünen ist es wichtig. Die Reste dieses Wählermusters liegen sowohl in urbanen wie suburbanen Schwerpunkten. Das 2003 wahrnehmbare klare Erscheinungsbild der städtischen Grünen ist 2008 aufgeweicht, es ist kleiner und verteilt, gegenüber 2003 tritt die grüne Vorstadt nach vorn.

6 Zusammenfassend und ausblickend

Es gibt ein Zusammenspiel von Sozialentwicklung, Bildungspolitik und Entwicklung der Persönlichkeit ("Individualisierung"), das strukturell Bedingungen schafft, die insbesondere der SPD "schaden". Paradox: Gerade die SPD-Politik der Ära Zinn schafft über die Ziele der Integration (von Stadt und Land), Bildung (Mittelpunktschulen) und symbolischen Repräsentation (u.a. Hessentag) Bedingungen, die das Milieu der SPD selbst aushöhlen. Parallel ändern sich die Mitgliedschaft und die Funktionäre, was in den 1980er Jahren, wie Frankfurt und Kassel zeigen, zu parteiinternen Konflikten führt (Michal 1988: 81 ff., Schacht 1986: 93 ff., 142 ff., Ackermann 1998: 90). Dies wiederum präsentiert die Städte so, dass hier die christdemokratischen Siege vorbereitet werden (Eichel, Bremeier – Lewandowski; Hauff, Schoeler – Roth).

In einem Bericht der SPD über "SPD und Großstädte" (1995: 5) findet sich eine Liste von Faktoren, die es der SPD schwierig machen. Die Merkmale beziehen sich zumeist auf Prozesse der Tertiarisierung und deren kulturelle Begleitung sowie auf Fragmentierungen in Dienstleistungsstädten, diese Prozesse können bis zur Lokalisierung der Auswirkung von Globalisierung („Glokalisierung") verlängert werden.

Traditions-schwund	Tertiarisierung	Demographie	Multi-kulturalismus
Produktions-dienstleistungen gehen zurück	Bildungspersonal wachsende IT-Industrie	hoher Studentenan-teil hohe Anteile von Ein-	hohe Ausländer-anteile (in SPD-nahen Milieus)
geringer Anteil von Sozialwoh-nungen	Einkaufszentren	und Zwei-Personen-Haushalten	
Arbeitslosigkeit	Pendler	hoher Anteil von Alleinerziehenden	
Wegzug von Angehörigen SPD-naher Milieus ins Umland			

Ab 1969 gewinnt die SPD auf Bundesebene Anschluss an Angestellte, Beamte und kirchengebundene Wähler. Dies ist entscheidend, um den Titel einer "Catch-All-Party", einer Volkspartei mit "Cross-Class"-Bindungen, einzulösen (Ellwein/ Holtmann 1999: 460 f., 463). Der SPD gelingt bundesweit der Wandel von der Arbeiter- zur Arbeitnehmerpartei. Ein vergleichbarer Wechsel zu den Individua-listen der Tertiarisierung und Dienstleistungsbetriebe, zu den Beratern in der Wissensgesellschaft gelingt der SPD in den 1980er Jahren nicht. In den 1990er bzw. Ende der 1990er Jahre verliert sie – auch wegen der symbolträchtigen, aber ebenso symbolisch als Protest auszuschlachtenden Politik einer Verlagerung sozialer auf Individuen (genannt „aktiver Staat") – den Anschluss an Gruppen des armen, alten und bildungsgeprägten, neuen Prekariats. Die traditionalistische Klientel beklagt die nachlassende Bindekraft sozialmoralischer Milieus und die antisozialstaatlich kritisierte Wende. Unter dem Stichwort des Wohlstandschau-vinismus wird dies in den frühen 1990er Jahren vor allem in Frankfurt – und dort gerade in ehemaligen Arbeiterhochburgen wie dem Riederwald - zur wesentli-chen Quelle der Rechten in den seit 1977 erodierenden klassisch städtischen Ar-beiterhochburgen der SPD. An diesen Strang schließt mit neuen, intellektuellen Trägern der Protest gegen Globalisierung, der Rechtsextremismus in Gewerk-schaften und ein Rechtspopulismus der Linken (Lafontaine) an. 2008 saugt die Linke jeden Protest auf, verleiht ihm sein „linkes" Gesicht. Von den sonstigen Kleinparteien erreichen nur die Republikaner in Hessen und den kreisfreien Städten 1 Prozent. (Perspektivisch stellt sich die Frage: Was passiert rechts, wenn sich die Sammlung der Linken auflöst?)

"Der soziale Wandel in der Dienstleistungsgesellschaft und seine Auswirkungen auf die Politik der Frankfurter SPD" lautet der Titel eines Papiers von Martin Wentz (1986): Dieser Problematik zeigt sich die SPD schlecht gewachsen, seit 1987 heißt es, sie sei in der „Modernisierungskrise" (Schmitt 1987). Die SPD wird zur Partei alter Strukturen (FGW Hessen 1987: 33), aber weder behält sie die Traditionalisten, noch schließt sie dauerhaft an neue Dienstleister an (Michal 1988: 81 ff., Schacht 1986: 165). Die SPD gibt Wähler frei. In den Städten, urteilt Konrad Schacht von Frankfurt aus, geben taktisch und kritisch wählende Mittelschichten den Ausschlag, Bürger, "die keine blinde Parteiloyalität kennen" (Schacht 1986: 178). Es dauert bis 2008, dass diese Freistellungen bei der CDU ankommen. Die Grünen, schien es, würden als Stadtpartei von der Tertiarisierung profitieren, 2003 trifft dies zu, 2008 etabliert sich neben ihnen, der SPD und den Nichtwählern Die Linke. Wähler der Grünen leben hinsichtlich der Sozialräume, politischer Einstellungen und einer nach links offenen Akzeptanz anderer Organisationen in Nähe zur Linken. In diesem „Cross Pressure" werden 2008 die dreigeteilten Stadtzonen zerrieben.

Im Grund beherrschen diese Schwankungen und abnehmenden Parteibindungen die hessische Wählerlandschaft im Zusammenspiel von Wählern und Parteien mindestens seit 20 Jahren, massiv jedenfalls seit 1999 (FGW Hessen 1999: 74 f.) Diese Schwankungen können 2003 das enger werdende Wettrennen zwischen den Großparteien und den Aufstieg der Grünen bis zu den dreigeteilten Wahlkreisen erklären, die schwachen Normal- und Bindekräfte führen 2008 aber auch zum Aufstieg der Linken und zur Renaissance von Mustern, deren Erhalt an nicht mehr gegebene größere, erfahrene und verankerte Volksparteien geknüpft wäre. Der Weg fort von den alten 70er Jahren (Dominanzpartei, Juniorpartner, klare Koalition) hin zu neuen Mustern der 2000er Jahre ist noch nicht durchschritten.

Und so erwartet der Analyst die Bundestagswahl 2009.

Literatur

Ackermann, Jürgen (1998): Das Großstadtproblem der SPD am Beispiel Kassels, Göttingen (MA-Arbeit, Soz.Wiss. Fakultät).

Behnke, Joachim/ Baur, Nina/ Behnke, Natalie (2006): Empirische Methoden der Politikwissenschaft, Paderborn u.a..

Brettschneider, Frank/ Deth, Jan van/ Roller, Edeltraud (Hrsg.) (2002): Das Ende der politisierten Sozialstruktur, Opladen.

Ellwein, Thomas/ Holtmann, Everhard (Hrsg.) (1999): 50 Jahre Bundesrepublik Deutschland, Opladen/ Wiesbaden (= PVS Sonderh. 30).

Falter, Jürgen W./ Gabriel, Oscar W./ Wessels, Bernhard (2005): Wahlen und Wähler, Wiesbaden.

Falter, Jürgen W./ Schoen, Harald (Hrsg.) (2005): Handbuch Wahlforschung, Wiesbaden.

Forschungsgruppe Wahlen (1987): Wahl in Hessen, Mannheim (= Berichte 46).

Forschungsgruppe Wahlen (1995): Wahl in Hessen, Mannheim (= Berichte 80).

Forschungsgruppe Wahlen (1999): Landtagswahl in Hessen, Mannheim (= Berichte 93).

Forschungsgruppe Wahlen (2003): Wahl in Hessen, Mannheim (= Berichte 111).

Forschungsgruppe Wahlen (2008): Wahl in Hessen, Mannheim (= Berichte 130).

Frankfurt a.M – Bürgeramt, Statistik und Wahlen (2005): Bundestagswahl 2005 in Frankfurt am Main, Frankfurt (= Frankfurter Wahlanalysen 33).

Frankfurt a.M – Bürgeramt, Statistik und Wahlen (2006): Wahlatlas zu den Kommunalwahlen 2006 in Frankfurt am Main, Frankfurt (= Frankfurter Wahlanalysen 36).

Frankfurt a.M – Bürgeramt, Statistik und Wahlen (2008): Landstagswahl 2005 in Frankfurt am Main, Frankfurt (= Frankfurter Wahlanalysen 42).

Geschwend, Thomas/ Norpoth, Helmut (2005): Prognosemodell auf dem Prüfstand: Die Bundestagswahl 2005. In: PVS, 4, S.682-688.

Hennig, Eike/ Kieserling, Manfred/ Kirchner, Rolf (1991): Die Republikaner im Schatten Deutschlands, Frankfurt.

Hennig, Eike/ Kieserling, Manfred/ Völker, Marion und Bernd (1992): Vergleichende Analyse zum Wahlverhalten, Kasseler (= Kasseler Statistik, Sonderh. 28).

Hennig, Eike/ Homburg, Heiko/ Lohde-Reiff, Robert (Hrsg.) (1999): Politische Kultur in städtischen Räumen: Parteien auf der Suche nach Wählern und Vertrauen, Wiesbaden.

Hennig, Eike/ Lohde-Reiff, Robert/ Sack, Detlef (2001): Wahlenthaltung in der Großstadt. In: Frankfurter Statistische Berichte, 3, S.224-251.

Hennig, Eike/ Lohde-Reiff, Robert (2002): Die Wahlabsicht im Wandel von 1980 bis 1998. In: Brettschneider u.a., S.109-126.

Klein, Markus u.a. (2000): 50 Jahre empirische Wahlforschung in Deutschland, Wiesbaden.

Lazarsfeld, Paul F./ Berelson, Bernard/ Gaudet, Hazel (1969): Wahlen und Wähler, Neuwied u. Berlin.

Michal, Wolfgang (1988): Die SPD – staatstreu und jugendfrei, Reinbek b. Hamburg.

Neu, Viola (2008): Die neue Unberechenbarkeit der Wähler: In: Politische Studien, 417, S.25-33.

Noelle-Neumann, Elisabeth (2000): Der Beitrag der Wahlforschung zur Methodenentwicklung in der empirischen Sozialforschung. In: Klein u.a., S.59-81.

Oberreuter, Heinrich (Hrsg.) (2004): Der versäumte Wechsel, München.

Pappi, Franz Urban/ Shikano, Susumu (2002): Die politisierte Sozialstruktur als mittelfristig stabile Basis einer deutschen Normalwahl. In: KZfSS, 3, S.444-475.

Pappi, Franz Urban/ Shikano, Susumu (2007): Wahl und Wählerforschung, Baden-Baden.

Rattinger, Hans/ Gabriel, Oscar W./ Falter, Jürgen W. (Hrsg.) (2007): Der gesamtdeutsche Wähler, Baden-Baden.

Schacht, Konrad (1986): Wahlentscheidung im Dienstleistungszentrum, Opladen.

Schiller, Theo/ Winter, Thomas von (Hrsg.) (1992): Politische Kultur im nördlichen Hessen, Marburg

Schmitt, Rüdiger (1987): Die hessische Landtagswahl vom 5. April 1987: Spd in der „Modernisierungsfalle". In: ZParl, 3, S.343-361.

SPD (1995): SPD und Großstädte, Bonn

Statistische Berichte (1990): Ausgewählte Strukturdaten über die Bevölkerung am 25. Mai 1987 nach Gemeinden und Gemeindeteilen, H. 1: Kreisfreie Städte, Hess. Stat. Landesamt, Wiesbaden.

Anhang

1   Ökonomische Rahmendaten

**Bruttoinlandsprodukt je Erwerbstätigen in Hessen - 1991 bis 2007
im Vergleich zum stärksten, schwächsten Bundesland
und zum Bundesdurchschnitt**

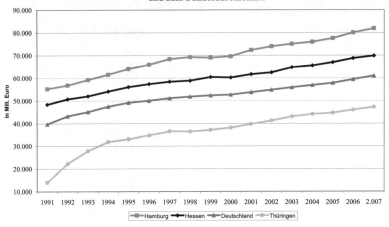

Zahlungen der Geber- und Nehmerländer im Länderfinanzausgleich in Mio. Euro

Jahr	BE	BW	BY	BB	HB	HH	HE	MV	NI	NW	RP	SL	SN	ST	SH	TH	Volumen
1970	./.	-161	76	./.	46	-150	-148	./.	208	-162	117	73	./.	./.	102	./.	± 621
1971	./.	-194	102	./.	26	-176	-100	./.	230	-188	122	73	./.	./.	106	./.	± 659
1972	./.	-303	91	./.	37	-158	-158	./.	312	-176	149	80	./.	./.	126	./.	± 795
1973	./.	-302	85	./.	36	-169	-186	./.	347	-174	127	94	./.	./.	141	./.	± 831
1974	./.	-260	177	./.	28	-260	-164	./.	380	-293	153	100	./.	./.	139	./.	± 977
1975	./.	-338	188	./.	23	-278	-105	./.	367	-222	150	91	./.	./.	122	./.	± 943
1976	./.	-368	170	./.	26	-277	-98	./.	393	-258	174	100	./.	./.	138	./.	± 1.001
1977	./.	-541	204	./.	74	-316	-132	./.	475	-183	147	108	./.	./.	165	./.	± 1.172
1978	./.	-556	153	./.	79	-299	-241	./.	453	-62	182	110	./.	./.	181	./.	± 1.158
1979	./.	-581	168	./.	120	-426	-265	./.	512	0	149	117	./.	./.	205	./.	± 1.271
1980	./.	-769	206	./.	91	-160	-152	./.	385	-39	126	147	./.	./.	165	./.	± 1.120
1981	./.	-838	137	./.	82	-218	-183	./.	515	0	155	133	./.	./.	216	./.	± 1.239
1982	./.	-915	83	./.	122	-220	-143	./.	577	0	142	134	./.	./.	219	./.	± 1.278
1983	./.	-730	69	./.	134	-197	-170	./.	360	0	131	156	./.	./.	249	./.	± 1.097
1984	./.	-747	21	./.	159	-151	-294	./.	427	0	145	170	./.	./.	268	./.	± 1.191
1985	./.	-738	14	./.	170	-208	-370	./.	423	46	191	184	./.	./.	288	./.	± 1.317
1986	./.	-891	25	./.	228	-101	-400	./.	437	0	194	195	./.	./.	314	./.	± 1.393
1987	./.	-978	0	./.	258	-30	-628	./.	570	85	244	172	./.	./.	306	./.	± 1.636
1988	./.	-982	0	./.	262	0	-736	./.	807	15	159	170	./.	./.	305	./.	± 1.718
1989	./.	-722	-33	./.	322	-6	-985	./.	856	-51	155	168	./.	./.	296	./.	± 1.797
1990	./.	-1.264	-18	./.	327	-4	-739	./.	985	-32	250	187	./.	./.	308	./.	± 2.057

Jahr	BE	BW	BY	BB	HB	HH	HE	MV	NI	NW	RP	SL	SN	ST	SH	TH	Volumen
1991	./.	-1.282	-2	./.	301	-34	-682	./.	898	-4	301	195	./.	./.	308	./.	± 2.003
1992	./.	-770	28	./.	262	0	-942	./.	661	-2	338	219	./.	./.	206	./.	± 1.714
1993	./.	-518	-6	./.	325	58	-1.094	./.	510	16	398	215	./.	./.	95	./.	± 1.618
1994	./.	-210	-342	./.	291	31	-935	./.	490	80	336	222	./.	./.	37	./.	± 1.487
1995	2.159	-1.433	-1.295	442	287	-60	-1.101	394	231	-1.763	117	92	907	574	-72	521	± 5.724
1996	2.217	-1.289	-1.463	529	325	-246	-1.657	438	283	-1.598	118	120	1.005	635	8	576	± 6.253
1997	2.266	-1.232	-1.586	504	179	-140	-1.610	431	344	-1.564	151	104	981	601	-3	574	± 6.134
1998	2.501	-1.778	-1.486	534	466	-314	-1.758	448	403	-1.583	219	117	1.020	617	0	595	± 6.920
1999	2.725	-1.760	-1.635	587	340	-345	-2.433	464	532	-1.318	195	153	1.122	672	89	612	± 7.490
2000	2.812	-1.957	-1.884	644	442	-556	-2.734	500	568	-1.141	392	167	1.182	711	185	670	± 8.273
2001	2.653	-2.115	-2.277	498	402	-268	-2.629	434	952	-278	229	146	1.031	591	60	573	± 7.568
2002	2.677	-1.663	-2.047	541	407	-197	-1.910	439	487	-1.628	419	139	1.047	607	112	571	± 7.445
2003	2.639	-2.169	-1.859	502	346	-656	-1.876	392	393	-50	259	107	936	520	16	500	± 6.610
2004	2.703	-2.170	-2.315	534	331	-578	-1.529	403	446	-213	190	116	930	532	102	517	± 6.804
2005	2.456	-2.235	-2.234	588	366	-383	-1.606	433	363	-490	294	113	1.020	587	146	581	± 6.948
2006*	2.701	-2.047	-2.085	608	416	-618	-2.411	472	241	-131	344	115	1.071	588	123	613	± 7.292
2007*	2.900	-2.300	-2.280	660	470	-360	-2.890	510	320	-20	350	120	1.140	610	140	630	± 7.850

Quelle: Bundesfinanzministerium

2 Hessische Wahlergebnisse

Landtagswahl	Wahlergebnis	Wahlbeteiligung	Koalition	Ministerpräsident und unterlegener Kandidat
1946	SPD 42,7 CDU 30,9 KPD 10,7 LDP 15,7	73,2	SPD + CDU	Christian Stock Werner Hilpert
1950	SPD 44,4 CDU 18,8 LDP/FDP 31,8 KPD 4,7	64,9	SPD	Georg August Zinn Werner Hilpert
1954	SPD 42,6 CDU 24,1 FPD 20,5 BHE 7,7	82,4	SPD + BHE	Georg August Zinn Wilhelm Fay
1958	SPD 46,9 CDU 32,0 FDP 9,5 BHE 7,4	82,3	SPD + BHE	Georg August Zinn Wilhelm Fay
1962	SPD 50,8 CDU 28,8 FDP 11,5 BHE 6,3	77,7	SPD + BHE	Georg August Zinn Wilhelm Fay
1966	SPD 51,0 CDU 26,4 FDP 10.4 NPD 7,9	81,0	SPD	Georg August Zinn, ab 69 Albert Osswald Wilhelm Fay
1970	SPD 45,9 CDU 39,7 FDP 10,1	82,8	SPD + FDP	Albert Osswald Alfred Dregger
1974	SPD 43,2 CDU 47,3 FDP 7,4	84,8	SPD + FDP	Albert Osswald, ab 76 Holger Börner Alfred Dregger
1978	SPD 44,3 CDU 46,0 FDP 6,6	87,7	SPD + FDP	Holger Börner Alfred Dregger
1982	SPD 42,8 CDU 45,6 Grüne 8,0 (FPD 3,0)	86,4	SPD + (Grüne)	Holger Börner Alfred Dregger

Land-tagswahl	Wahlergebnis	Wahlbetei-ligung	Koalition	Ministerpräsident und unterlegener Kandidat
1983	SPD 46,2 CDU 39,4 FDP 7,6 Grüne 5,9	83,5	SPD + (Grüne)	Holger Börner Walter Wallmann
1987	SPD 40,2 CDU 42,1 FDP 7,8 Grüne 9,4	80,3	CDU + FPD	Walter Wallmann Krollmann
1991	SPD 40,8 CDU 40,2 FDP 7,4 Grüne 8,8	70,8	SPD + Grüne	Hans Eichel Walter Wallmann
1995	SPD 38,0 CDU 39,2 Grüne 11,2 FDP 7,4	66,3	SPD + Grüne	Hans Eichel Manfred Kanter
1999	SPD 39,4 CDU 43,4 Grüne 7,2 FDP 5,1	66,4	CDU/ FDP	Roland Koch Hans Eichel
2003	SPD 29,1 CDU 48,8 FDP 7,9 Grüne 10,1	64,6	CDU	Roland Koch Gerhard Bökel
2008	SPD 36,7 CDU 36,8 FDP 9,4 Grüne 7,6	64,3	Noch offen	Noch offen

Darstellung: Neumann 2007

Wahlergebnisse der SPD in Hessen

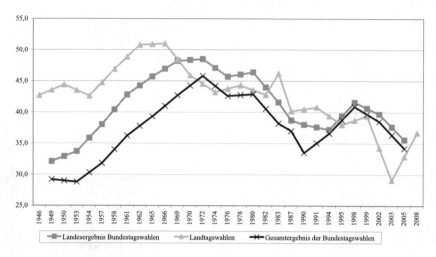

Wahlergebnisse der CDU in Hessen

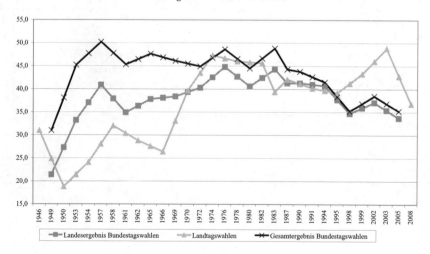

Wahlergebnisse der FDP in Hessen

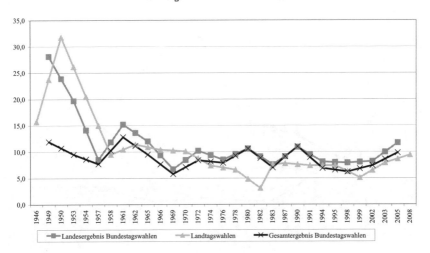

Wahlergebnisse der Grünen in Hessen

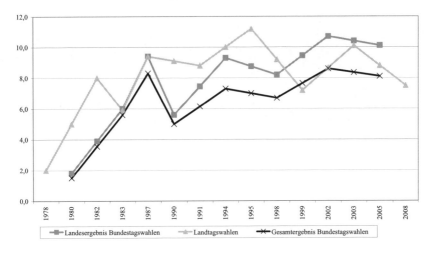

Kommunalwahlen in Hessen

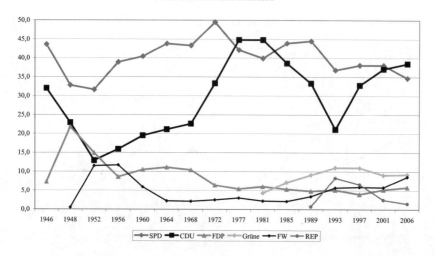

3   Mitgliederentwicklung der hessischen Parteien

Mitglieder in den hessischen Volksparteien

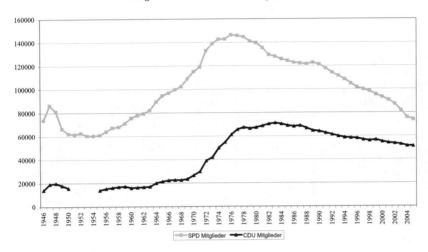

Mitglieder der FDP und der Grünen in Hessen

4 Partei und Fraktionsvorsitzende der hessischen Parteien

Jahr	SPD Partei[1]	SPD Fraktion	CDU Partei	CDU Fraktion	FDP Partei	FDP Fraktion	Bündnis90/ Die Grünen Partei[2]	Bündnis90/ Die Grünen Fraktion
1946	Wilhelm Knothe	Rudolf Freidhof	Werner Hilpert	Erich Köhler	August Martin Euler	August Martin Euler		
1947		Albert Wagner		Heinrich von Brentano		Karl Theodor Bleek		
1948								
1949		Ludwig Bodenbender		Georg Stieler				
1950				Werner Hilpert				
1951	Georg August Zinn					Ernst Landgrebe		
1952			Wilhelm Fay					
1953		Heinrich Schneider		Erich Großkopf				
1954								
1955		Ludwig Bodenbender				August Martin Euler		
1956					Max Becker			
1957						Oswald Kohut		
1958					Oswald Kohut	Wolfram Dörinkel		
1959		Georg Buch						
1960		Willi Zinnkann			Wolfgang Mischnick			
1961		Rudi Arndt			Heinrich Kohl	Erich Mix		
1962		Johannes Strelitz						
1963								
1964								
1965						Heinrich Kohl		
1966				Hans Wagner	Wolfgang Mischnick			
1967		Erwin Lang	Alfred Dregger			Heinrich Rodemer		
1968								
1969		Werner Best						
1970	Albert Osswald	Heribert Reitz		Alfred Dregger		Heinz Herbert Karry		
1971								
1972		Hans Krollmann		Hans Wagner		Hermann Stein		
1973		Willi Görlach						
1974		Armin Clauss		Gottfried Milde				

[1] Bis 1977 bestand der Landesverband nur als Kooperation der beiden Bezirke Hessen-Nord und Hessen-Süd. Seit 1977 wird der Landesvorstand durch Wahl auf einem Landesparteitag bestimmt (Quelle: SPD Landesverband Hessen).
[2] Bündnis90/ Die Grünen haben erst 1991 das Modell von Vorstandssprechern eingeführt (vgl. Beitrag von Kleinert in diesem Band).

	SPD Partei	SPD Fraktion	CDU Partei	CDU Fraktion	FDP Partei	FDP Fraktion	Bündnis90/Die Grünen Partei	Bündnis90/Die Grünen Fraktion
1975								
1976	Holger Börner							
1977		Karl Schneider			Ekkehard Gries	Otto Wilke		
1978								
1979								
1980		Horst Winterstein						
1981								
1982			Walter Wallmann		Wolfgang Gerhardt			
1983						Wolfgang Gerhardt		Iris Blaul
1984		Ernst Welteke						
1985								Jochen Vielhauer
1986								
1987	Hans Krollmann	Hans Krollmann / Ernst Welteke		Hartmut Nassauer		Otto Wilke		Joschka Fischer
1988		Ernst Welteke						
1989	Hans Eichel							
1990				Roland Koch				
1991		Lothar Klemm	Manfred Kanther	Manfred Kanther		Wolfgang Gerhardt	Jürgen Frömmrich / Maria Marx	Ruppert von Plotnitz
1992								
1993				Roland Koch			Frank Kaufmann / Maria Marx	
1994		Armin Clauss				Ruth Wagner		Fritz Hertle
1995					Ruth Wagner		Reiner Hamann / Hiltrud Hofmann	
1996								Alexander Müller
1997							Sabine Giesa / Tom Koenigs	
1998			Roland Koch					Priska Hinz
1999				Norbert Kartmann		Jörg Uwe Hahn	Hartmut Bäumer / Daniela Wagner	
2000								
2001	Gerhard Bökel	Gerhard Bökel					Hubert Kleinert	Tarek Al-Wazir
2002							Hubert Kleinert / Evi Schönhut-Keil	
2003	Andrea Ypsilanti	Jürgen Walter		Franz Josef Jung	Jörg Uwe Hahn		Hubert Kleinert	
2004							Matthias Berninger	
2005				Christean Wagner			Kordula Schulz-Asche	
2006								
2007		Andrea Ypsilanti					Tarek Al-Wazir / Kordula Schulz-Asche	
2008								

Quelle: Hessischer Landtag, Landesverbände und Landtagsfraktionen der Parteien.

Autorenverzeichnis

Florian Albert * 1981
florian.albert@uni-kassel.de
Florian Albert hat in Kassel Politikwissenschaften studiert und seine Abschlussarbeit über die NPD im sächsischen Landtag geschrieben. Seit 2007 ist er wissenschaftlicher Mitarbeiter an der Universität Kassel und arbeitet an einer Promotion zu FDP und Grünen in Landesregierungen.

Prof. Dr. Frank Decker *1964
frank.decker@uni-bonn.de
Frank Decker ist seit 2001 Professor für Politikwissenschaft an der Universität Bonn. Zu den Schwerpunkten seiner Arbeit gehören die Themen westliche Regierungssysteme, Parteien, Rechtspopulismus im internationalen Vergleich, Föderalismus und Demokratiereform. Im vergangenen Jahr hat er mit Viola Neu das Handbuch der deutschen Parteien herausgegeben.

Samuel Greef * 1982
sg@samuel-greef.de
Samuel Greef studiert Politikwissenschaft und Informatik an der Universität Kassel mit den Schwerpunkten Arbeitsbeziehungen und Verbändeforschung. Zurzeit arbeitet er an einer Abschlussarbeit zum Thema Berufsverbände und Gewerkschaften.

Prof. Dr. Benno Hafeneger *1948
hafenege@staff.uni-marburg.de
Benno Hafeneger ist seit 1994 Professor für Erziehungswissenschaft im Schwerpunkt außerschulische Jugendbildung sowie Medien- und Kulturarbeit an der Philipps-Universität. Zu seinen Arbeitsschwerpunkten gehören Geschichte der Jugend und Jugendarbeit, Professionalisierung und Professionalität in der Jugendarbeit /-bildung, Jugendkulturen, Jugend-Gewalt-Rechtsextremismus, Bildung und Partizipation von Jugendlichen.

Prof. Dr. Eike Hennig *1943

eikehennig@t-online.de

Eike Hennig ist seit 1981 Professor für Politikwissenschaft an der Universität Kassel. Zu den Arbeitsschwerpunkten gehören politische Theorie, politische Kulturforschung (insbes. Analyse politischer Unzufriedenheit), Stadtsoziologie/-politik, empirische Sozialforschung, Segregation und Social Area Analysis.

Stephan Klecha *1978

stephan.klecha@gmx.de

Stephan Klecha hat Politikwissenschaft, Soziologie, Betriebswirtschaft und Arbeitsrecht an der Universität Göttingen studiert und hat seine Abschlussarbeit 2004 über die IG Metall in der Ära Zwickel verfasst. Seit 2006 ist er Stipendiat der Friedrich-Ebert-Stiftung und arbeitet an einer Promotion über die Rolle der gewerkschaftlichen Jugendarbeit am Beispiel der IG Metall.

Prof. Dr. Hubert Kleinert *1954

kleinko@freenet.de

Hubert Kleinert ist Professor für Politikwissenschaft an der Fachhochschule für Verwaltung des Landes Hessen in Wiesbaden. Zuvor war er unter anderem in der 10. und 11. Legislaturperiode Mitglied des deutschen Bundestags für die Grünen.

Marcel Lewandowsky * 1982

mail@marcel-lewandowsky.de

Marcel Lewandowsky hat Politikwissenschaft in Bonn und Birmingham (UK) studiert. In seiner Abschlussarbeit hat er „Populismus der Mitte" als rationales Akteursverhalten etablierter Parteien in Mediendemokratien klassifiziert. Derzeit promoviert er über die Strategien von Parteien bei Landtagswahlen unter der Voraussetzung der bundespolitischen Überlagerung.

Bettina Munimus * 1980

munimus@uni-kassel.de

Bettina Munimus hat Politik- und Medienwissenschaften in Göttingen und St. Petersburg studiert und ihre Abschlussarbeit über Heide Simonis geschrieben. Seit 2007 ist sie wissenschaftliche Mitarbeiterin in einem Forschungsprojekt der

Hans-Böckler-Stiftung zum Thema „Alternde Gesellschaften und Organisationen
für Ältere", das an der Universität Kassel angesiedelt ist.

Arijana Neumann *1980
arijana.neumann@uni-kassel.de
Arijana Neumann hat Politikwissenschaft und VWL in Frankfurt am Main und in
Wien studiert und hat ihre Abschlussarbeit über die Arbeitsmarktpolitik der rot-
grünen Bundesregierung verfasst. Sie arbeitet seit 2006 als wissenschaftliche
Mitarbeiterin an der Universität Kassel und arbeitet an einer Promotion zur über
die Organisation und Policy der CDU auf Landesebene.

Michael Reschke *1983
michireschke@gmx.de
Michael Reschke studiert Politikwissenschaft, Soziologie und Geschichte an der
Universität Kassel mit den Schwerpunkten Parteien- und Sozialstaatsforschung.
Zurzeit bereitet er seine Abschlussarbeit innerhalb des Themenkomplexes Partei-
en im Föderalismus vor.

Dr. Wilfried Rudloff * 1960
rudloff@uni-kassel.de
Der Historiker Wilfried Rudloff ist seit 2005 wissenschaftlicher Mitarbeiter der
Mainzer Akademie der Wissenschaften und der Literatur, Arbeitsstelle "Historische Sozialpolitik" an der Universität Kassel. Zu seinen aktuelle Forschungsschwerpunkte gehören Geschichte des deutschen Sozialstaats und Geschichte
von Bildungswesen und Bildungspolitik nach 1945.

Dr. Konrad Schacht *1943
konradschacht@gmx.de
Konrad Schacht ist Sozialwissenschaftler und war unter anderem bei dem Mei-
nungsforschungsinstitut INFAS, im Kanzleramt, in der Hessischen Staatskanzlei
und als Direktor der Hessischen Landeszentrale für politische Bildung tätig. Bis
zu seinem Ruhestand war er Leiter der Kulturabteilung im Hessischen Wissen-
schaftsministerium. Er forschte und publizierte zu Themen der Industriesoziolo-
gie und der politischen Soziologie/ Wahlforschung.

Prof. Dr. Theo Schiller *1942
schiller@staff.uni-marburg.de
Theo Schiller war von 1973 bis zu seiner Emeritierung 2007 Professor für Politikwissenschaft an der Universität Marburg. Zu seinen Forschungsschwerpunkten gehören politische Theorien der Gegenwart, besonders Demokratietheorie, politische Soziologie, direkte Demokratie (s. Forschungsstelle Bürgerbeteiligung und Direkte Demokratie), politischer Systemvergleich (Kanada, europäische Länder) und politische NS-Strafjustiz.

Dr. Jakob Schissler *1940
jakob_schissler@yahoo.de
Jakob Schissler war bis zu seiner Pensionierung wissenschaftlicher Mitarbeiter an mehreren deutschen Universitäten, u. a. war er Lehrbeauftragter an der Frankfurter Goethe-Universität. Seine Forschungsschwerpunkte liegen auf den Themen der vergleichenden Politischen Kultur und dem Politischen System der USA.

Prof. Dr. Josef Schmid *1956
josef.schmid@uni-tuebingen.de
Josef Schmid ist seit 1998 Professor für Politikwissenschaften an der Universität Tübingen. Zu seinen Forschungsschwerpunkten gehören die Bereiche Wohlfahrtsstaatsvergleiche, Wirtschafts-, Arbeits- und Sozialpolitik, sowie Parteien-, Verbände- und Organisationsforschung. Derzeit arbeitet Josef Schmid an der zweiten Vergleichsstudie zur Arbeitsmarktpolitik der Bundesländer.

Prof. Dr. Wolfgang Schroeder *1960
wolfgang.schroeder@uni-kassel.de
Wolfgang Schroeder ist seit 2006 Professor für Politikwissenschaft an der Universität. Zu seinen Arbeitsschwerpunkten gehören die Themen Wandel von Politik und Ökonomie in Deutschland und Europa, sozialstaatlicher Umbau (Gesundheits-, Arbeitsmarkt- und Rentenpolitik), Parteien- und Organisationsforschung sowie Arbeitsbeziehungen. 2007 hat Wolfgang Schroeder mit einigen Kollegen an der Universität Kassel die Arbeitsgruppe Parteien im Föderalismus etabliert.

Sabrina Schwigon * 1980
sabrina.schwigon@gmx.de
Sabrina Schwigon studiert seit 2004 Politikwissenschaft und Psychologie an der Universität Kassel. In ihrer Bachelor-Arbeit untersuchte sie Wahlverhalten am

Beispiel der Linkspartei bei den Bremer Landtagswahlen 2007. Zurzeit bereitet sie ihre Master-Arbeit im Bereich der Wahlforschung vor.

Nico Weinmann *1984

nicoweinmann@gmx.de

Nico Weinmann studiert Sozialkunde und Deutsch an der Universität Kassel mit den Schwerpunkten internationale und intergesellschaftliche Beziehungen.